Ulf Gebken · Söhnke Vosgerau
(Hrsg.)

Fußball ohne Abseits

Ergebnisse und Perspektiven
des Projekts ‚Soziale Integration
von Mädchen durch Fußball'

Herausgeber
PD Dr. Ulf Gebken
Institut Integration durch Sport und
Bildung an der Carl-von-Ossietzky
Universität Oldenburg
Deutschland

Söhnke Vosgerau
Institut Integration durch Sport und
Bildung an der Carl-von-Ossietzky
Universität Oldenburg
Deutschland

ISBN 978-3-531-19762-3   ISBN 978-3-531-19763-0 (eBook)
DOI 10.1007/978-3-531-19763-0

Die Deutsche Nationalbibliothek verzeichnet diese Publikation in der Deutschen Nationalbibliografie; detaillierte bibliografische Daten sind im Internet über http://dnb.d-nb.de abrufbar.

Springer VS
© Springer Fachmedien Wiesbaden 2014
Das Werk einschließlich aller seiner Teile ist urheberrechtlich geschützt. Jede Verwertung, die nicht ausdrücklich vom Urheberrechtsgesetz zugelassen ist, bedarf der vorherigen Zustimmung des Verlags. Das gilt insbesondere für Vervielfältigungen, Bearbeitungen, Übersetzungen, Mikroverfilmungen und die Einspeicherung und Verarbeitung in elektronischen Systemen.

Die Wiedergabe von Gebrauchsnamen, Handelsnamen, Warenbezeichnungen usw. in diesem Werk berechtigt auch ohne besondere Kennzeichnung nicht zu der Annahme, dass solche Namen im Sinne der Warenzeichen- und Markenschutz-Gesetzgebung als frei zu betrachten wären und daher von jedermann benutzt werden dürften.

Lektorat: Stefanie Laux, Yvonne Homann

Gedruckt auf säurefreiem und chlorfrei gebleichtem Papier

Springer VS ist eine Marke von Springer DE. Springer DE ist Teil der Fachverlagsgruppe
Springer Science+Business Media
www.springer-vs.de

Grußwort

Wolfgang Niersbach, Präsident des Deutschen Fußball-Bundes (DFB)
Mit fast 6,8 Mio. Mitgliedern, darunter über eine Million Mädchen und Frauen, ist der DFB ein starker Akteur bei der Gestaltung des gesellschaftlichen Miteinanders. Vor diesem Hintergrund hat Dr. Ulf Gebken im Jahr 2006 darauf hingewiesen, dass Mädchen und Frauen aus Familien mit Zuwanderungsgeschichte bislang nur selten den Weg in den Vereinsfußball finden. Der DFB hat seither ein Integrationskonzept und ein Bündel von Maßnahmen initiiert und umgesetzt, unter anderem spezielle Übungsleiterschulungen und das Nachschlagewerk *Integration A–Z*. Seit 2006 fördert der DFB das Modellprojekt *Soziale Integration von Mädchen durch Fußball*, um die Chancen von Mädchen mit Migrationshintergrund im Sport zu verbessern.

Die Idee ist denkbar einfach und das Konzept leicht umzusetzen. In gemeinsam von Schulen und Vereinen organisierten Fußball-AGs, werden Mädchen aus sozial benachteiligtem Umfeld für das Fußballspiel begeistert. Angeleitet werden sie durch im Projekt ausgebildete jugendliche Nachwuchstrainerinnen. Auf Turnieren vernetzen sich die Schulen und Vereine vor Ort und schaffen so mehr Raum und Aufmerksamkeit für ihr Anliegen. Immer wieder stellen die Verantwortlichen dabei fest, dass der Sport für den persönlichen und sozialen Entwicklungsprozess der Mädchen eine große Bedeutung besitzt. Der Fußball wird zu einem Hebel der Emanzipation.

Dr. Gebken und seine Mannschaft haben für ihr Projekt gewaltigen Zuspruch gefunden, die Bilanz ist beeindruckend. Mittlerweile kicken mehr als 3500 Schülerinnen jede Woche an 200 Standorten in ganz Deutschland. Diese positive Entwicklung hat auch uns überrascht, gilt der Sport doch auch bei vielen Migranten noch immer als Männerdomäne. Verschiedene Standorte des Projekts wurden mittlerweile mit Preisen ausgezeichnet. Inzwischen gehören die Bundeskanzlerin, der britische Thronfolger Prinz Charles und diverse Bundes- und Landesminister zu der eindrucksvollen Gruppe der Unterstützer. Seit 2010 fördert auch die *Laureus*

Sports for Good Stiftung die soziale Integration von Mädchen durch Fußball und im Nationalen Integrationsplan hat die Bundesregierung das Projekt als Leuchtturmprojekt gelistet.

Heute erleben wir, dass immer mehr Mädchen mit Migrationshintergrund die Freude und Leidenschaft am Fußball für sich entdecken und sie in unseren Vereinen ausleben. Und dass die Vorbehalte gegenüber dem Frauen- und Mädchenfußball stetig abnehmen. Dies ist Anerkennung und Ansporn für unsere Arbeit. Für den DFB und den Fußball in Deutschland wird Integration auch in Zukunft eine Herausforderung bleiben. Umso wichtiger ist es, die vorhandenen Ergebnisse und Erfahrungen zu nutzen und einer breiten Öffentlichkeit bekannt zu machen. Der vorliegende Sammelband bringt daher verschiedene Beiträge zu Migration, Integration und Sport zusammen und nähert sich so dem vielfach beschworenen ‚Integrationsmotor Fußball' von verschiedenen Seiten.

Den Leserinnen und Lesern wünsche ich bei der Lektüre viele Einsichten und Anregungen.

Ihr Wolfgang Niersbach

Inhaltsverzeichnis

Einleitung 1
Ulf Gebken und Söhnke Vosgerau

Teil I Hintergrund und Konzeption

Zehn Jahre *Ohmsteder Modell* – Hintergründe des Projektes von seinen
Anfängen bis zur bundesweiten Umsetzung 13
Ulf Gebken

Teilhabe, Empowerment, Anerkennung – Hintergrund, Ziele und
Konzept des Praxisforschungsprojekts Fußball ohne Abseits 27
Ulf Gebken und Söhnke Vosgerau

Chancen und Probleme von Mädchen und jungen Frauen mit
Migrationshintergrund im Sport – ein Forschungsüberblick 67
Christa Kleindienst-Cachay und Steffen Bahlke

Zwischen Gemeinschaft und Gegnerschaft – Anmerkungen zum
Potential des Fußballs für soziale Inklusion 95
Gerd Dembowski

Teil II Perspektiven

Ein Steilpass in die Tiefe – von Integration zu Inklusion 111
Stefan Schache

Jugendliche als qualifizierte Experten – Chancen und Perspektiven des
Qualifizierungsansatzes von *Fußball ohne Abseits* 125
Bastian Kuhlmann

,Die' Mädchen und ,der' Fußball – die Mädchenfußball-AG als
Zugang und Teilhabemöglichkeit 141
Katharina Althoff und Ellen Koettelwesch

Zwischen Theorie und Praxis – Chancen und Grenzen
der Kooperation zwischen Schulen und Vereinen 167
Lea Segel

Teil III Aus der Praxis

Fußball ohne Abseits – Ausgewählte Ergebnisse der
DFB-Evaluationsstudie 197
Söhnke Vosgerau

Das Wunder von Oldenburg – Das Projekt MICK und die
Entwicklung des Mädchen- und Frauenfußballs in der
Stadt Oldenburg 241
Kerstin Pößiger und Söhnke Vosgerau

Arbeitsgemeinschaften sind anders! – Merkmale und Differenzen
zu Vereinsangeboten 251
Martin Goerlich

Viele Wege zum Erfolg – Best-Practice-Beispiele aus den Projekten 261
Birte Bergener, Tim Cassel, Ulf Gebken, Martin Goerlich, Bastian Kuhlmann,
Janina Langenbach und Hannes Teetz

„Wir müssen die Reibungsflächen zwischen Schulen und Vereinen
minimieren!" – Ein Gespräch mit Grundschulrektor
Hermann Städtler 277
Söhnke Vosgerau

Ein Blick zurück, ein Blick nach vorn – eine vorläufige Bilanz von
Fußball ohne Abseits 289
Ulf Gebken und Söhnke Vosgerau

Einleitung

Ulf Gebken und Söhnke Vosgerau

1 Was ist *Fußball ohne Abseits*?

Fußball ist überall! Als populärste Sportart reicht die Dominanz des Fußballs weit über deutschen „Sportraum" (Markovits und Hellerman 2002) hinaus. Fast 6,8 Mio. Mitglieder zählt der Deutsche Fußball-Bund (DFB) in seinen Reihen, darunter inzwischen mehr als eine Millionen Mädchen und Frauen. Ein Großteil des freiwilligen Engagements in Deutschland wird in Fußballvereinen geleistet. Das Ligensystem von der Kreisklasse bis zur Bundesliga mit seinen ca. 80.000 wöchentlichen Spielen gehört zu den wichtigen Strukturgrößen des Landes. Fußball ist „ein Mikroskop der komplexen Verflechtungen des Sozialen" (Klein und Meuser 2008, S. 7) und ein fester Bestandteil der Kultur – in Deutschland und weltweit. Fußball ist Leidenschaft und Kommerz, er bietet Gemeinschaft und fordert Identifikation. Fußball ist Gegenstand wissenschaftlicher Forschung, literarischer und künstlerischer Auseinandersetzung. Fußball ist ein (inter-)nationales Event und politisches Ereignis, Fußball schafft Raum für Interaktion und Integration. Fußball ist nicht nur ein Bewegungsspiel, sondern vielmehr eine gesellschaftliche Repräsentations- und Projektionsfläche und ein Gradmesser gesellschaftlicher Veränderungen.

Diese ‚Totalität' des Fußballs verdeckt dabei zuweilen die Schattenseiten und Ambivalenzen von Fußballsport und Fußballkultur. Auch im Sport sind soziale und kulturelle Selektionsmechanismen im Spiel, Sportplätze sind Orte sozialer In- und Exklusion und Kristallisationspunkte „symbolischer (Macht-)Kämpfe

---

U. Gebken (✉) · S. Vosgerau
Institut „Integration durch Sport und Bildung", Carl-von-Ossietzky Universität Oldenburg,
Marie-Curie-Straße 1,
26129 Oldenburg, Deutschland
E-Mail: ulf.gebken@uni-oldenburg.de

S. Vosgerau
E-Mail: arndt.soehnke.vosgerau@uni-oldenburg.de

vielfältiger Art" (Klein und Meuser 2008, S. 8). Im Abseits stehen insbesondere Mädchen mit Migrationshintergrund aus sozial benachteiligten Stadtteilen. In der Vinetaschule im Berliner Wedding, der Großenbruchschule in Essen- Altenessen oder der Heiligenwegschule im Osnabrücker Schinkel-Viertel nehmen unter 5 % der Schülerinnen an vereinsgebundenen Spiel-, Sport- und Bewegungsangeboten teil – weit weniger als ihre männlichen Mitschüler oder Mädchen ohne Migrationshintergrund. Doch welche soziale Barrieren, individuellen Motive, kulturellen Vorbehalte oder strukturellen Hindernisse sind dafür ursächlich? Mit welchen Mitteln und Konzepten kann multiplen Dimensionen von Ungleichheit begegnet werden? Was bedeutet diese Fehlstelle für die Entwicklung der Sportkultur und die Zukunft des organisierten Sports? Und wie ist sie mit dem erklärten Leit- und Selbstbild der Sportverbände, eines „Sports für alle" (DOSB 2012) vereinbar? Angesichts der zentralen Stellung von Bewegung und Spiel für die körperliche, kognitive und soziale Entwicklung von Kindern und Jugendlichen und der großen gesellschaftlichen und partizipatorischen Bedeutung des Sports, fordern diese Befunde und Fragen zum Handeln auf.

Fußball ohne Abseits versucht diesen Herausforderungen mit einem niederschwelligen Ansatz und einem integriertem Handlungskonzept zu begegnen. Mit seinem Doppelcharakter als Forschungs- und Praxisprojekt soll dabei eine enge, ‚pragmatische' Verschränkung von wissenschaftlicher Analyse und lokalem Handlungswissen erreicht werden. Mit einem Fokus auf den unmittelbaren Sozialraum als Ausgangspunkt und Ressource von Entwicklungen, als partizipativen Gestaltungs- und Bewegungsraum und der Vernetzung unterschiedlicher Partner, insbesondere der Kooperation von Schulen und Sportvereinen, sollen tragbare Strukturen geschaffen werden, die eine Integration von Mädchen in den und durch Sport ermöglichen können. Ziel des Projektes ist es, sozial benachteiligten Mädchen die Chance zu geben, an Spiel- und Bewegungsangeboten teilzunehmen und ihre Entwicklung durch Sport und Bewegung zu fördern. Durch die aktive Partizipation am Sport und die Übernahme von Aufgaben und sozialer Verantwortung bei der Anleitung von Sportgruppen kann es gelingen, das Selbstkonzept, die soziale Anerkennung und Zugehörigkeit junger Menschen zu stärken(vgl. Schmidt 2008). Spiel und Bewegung im Team vermitteln Spaß und das positive Gefühl, dazuzugehören. *Fußball ohne Abseits* richtet sich dabei nicht ausschließlich an Mädchen mit Migrationshintergrund. Mit seinem niederschwelligen Ansatz scheint es jedoch besonders geeignet, eben auch jene Mädchen zu erreichen, die bisher sowohl in der Gesellschaft als auch im organisierten Sport im Abseits stehen. Der Fußball bietet hierfür, aufgrund seiner minimalen Voraussetzungen, seiner gesellschaftlichen Bedeutung und Internationalität, aber gerade auch durch seine noch immer männlich dominierte Praxis, vielversprechende Perspektiven.

Fußball ohne Abseits fungiert als Sammelbegriff für bausteingleiche, aber eigenständige Projekte, die unter den Namen *Kicking Girls, Mädchen mittendrin, Golden Goal, MICK- Mädchen kicken mit, Mädchen kicken cooler, Kickit* und anderen bundesweit umgesetzt werden. Der Titel nimmt aber auch Aussagen betroffener Mädchen wörtlich, die als Anfängerinnen mit der bereits bei neunjährigen Juniorinnen festgelegten offiziellen Abseitsregel haderten. So entwickelte sich bei ihren ersten Spielen schnell die Losung: „Wir spielen aber ohne Abseits!", die von den Mädchen und Betreuerinnen der gegnerischen Mannschaften oft mit großer Erleichterung akzeptiert wurde. Der Titel steht demnach auch symbolisch für den vereinfachten Zugang zum Spiel.

2 Den Ball flach halten! Die Integrationsdebatte und das Modellprojekt *Soziale Integration von Mädchen durch Fußball*

Die Projektidee für *Fußball ohne Abseits* entwickelte sich aus einer lokalen Initiative im Oldenburger Stadtteil Ohmstede. Unter dem Namen *Soziale Integration von Mädchen durch Fußball* wurde das Konzept ab 2006 unter der Leitung von Dr. Ulf Gebken und Prof. Dr. Christian Wopp als dreijähriges Modellprojekt des DFB mit Standorten in zehn deutschen Städten umgesetzt. Von Beginn an war das Projekt dabei mit sehr unterschiedlichen Erwartungen und einigen Missverständnissen konfrontiert.

Der Startschuss des Projekts fiel zeitgleich mit der FIFA Fußball-Weltmeisterschaft in Deutschland, die eine regelrechte Welle der Fußballeuphorie entfachte und die gesellschaftliche Breitenwirkung des Sports deutlich vor Augen führte. ‚Fußballdeutschland' und ‚seine' Nationalmannschaft präsentierten sich dabei (zumindest vordergründig) von ihrer weltoffenen Seite.[1] Die Sympathien galten einer jungen Mannschaft, die ein neues deutsches Selbstbild zu verkörpern schien, bestehend aus Spielern mit unterschiedlichen Zuwanderungsgeschichten. Dies setzte ein positives Zeichen in der seit der Jahrtausendwende zunehmend polemischer und pessimistischer geführten sogenannten ‚Integrationsdebatte' und präsentierte den Fußball als geradezu prädestiniert, um Integration und Identifikation zu fördern. Der politische Handlungsdruck in Sachen Integration erreichte über den Integrationsgipfel 2006 auch den organisierten Sport, der sich nicht ganz uneigennützig als ersten Advokaten für Integration ins Spiel brachte und sich im Nationalen

---

[1] Der „Party-Patriotismus" bzw. „friedliche Nationalismus" während der WM ist zu Recht kritisch hinterfragt worden (vgl. Becker et al. 2007).

Integrationsplan zur Umsetzung konkreter Maßnahmen verpflichtete. Insbesondere Frauen mit Migrationshintergrund wurden darin als Zielgruppe und Schlüsselfiguren für Integration ausgemacht (Vgl. Bundesregierung 2007).

So folgte der Diskurs um Integration im Sport einer Doppelbewegung: mit der intensiveren, internen Beschäftigung mit migrationsbedingten Hindernissen im Sport und der Entwicklung von Lösungsstrategien auf der Ebene der Wissenschaft, Verbände und Multiplikatoren, ging eine zunehmend trivialisierende Außendarstellung des Sports als „Integrationsmotor" (DOSB 2013)einher. *Fußball ohne Abseits* profitierte einerseits von den hohen Erwartungen an die Integrationskraft des Fußballs. Andererseits musste auch immer wieder darauf hingewiesen werden, dass der Sport nur bedingt kompensatorische Funktionen für gesellschaftliche bzw. soziale Fehlentwicklungen übernehmen kann. Soziale Ungleichheit, rechtliche Ungleichstellung, mangelnde Geschlechter- oder Bildungsgerechtigkeit sind gesamtgesellschaftliche Probleme, die politische Lösungen verlangen und gegen die der Sport allein nichts auszurichten vermag. Den unbestrittenen Integrations*potentialen* des Sports sollte demnach mit einer gesunden Portion Realismus und Pragmatismus begegnet werden. Um sie zu verwirklichen, kann allen Beteiligten daher nur geraten werden, den Ball flach zu halten.

So wurde schnell deutlich, dass sich die insbesondere von Seiten der Verbände gehegten Erwartungen, durch das Projekt kurzfristig viele Mädchen aus schwierigen sozialen Milieus für den Vereinssport zu gewinnen, nicht so einfach wie erhofft verwirklichen ließen. Im Gegenteil stellten die Erfahrungen des Projektes das klassische Modell der Vereinsmitgliedschaft in Frage und hoben die Vorteile alternativer bzw. komplementärer Sportsettings und Kooperationsmodelle hervor. Der starke Fokus auf Transferquoten versperrte somit auch die Wahrnehmung von Entwicklungschancen sozialer Integration *durch den Sport*, die im Titel des Modellprojektes bereits programmatisch verankert sind.

Die Erfahrungen aus der Praxis der Projekte zeigten dagegen einmal mehr, welche Hürden bei der Beteiligung von Mädchen mit Migrationshintergrund im organisierten Sport noch immer bestehen – und wie sie sich abbauen lassen. Nicht allein individuelle Motive oder Desinteresse auf Seiten der Mädchen, geschlechtsspezifische bzw. kulturelle Vorbehalte gegenüber Fußball und Vereinswesen oder fehlende finanzielle Möglichkeiten der Eltern sind dafür ausschlaggebend. Auch unzureichende Vereinsstrukturen, wie fehlende Umkleidemöglichkeiten und unzumutbare Trainingsmöglichkeiten für Mädchen und Frauen, fehlende oder häufig wechselnde weibliche Trainerinnen, die mangelnde Berücksichtigung kultureller Bedürfnisse, wie religiöser Feste, oder weite Entfernungen zu Auswärtsspielen erschweren die Teilhabe am organisierten Sport. Erst wenn diese Hürden erkannt, abgebaut oder umgangen werden können, kann es auch gelingen, mehr Mädchen in die Vereine zu bekommen.

Fußball ohne Abseits hat, so können wir heute selbstbewusst bilanzieren, deutlich gemacht, welche Chancen und Potentiale durch schulische Arbeitsgemeinschaften für die Integration benachteiligter Kinder und Jugendlicher in und durch den Sport bestehen. Diese AGs müssen mit qualifizierenden, gemeinschaftsfördernden und wettkampfbezogenen Bausteinen verzahnt werden, um eine Nachhaltigkeit der Einbindung abzusichern. So wird deutlich, dass es keine einfachen, kurzfristigen oder allgemeingültigen Lösungen hinsichtlich einer sozialen Integration durch Mädchenfußball geben kann. Die Projekte müssen sich langfristig entwickeln und Akzeptanz und Unterstützung in der Sozialräumen finden.

Und dennoch ist die Gesamtbilanz des Projektes imposant. Die lokalen Projektinitiativen in Flensburg, Hamburg, Bremen, Oldenburg, Delmenhorst, Osnabrück, Hannover, Berlin, Duisburg, Siegen, Dietzenbach, Aachen, Köln, Lüneburg und Göttingen konnten bundesweit zahlreiche hochdotierte Preise im Bereich der Integration, der Sport- und Schulentwicklung sowie der Förderung jungen bürgerschaftlichen Engagements erringen. Dies ist eine beeindruckende Leistung, die das herausragende Engagement der Menschen vor Ort widerspiegelt. Durch die lokalen Erfahrungen und Erkenntnisse verstetigte sich das Konzept und konnte sich mittelfristig zu einem bundesweiten Vorbild entwickeln. So ist es *Fußball ohne Abseits* gelungen, aus dem Schatten so mancher kurzfristiger und aktionistischer Integrationsprojekte hinaus zu treten.

3 Anliegen und Inhalt des Sammelbandes

Mit dem Praxisforschungsprojekt wurde Neuland in der sportwissenschaftlichen Forschungslandschaft beschritten. An mehr als 100 bundesweit verteilten Standorten in benachteiligten Stadtteilen wurden die miteinander verzahnten Projektbausteine aufgebaut, ihre Probleme erfasst, Interventionen vorbereitet, experimentell umgesetzt, evaluiert und analysiert und nach Ideen zur Verbesserung gesucht. Die große Portion Optimismus und Zuversicht, die daraus hervorging und die sich in erster Linie aus der Begeisterung der vielen Fußball spielendenden Mädchen entwickelte, kann sicherlich nur teilen, wer unmittelbar in den Projekten dabei gewesen ist.

Der vorliegende Sammelband möchte einen Teil dieser Erfahrungen zurück in den wissenschaftlichen Diskurs bringen, die Entwicklung des Projektes vorstellen und analysieren sowie die Schwierigkeiten und Grenzen der Umsetzung näher betrachten. Um dem Charakter von *Fußball ohne Abseits* gerecht zu werden, haben wir sowohl Wissenschaftler/innen als auch Praktiker/innen mit unterschiedlichen Zugängen zum Projekt eingeladen, sich an der Diskussion zu beteiligen. Der Band soll Hintergründe, Problemfelder und Konzepte des Projektes beleuchten, aktuelle

Forschungs- und Evaluationsergebnisse und Best-Practice-Beispiele gegenüberstellen und so aus der Perspektive der Projekte, einen realistischeren Blick auf die Integrations- und Entwicklungspotentiale des Fußballs erlauben. Durch die Verbindung von Wissenschaft und Praxis soll deutlich werden, wie eine sozialräumlich orientierte Integrationsarbeit im und durch Sport aussehen kann und welche Chancen und Herausforderungen dabei entstehen.

Der erste Teil des Bandes widmet sich den gesellschaftspolitischen Entstehungshintergründen, wissenschaftlichen Begründungszusammenhängen und konzeptionellen Herangehensweisen des Projektes.

Ulf Gebken berichtet in seinem Beitrag von den Anfängen des Projektes in der Stadt Oldenburg und der Entwicklung des *Ohmsteder Modells*, dem konzeptionellen Wegbereiter von *Fußball ohne Abseits*. Bildungspolitische Notwendigkeiten, sportpädagogische Neugierde und die prinzipielle Bereitschaft, sich auch mit ‚problematischeren' Fragestellungen auseinanderzusetzen, führten dort zu einem produktiven Zusammenschluss von Student/innen, Wissenschaftler/innen und Lehrer/innen, die im Rahmen einer gemeinsamen Initiative versuchten, neue Bewegungsmöglichkeiten in einem abgehängten Stadtteil zu schaffen. Insbesondere die im Stadtteil lebenden Mädchen rückten dabei in den Fokus, da für sie vor Ort kaum adäquate Sport- und Bewegungsangebote zu finden waren. Eine Schlüsselrolle im Vernetzungsprozess nahm dabei schnell der lokale Fußballverein ein. Die Erfahrungen aus dem ‚Versuchslabor' Oldenburg-Ohmstede erzeugten in der Universität, der Schullandschaft und im Stadtteil ein verstärktes Interesse und Bewusstsein für (sport-)pädagogische und soziologische Fragestellungen unter den Vorzeichen sozialer Ungleichheit und durch Migration geprägter Stadtgesellschaften und Sozialräume. Der Ansatz, die Aktivitäten der Initiative nicht allein in den Dienst wissenschaftlicher Erkenntnis zu stellen, sondern handlungsorientiert an konkreten Problemlösungen zu arbeiten, wurde so zu einem Leitsatz, der das Konzept von *Fußball ohne Abseits* bis heute auszeichnet.

Fußball ohne Abseits ist ein Sammelbegriff verschiedener sozialer Projekte im Sport, die Interventionen in urbanen Räumen mit einem gemeinsamen Konzept umsetzen. Zugleich ist es auch ein universitäres Forschungsprojekt, das zur wissenschaftlichen Auseinandersetzung mit den wachsenden gesellschaftlichen, sozialen und bildungspolitischen Heraus- und Anforderungen an den Sport beitragen möchte. Dieser ‚Doppelcharakter', so *Ulf Gebken* & *Söhnke Vosgerau* in ihrem gemeinsamen Artikel, ermöglicht dabei das konkrete In-Beziehung-Setzen von gesellschaftlichen Fragestellungen und lokalen Problemen und die Entwicklung von Lösungsstrategien und Handlungsoptionen. In ihrem konzeptionellen Artikel erläutern die Autoren daher sowohl Ziele, Wege und Bausteine der Projektarbeit, als auch pädagogische und sozialwissenschaftliche Bezüge und Hintergründe des Praxisforschungsprojektes.

Einleitung

Christa Kleindienst-Cachay und *Steffen Bahlke* rekapitulieren in ihrem Beitrag den aktuellen sportwissenschaftlichen Forschungstand und mögliche Chancen der Integration von Mädchen und Frauen mit Migrationshintergrund in und durch den Sport. Sie schlagen dafür einen (system-) theoretischen Bezugsrahmen vor, der in der oftmals wenig systematischen Debatte um Sport und Integration bislang weitestgehend fehlt. Hinsichtlich der geringeren Sportbeteiligung von Mädchen und Frauen mit Migrationshintergrund beschreiben sie dabei ein Bündel von sich negativ addierenden Faktoren, das dieser Gruppe den Zugang zum organisierten Sport erheblich erschwert. Und dennoch kommen die Autoren, auch angesichts eigener empirischer Untersuchungen zur Sportsozialisation muslimischer Frauen in Deutschland, zu dem Schluss, dass die Chancen eines Sportengagements von Mädchen und Frauen mit Migrationshintergrund die Probleme und Hindernisse bei weitem überwiegen. Sie sehen es daher als eine zentrale Aufgabe an, durch spezifische Förderprogramme, die Chancen von jungen Migrantinnen im Sport weiter zu erhöhen.

Deutlich kritischer, wenn auch in erster Linie mit Fokus auf den Fußball, setzt sich *Gerd Dembowski* in seinem Beitrag mit der noch immer von „hegemonialer Männlichkeit" und „weißer Suprematie" geprägten Fußballkultur, der teilweise „rassifizierten" Integrationsdebatte in Deutschland und den nicht immer praxistauglichen Integrationskonzepten und -Maßnahmen der Sportverbände auseinander. Entgegen pauschalisierenden Bewertungen des Fußballs als ‚Integrationsmotor' bliebe die alltägliche Praxis sozialer Inklusion nur begrenzt medienwirksam vermittelbar und aus kulturhistorischer Perspektive ambivalent. Der Fußball bewege sich demnach stets zwischen den Polen Gemeinschaft und Gegnerschaft, Segregation und Integration, Kosmopolitismus und Nationalisierung und sei somit ein „Seismograph" gesellschaftlichen Wandels. In diesem Spannungsfeld müsse, so Dembowski, auch die bewusste Weiterentwicklung des Fußballs als Feld für soziale Inklusion betrachtet werden.

Der zweite Abschnitt des Bandes versammelt verschiedene Perspektiven, die über den Tellerrand der Projektarbeit hinausweisen. Hierzu gehören die bildungspolitischen Diskussionen um Inklusion und den Ausbau der Ganztagsschulen ebenso wie die Zukunft des freiwilligen Engagements und die Geschlechterdebatte im Sport.

Stefan Schache nimmt sich einer aktuellen bildungspolitischen Diskussion an und schärft in seinem Beitrag den Blick für die theoretischen Unterschiede zwischen den pädagogischen Konzepten Integration und Inklusion. Dies sei notwendig und produktiv, da Inklusion ebenso wie Integration zu einem „Alltagsbegriff mit unscharfen Konturen und mehrdeutigem Inhalt geworden" sei. Für eine Pädagogik der Vielfalt bedeute die Debatte um Inklusion nichts weniger als einen Paradigmenwechsel, hin zur Anerkennung vielfältiger individueller Bedürfnisse und

Kompetenzen, nach denen sich die Strukturen (z. B. Lern- und Bewegungssettings) richten müssen – und eben nicht anders herum. Zugleich bleibt diese „Vision einer inklusiven Gesellschaft" in der Praxis noch immer eine große Herausforderung. Mit dem „Selbstkonzept" als theoretischen Bezugspunkt, versucht Schache deshalb einen Brückenschlag zwischen Integration und Inklusion.

Bastian Kuhlmann betrachtet in seinem Beitrag den Wandel des freiwilligen Engagements in Deutschland und nimmt sich der Frage an, inwieweit der Qualifizierungsansatz von Fußball ohne Abseits Lösungen für die Herausforderungen des „neuen Ehrenamts" bieten kann. Hierzu gehören insbesondere eine stärkere Sozialraumorientierung der Qualifizierungsangebote, der Schritt in die Schulen und ein gezieltes Werben um junge Menschen mit Migrationshintergrund für Leitungsaufgaben.

Katharina Althoff und Ellen Koettelwesch beschäftigen sich mit der Bedeutung von Gender für die soziale Praxis des Sporttreibens von Kindern. Durch den Vergleich verschiedener Befunde zu geschlechtsspezifischen Unterschieden von Motiven und Orten kindlichen Sportengagements stellen sie fest, dass schon im Schulsport in der Grundschule soziale Konstruktionsmuster von Geschlecht wirksam sind und überkommene Geschlechterordnungen reproduziert werden. Insbesondere bei außerunterrichtlichen Sportangeboten erkennen sie jedoch auch vielfältige Potentiale, um Mädchen und Jungen individuell zu fördern. Abschließend diskutieren sie daher, welche Konsequenzen dies für die Inszenierung schulischer Fußball-Arbeitsgemeinschaften haben sollte und welche Bedeutung dabei geschlechtshomogenen Sporträumen zukommt.

Der nicht immer unproblematischen Kooperation von Schulen und Sportvereinen, die durch den Ausbau der Ganztagsschulen stark an Bedeutung gewonnen hat, widmet sich *Lea Segel* in ihrem Beitrag. Sie analysiert die Rahmenvereinbarungen von Schulbehörden und Landessportbünden und vergleicht sie mit den Erfahrungen von Praktikern aus dem Umfeld der Kooperationsprojekte. Daraus entwickelt sie Schlüsselfaktoren einer gelungenen Kooperation zwischen Schulen und Vereinen. Einen besonderen Fokus legt sie dabei auf die Frage, inwieweit die Schulsozialarbeit als Bindeglied zwischen Schule und Vereinen dienen kann.

Im dritten Teil des Bandes kommen Praktiker aus den Projekten zu Wort, berichten von ihren Erfahrungen und stellen Best-Practice Standorte vor.

Söhnke Vosgerau präsentiert die Ergebnisse einer 2011 für den DFB durchgeführten Evaluationsstudie zu den Mädchenfußballprojekten in Bremen, Nordrhein-Westfalen, Hessen und dem Saarland. Die projektübergreifenden Ergebnisse bestätigen dabei das integrierte Handlungskonzept von Fußball ohne Abseits, das auf verschiedenen Ebenen zur Integrationsarbeit im Sport beiträgt. Zum einen durch die Entwicklung einer ganzheitlichen Strategie, die sowohl die soziale Öffnung der Angebote in Schulen und Vereinen vorantreibt, um den Anteil von Mädchen mit Migrationshintergrund am Sport zu erhöhen. Zum anderen aber auch durch Qualifizierungsmaßnahmen und der Ausbildungen von jugendlichen Nachwuchstrainerinnen, die Brückenpositionen in den Sport interkulturell neu besetzen und damit die Rahmenbedingungen für den Mädchenfußball verändern. Die Verzahnung der verschiedenen Projektbausteine und der geschaffenen Strukturen sichert dabei die Nachhaltigkeit und Vernetzung der Angebote.

Anschließend beleuchten *Kerstin Pößiger* und *Söhnke Vosgerau* die erstaunliche Entwicklung des Projektes *MICK – Mädchen kicken mit* in Oldenburg, die verdeutlicht, welche Chancen das Projekt bietet, die Integration von Mädchen mit Migrationshintergrund durch Fußball und die lokale Sportentwicklung gleichermaßen voranzutreiben. *Martin Goerlich* befasst sich in seinem Beitrag aus Sicht des Übungsleiters mit den Unterschieden zwischen Vereinstraining und schulischen Arbeitsgemeinschaften. „AGs sind anders" und eröffnen Kindern neue Möglichkeiten, so sein Fazit.

In kurzen Portraits stellen *Birte Bergener, Tim Cassel, Ulf Gebken, Martin Goerlich, Bastian Kuhlmann, Janina Langenbach* und *Hannes Teetz* Beispiele guter Praxis vor. Anhand von kurzen Standortbeschreibungen verdeutlichen die Autoren darin unterschiedliche lokale Formen der Implementierung und Wirkungen der Projekte und führen so vor Augen, dass viele Wege zum Erfolg führen können.

Grundschulrektor *Hermann Städtler* berichtet im Interview mit *Söhnke Vosgerau* vom Schulalltag einer Brennpunktschule, dem Konzept der „Bewegten Schule" und der Bedeutung von Sport und Bewegung im Ganztagsprogramm, den Erfahrungen mit dem DFB-Modellprojekt und den Schwierigkeiten der Kooperation zwischen Schulen und Vereinen.

Abschließend richten *Ulf Gebken* und *Söhnke Vosgerau* noch einmal einen Blick zurück auf die Beiträge des Bandes und Ergebnisse und Erfahrungen der Projekte. Zugleich richten sie jedoch auch den Blick nach vorn, hin zu den Zukunftsaufgaben sozialer Projektarbeit im Sport.

Unser herzlicher Dank geht an alle an diesem Band beteiligten Autorinnen und Autoren, die Reihenherausgeber Prof. Dr. Nils Neuber und Prof. Dr. Michael Krüger für das Vertrauen, Carla Felgentreff für die sorgfältige Korrektur und den VS Verlag für Satz und Geduld. Wir möchten den vielen Menschen, die sich in den Projekten vor Ort engagieren, herzlich danken. Unser ganz besonderer Dank gilt Dr. Theo Zwanziger und Willi Hink (Deutscher Fußball-Bund), die trotz kräftigem ‚Gegenwind' die Projektidee von *Fußball ohne Abseits* mit auf den Weg gebracht haben. Widmen möchten wir dieses Buch dem im April 2012 zu früh verstorbenen Sportwissenschaftler Prof. Dr. Christian Wopp, der mit seinem visionären ‚Sport für alle' – Verständnis das Konzept für *Fußball ohne Abseits* maßgeblich mit geprägt hat.

Literatur

Becker, J., Wagner, U., & Christ, O. (2007). Nationalismus und Patriotismus als Ursache von Fremdenfeindlichkeit. In W. Heitmeyer (Hrsg.), *Deutsche Zustände. Folge 5* (S. 131–149). Frankfurt: Suhrkamp.

Bundesregierung (Hrsg.) (2007). *Der Nationale Integrationsplan. Neue Chancen – Neue Wege.* http://www.kmk.org/fileadmin/pdf/Bildung/AllgBildung/2007-10-18-nationaler-integrationsplan.pdf. Zugegriffen: 20. Feb. 2013.

Deutscher Olympischer Sportbund (DOSB). (2012). *Kurzporträt des Deutschen Olympischen Sportbundes.* http://www.dosb.de/de/organisation/philosophie. Zugegriffen: 20. März 2013

Deutscher Olympischer Sportbund (DOSB). (2013). *Sport ist der beste Integrationsmotor.* http://www.dosb.de/en/integration-durch-sport/aktuelles/detail/news/sport_ist_der_beste_integrationsmotor-1/. Zugegriffen: 20. März 2013.

Klein, G., & Meuser, M. (2008). Fußball, Politik, Vergemeinschaftung. Zur Einführung. In G. Klein & M. Meuser (Hrsg.), *Ernste Spiele. Zur politischen Soziologie des Fußballs* (S. 7–16). Bielefeld: Transcript.

Markovits, A. S., & Hellerman, S. L. (2002). *Im Abseits. Fußball in der amerikanischen Sportkultur.* Hamburg: Hamburger Edition.

Schmidt, W. (2008). Sozialstrukturelle Ungleichheit in Gesundheit und Bildung – Chancen des Sports. In W. Schmidt (Hrsg.), *Zweiter Deutscher Kinder- und Jugendsportbericht* (S. 43–61). Schorndorf: Hofmann.

Teil I
Hintergrund und Konzeption

Zehn Jahre *Ohmsteder Modell* – Hintergründe des Projektes von seinen Anfängen bis zur bundesweiten Umsetzung

Ulf Gebken

1 Erste Untersuchungen am Rennplatz

Alles beginnt mit einem Knall. Eigentlich wollten Schulleitung und Kollegium der neu gegründeten Integrierten Gesamtschule Flötenteich im Jahr 1996 lediglich mehr über die außerschulische Jugendarbeit im Stadtteil erfahren. Gemeinsam mit Sportwissenschaftlern der Carl-von-Ossietzky Universität Oldenburg sollte untersucht werden, wie durch die Kooperation mit der außerschulischen Jugendarbeit ein attraktiver Schulsport für die Sekundarstufe I entwickelt werden kann. Eine erste Erkundung führt in das benachbarte Jugendkulturzentrum *Kultus*. Schulleiter und Wissenschaftler nehmen in der Teestube der Einrichtung Platz, als das Sofa mit einem Knall zusammenbricht. Das Kulturzentrum am Rennplatz, die erste Adresse für Kinder- und Jugendarbeit im Stadtteil, befindet sich in einem sanierungsbedürftigen Zustand. Von attraktiver und zeitgemäßer Kinder- und Jugendarbeit kann keine Rede sein. Die drei Sozialarbeiter vor Ort beklagen zu Recht, dass ihre Arbeit und die hier lebenden, sozial benachteiligten Kinder und Jugendlichen, von der Öffentlichkeit und dem Gemeinwesen kaum wahrgenommen werden. Das Sofa wird zum Symbol für den Zustand eines gesamten Stadtviertels und zum Ausgangspunkt für die Entwicklung des *Ohmsteder Modells*, dem konzeptionellen Wegbereiter von *Fußball ohne Abseits*.

Im Rahmen eines sportpädagogischen Seminars untersuchen im Sommersemester 1996 Lehrkräfte und Studierende die Spiel- und Bewegungsmöglichkeiten von Kindern und Jugendlichen im Umfeld der IGS. Im Mittelpunkt stehen Fragen

---

U. Gebken (✉)
Institut „Integration durch Sport und Bildung", Carl-von-Ossietzky Universität Oldenburg,
Marie-Curie-Straße 1,
26129 Oldenburg, Deutschland
E-Mail: ulf.gebken@uni-oldenburg.de

U. Gebken, S. Vosgerau (Hrsg.), *Fußball ohne Abseits,* Bildung und Sport 4,
DOI 10.1007/978-3-531-19763-0_2, © Springer Fachmedien Wiesbaden 2014

wie: „Welchen Spielwert haben die Spielräume und -plätze? Wie werden sie genutzt und wer nutzt sie? Welche Sportangebote im Stadtteil sprechen Kinder- und Jugendliche an?" Die Ergebnisse sind ernüchternd und verdeutlichen, unter welchen schwierigen Rahmenbedingungen die Kinder und Jugendliche vor Ort aufwachsen. Zusammenfassend, stellen die Studierenden fest, lässt sich das Rennplatzviertel als jung, arm, multikulturell, abgeschottet und stigmatisiert charakterisieren. Soziale Unsicherheit, Fluktuation und Ausgrenzung prägen die Lebenswelt der benachbarten Großsiedlung Rennplatz: Hohe Arbeitslosigkeit und Sozialhilfedichte, erhöhte Kriminalität und kurze Mietbindungen sind nur einige der Indikatoren. Mehr als 1.200 Menschen leben hier in 450 beengten Wohnungen des sozialen Wohnungsbaus. Die Einwohner mit deutscher Muttersprache sind in der Mehrzahl Sozialhilfeempfänger oder erhalten Unterstützung nach dem Arbeitsfördergesetz. Viele alleinerziehende Frauen leben ohne klare Sorgerechts- und Unterhaltsregelungen (vgl. Gebken und Rosenthal 2000). Das Wohngebiet wird auch von der Jugendhilfeplanung als „problembelastet" eingeschätzt (Gebken 2007). Sogenannte „soziale Aufsteiger" verlassen das Viertel, sobald sich ihre Lebenssituation finanziell verbessert hat. Viele der hier lebenden Kinder und Jugendlichen, darunter im Jahr 1999 über 70 % aus Familien mit Migrationshintergrund, nehmen am außerschulischen öffentlichen Leben nur bedingt teil. Vandalismus und Müll schränken den Spielwert der Spielplätze und -räume ein. Außerschulische Bewegungsangebote finden sich nur in Form der an den Wettkampfspielen teilnehmenden Jungenmannschaften des Fußballvereins. Allerdings können nur 32 % der im Viertel lebenden Eltern ihren Kindern die Teilnahme am Sportverein finanziell ermöglichen (Dahlmann 2000). Besonders besorgniserregend ist die Situation für die Mädchen des Quartiers: für sie gibt es überhaupt keine besonderen Bewegungsangebote. Die Ergebnisse führen zu regen Diskussionen im Seminar und in der Öffentlichkeit. „Der Rennplatz gleicht der Bronx", titelt die lokale Presse und macht sich Sorgen um die „nach Schulschluss vergessenen Kinder" (vgl. Gebken und Rosenthal 2000).

Die neue Aufmerksamkeit für die Probleme des Stadtviertels führen 1997 im Rahmen einer Stadtteilkonferenz zu einer Intensivierung der Zusammenarbeit von Schulen, Vereinen, Jugendhilfe, Kirchengemeinde, Wohnungsbaugesellschaft, Politik und Verwaltung. Die Vertreter/innen der unterschiedlichen Einrichtungen lernen sich kennen, informieren sich über die bestehenden Einrichtungen, Projekte und verstehen sich als Lobby für den Stadtteil. Zu den direkten Folgewirkungen gehören zunächst verstärkte Investitionen in die lokale Infrastruktur im Stadtteil, wie die Gemeinwesenarbeit, die Ausstattung der Schulen und Spielräume. Dazu gehören Bolzplätze, Skaterrampen, ein Kunstrasenplatz, Spielplätze und institutionsübergreifende Projekte, die von der Hausaufgabenhilfe, Theaterprojekten für Kinder und Jugendliche, einer Kleiderkammer für bedürftige Menschen und bis zu einem regelmäßigen Stadtteilfest reichen. Eine Schlüsselfunktion im Vernetzungsprozess übernimmt mit dem 1. FC Ohmstede ein Fußballverein. Fußball-Angebote in den Schulen und in Zusammenarbeit mit weiteren Trägern der Jugendarbeit entstehen und bewirken eine wachsende Akzeptanz und Wahrnehmung des Fußballvereins als eines wertvollen und gleichberechtigten Partners bei der Integration sozial benachteiligter Kinder und Jugendliche, mit positiven Folgen für den Stadtteil und den Verein. Die Mitgliederzahl der Jugendabteilung nimmt im Zeitraum von 1997 bis 2006 von 200 auf mehr als 600 zu. Aus fünf werden 23 am Punktspielbetrieb teilnehmende Jugendmannschaften.

Auch die involvierte Integrierte Gesamtschule Flötenteich verändert durch Vernetzung ihr Profil. Ein vielfältiges Angebot an schulischen Arbeitsgemeinschaften mit Formen des Abenteuersports, circensischen Bewegungskünsten, die Etablierung der Zirkusschule *Seifenblase*, Tanzformen und Trendsportformen erweitern das Bewegungsangebot im Stadtteil. Ein erstes Mitternachts-Basketballangebot wird entwickelt und eine Talentshow, in der die Schülerinnen und Schüler ihre Talente vorstellen, entsteht (vgl. Gebken und Meyer 2005). Unter dem Motto „Action in der Schule" wird das bewegungsbezogene Expertentum der Jugendlichen genutzt, um das schulische Angebot durch Schülerpartizipation zu erweitern. Diese bringen sich mit ihren Stärken in das Schulleben ein, übernehmen soziale Verantwortung, leiten Angebote im Schulleben an, organisieren Turniere, Wettkämpfe und Arbeitsgemeinschaften.

Die Untersuchungen wirken auch in die Universität und die Sportwissenschaft zurück. Das Ohmsteder Experiment ist eingebettet in die Entwicklung der Oldenburger Teamforschungskonzeption (vgl. Fichten et al. 2002). Diese stellt den Versuch dar, das universitäre „Einzelkämpfertum" zu überwinden und einen „Perspektivenwechsel" und „Praxiszugang" zu ermöglichen (Gebken und Nickel 2009). Die Teamforschung führt Studierende und Lehrer/innen in kleinen, möglichst heterogen zusammengesetzten Gruppen zusammen, um gemeinsam in einem mehrfachen Wechsel von Aktion und Reflexion eine „kleingearbeitete" Forschungsfrage auszuarbeiten. Ziel ist es, lokales, aber wissenschaftlichen Gütekriterien genügendes, Wissen zu produzieren, durch reflexive Distanz zum Unterrichtsalltag die eigene Berufspraxis bzw. bei Studierenden den zukünftigen Arbeitsplatz kritisch zu durchleuchten, und die Untersuchungsergebnisse für die Weiterentwicklung der Einrichtung bzw. des eigenen Unterrichts zu nutzen und so durch die Forschung zu einer qualitativen Verbesserung von Schule, Unterricht und Jugendarbeit beizutragen. Wesentlicher theoretischer Bezugspunkt ist das Konzept der Handlungsforschung (Altrichter und Posch 1998). Konkret bedeutet dies, neue wissenschaftliche Erkenntnisse über die Praxisfelder zu gewinnen und zur Verfügung zu stellen. Dies ist mit der Hoffnung verbunden, dass durch die Arbeit ein Professionalisierungsschub ausgelöst wird, der zum Aufbau einer dauerhaften forschenden Haltung gegenüber der Berufspraxis beiträgt. Das Ziel ist die Veränderung bzw. Verbesserung der Praxis und zugleich – auf einer Meta-Ebene – die Erweiterung wissenschaftlicher Erkenntnisse über Schule, Schul(sport)entwicklung, Jugendarbeit und Professionalisierung der Fachkräfte. Die Teamforschung ist insofern gleichermaßen an der Analyse der als forschungsrelevant empfundenen Situation, an Problemlösungen und Handlungsorientierungen sowie an wissenschaftlicher Erkenntnis interessiert. Durch die Teamforschung im Versuchslabor Ohmstede entsteht ein verstärktes Interesse und Bewusstsein für eine Sportpädagogik unter den Vorzeichen sozialer Ungleichheit und der durch Migration geprägten Stadtgesellschaften. So rückt auch die Sportbeteiligung von Mädchen aus Zuwanderfamilien in den Fokus, für die bislang kaum Sport- und Bewegungsangebote bestehen und die deshalb auch kaum in den Sportvereinen zu finden sind. Welche Ansätze sind geeignet, um diese Mädchen im Abseits zu erreichen? Welche Maßnahmen können die Sportsituation in sozialen Brennpunkten insgesamt verbessern? Als ein vielversprechender Ansatz wird die stärkere Vernetzung von Schulen und Vereinen auf Ebene von Fußball-AGs ausgemacht.

2 Mädchenfußball in Kooperation von Schul-AG und Sportverein

Fußball für Mädchen ist im Jahr 1999 nur fernab des Rennplatzes, in anderen Stadtteilen Oldenburgs möglich. In Kooperation mit dem 1. FC Ohmstede startet die Grundschule Ohmstede eine Schulfußball-AG für Mädchen. Die Klassenlehrer/innen der Schule bewerben das Angebot in der Schule. Im Rahmen der Arbeitsgemeinschaft wird nicht nur der Ball gekickt, sondern auch Polizistenticker, Brennball oder Kegelfußball gespielt. Die AG wird ein großer Erfolg und die Freude der jungen Mädchen am Fußball spricht sich bald herum. Weitere Teilnehmerinnen aus anderen Schulen stoßen dazu, erfreuen sich am gemeinsamen Spiel, werden selbstbewusster und besser und fordern, wenn auch bislang noch chancenlos, Jungenmannschaften zu Wettspielen heraus. Üben, Trainieren und ‚richtige' Spiele, gewinnen an Bedeutung. Um auch außerhalb der Schulsport-AG spielen zu können, klagen die Grundschülerinnen in ihrer Schule Mädchenfußballpausen ein. Und die männlichen Grundschüler nehmen das verbesserte Fußballkönnen ihrer Mitschülerinnen wahr und lassen die Mädchen immer häufiger inner- und außerhalb der Schule mitkicken. Mitten dabei bzw. vorneweg spielen dabei Mädchen mit türkischem oder osteuropäischem Hintergrund. Neue Übungsgruppen entstehen, Schule und Verein erweitern ihr Angebot. Fußballinteressierte Väter der Mädchen stellen sich als Übungsleiterlaien zur Verfügung. In Zusammenarbeit mit der Integrierten Gesamtschule Flötenteich, bildet die Carl-von-Ossietzky Universität Oldenburg pilotartig in kompakten dreitägigen Workshops Schulsportassistentinnen mit dem Schwerpunkt Fußball aus. Dies verbessert die Akzeptanz des Fußballs vieler Mädchen aus muslimischen Elternhäusern, deren Eltern nicht selten weibliche Bezugspersonen voraussetzen. Zusätzlich zu den AGs werden nun auch Turniere veranstaltet, die als schulübergreifende „Events" die Begeisterung der Mädchen auch auf die folgenden Schülerinnenjahrgänge übertragen. Den Verantwortlichen gelingt es darüber hinaus, die Organisation und den Ablauf der Turniere nicht auf die erfolgreichsten Teams zu fokussieren, sondern möglichst viele Oldenburger Grundschulen mit ihren Schülerinnen zum Mitspielen zu gewinnen. So nehmen auch die Schulen mit Mädchen aus bildungsfernen bzw. sportfernen Familien teil und kommen in den folgenden Jahren wieder. Die Entwicklung in Ohmstede gewinnt zunehmend an Dynamik (vgl. Tab. 1).

3 Das Ohmsteder Modell wird zum bundesweiten Modellprojekt

Das Ohmsteder ‚Experiment' verdeutlicht das Potential des Fußballs für die soziale Integration. Fußball ist bei Kindern und Jugendlichen, Mädchen und Jungen gleichermaßen beliebt. Das einfache Spiel mit zwei Toren und zwei Teams setzt Kräfte frei und verbindet die Menschen des marginalisierten Stadtteils. Dennoch existieren Hürden zum Fußball und dem organisierten Sport, insbesondere für Mädchen aus sozial schwachen und bildungsfernen Elternhäusern. Fußball-AGs nur für Mädchen bieten hier einen niederschwelligen und vertrauensstiftenden Rahmen. Die Grundschülerinnen sammeln Erfahrungen in der normalerweise von Jungen dominerten Sportart, gewinnen Selbstbewusstsein und Selbstvertrauen. Das Mädchenfußballexperiment in Ohmstede gelingt aber auch deshalb, weil Schlüsselpersonen aus den Schulen und Vereinen auf einer intensiveren Ebene zusammenarbeiten, die Entwicklung begleiten, Probleme abfedern und gemeinsam lösen können. So spielen entgegen den offiziellen FIFA-Regeln, die erst im Jahre 2012 geändert werden, in Ohmstede bereits seit dem Jahr 2005 Schülerinnen mit Kopftüchern selbstverständlich mit. Die positiven Erfahrungen, das Ausprobieren von Veränderungen und deren Reflexion, führen zu dem konzeptionellen Gerüst und Bausteinen des *Ohmsteder Modells*.

Ab Oktober 2006 wird das Konzept schließlich unter der Leitung von Dr. Ulf Gebken und Prof. Dr. Christian Wopp durch den Deutschen Fußball-Bund als dreijähriges Forschungsprojekt unter dem Namen *Soziale Integration von Mädchen*

Tab. 1 Die Entwicklung des Ohmsteder Modells

2002	Die erste Mädchenmannschaft im 1. FC Ohmstede wird gegründet und nimmt an den Punktspielen teil
2003	Die Schülerinnen der IGS organisieren, da es nur zwei Mädchenfußballmannschaften in Oldenburg gibt, ein Turnier für die Mädchenfußball-AGs. Sieben Teams aus fünf Schulen spielen mit
2004	Im 1. FC Ohmstede spielen nun vier Mädchenmannschaften, die größtenteils durch die Schul- AGs gewonnen werden konnten
2005	Die ersten jugendlichen Schülerinnen werden in dreitägigen Kompaktausbildungen zu Schulsportassistenten mit dem Schwerpunkt Fußball ausgebildet
2006	Die Schulen und der 1. FC Ohmstede setzen mit dem Verein *Jugendkulturarbeit* das Theaterstück „Muskeln wie wir" in Szene. Das Stück, das mitten in der Rennplatzsiedlung spielt, erhält viel Anerkennung, auch da es das vor allem unter vielen Migranten noch nicht typische und akzeptierte Fußballspielen von Mädchen thematisiert
2007	Der Oberbürgermeister der Stadt Oldenburg greift das *Ohmsteder Modell* auf und initiiert das integrative Fußballprojekt *MICK- Mädchen kicken mit* an sieben weiteren Grundschulen, in denen viele Kinder mit Migrationshintergrund zur Schule gehen
2008	Jugendliche der IGS Flötenteich leiten erste Fußball-AGs an den Grundschulen
2008	Die Schüler der IGS organisieren nun auch das erste Grundschulfußballturnier für Oldenburger Jungen. 25 Schulen spielen jedes Jahr mit
2008	Auf dem Sportplatz wird unter der Regie der IGS eine Börse für zu klein gewordene Fußballschuhe eingerichtet. Dies hilft den benachteiligten Kindern, bei den Schul- und Vereinsturnieren mitzuspielen
2009	An der Grundschule Nadorst findet das erste Mütter-Töchter-Turnier statt
2009	Durch die schulische Fußball-AG hat die IGS-Schülerin Rümeysa, die mit einem Sportkopftuch spielt, den Übergang in den Fußballverein geschafft. Inwieweit die Mädchen aus anderen Kulturen durch ihr Sporttreiben auch das Schulleben verändert hat, macht der Ohmsteder Beitrag von Drewniok (2009) aus der Zeitschrift Sportpädagogik deutlich: „Jetzt kann ich mitmachen"
2010	In Zusammenarbeit mit dem Jugendkulturverein werden die ersten europäischen jungen Freiwilligen (finanziert durch den Europäischen Freiwilligendienst) aus der Türkei, aus Italien, dem Baltikum zur Leitung in den Fußball-AGs einsetzt
2012	Im Ohmsteder Umfeld spielen Kinder und Jugendliche in 24 Mädchenmannschaften und in 44 Jungenmannschaften Fußball

durch Fußball erstmals bundesweit umgesetzt. Das Projekt betritt dabei Neuland in der sportwissenschaftlichen Forschung. An zehn Standorten, deren Lebensverhältnisse durch soziale Benachteiligung und soziale Exklusion geprägt sind, sollen Mädchen in Kooperation von Schule und Verein durch den Fußball gefördert werden. Die teilnehmenden Mädchen sollen Anerkennung und Gemeinschaftserlebnisse erfahren und lernen, sich in einer Gruppe einzufügen und zu etablieren. Ziel des Projektes ist es darüber hinaus, Mädchen über Fußball-AGs in der Schule für den Vereinssport zu gewinnen. Durch das Projekt sollen Schulen und Vereine miteinander kooperieren und sich vernetzen.

Die Ziele des Projektes werden zunächst in den drei Projektbausteinen Mädchenfußball-AG, Turniere und Fußball-Assistentinnenausbildungen, ab 2008 mit dem vierten Baustein Fußball-Camps umgesetzt. Die Bausteine stehen miteinander in Verbindung und ergänzen und bereichern sich gegenseitig. So profitieren etwa von den AGs sowohl die teilnehmenden Grundschülerinnen als auch die jugendlichen Mädchen durch den Perspektivwechsel in der Leitungsrolle.

Das Projekt kann in seiner ersten Phase nicht an allen Standorten der Zielsetzung entsprechend erfolgreich umgesetzt werden. Insbesondere die föderalen Strukturen wirken erschwerend, viele Gesprächspartner in zehn Bundesländern, auf Landes-, kommunaler, Verbands- und Vereinsebene müssen konsultiert werden. Die Fachgebiete Sport, Schulsport, Integration und Gleichstellung wollen eingebunden und informiert werden. Die Herausforderungen reichen von ungeeigneten oder sanierungsbedürftigen Turnhallen (zum Beispiel darf in der Stadt Leipzig nur in 50 % der Turnhallen Fußball gespielt werden), Schulleitungen, die Mädchenfußball als ungeeignete Integrationsförderung einschätzen, bis zu fehlenden Sportplätzen im Sozialraum der Mädchen. Dennoch spornt die Begeisterung der teilnehmenden Mädchen die Verantwortlichen zu einem Ausbau der Projektarbeit an, denn der rollende Ball transportiert Lebensfreude in das Schulleben und den Sozialraum. Gemeinsam wird gespielt, gefeiert und manchmal auch geschimpft. Trotz der schwierigen Implementierung des Projektes im föderalen Kontext, erhält das Projekt bundesweit Beachtung. Mehrere Bundesländer und Städte initiieren ab 2008 eigene Projekte. In Niedersachsen greift das Niedersächsische Innenministerium das DFB-Konzept auf und setzt die Idee in acht Städten um. In den Jahren 2008 bis 2011 folgen die Bundesländer Nordrhein-Westfalen (*Mädchen mittendrin*), Hessen (*Bunter Mädchenfußball*), Saarland (*Golden Goal*), Bremen und Hamburg (*Laureus Kicking Girls*), Schleswig-Holstein (*Mädchen kicken cooler*), Berlin (*Alle kicken mit*) und Rheinland Pfalz. Die Folge sind zahlreiche Auszeichnungen auf unterschiedlichen Ebenen (vgl. Tab. 2).

Tab. 2 Auszeichnungen des Projekts

2008	Die Kultusministerkonferenz, die Sportministerkonferenz und die Integrationsministerkonferenz empfehlen das Konzept zur flächendeckenden Umsetzung
2009	Die Integrationsbeauftragte der Bundesregierung, Frau Prof. Dr. Maria Böhmer, stellt das Projekt als „Best-Practice-Beispiel" im Nationalen Integrationsplan vor
2009	Das Projekt im Rahmen eines Staatsbesuches dem Britischen Thronfolger Prinz Charles und seiner Frau Camilla vorgestellt
2009	Das niedersächsische Projekt erhält den Integrationspreis des Landes Niedersachsen
2010	Das Konzept wird vom Deutschen Olympischen Sportbund mit der Auszeichnung „Sterne des Sports" in Gold ausgezeichnet
2013	Zwischen 2008 und 2013 erhalten verschiedene lokale Standorte bedeutende Integrationspreise (Türkiyemspor Berlin 2008, Fridtjof-Nansen-Schule in Hannover 2009, Rhenania Hamborn 2009, Stadt Dietzenbach 2009, SV Gremberg-Humboldt in Köln, Rhenania Rothe Erde Aachen 2011, Grundschule Pastorenweg in Bremen 2012, Anne-Frank-Schule in Lüneburg 2012, Grundschule Pastorenweg in Bremen 2012, IGS Flötenteich/GS Nadorst 2012, Stüveschule in Osnabrück 2013 sowie die Comeniusschule Flensburg 2013

4 Gelingensbedingungen

Die Erfahrungen der Projekte zeigen, dass es geschlechtshomogenen Arbeitsgemeinschaften im Schulsport gelingen kann, Mädchen mit Migrationshintergrund für das Fußballspielen zu motivieren und in den Vereinssport zu überführen. Die Sportart Fußball besitzt durch ihre schichtübergreifende Mobilisierungs- und Begeisterungsfähigkeit einen enormen Aufforderungscharakter auch zur Beteiligung in den benachteiligten Milieus (vgl. Markovits 2011). Gute Leistungen von ethnischen Minoritäten im Sport bzw. im Fußball haben darüber hinaus einen emanzipatorischen Charakter. Sie stärken das Selbstbewusstsein, die Partizipation bzw. die Akzeptanz in der Gesellschaft. Der Fußball fungiert als Emanzipationshebel für viele migrantische Mädchen, denn geschlechtsspezifische und traditionelle Rollenbilder können aufgebrochen werden. Eine reibungslose Kooperation von Schulen und Vereinen ist jedoch nicht selbstverständlich. Schulen und Vereine verstehen sich als unterschiedliche Institutionen mit differenten Organisationsstrukturen, Arbeitsweisen und Zielen. Die Initiativen zur Förderung von Kooperationen zwischen Schule und Verein (z. B. der Landessportbünde) geben zwar Hinweise für ein gelingendes Umsetzen geplanter Maßnahmen, unterstützen jedoch nicht bei Kontaktaufnahme und Kommunikation. Auch hierbei konnten die Projekte einen oftmals entscheidenden Schritt weiterhelfen, um Schlüsselpersonen zu aktivieren, Netzwerke vor Ort zu spinnen und eine gelingende, nachhaltige Implementierung des Projektes zu gewährleisten. Aus den Evaluationen der nach dem *Ohmsteder Modell* entwickelten Projekte lassen sich acht zentrale Gelingensbedingungen extrahieren, die soziale Integration migrantischer Mädchen durch Fußball fördern und verbessern:

1. *In der Grundschule beginnen*
   Über die Grundschule lassen sich Mädchen mit Zuwanderungsgeschichte für den Fußballsport begeistern und binden. Hier können sie unbeschwert kicken und erste Erfolge sammeln. Der vertrauensbildende schulische Rahmen reduziert mögliche Bedenken und Einwände ihrer Eltern. Insbesondere muslimische Mütter und Väter erlauben und unterstützen das Fußballspielen ihrer Töchter nur, wenn es unter Aufsicht der Schule und geschlechtergetrennt organisiert wird.
2. *Die Mädchenfußball-AG: Kern der Kooperation von Grundschule und Verein*
   Um den weniger fußballerfahrenen und leistungsschwächeren Mädchen das Fußballspielen zu ermöglichen, ist das Angebot über eine von Vereinsexpertinnen geleitete AG sinnvoll. Hier können die Schülerinnen in einem geschützten Rahmen ihre ersten Tore erzielen, Pass-, Schusstechniken erlernen, ihr Positionsspiel verbessern und selbstbewusst Freude am gemeinsamen Spiel entwickeln. Separate Mädchenfußballpausen auf dem Schulhof, Klassen- und Schulturniere ermutigen Mädchen mitzuspielen.
3. *AGs brauchen Ziele: Wettkämpfe und Turniere*
   Fußball-AGs brauchen Ziele, die Mädchen fordern den Wettkampf, wollen sich messen und beweisen. Die Teilnahme an Spielen und Turnieren verändert das Leben in der AG: Die Mädchen agieren zielorientierter, beginnen auch Übungen zur Verbesserung ihrer taktischen und technischen Fähigkeiten und Fertigkeiten wertzuschätzen.
4. *Übergang der Mädchen in die Vereine begleiten – Eltern aktivieren*
   Der Übergang von der schulischen Arbeitsgemeinschaft in ein vereinsgebundenes Team ist kein Selbstläufer, sondern bedarf umsichtiger unterstützender Maßnahmen, damit das Ziel, Mitglied einer Fußballmannschaft zu werden, realisiert werden kann: Elterninformation, Elternabende, separate Umkleiden für die Mädchen, Trainingszeiten vor der einsetzenden Dämmerung, Beantragung der Spielerpässe, Lösung der Transportprobleme, Rücksichtnahme auf religiöse Regeln sowie die Finanzierung der Trikots und der Beiträge sind hier die wichtigsten Punkte.

5. *Stadtteilmanagement und Schulsozialarbeit als Netzwerkpartner nutzen*
   Neben den Sportlehrkräften und den Schulleitungen entwickeln sich Stadtteilmanagement und Schulsozialarbeit zu neuen und bedeutsamen Partnern der Sportvereine. Als Koordinatoren im Stadtteil und für den Ganztagsbetrieb suchen sie nach attraktiven außerunterrichtlichen Bewegungsangeboten und möglichen unterstützenden Netzwerkpartnern. Sie zeigen sich gegenüber den Auswirkungen der Kinderarmut sensibilisiert und suchen für diese Herausforderung auch nach Lösungen für den Vereinssport.
6. *Jugendliche Fußballassistentinnen qualifizieren und einbinden*
   Über das Prinzip „Ältere Schüler leiten jüngere Schüler an" lässt sich ein freiwilliges Engagement im Sport bereits früh fördern. Die älteren Mädchen werden dabei für die jüngeren Schülerinnen zu Vorbildern (vgl. Kuhlmann 2009). Darüber hinaus erwarten vor allem muslimische Eltern weibliche Bezugspersonen, die bisher im organisierten Fußball noch unterrepräsentiert sind. Einsatzmöglichkeiten für die Assistentinnen bieten sich nicht nur in den Fußballgruppen in der Schule, sondern auch im Verein sowie bei der Planung und Organisation von Schulturnieren und -wettkämpfen an.
7. *Interkulturelles Wissen und religiöse Regeln beachten*
   Für ein gleichberechtigtes Miteinander wird es immer wichtiger sein, über interkulturelles Wissen zu verfügen, um andere Kulturen mit ihren Gewohnheiten und Einstellungen besser zu verstehen und erfolgreich handeln zu können. Den Alltag beeinflussen dabei auch religiöse Rituale und Traditionen, indem sie Regeln für zwischenmenschliche und zwischengeschlechtliche Beziehungen aufstellen. Gerade der Sport ist aufgrund seines Körperbezugs ein besonders sensibles Feld. Vereine sollten daher ihre interkulturelle Öffnung weiter vorantreiben.
8. *Durch Mädchenfußball emanzipieren*
   Fußball spielende migrantische Schülerinnen fallen nicht nur durch ihre Begeisterung, ihre Einsatzfreude und ihre Selbstbewusstseinsentwicklung auf, sondern tragen auch ein verändertes Rollenverhalten in die Schule, das sich auch bei den Jungen bemerkbar macht. Sie erobern klassisch jungendominierte Räume und stellen traditionelle Geschlechterverständnisse in Frage. Dennoch sollten Unterschiede in einer geschlechtssensiblen Vermittlung beachtet werden. Viel mehr als Fußball spielende Jungen tauschen sich Mädchen miteinander über ihre Befindlichkeiten aus, klären ihre Konflikte in Gesprächen oder bevorzugen das Spielen mit den besten Freundinnen und ihrer Peergroup.

5 Und die weitere Entwicklung in Ohmstede?

Die sozialen Herausforderungen in Ohmstede bleiben auch mehr als zehn Jahre nach der Entwicklung des Ohmsteder Modells bestehen. Insgesamt hat der Anteil an Kindern aus bildungsfernen Elternhäusern im Stadtteil weiter zugenommen. Strukturelle Benachteiligung lässt sich nicht allein durch schulische Maßnahmen ausgleichen. Auch Koordinationsschwierigkeiten und mangelndes Körperbewusstsein der Kinder nehmen zu, so die Rückmeldungen der Schulen. Unkonzentrierte Schüler/innen mit visuellen oder auditiven Wahrnehmungsschwächen können im Unterricht nicht ausreichend mitarbeiten. Auch sozial-emotionale Störungen treten vermehrt auf. Kinder leiden unter ihrer Heimatlosigkeit oder den unklaren Familienverhältnissen zu Hause, sind materiell wie emotional verwahrlost und in ihrer Sozialfähigkeit gestört. Einheimische und Zuwanderer haben noch immer wenig Kontakt. Wenn überhaupt Spielkontakte bestehen, dann nur zu anderen z. B. russischstämmigen Familien aus dem gleichen Wohnblock. Auch gelingt es von Seiten der Schulen nur selten, Eltern in die Schule zu locken. Nur wenn die Kinder z. B. an Aufführungen oder Turnieren beteiligt sind, können integrative Prozesse ansatzweise erreicht werden. Das gemeinsame Erleben und der Stolz auf die Kinder verbinden und schaffen eine lockere Atmosphäre.

Der Mädchenfußball in Oldenburg-Ohmstede erhält auf unterschiedlichen Ebenen Zuspruch und Unterstützung. Zum einen entdecken und fördern Frauenfördervereinigungen wie *ZONTA* oder die *Soroptimisten* den Mädchenfußball. So können Fußballtore, Bälle und Trikotsätze angeschafft werden. Auch die Trainingsmöglichkeiten verbessern sich schrittweise. Die Bundeswehr gibt vor Ort eine Kaserne mit einem Fußballplatz auf, der nun ausschließlich von Mädchen und Frauen genutzt wird. Durch die Unterstützung von Sponsoren gelingt es, ein Vereinsheim mit Platz für den Mädchenfußball des 1. FC Ohmstede zu bauen und zu finanzieren. Mitglieder der Bundes- und Landesregierung besuchen Ohmstede und fördern dessen öffentliche Wahrnehmung. Die hohe Aufmerksamkeit zu Gunsten des Mädchenfußballs führt aber auch zu Spannungen im Verein: „Warum bekommen die Mädchen diese große öffentliche Aufmerksamkeit?", „Warum haben die Mädchen eigenen Sportplatz?" Proteste aus den Jungen- und Männermannschaften verdeutlichen, wie schwer es den von Männern geprägten traditionellen Fußballvereinen weiterhin fällt, sich ein „weiblicheres" Profil zu geben. Die Jahreshauptversammlung erinnert an die Förderung des eigentlichen Aushängeschildes des Vereins, der ersten Herrenmannschaft, die den Abstieg aus der Bezirksliga vermeiden sollte. So wird die Infrastruktur nicht auf die Gewinnung weiterer fußballspielender Mädchen und eine Profilierung durch den Mädchenfußball, sondern auf den Erhalt und die Kontinuität des Jungen- und Männerfußballs ausgerichtet.

Aber auch die Ziele und Erwartungen an den Mädchenfußball im Verein verändern sich. Mit der Verstetigung des Ohmsteder Mädchenfußballs nimmt die Bedeutung von individuellem Talent, Torerfolgen, Siegen und Meisterschaften bei den Beteiligten zu. Zudem übernehmen im Sport ehrgeizige Eltern Übungsleitertätigkeiten im Mädchenfußball und verdrängen in den Übungsgruppen die jugendlichen Fußballassistentinnen. Neben dem Anspruch, viele Mädchen mitspielen zu lassen, gewinnt der Aufstieg in höhere Leistungsklassen an Bedeutung. Nur wer Erfolg hat, bleibt der Sportart treu. Leistungsschwächere Mädchen spielen in den Vereinsteams dagegen selten dauerhaft mit. Negative Erlebnisse führen vor allem bei den durch ihre Eltern selten unterstützten sozial benachteiligten Kindern und Jugendlichen zum Ausstieg aus dem Fußballsport. Der „Dropout" wird durch den schulischen Übergang von der Primar- zur Sekundarstufe in Klasse 5 verstärkt. Der Schulwechsel lockert die Bindungen der in der Grundschulzeit gebildeten Mannschaft. Der Kontakt der Mannschaftsmitglieder reduziert sich auf das gemeinsame Training und die Teilnahme an den Punktspielen. Insofern tritt das *Ohmsteder Modell* mit seinem sozialen Profil nun in Konkurrenz zu einem zunehmend erfolgreicheren, am traditionellen Wettkampfverständnis orientierten Mädchenfußball, dessen Aufstieg in Oldenburg es durch sein Konzept erst mit möglich gemacht hat. In den beteiligten Schulen der Integrierten Gesamtschule Flötenteich und der Grundschule Nadorst wird dennoch an der Perspektive des *Ohmsteder Modells* festgehalten. In AGs und Turnieren sind weiterhin viele Mädchen mit großer Begeisterung am Ball. 2012 konnten beide Schulen vor allem aufgrund des Engagements ihrer jugendlichen AG-Leiterinnen den Integrationspreis des Deutschen Fußball-Bundes und von Mercedes Benz entgegennehmen.

Literatur

Altrichter, H., & Posch, P. (1998). *Lehrer erforschen ihren Unterricht. Eine Einführung in die Methoden der Aktionsforschung* (3. Aufl.). Bad Heilbrunn: Klinkhardt.
Dahlmann, A. (2000). Mittendrin oder nur dabei? Benachteiligung von armen Kindern in Sport und Bewegung. *Olympische Jugend, 45*(12), 8–9.
Drewniok, B. (2009). „Jetzt kann ich mitmachen!". *Sportpädagogik, 33*(5), 17–19.
Fichten, W., Gebken, U., Meyer, H., & Junghans, C. (2002). *Einführung in die Oldenburger Teamforschung. Oldenburger VORDRUCKE Nr. 451.* Oldenburg: Didaktisches Zentrum.
Gebken, U. (2007). *Soziale Integration durch Mädchenfußball. Erfahrungen und Ergebnisse in Oldenburg-Ohmstede.* Oldenburg: Didaktisches Zentrum der Carl-von-Ossietzky Universität Oldenburg.
Gebken, U., & Meyer, A. (2005). Die Talentshow – ein Projekt auch für Sportmuffel. *Sportpädagogik, 29*(2), 13–15.

Gebken, U., & Nickel, F. (2009). Sportpädagogische Teamforschung in Schule und außerschulischen Institutionen. In M. Hietge & N. Neuber (Hrsg.), *Evaluation im Schulsport* (S. 70–82). Münster: Waxmann.

Gebken, U., & Rosenthal, W. (2000). Vernetzung der Arbeit von Schule, Jugendhilfe und Vereinen. In H. Kiper & D. Spindler (Hrsg.), *Lernen in der Pubertät* (S. 65–70). Oldenburg: Didaktisches Zentrum.

Kuhlmann, B. (2009). Von der Schülerin zur Trainerin. *Sportpädagogik, 33*(5), 24–28.

Markovits, A. (2011). *Sport: Motor und Impulssystem für Emanzipation und Diskriminierung.* Wien: Picus.

Teilhabe, Empowerment, Anerkennung – Hintergrund, Ziele und Konzept des Praxisforschungsprojekts Fußball ohne Abseits.

Ulf Gebken und Söhnke Vosgerau

1 Einleitung

Die Idee zu *Fußball ohne Abseits* entwickelte sich vor mehr als zehn Jahren aus einer Initiative von Lehrkräften, Studierenden und Vereinsvertretern in einem Brennpunkt-Viertel im niedersächsischen Oldenburg. Seitdem hat sich das *Ohmsteder Modell* (vgl. Gebken i. d. B.) auch durch die Unterstützung des Deutschen Fußball-Bundes (DFB) zu einem Vorbild für Projekte bundesweit entwickelt. Die unterschiedlichen regionalen Projekte in Nordrhein-Westfalen, Hamburg, Bremen, Berlin, dem Saarland oder Schleswig-Holstein verbinden dabei ihre gemeinsamen Ziele und ihr Konzept.

Die Projekte richten sich an Grundschülerinnen aus Stadtteilen, die durch prekäre ökonomische und soziale Verhältnisse geprägt sind und zugleich einen hohen Anteil von Bewohner/innen mit Migrationshintergrund aufweisen. Die durch das Projekt angesprochenen Mädchen sind oft gleich in mehrfacher Hinsicht gesellschaftlich benachteiligt. Neben ökonomische und soziale Probleme treten geschlechts-, bildungs-, und migrationsbedingte Benachteiligungen, verweigerte gesellschaftliche Anerkennung und sozialräumliche „Ortseffekte" (vgl. Bourdieu 2005), die desintegrativen Prozessen sozialer und kultureller Selbst- und Fremdexklusion Auftrieb geben und die Chancen für soziale Mobilität und Integration einschränken. Diesen negativen Dynamiken der Marginalisierung, Wechselwir-

---

U. Gebken (✉) · S. Vosgerau
Institut „Integration durch Sport und Bildung", Carl-von-Ossietzky Universität Oldenburg,
Marie-Curie-Straße 1,
26129 Oldenburg, Deutschland
E-Mail: ulf.gebken@uni-oldenburg.de

S. Vosgerau
E-Mail: arndt.soehnke.vosgerau@uni-oldenburg.de

kungen verschiedener Dimensionen von Ungleichheit und Formen der Diskriminierung, wird unter dem Stichwort der Intersektionalität in jüngerer Zeit in der sozialwissenschaftlichen und pädagogischen (Geschlechter-) Forschung, bislang jedoch seltener in der Sportwissenschaft, größere Aufmerksamkeit gewidmet (vgl. Lutz und Leiprecht 2005).

Es verwundert jedoch kaum, dass sich Intersektionalität auch in der Freizeitgestaltung von Kindern und Jugendlichen, der Ausprägung von Bewegungs- und Bildungsbiografien und der Beteiligung am organisierten Sport fortsetzt. Kinder und Jugendliche aus bildungsfernen Familien mit niedrigem sozialökonomischem Status sind seltener und kürzer im Sportverein als ihre bessergestellten Altersgenossen und insbesondere Mädchen mit Migrationshintergrund sind im organisierten Sport deutlich unterrepräsentiert. Diese Kinder und Jugendliche befinden sich abseits der besetzten Sporträume wieder, weil es ihnen an der Unterstützung durch Eltern oder Lehrer/innen mangelt oder keine adäquaten Angebote in ihrer Nachbarschaft vorhanden sind.

Der grundsätzliche Stellenwert von Sport, Spiel und Bewegung für die körperlich-motorische und psychosoziale Entwicklung von Kindern und Jugendlichen ist unbestritten (vgl. Schmidt 2008b). Sport gilt für Mädchen und Jungen gleichermaßen als Ressource für Gesundheit, Persönlichkeitsentwicklung und soziale Integration, was die anhaltende und herausragende gesellschafts-, sport- und bildungspolitische Bedeutung des klassischen sportpolitischen Leitbilds eines „Sports für alle" unterstreicht (vgl. Schmidt 2008a, S. 56). Als Ort sekundärer Sozialisation ist der Sport auch ein pädagogisches Feld, das für Integration und Inklusion potentielle Chancen bereit hält. Die Frage scheint daher, inwieweit Intersektionalität und soziale und kulturelle Heterogenität die Grundlage oder Ausgangsbasis für eine (Sport-) Pädagogik der Vielfalt sein können bzw. müssen, um Integration im Sport zu ermöglichen (vgl. Lutz und Leiprecht 2005). Damit einher geht die Abkehr von einem statischen Verständnis von Integration als Praxis der Assimilation, hin zu einem dynamischen Integrationsbegriff, der Integration als beständigen, mehrdimensionalen und wechselseitigen Interaktionsprozess versteht, der die unterschiedlichen Ressourcen, Bedürfnisse und Kompetenzen der Betroffenen zum Thema macht und sich im praktischen Handeln vollzieht. Hier können Sport und Bewegung zu wichtigen Bestandteilen eines erweiterten Bildungsverständnisses werden, das neben formalen auch non-formale und informelle Bildungsprozesse und Settings einbezieht (vgl. Neuber 2011).

Inwieweit die Kinder- und Jugendarbeit von Sportvereinen in der Lage ist, den wachsenden Ansprüchen gerecht zu werden und die vorhandenen Entwicklungspotentiale auch auszuschöpfen, ist bereits kritisch diskutiert worden (vgl. Brettschneider und Kleine 2002). Die positiven Effekte des Sports treten nicht automatisch ein, sondern bedürfen besonderer Inszenierungsformen und Kompetenzen der anleitenden Personen und Institutionen (Brettschneider und Kleine 2002). Insofern müssen auch vorschnelle Überschätzungen des organisierten Sports als „Integrationsmotor" (DOSB 2013) als naiv bzw. sogar kontraproduktiv bezeichnet werden, wenn sie lediglich dazu führen, den Status Quo zu verteidigen oder von einer unzureichenden gesamtgesellschaftlichen Integrationspolitik abzulenken. Zwar verdeutlichen die weiterhin hohen Organisationsgrade von Kindern und Jugendlichen im organisierten Sport insgesamt, dass der Sport noch immer die „unangefochtene Nr. 1 der außerschulischen Kinder- und Jugendarbeit ist" (Schmidt 2008a, S. 57). Diesem prominenten „Argument der großen Zahl" (Braun 2011, S. 11) laufen jedoch die „kleinen Zahlen", die Beteiligungsquoten der Risikogruppen, noch immer diametral entgegen, so dass es weiterhin geboten scheint, nach Verbesserungen der Zugangschancen zum Sport zu suchen.

Es bleibt daher eine Zukunftsaufgabe des organisierten Sports, sich den Veränderungen und Herausforderungen kindlicher und jugendlicher Lebenswelten und Bewegungskulturen in der Migrationsgesellschaft anzunehmen, um die Entwicklungs- und Integrationspotentiale des Sports zu fördern. Integration ist somit auch eine Forderung nach strukturellen Veränderungen und Weiterentwicklungen in der Verbands- und Vereinslandschaft. Dazu gehört auch eine zunehmende Verflechtung mit anderen Bildungspartnern wie Schulen oder Trägern der außerschulischen Jugendarbeit.

Fußball ohne Abseits will das Spiel nicht neu erfinden, aber die ‚Spielregeln' verändern, um Mädchen den Weg zum Sport zu erleichtern. Den Projekten geht es daher nicht nur darum, bestehende Probleme zu benennen und zu analysieren, sondern im Sinne der Praxisforschung auch nach praktikablen Wegen und Lösungen zu suchen. Gemeinsamer Ansatz der Projekte ist es deshalb, Mädchen durch Fußball-Arbeitsgemeinschaften (AGs) an ihren Schulen, Turniere, Fußballassistentinnenausbildungen und Freizeit-Camps, einen niederschwelligen Einstieg in den Sport zu ermöglichen, Teilhabe, freiwilliges Engagement und Anerkennung im und durch den Sport zu fördern und ihre Persönlichkeitsentwicklung und Sportsozialisation positiv zu beeinflussen. Die Basis des Projektes bildet dabei die Initiierung von lokalen Kooperationen zwischen benachbarten Schulen und Sportvereinen, die gerade in sozialen Brennpunkten trotz existierender Kooperationsprogramme oft noch zu wenig zusammenarbeiten. Das Projekt möchte so dazu beitragen, die soziale und kulturelle Öffnung der Vereine voranzutreiben und Strukturen aufzubauen, durch die dem Ideal eines ‚Sports für alle' ein Stück näher gekommen werden kann.

Im Folgenden soll Aufschluss über den Hintergrund und die Problemstellungen des Projektes gegeben und Lösungsansätze skizziert werden.[1] Zunächst werden daher die spezifischen gesellschaftlichen, sozialen und sportpolitischen Probleme und Herausforderungen umrissen, denen das Projekt begegnen möchte. Anschließend werden Leitbild und Ziele des Projektes und die Bausteine des Projektkonzeptes vorgestellt. Abschließend werden die unterschiedlichen Wege und theoretischen Bezüge des Projektes skizziert.

2 Herausforderungen und Perspektiven

Fußball ohne Abseits steht als Sammelbegriff für ein gemeinsames Konzept und verschiedene soziale Projekte im Sport, die Interventionen in urbanen Räumen konzipieren und umsetzen. Zugleich ist es durch seine universitäre Einbettung auch ein Forschungsprojekt, das zur wissenschaftlichen Auseinandersetzung mit den gesellschaftlichen Herausforderungen des Sports beitragen möchte. Als sozialräumlich orientiertes Projekt soll es einerseits durch sein integriertes Handlungskonzept Veränderungen anstoßen, Engagement und Teilhabe fördern, Partnerschaften initiieren und nach lokalen Lösungen für lokale Probleme suchen. In dieser Hinsicht folgt das Projekt einem pragmatischen Ansatz, der auf der Anerkennung lokalem ‚Expertenwissens' und der Einbeziehung lokaler Akteure und Netzwerke beruht. Andererseits agieren die Projekte an einer Schnittstelle unterschiedlich gelagerter gesellschaftlicher, sozialer und sport- und bildungspolitischer Herausforderungen, zu denen insbesondere der demografische Wandel, die kontroverse Diskussion um Migration und Integration in Deutschland, die problematische Beteiligung von Mädchen mit Migrationshintergrund am Sport, die Verdichtung sozialer Problemlagen in urbanen Stadtvierteln und die Entwicklung des Frauenfußballs, gezählt werden können. So sollen die Erfahrungen und Erkenntnisse dazu genutzt werden um Perspektiven und Lösungsansätze aufzuzeigen und sich zu diesen übergreifenden Fragen zu positionieren. Der ‚Doppelcharakter', als soziales bzw. praxisorientiertes und universitäres bzw. analytisches Projekt ermöglicht dabei eine Verbindung Makro- und Mikroebene, ein In-Beziehung-Setzen von gesellschaftlichen Fragestellungen und konkreten lokalen Problemen und möglichen Lösungsstrategien.

---

[1] Evaluationsergebnisse und eine vorläufige Bilanz finden sich bei Vosgerau und Gebken in diesem Band.

2.1 Demografischer Wandel und organisierter Sport

In Deutschland leben immer weniger, immer ältere und immer mehr Menschen mit Zuwanderungsgeschichte. Als Hauptursachen dafür gelten insbesondere der Geburtenrückgang, eine stetig steigende Lebenserwartung und die Zuwanderung nach Deutschland. Letztere trug jedoch zusammen mit der generellen Trägheit demografischer Phänomene und dem regional sehr unterschiedlichen Entwicklungsverlauf lange zur Verschleierung der demografischen Herausforderungen bei, so dass sich erst seit der Jahrtausendwende ein erhöhtes Problembewusstsein für die Folgen des sogenannten „demografischen Wandels" entwickelt hat (vgl. Steinbach und Hartmann 2007, S. 224). Schrumpfung, Alterung und Pluralisierung der Gesellschaft stellen dabei nicht nur die Politik, sondern auch zivilgesellschaftliche Akteure und althergebrachte Strukturen vor große Herausforderungen. Dies betrifft nicht nur die Wirtschaft, den Arbeitsmarkt, das Bildungs- und die sozialen Sicherungssysteme wie Krankenkassen oder Rentenversicherungen, sondern auch Einrichtungen des kulturellen Lebens wie den organisierten Sport.

In einer Prognose der Mitgliederentwicklung des Deutschen Olympischen Sportbund (DOSB) stellten Steinbach und Hartmann bereits 2007 fest, dass sich „das Gesicht des organisierten Sports in den kommenden Jahrzehnten erheblich verändern wird" (Steinbach und Hartmann 2007, S. 237). Insgesamt sei im DOSB bis 2030 zwar lediglich mit „einem moderaten absoluten Mitgliederverlust", jedoch mit einem „erheblichem Wandel der Altersstruktur zu rechnen" (Steinbach und Hartmann 2007, S. 237), der sich zudem regional, sportart- oder vereinstypspezifisch sehr unterschiedlich auswirke. Während der Seniorensport demnach an Bedeutung stark zunimmt, brechen die Mitgliederzahlen bei den unter 60-Jährigen der wahrscheinlich um mehr als ein Fünftel ein (vgl. Steinbach und Hartmann 2007, S. 232). Besonders stark vom Mitgliederrückgang betroffen sei die Altersgruppe der 7- bis 14-Jährigen.[2]

Trotz dieser alarmierenden Prognosen und den starken Wechselwirkungen der demografischen Entwicklung mit anderen Problemfeldern der Vereine (z. B. der Gewinnung von ehrenamtlichen Funktionärsträgern oder Übungsleiter/Innen), tendieren noch immer viele „Sportvereine zu einer Unterschätzung des demographischen Wandels und seiner Auswirkungen" und laufen somit „Gefahr, auf diese zentrale gesellschaftliche Veränderung nicht hinreichend vorbereitet zu sein" (Breuer 2006, S. 3). Im Rahmen des Sportentwicklungsberichts 2005/2006 stellt

---

[2] Die Prognose von Steinbach und Hartmann aus dem Jahr 2006 wird durch reale Mitgliederentwicklung im DOSB weitestgehend bestätigt, wobei darüber hinaus auch die Altersgruppe der 27- bis 40-Jährigen von deutlichen Mitgliederrückgängen betroffen ist (vgl. DOSB 2011, S. 11).

Breuer (2006) fest, dass sich bereits 45 % der Sportvereine Deutschlands akut vom demografischen Wandel betroffen sehen, 1,7 % (regional bis zu 6,7 %) der Sportvereine seien bereits in ihrer Existenz bedroht. Allerdings wirken sich die unterschiedlichen Merkmale des demografischen Wandels in Deutschland regional sehr unterschiedlich aus, so dass sich ein heterogenes Bild der Problemlagen der Vereine ergibt. Während sich die Vereine im Osten Deutschlands bereits stark vom Bevölkerungsrückgang beeinträchtigt sehen, spielt für westdeutsche Vereine die Integration von Migrantinnen und Migranten eine größere Rolle.

Städte und Kommunen, Sportverbände und Vereine müssen sich daher fragen, inwieweit sie von den Veränderungen betroffen sind, und mit welchen Konzepten und Strategien sie auf den demografischen Strukturwandel reagieren können. Eine „demographiesensible Sportentwicklung" (DOSB 2007) ist in den letzten Jahren als wichtiges Anliegen der Verbandspolitik der Dachverbände des deutschen Sports und der kommunalen Sportpolitik propagiert worden.[3] Trotz der negativen Prognosen bleibt die „Bestandserhaltung" bislang das vorrangige Ziel der Verbandspolitik.[4] Diese ist jedoch, wie Steinbach und Hartmann betonen, „nur mithilfe einer verstärkten Inklusion spezieller Bevölkerungsgruppierungen umsetzbar" (Steinbach und Hartmann 2007, S, 238), deren Organisationsgrad im Sport noch potentiell erhöht werden kann. Insbesondere Senioren, Mädchen und junge Frauen, Menschen mit Migrationshintergrund und „bildungsferne Schichten" rückten damit in den Fokus sport- und verbandspolitischer Maßnahmen (DOSB 2007).

Hinsichtlich der zukünftigen Mitgliedergewinnung empfiehlt der DOSB seinen Vereinen deshalb „Sportarten und Vereinsangebot altersgemäß und zielgruppenorientiert" auszurichten und mit „neuen Kooperationspartnern" weiterzuentwickeln, „neue Zielgruppen durch die Zusammenarbeit mit anderen gesellschaftlichen Akteuren" insbesondere „in urbanen Ballungsräumen und im Osten" zu gewinnen und zu binden (DOSB 2011, S. 26). Hindernisse sieht der Verband dagegen

---

[3] Eine zwischen den Jahren 2005 und 2007 eingesetzte Projektgruppe des DOSB (2007) empfahl deshalb auch hinsichtlich des verschärften Wettbewerbs um Mitglieder und Ressourcen, die „Politikfähigkeit des Sports" und die gemeinwohlorientierten Facetten des Sports stärker herauszustellen.

[4] Und dies, obwohl sich im Sportentwicklungsbericht Hinweise finden, dass neben der Erhöhung der Organisationsgrade durch verstärkte Werbemaßnahmen oder neuer Vereinsangebote auch Maßnahmen der Restrukturierung und kontrollierten Schrumpfung der Vereine bereits eine Rolle spielen: 45 % der betroffenen Vereine arbeiten (z. B. in Spielgemeinschaften) mit anderen Vereinen zusammen, beinahe 7 % reduzieren ihre Angebote (Breuer und Haase 2006, S. 3).

u. a. in der ungenügenden Versorgung mit Sportstätten, der Verfügbarkeit schulischer Polymer und dem reduzierten Zeitbudget der Jugendlichen aufgrund der flächendeckenden Einführung der Ganztagsschulen, der steigenden Erwerbstätigkeit (insbesondere von Frauen), Engpässen in den Vereinen (bei Personal und Angeboten) aber auch bei der Konkurrenz durch private Sportanbieter (z. B. Fitness-Studios).

Der demografische Wandel in Deutschland ist eine umfassende, alle Gesellschaftsbereiche durchdringende Herausforderung und Querschnittsaufgabe. Für den organisierten Sport ist sie existentiell und mit der Aufgabe verbunden, verstärkt Menschen zu erreichen, die bislang weniger am organisierten Sport partizipieren, zeitgemäße Sportangebote zu unterbreiten und sich interkulturell weiter zu öffnen, auch auf der Ebene der Funktionsträger und Strukturen. Im Sportentwicklungsbericht 2011/2012 (Breuer und Feiler 2012, S. 10) zeigt sich bereits ein erkennbarer Wandel im Selbstverständnis der Vereine, der die Integration der Menschen mit Migrationshintergrund zu einer Schlüsselaufgabe der Vereinsarbeit erhebt. *Fußball ohne Abseits* soll diesen Prozess unterstützen, indem das Projekt versucht, Strukturen auf lokaler Ebene aufzubauen und Akteure einzubinden und zusammenzubringen.

2.2 Migration, Integration und (organisierter) Sport

Unter dem Eindruck der demografischen und gesellschaftlichen Entwicklung Deutschlands zur Migrationsgesellschaft und ihrer gesellschaftlichen Folgewirkungen, hat sich seit der Jahrtausendwende ein neues Politikfeld herausgebildet, das seitdem wie kaum ein zweites das Potential birgt, gesellschaftlich zu polarisieren: die Integrationspolitik. Im Gegensatz zur ‚Ausländerpolitik' der alten Bundesrepublik, die sich in erster Linie auf die Illusion stützte, der Aufenthalt von Ausländern und ‚Gastarbeitern' im Land sei nur temporär, sieht diese erstmals eine aktive politische Steuerung von aktuellen Zuwanderungs- und Integrationsprozessen vor. Als noch wichtiger und in quantitativer Dimension bedeutender, gilt jedoch die Agenda des „Förderns und Forderns", durch die bereits seit Längerem in Deutschland lebenden Migrantinnen und Migranten und ihren Kindern mehr Partizipation ermöglicht werden und bestehenden Tendenzen der Fremd- und Selbstexklusion durch gezielte Maßnahmen entgegen gewirkt werden soll (vgl. Bade 2007, S. 61). Dem organisierten Sport wurden dabei von Politikern und Sportfunktionären gleichermaßen die Eigenschaften eines „Integrationsmotors" (DOSB 2013) zugesprochen, da er, „alle Sprachen spreche" und Menschen unabhängig von Herkunft oder Religion „spielend verbinde". Insbesondere der Fußball als beliebtester Teamsport, deutscher ‚Nationalsport' und Bezugspunkt kollektiver Identität, steht dabei in einer direkten Assoziationskette zum Thema Integration. Diese Lesart wird im *Nationalen Integrationsplan* (NIP) unterstrichen, den Bundesregierung, Länder und kommunale Spitzenverbände erstmals 2006 verabschiedeten und in dem der Sport eines von zehn gesamtgesellschaftlichen Handlungsfeldern darstellt (vgl. Bundesregierung 2007). Im NIP, der als offizielle Leitlinie der Integrationspolitik gelten kann, verpflichteten sich die großen Dachverbände des Sports einschließlich des Deutschen Fußball-Bundes zur Umsetzung verschiedener Maßnahmen und Projekte.[5]

Für die Integrationsleistungen des organisierten Sports und ihrer zentralen Stellung für die Integrationspolitik sprechen dabei die große Anzahl (ca. 91.000) der Sportvereine, die mit ca. 27,5 Mio. Mitgliedern (entspricht ca. 29 % der deutschen Bevölkerung) zu den wichtigsten zivilgesellschaftlichen Akteuren in Deutschland gehören und der anhaltend hohe Organisationsgrad von Kindern und Jugendlichen in Sportvereinen. Darüber hinaus sind Sport und Bewegung die bedeutendsten Felder für freiwilliges Engagement in Deutschland (vgl. Braun und Nobis 2011, S. 12). Diese quantitativen Dimensionen des Sports stellen überdies ein wesentliches Argument für die öffentliche Sportförderung dar (vgl. Bundesregierung 2007, S. 139; Breuer und Rittner 2004). Handlungsbedarf ergibt sich aus den kleinen Zahlen, denn Personen mit Migrationshintergrund sind mit 9 % gemessen an ihrem Anteil an der Gesamtbevölkerung (19 %) in den Sportvereinen noch immer unterrepräsentiert (vgl. Breuer und Wicker 2010, S. 26).[6] Ähnliches gilt für das freiwillige Engagement von Menschen mit Migrationshintergrund im Sport, das sich zwar in den letzten Jahren signifikant erhöht hat, aber (insbesondere auch in den Leitungsfunktionen) noch immer kein gleichwertiges Niveau erreicht hat (vgl. Breuer und Wicker 2010, S. 26). Überdurchschnittlich viele Menschen mit Migrationshintergrund finden sich in Vereinen, die Fußball und Kampfsport anbieten. Mädchen und Frauen mit Migrationshintergrund sind nur in sehr geringem Umfang am organisierten Sport beteiligt.

Dementsprechend wird Integration im Sport in erster Linie als Förderung von Partizipation, der aktiven Mitgliedschaft oder Übernahme ehrenamtlicher Tätigkeiten im Verein, definiert, die laut NIP durch die Verbesserung der Zugangschan-

---

[5] Im Rahmen des NIP verpflichtete sich der Deutsche Fußball-Bund u. a. zur Umsetzung des Modellprojektes *Soziale Integration von Mädchen durch Fußball*.
[6] Die Datenlage zur Beteiligung von Migrantinnen und Migranten im Sport ist insgesamt noch immer schwierig, da „Migrationshintergrund" oder „Nationalität" kein Merkmal der offiziellen Mitgliederstatistik des DOSB darstellt.

cen, z. B. durch „zielgruppenspezifische Angebote", die „interkulturelle Öffnung" der Vereine oder die Schaffung „leistungsfähiger Rahmenbedingungen" im organisierten Sport verbessert werden soll. Die Integration *in den Sport* wird dabei als notwendige Bedingung einer Integration *durch den Sport* verstanden. Diese „soziale, kulturelle und alltagspolitische" Integration entfalte sich laut NIP durch den Erwerb von Kontakten, Fähigkeiten und Kompetenzen im Sport, die auf andere gesellschaftliche Bereiche übertragbare, positive Wirkungen zeigen sollen. „Soziale Integration" finde statt, wenn „Personen aus unterschiedlichen Ethnien miteinander in Kontakt kommen, soziale Beziehungen hergestellt und soziale Bindungen aufgebaut werden" (Bundesregierung 2007, S. 140). „Kulturelle Integration" erfolge im Sportverein durch die „Vermittlung von Kulturtechniken wie z. B. den Spracherwerb sowie den Erwerb kulturell eingefärbter sozialer ‚Normalitätsmuster' wie Verhaltensmuster in Alltagssituationen". Sportvereine seien „nicht nur Orte des Sporttreibens, sondern sind auch Orte der Alltagskommunikation, die Anlass zu wechselseitigem interkulturellem Lernen bieten" (Bundesregierung 2007, S. 140). Überdies befördere das freiwillige, gemeinwohlorientierte, bürgerschaftliche Engagement im Sportverein eine „alltagspolitische Integration". Als Orte demokratischen Mitwirkens fungierten Vereine als „Schule der Demokratie", die „über die Partizipation an der Vereinspolitik und am Vereinsleben hinaus allgemeine demokratische Erfahrungen und Werte" (Bundesregierung 2007, S. 140) vermitteln.

Diese offiziellen Zielvorstellungen der Integrationspolitik im Sport, wie sie im NIP von Bund, Ländern und Sportverbänden formuliert wurden, enthalten somit sowohl partizipative, auf die individuelle Teilhabe abzielende, als auch sozialisatorische, auf soziale und kulturelle Lernprozesse gerichtete, Elemente. Normativer Bezugspunkt sind die Sportkultur der ‚Mehrheitsgesellschaft' und das System des organisierten Sports. Insofern zeigt sich in der Integrationspolitik im Sport eine durchaus nicht widerspruchsfreie Synthese progressiver und konservativer Elemente. Politik und organisierter Sport verfolgen darin sowohl gesellschaftspolitische als auch systemerhaltende Ziele. Neben der Verwirklichung des klassischen Leitbilds eines diskriminierungsfreien ‚Sports für alle' werden insbesondere auch kulturelle Anpassungsleistung von Migrantinnen und Migranten im Sport eingefordert.

Gegen eine allzu positive Propagierung des Sports als Mittel und Sportvereine als Orte der Integration, aber auch gegen das implizite Integrationsverständnis und die Zielvorstellungen von Integrationsmaßnahmen, erhebt sich kontinuierlich Widerspruch, sowohl an Basis des Sports wie auch aus der Wissenschaft. Viele der alltäglichen Erfahrungsberichte und wissenschaftlichen Untersuchungen konzentrieren sich dabei wiederum auf den Fußball. Bezweifelt wird insbesondere die These, der Sport nivelliere soziale Unterschiede und führe durch Interaktion quasi automatisch zu einer besseren wechselseitigen Verständigung und einem friedlichen

Miteinander. Anders als es das Selbstverständnis des organisierten Sports nahelegt, existieren im Sport sehr wohl soziale und kulturelle Hürden, die bestimmten Gruppen die Teilhabe und damit die Wahrnehmung potentieller Integrationschancen eben nicht automatisch ermöglichen. Auf die Relevanz verschiedener Formen sozialen, ökonomischen und kulturellen Kapitals – wie Bildungsniveau, Erstsprache, Einkommen, Herkunft, Religion oder Geschlecht – für die Sportbeteiligung ist wiederholt hingewiesen worden (vgl. Kleindienst-Cachay et al. 2012). So zeigt sich, dass sich soziale Ungleichheit im Sport eher abbildet bzw. sogar potenziert, als dass sie aufgelöst werden könnte. Auch innerhalb des Sportsystems gibt es deutliche Unterschiede, zum Beispiel zwischen Leistungs- und Breitensport. So hat beispielsweise Kalter (2003) gezeigt, dass herkunftsbedingte Benachteiligungen mit der Höhe der Spielklasse verschwinden. Der Erfolg von Mesut Özil oder Lira Bajramaj im Dress der deutschen Fußballnationalmannschaft kann somit noch nicht als Beleg für eine gelingende Integration im Breitensport gedeutet werden.

Angesichts wiederholter gewaltsamer Vorkommnisse im Amateursport werden die größten Zweifel an den Integrationsleistungen des Sports jedoch bezüglich seiner positiven Wirkungen für wechselseitige Verständigung und die Gestaltung eines friedlichen Miteinanders geäußert. Gerade der Fußball mit seiner enormen gesellschaftlichen Breitenwirkung lebt von der körperlichen Auseinandersetzung und vom Mit- und Gegeneinander der Teams. Er „fordert offensive Parteilichkeit und Identifikation" und geht mit „seiner identitären Bedeutungsaufladung […] weit über den Platz hinaus – insbesondere nationalen und ethnischen Zugehörigkeitsmustern und Gefühlen gibt die Darstellungspraxis des Sports ihr inhaltliche Substanz" (Tödt und Vosgerau 2007, S. 115). Bernd Bröskamp (1994) hat darauf hingewiesen, dass der Sport Fremdheitserfahrungen nicht einfach auflöse, sondern im Gegenteil sogar „körperliche Fremdheit" produziere. Der Fußballplatz ist somit auch ein symbolisch aufgeladenes Spielfeld von Statuskonflikten, auf dem soziale und kulturelle Unterschiede und Hierarchien reproduziert und/oder hervorgebracht werden. Insofern ist kritisch zu hinterfragen, inwieweit der Sport sogar Konflikte befördert oder zur Re-Ethnisierung von Zugehörigkeitsmustern und sozialen und kulturellen Unterschieden beiträgt (vgl. Klein und Kothy 1998). Auf der organisatorischen Ebene des Sports wird auch die Existenz sogenannter „ethnischer Vereine" immer wieder als Gegenargument für Integration angeführt (vgl. Tödt und Vosgerau 2007).

Die Ambivalenzen des Sports hinsichtlich sozialer In- und Exklusionsprozesse sind kaum zu überwinden. Das größte Problem für angemessene Bewertung der von Politik und organisierten Sport propagierten Integrationspotentiale und Maßnahmen des Sports bzw. ihrer berechtigten Zweifel, ist jedoch noch immer das Fehlen eines einheitlichen Integrationsbegriffs. Sowohl in der Politik wie in der

Wissenschaft besteht wenig Konsens darüber, was unter Integration eigentlich zu verstehen ist. So konkurrieren und vermischen sich monistische bzw. assimilative Forderungen mit multikulturellen bzw. pluralistischen Vorstellungen und interaktionistischen bzw. dynamischen Konzepten, wobei Ersteren in der deutschsprachigen Diskussion noch immer eine dominierende Rolle zukommt. Somit wird die Bewertung von Integrationserfolgen letztendlich weniger zu einer wissenschaftlichen als zu einer politischen Fragestellung (vgl. Soeffner und Zifonun 2008). Aufgrund der „unkontrollierten Normativität zentraler Begrifflichkeiten" (Kleindienst-Cachay et al. 2012, S. 62) der Integrationsdebatte einerseits, und ihrem inhärenten „Zwang zur sekundären Sozialisation" (Ha 2007, S. 113), der als Fortführung kolonialer Hierarchisierungen gedeutet wird, andererseits, wird der Integrationsbegriff auch grundsätzlich in Frage gestellt und stattdessen versucht, Konzepte wie „Vergemeinschaftung" (Geisen 2010) oder „soziale Inklusion" (siehe Artikel von Dembowski in diesem Band) als Alternativen anzubieten.

In Reaktion auf und in teilweiser Abgrenzung zum ambivalenten Integrationsdiskurs zeigen sich die Sportwissenschaften seit einiger Zeit bemüht, die allzu großen Heilserwartungen aus Politik und Verbänden an den Sport zu relativieren und zugleich die Diskussion in theoretischer, empirischer und pädagogisch-konzeptioneller Hinsicht zu unterfüttern und eine fundierte Bewertungsgrundlage der Integrationspotentiale und -leistungen des Sports zu schaffen (vgl. Kleindienst-Cachay et al. 2012). Dabei muss die Sportwissenschaft zunächst auch eigene Defizite aufarbeiten, denn ähnlich wie in der Integrationspolitik handelt es sich auch hier zunächst um eine nachholende Entwicklung, die einen Mangel an Konzepten, Begriffen, empirischen Daten und Instrumenten zur Steuerung von Integrationsprozessen offenbart. So prägten die Leitlinien des politischen bzw. öffentlich-medialen Diskurses um Migration und Integration auch die Debatten und Forschungsparadigmen der deutschsprachigen Sportwissenschaft um Integration und Sport. Bis zum Ende der 1970er Jahre waren Beteiligungsformen von ‚Ausländern' im Sport ein blinder Fleck der Forschung. Erst im Laufe der 1980er Jahre entdeckt die Sportwissenschaft das Thema für sich, allerdings ausgehend von einer dezidierten Defizitannahme, die mit den vorherrschenden Assimilationsvorstellungen korrespondierte. Der anschließenden Phase der Betonung „kultureller Differenzen", die mit dem Aufkommen multikultureller Leitbilder in Verbindung gesetzt werden kann, folgte schließlich seit der Jahrtausendwende eine verstärkte Thematisierung von Migration und Integration als „Partizipationsproblem" (vgl. Seiberth 2012). Seitdem wurde versucht, dem konstatierten empirischen Defizit hinsichtlich der Partizipation von Menschen mit Migrationshintergrund mit einer Reihe quantitativer Studien zu begegnen und genauer zwischen verschiedenen Untergruppen zu differenzieren. Qualitative Studien zum Thema sind dagegen noch immer eine

Seltenheit, ebenso wie langfristig angelegte Studien, die differenzierte Aussagen zu Interdependenzen von Sportteilhabe und Chancen durch den Sport machen könnten. Allerdings werden die Zugangsbarrieren von Migrantinnen und Migranten im Sport und „Mechanismen der Fremd- und Selbstexklusion" (vgl. Kleindienst-Cachay et al. 2012, S. 31) zunehmend vor dem Hintergrund einer neuen Diskussion um verschiedene Formen gesellschaftlicher Ungleichheit gedeutet, so dass gerade unter maßgeblichem Einfluss der Geschlechterforschung auch Fragen von Intersektionalität eine größere Relevanz zugesprochen werden (Lutz und Leiprecht 2005). Es geht also verstärkt um die Bestimmung individueller Sportmotive, Beteiligungsformen und Sportsettings, ihre sozialen und kulturellen Einflussfaktoren und strukturellen Rahmenbedingungen unter der Perspektive eines Zusammenwirkens verschiedene Ebenen der sozialer Benachteiligung und Differenz.

2.3 Mädchen mit Migrationshintergrund als Zielgruppe von Integrationsmaßnahmen im Sport

In Zuge der Integrationsdebatte im Sport ist insbesondere die Beteiligung von Mädchen und Frauen mit Migrationshintergrund am (organisierten) Sport verstärkt in den Fokus sportwissenschaftlicher Forschung und sportpolitischer Interventionen gerückt (Vgl. Schmidt et al. 2003; Boos-Nünning und Karakaşoğlu 2005; Kleindienst-Cachay 2007, 2012). Unterschiedliche Motivationen, Formen, Settings und Hürden der Sportbeteiligung von Mädchen und Frauen mit Migrationshintergrund wurden fortan verstärkt wahrgenommen und problematisiert. Insgesamt ist die Datenlage zum Sportengagement von Mädchen und Frauen mit Migrationshintergrund zwar aufgrund fehlender statistischer Merkmale wie Nationalität oder Migrationshintergrund in den Mitgliederstatistiken und unterschiedlicher Erhebungsdesigns und -zeitpunkte anderer Studien unübersichtlich. Dennoch ergibt sich das eindeutige Bild, dass Mädchen und Frauen mit Migrationshintergrund im Vergleich zu Jungen und Männern mit Migrationshintergrund und Mädchen und Frauen ohne Migrationshintergrund im organisierten Sport deutlich unterrepräsentiert sind.

Laut Sportentwicklungsbericht 2009/2010 (Breuer und Wicker 2010) ist von den 9 % aller Mitglieder im DOSB mit Migrationshintergrund lediglich ein Drittel weiblich. Mit nur etwa 11 % ist der Organisationsgrad der Mädchen und Frauen mit Migrationshintergrund somit in etwa nur halb so hoch wie der von weiblichen Personen ohne Migrationshintergrund. Für das Sportengagement unter Jugendlichen[7] finden sich unterschiedliche Ergebnisse, wie Mutz (2009) in einer Sekundäranalyse der PISA und SPRINT Studien, dargestellt hat. Nach der PISA Studie sind 57 % der 15-jährigen Jungen mit Migrationshintergrund im Verein aktiv, während lediglich 28 % der Mädchen Vereinsmitglieder sind (vgl. Mutz 2009; Mutz und Burrmann 2011). Geschlechtsspezifische Unterschiede lassen sich zwar auch unter Jugendlichen ohne Migrationshintergrund belegen, allerdings sind diese mit 54 % der Jungen zu 42 % der Mädchen nicht ganz so ausgeprägt (vgl. Mutz 2009, S. 108). Laut SPRINT Studie sind 33 % der Mädchen und 55 % der Jungen mit Migrationshintergrund im Verein organisiert. Je älter die Jugendlichen, desto stärker prägt sich dabei die Ungleichheit in der Sportbeteiligung aus. Darüber hinaus zeigt sich, dass Mädchen aus türkischen Familien, die die größte Herkunftsgruppe unter den Mädchen mit Migrationshintergrund stellen, mit 21 % (PISA-Studie) bzw. 25 % (SPRINT-Studie), besonders selten, türkische Jungen dagegen besonders häufig (PISA: 68 %, SPRINT: 62 %) aktiv sind (vgl. Mutz und Burrmann 2011). Während Jungen mit Migrationshintergrund somit in Sportvereinen gleichwertig bis überproportional vertreten sind, ist der Sportverein für Mädchen mit Migrationshintergrund noch terra incognita. In anderen Sportsettings zeigt sich ein ähnliches Bild. So treiben Mädchen mit Migrationshintergrund auch informell oder bei kommerziellen Einrichtungen im Vergleich weniger Sport (vgl. Lampert et al. 2007). Lediglich im außerunterrichtlichen Schulsport, beispielsweise in Sport-AGs, lässt sich eine stärkere Einbindung von Mädchen und Frauen mit Migrationshintergrund aufzeigen (vgl. Frohn 2007; Mutz und Burrmann 2011).

Angesichts dieser Zahlen wurden Mädchen und Frauen mit Migrationshintergrund berechtigterweise zu einem vorrangigen Ziel integrations- und sportpolitischer Interventionen. So bezeichnete der DOSB die Integration von Mädchen und Frauen in den Sport als „Sollbruchstelle" (DSB 2004, S. 4). Ihre Markierung als „Problemgruppe" (Klein 2011) ging jedoch vielfach mit einer unhinterfragten Vereinfachung und Verengung der Ursachen auf ‚kulturelle Differenzen' (z. B. ‚fremdes' Sportverständnis, religiöse Normen oder die ablehnenden Haltung der Eltern gegenüber dem Sportengagement der Töchter) einher, die paternalistischen Impulsen folgte und in der Mädchen und Frauen nicht als selbstbestimmte Subjekte, sondern als passive Opfer ihrer männerdominanten ‚Herkunftskultur' angesehen

---

[7] Bei Kindern zwischen 6 und 11 Jahren liegen die Organisationsgrade laut der 2. World Vision Kinderstudie insgesamt dichter beieinander: Demnach sind 62 % der Kinder insgesamt Mitglied in einem Sportverein. Kinder mit Migrationshintergrund sind dabei zu 54 %, Kinder ohne Migrationshintergrund zu 65 % beteiligt. Eine Differenzierung der Variablen Migrationshintergrund und Geschlecht wurde leider nicht vorgenommen (vgl. Hurrelmann und Andresen 2010).

wurden. Die Gründe für die vermeintliche Sportabstinenz von jungen Mädchen mit Migrationshintergrund sind jedoch vielschichtiger, als es die plakative Außenwahrnehmung berücksichtigt. So spielt Sport durchaus eine wichtige Rolle in der Lebenswelt von migrantischen Mädchen und Jugendlichen, und 45 % von ihnen wünschen sich mehr sportliche Aktivitäten und spezifische Angebote (Boos-Nünning und Karakaşoğlu 2005). Entscheidender als migrations- und herkunftsbedingte Gründe, sind hier das noch immer niedrigere Bildungsniveau von Migrantinnen und Migranten in Deutschland und die geringere Ausstattung mit ökonomischem, sozialem und kulturellem Kapital. Auch fehlen vielen Mädchen offensichtlich weibliche und familiäre Vorbilder, denn erwachsene Frauen mit Migrationshintergrund besitzen nur wenig Erfahrung im Vereinssport (vgl. Halm 2007, S. 105). Besonders drastisch zeigt sich dies bei erwachsenen Frauen mit muslimischem Hintergrund, die kaum nennenswert im Verein aktiv sind (vgl. Kleindienst-Cachay et al. 2012, S. 43–48). Belastbare Vertrauens- und Anerkennungsverhältnisse sind jedoch eine Voraussetzung, insbesondere für Eltern mit Migrationshintergrund, um ihren Töchtern die Teilnahme am Sport zu erlauben (vgl. Boos-Nünning und Karakaşoğlu 2003).

Darüber hinaus wurden bislang die normativen Setzungen der Integrationsdebatte und die Strukturen des organisierten Sports auch in Bezug auf Mädchen und Frauen kaum hinterfragt. Die (Nicht-) Existenz adäquater Gelegenheitsstrukturen und materieller wie personeller Ressourcen (z. B. getrennte Umkleidekabinen oder weibliche Übungsleiterinnen) in Schulen und Sportvereinen und die beschränkten Sport- und Bewegungsangebote für Mädchen in problematischen Sozialräumen, wurden lange Zeit kaum thematisiert. Auch deswegen „herrscht oft noch ein stereotypes Bild von zugewanderten Frauen vor, das sie einseitig als sportfern und wenig leistungsorientiert stigmatisiert und sie auf Sportarten wie Tanzen oder Schwimmen begrenzt" (Rulofs 2010, S. 6). Das dadurch entstehende „Gemenge von stereotypen Unterstellungen, Fehlverständnissen und Konflikten" (Rulofs 2010, S. 6) ist auch bei der Durchführung von sozialen Projekten im Bereich Integration wie *Fußball ohne Abseits*, zum Beispiel bei der Konstruktion einer angemessenen Zielgruppe, nicht immer leicht zu entwirren und zu vermitteln. Die Kategorie ‚Mädchen mit Migrationshintergrund' suggeriert eine Homogenität der bezeichneten Gruppe, die empirisch kaum Bestand hat und als Zielgruppe für Integrationsmaßnahmen ungeeignet erscheint. Hinsichtlich der Ursachenforschung für geschlechtsungleiche Partizipation im Sport scheint es daher „inhaltlich sinnvoll zu sein, sich dem komplexen Geflecht von individueller Identitätsarbeit, gesellschaftlichen Geschlechterverhältnissen, strukturellen Rahmenbedingungen des Sports und sozialen Interaktionsformen zu nähern" (Schmidt 2008, S. 20). Integrationsmaßnahmen müssen dies reflektieren und sich einerseits unterschiedlichen

Dimensionen von Benachteiligung zuwenden, andererseits jedoch nicht bloß die Schwächen und Unzulänglichkeiten, sondern insbesondere die individuellen Motive, Stärken und Kompetenzen der Mädchen in den Mittelpunkt der Arbeit stellen. Ziel sollte eine diversitätsbewusste und geschlechtssensibel Weiterentwicklung von Sportangeboten und Vermittlungsformen sein. Gerade Mädchen und Frauen können, wenn sie ihre eigenen Stärken ausspielen können, auch in vormals männlich dominierten Settings, Agentinnen von Wandlungsprozessen sein.

2.4 Mädchen in der ‚Männerdomäne' Fußball

In der Diskussion um Integration im Sport spielt der Fußball eine herausragende Rolle. Der Sport ist ein „Tor zur Welt" (Theweleit 2004) und ein Spiel das weltweit verstanden wird. Als ‚Nationalsport' und am stärksten medialisierter Sport in Deutschland stellt er eine Projektionsfläche und ein Brennglas gesellschaftlicher Entwicklungen dar. Den deutschen Fußballvereinen kommt daher eine besonders starke Rolle bei der Einbindung von Menschen mit Migrationshintergrund im Sport zu. Ohne den Fußball wäre der Anteil von Menschen mit Migrationshintergrund im organisierten Sport um ein Vielfaches kleiner. Allerdings ist der Fußball noch immer in erster Linie eine Bühne männlicher Normen, Verhaltensweisen und Körperpraktiken. Die Fußballkultur in Deutschland stellt einen öffentlichen, symbolisch-verdichteten Raum gesellschaftlicher Interaktion dar, in dem (Geschlechter-) Identitäten ausgehandelt werden: Sportpraktiken transportieren kulturelle Bedeutungen, sie konstruieren gesellschaftliche Rollenbilder und normalisieren Vorstellungen von Körper, Geschlecht und Zugehörigkeit. Der Fußballplatz ist bislang noch immer ein Raum hegemonialer Männlichkeit. Fußball spielende Mädchen und Frauen werden dagegen nach wie vor als „Abweichung von der Norm" (Zipprich 2012, S. 6) gesehen, obwohl der DFB in erster Linie aufgrund der enormen Wachstumsraten im Bereich des Mädchen- und Frauenfußballs[8] in den letzten Jahren noch immer steigende Mitgliederzahlen verzeichnen kann. Die Vergeschlechtlichung der Sportart Fußball zeigt sich demnach nicht allein quantitativ, sondern muss auch in ihrer Pfadabhängigkeit von der historischen Entwicklung der Sportart in Deutschland (beispielsweise im Gegensatz zur US-amerikanischen Soccers) und ihrer alltäglichen Reproduktion in sozialen Interaktionsverhältnissen (z. B. sprachlichen Konstruktion wie *Frauen*fußball) betrachtet werden.

---

[8] Zwischen 2000 und 2011 stieg die Anzahl der weiblichen Mitglieder im DFB um 19 % bei den Frauen und um 64 % bei den Mädchen bis 16 Jahren.

Gleich in mehrfacher Weise außerhalb der Norm stehen fußballbegeisterte (und insbesondere muslimische) Mädchen mit Migrationshintergrund. Aufgrund ihres Geschlechts, ihrer Herkunft und ihres Glaubens war für sie im Fußball bislang kaum Platz. Nicht nur der Zugang zum Sport ist vielen Mädchen erschwert, auch die mit Fußball spielenden Mädchen verbundenen Vorstellungen und Vorurteile verhindern, dass sich mehr Mädchen für den Sport begeistern konnten. Die Diskussion um muslimische Fußballerinnen mit Kopftuch hat gezeigt, wie sich verschiedene Dimensionen sozialer Ungleichheit überlagern, verstärken und zu einer gefährlichen Mischung aus männlicher Dominanz, kulturellen Stereotypen und Fremdheitserfahrungen verbinden können. Zugleich führen sie die besonderen emanzipativen Potentiale des Fußballs deutlich vor Augen, wenn es gelingt „vorherrschende Normalitätsbilder und Identitätsannahmen produktiv zu irritieren" (Voss 2004, S. 19). Fußball spielende Frauen (mit und ohne Migrationshintergrund) gehen in eine Opposition zur im Fußball repräsentierten hegemonialen Männlichkeit, andererseits besetzen sie eigene Räume der Selbstverwirklichung und Selbstermächtigung und bewirken eine Neujustierung von Anerkennungsverhältnissen.

Obwohl eine systematische und empirisch unterfütterte Aufarbeitung der Prozesse eines *doing gender* im Sport gerade für Kinder im Grundschulalter fehlt, scheint es doch offensichtlich, dass die sozialen Konstruktionsmechanismen von Geschlechteridentitäten in die kindlichen Lebenswelten hineinragen und so sowohl Interessen als auch Fähigkeiten schon zu einem frühen Zeitpunkt beeinflussen. Mädchen haben im Grundschulalter die gleichen für die Ausübung des Sports nötigen, körperlichen Dispositionen wie Jungen. Die Dominanz der Jungen im Fußball ist demnach in erster Linie durch die sozialisationsbedingte Entwicklung von Differenzen und kulturell tradierte Geschlechterbilder zu erklären(vgl. Schmidt 2008, S. 81). Daraus ergibt sich wiederum, dass bereits bei Grundschulkindern bestimmte Bewegungsformen und- Räume geschlechtsspezifisch konnotiert sind. Die Koedukation im Schulsportunterricht stößt an ihre Grenzen, wenn sie schon bei jungen Kindern mit deutlichen Erfahrungsunterschieden umgehen muss. Gerade Mädchen fehlen oftmals Orte an denen sie ungestört üben, spielen und sich verbessern können.

Der Schlüssel zum Erfolg liegt demnach darin, inwieweit es Mädchen gelingen kann, möglichst früh ihre eigenen Räume und Rollen zu besetzen. Geschützte, geschlechtshomogene Räume in außerunterrichtlichen Arbeitsgemeinschaften bieten hier eine gute Einstiegsmöglichkeit. Durch den Fußball kann es den Mädchen auch gelingen, ihre Position gegenüber den Jungen auf dem Schulhof zu stärken. Mädchenfußball verändert die Geschlechterrollen im Schulumfeld und kann überkommene Vorstellungen von der Männerdomäne Fußball aufbrechen. Eine solche Entwicklung braucht jedoch einerseits durchsetzungsstarke Unterstützer und sportliche Vorbilder in Person von (weiblichen) Übungsleiter/innen und Vereinsverantwortlichen. Erste vielversprechende Ansätze zu einer adressatengerechten Sportspieldidaktik für Mädchen im Fußball bestehen bereits und müssen weiter erprobt werden (vgl. Kugelmann und Sinning 2004). Eine solche Sportpädagogik der Vielfalt müsste es möglich machen, „Freiräume zu eröffnen, ihre eigenen Visionen des Geschlechterverhältnis zu entwickeln, nicht aber entmündigende Vorgaben über den richtigen Weg" (Prengel 1995, S. 138) geben. Dabei kann es nicht allein darum gehen, die Bipolarität der Geschlechter aufzubrechen, sondern multiple Verständnisse von Weiblichkeit und Männlichkeit zu ermöglichen, die nicht zwangsläufig mit traditionellen Geschlechtertypisierungen gleichzusetzen sind (vgl. Voss 2004, S. 18) Dies erfordert auch die Einbeziehung und Thematisierung unterschiedlicher, kulturell geprägter Körperpraktiken und Geschlechterkulturen, um alternative Spielweisen von Geschlecht zu entwickeln.

Diese Entwicklung ist keineswegs ein Selbstläufer. Dennoch ist die Fußballkultur trotz ihrer großen Beharrungskräfte in den letzten Jahren durchaus vielfältiger geworden und es sind neue Räume für unterschiedliche Rollenbilder und (Geschlechter-) Identitäten entstanden. Fußball ist mittlerweile auch zur beliebtesten Teamsportart von Mädchen zwischen 7 und 14 Jahren geworden (vgl. DOSB 2011). Anders als im Junioren- und Herrenbereich, ist die Erhöhung des Organisationsgrades im Mädchen- und Frauenfußball weiterhin möglich und nötig. Hier schlummert ein gewaltiges emanzipatorisches Potential, das auch hinsichtlich integrativer Projekte bedacht werden kann. Die neuen Räume sollten auch von Mädchen und Frauen mit Migrationshintergrund offensiv besetzt werden. Aufgrund der engen Verknüpfungen zwischen sportlichen und gesellschaftlichen Geschlechterbildern dürfte die Zukunft der Geschlechterordnung im Fußball ähnlich verlaufen wie die Zukunft der gesellschaftlichen Geschlechterordnung schlechthin bzw. sich mit ihr verändern (vgl. Brändle 2002, S. 232). Mit der Hinterfragung hegemonialer Männlichkeit im Fußball, stehen zugleich auch gesellschaftliche Geschlechterrollen zur Disposition.

2.5 Sport und Bewegung in problembehafteten Stadtviertel

Die bereits beschriebenen Herausforderungen und unterschiedlichen Dimensionen von sozialer Ungleichheit wirken sich darüber hinaus (sozial-) räumlich aus. Durch ihr Zusammenwirken kommt es zu einer Verdichtung sozialer Problemlagen in urbanen Stadtgebieten, von der Menschen mit Migrationshintergrund überdurchschnittlich betroffen sind. Die durch das Projekt angesprochenen Mädchen sind deshalb oft gleich in mehrfacher Hinsicht gesellschaftlich marginalisiert. Ein Trend, der sich auch im Sport und insbesondere im Fußball fortsetzt.

Zu ‚Problemvierteln' werden „Wohnquartiere mit niedriger Wohnqualität, überdurchschnittlichem Ausländer- und Migrationsanteil, einfachen Schulabschlüssen, überdurchschnittlichen Arbeitslosenzahlen (auch bei Jugendlichen) und einer niedrigen Erwerbsbeteiligung" (Schmidt 2008, S. 46) gezählt. Damit einher geht zumeist eine schlechte infrastrukturelle Versorgung (z. B. der Schulen oder öffentlichen Sportanlagen) und eine geringe zivilgesellschaftliche Leistungsfähigkeit (z. B. der Sportvereine). Die „Heterogenität großstädtischer Ballungsräume" wird demnach „von einer gleichzeitigen Homogenisierung in den Stadtteilen, d. h. einer kleinräumigen Polarisierung sozialer Lagen und einer wachsenden Spaltung" (Schmidt 2008, S. 46) konterkariert.

Friedrichs und Triemer (2009) verdeutlichen in ihrer wegweisenden mehrjährigen Untersuchung „Gespaltene Städte- Soziale und ethnische Segregation in deutschen Städten", dass Armut sich in den Städten auf wenige Stadtteile konzentriert. So stellen sie fest, dass in den Großstädten die Anzahl der Armutsgebiete insgesamt steigt und bereits arme Gebiete weiter verarmen (vgl. Friedrichs und Triemer 2009, S. 34 ff.). In allen Städten mit Ausnahme von Düsseldorf, München und Stuttgart gibt es demnach Stadtteile, in denen in den vergangenen 15 Jahren die Armut nicht geringer geworden ist. Flächendeckend ist eine Zunahme des Segregationsindizes in den Großstädten festzustellen. Berlin-Wedding, Bremen-Gröpelingen, Duisburg-Marxloh, Essen-Altenessen, Hamburg-Veddel, Hamburg-Jenfeld, Hannover-Vahrenheide und Köln-Gremberg führen die Liste der sozial mehrfach belasteten Stadtteile an. Alle Stadtteile sind ausgewiesene Gebiete mit besonderem Förderungsbedarf im Bund- Länder- Programm *Soziale Stadt*.

Zwar ist Segregation mit der Entstehung der modernen Stadt und der Migrationsgesellschaft eng verbunden (z. B. den Einwanderervierteln in den USA), die Ausbildung abgeschlossener Inseln innerhalb der vergleichsweise wohlständigen deutschen Städte ist jedoch besorgniserregend und hat konkrete Auswirkungen auf das spätere Leben von Kindern und Jugendlichen in den zentralen Lebensbereichen Bildung, Gesundheit, Erziehung, Wohnen und Freizeit. Anhand seines Selektions-Schwellenkonzepts zeigt Schmidt (2008) auf, wie unterschiedliche Kinder, die „von Geburt an geringere sozialstrukturelle Unterstützungsleistungen erhalten, […] ihren Niederschlag in motorischen, sprachlichen und intellektuellen Entwicklungsrückständen, psychosozialen Gesundheitsbeeinträchtigungen und […] geringeren Selbstkonzeptwerten finden" (Schmidt 2008, S. 46). Spiel, Sport und Bewegung als wichtige Entwicklungschancen von Kindern und Jugendlichen, werden den sogenannten „Risikogruppen" durch die räumliche Segregation somit kontinuierlich vorenthalten.

3 Ziele und Bausteine des Projekts

Die beschriebenen gesellschaftlichen, sozial-, sport- und bildungspolitischen Entwicklungen bilden in ihrem komplexen Zusammenspiel und ihren Wechselwirkungen die Hintergrundfolie des Projektkonzeptes von *Fußball ohne Abseits*. Im Praxisforschungsprojekt wird versucht, die aufgezeigten verschiedenen Problemstränge zusammenzuführen, Konzepte und Handlungsoptionen zu entwickeln und in sozialräumlichen Interventionen umzusetzen. Es sollte damit bereits deutlich geworden sein, dass *Fußball ohne Abseits* für sich beansprucht, mehr zu sein, als ‚nur' ein Integrationsprojekt.

3.1 Leitbild: ‚Sport für alle'

Ausgangspunkt für die unter *Fußball ohne Abseits* versammelten Projekte, sind die prekären Lebens- und Sozialisationsbedingungen und insbesondere die Bewegungsmöglichkeiten von sozial benachteiligten Kindern und Jugendlichen, die auch, aber eben nicht nur, migrationsbedingt sein können und müssen. Soziale Benachteiligung, die sich im Zusammenwirken von äußeren Lebensumständen (Armut, Wohnverhältnisse, niedriger Sozialstatus etc.) und sozialer Interaktion (Unerwünschtheit, Vernachlässigung, wenig Anerkennung) zeigt (vgl. Seifert 2002), bedeutet für Kinder und Jugendliche ein Aufwachsen unter Lebensbedingungen, in denen ihre körperlichen und seelischen Grundbedürfnisse nicht ausreichend befriedigt werden, ihnen wesentliche persönliche Entwicklungs- und Bildungschancen vorenthalten und ihre gesellschaftliche Teilhabe erschwert wird. Die Standorte von *Fußball ohne Abseits* sind deshalb in solchen Stadtvierteln angesiedelt, die deutliche Anzeichen sozialer Exklusion und sozialräumlicher Segregation und eine damit einhergehende defizitäre Angebotsstruktur im Sport- und Freizeitbereich aufweisen. Diese sogenannten urbanen ‚Problem- oder Brennpunktviertel' sind insbesondere in den Städten der westlichen Bundesländer oft durch einen hohen Anteil von Einwohnern mit Migrationshintergrund geprägt. Trotzdem geht es dabei in Abgrenzung zur oftmals unter kulturalistischen Vorzeichen geführten Integrationsdebatte auch um die Sichtbarmachung intersektionaler Dimensionen sozialer Ungleichheit.

‚Lebenschancen für alle' sollte bedeuten, einen allgemein verfügbaren und erstrebenswerten Zugang zu Spiel, Sport und Bewegung zu ermöglichen. Die große Bedeutung von Sport, Spiel und Bewegung für die körperlich-motorische und psychosoziale Entwicklung von Kindern und Jugendlichen, als Ressource für Gesundheit, Persönlichkeitsentwicklung und soziale Integration und als Mittler für gelingende Sozialisations- und Bildungsprozesse ist unbestritten (vgl. Schmidt 2008). Das klassische Leitmotiv der Sportverbände eines ‚Sports für alle' bleibt daher ein anstrebenswertes Ideal und Ziel, das jedoch angesichts des gesellschaftlichen Wandels und unter den Vorzeichen der Migrationsgesellschaft eben auch eine beständige sozialpolitische und sportpädagogische Herausforderung darstellt, der mit neuen Wegen und Ideen und ohne ideologische Scheuklappen begegnet werden muss. Eine Erhöhung des Organisationsgrads von Personen (insbesondere von Mädchen und Frauen) mit Migrationshintergrund sollte deshalb nicht allein aus ‚Systemerhaltungsgründen' angestrebt werden, sondern auch eine Frage der sozialen Gerechtigkeit sein. Dies unterstreicht die Relevanz sozialer Initiativen im Sport, deren Ziel es ist, Kindern und Jugendlichen unabhängig von Geschlecht, sozialer und kultureller Herkunft, Bildung oder Religion, ein erfüllendes und langfristiges Sportengagement zu ermöglichen.

Fest steht, dass der organisierte Sport keineswegs ‚barrierefrei' ist und sich die beschriebenen Entwicklungs- und Integrations*potentiale* des Sports auf allen Ebenen, im Bereich aktiver Sportbeteiligung und ehrenamtlichen Engagements, der Integration *in den Sport* als auch *durch den Sport*, nicht automatisch verwirklichen. Zu deutlich setzt sich bislang das soziale Ungleichgewicht auch in der Sportbeteiligung und im Engagement im Sport fort. Unzureichend gelingt dem organisierten Sport insbesondere die Integration der Kinder, Jugendlichen und Erwachsenen aus den sogenannten „Risikogruppen" (Mädchen/Frauen mit Migrationshintergrund, Großfamilien/kinderreiche Familien, Alleinerziehende) (vgl. Schmidt 2008). Mädchen mit Migrationshintergrund haben im Vergleich zu Mädchen ohne Migrationshintergrund eine bis zu dreifach reduzierte Chance, im Verein Sport zu treiben (vgl. Kleindienst-Cachay 2007). Sie sind in vielen Segmenten des organisierten Sports noch kaum zu finden, obwohl ihr Wunsch nach vermehrter sportlicher Aktivität nicht zu leugnen ist (vgl. Boos-Nünning und Karakaşoğlu 2005). Der Zugang zum Vereinssport wird dabei durch eine Vielzahl von Faktoren erschwert.

Auch um erfolgreiche Strategien zur Reduzierung des Dropouts, des Ausstiegs zur Reduzierung des Dropouts, des Ausstiegs von Kindern und Jugendlichen aus dem Vereinssport, bemühen sich die Sportverbände und Sportvereine seit Jahrzehnten vergeblich. Der Kulminationspunkt, der höchste Organisationsgrad im Sportverein, liegt inzwischen bei 7 Jahren. (Woll et al. 2008, S. 181). Im Jugendfußball verlassen 17 % der kickenden Kinder den Verein im Übergang von der E- zur D-Jugend (5./6.Klasse) sowie 20 % der jungen Kicker den Verein im Übergang von der D- zur C-Jugend (7./8. Klasse) (vgl. Gebken 2013). Bindung finden vor allem erfolgreiche jugendliche Wettkampfsportler.

Eine hohe Wirksamkeit wird dem Vereinssport hinsichtlich seiner sozialen Funktion bescheinigt. Spielen und Bewegen in Gruppen und Mannschaften führt die Jugendlichen zusammen, initiiert Freundschaften und Bindungen und stärkt den Zusammenhalt von Kindern und Jugendlichen. Gemeinschaft im Übungs-, Wettbetrieb, Freizeiten und Festen als einen positiven Wert zu erleben, zeichnet vereinsorganisierten Jugendsport aus (Gebken 2002). Aus den sozialen und emotionalen Beziehungen innerhalb der Sportvereine ziehen Mitglieder Ressourcen zur Bewältigung ihres Lebens und wandeln diese in ein soziales Engagement in ihrem Verein bzw. im Stadtteil um. Allerdings verwirklichen sich auch diese Potentiale nicht von allein. Die Kinder- und Jugendarbeit von Sportvereinen bedarf, wenn sie den wachsenden Ansprüchen gerecht werden möchte, spezieller Inszenierungsformen und Kompetenzen der anleitenden Personen und Institutionen (vgl. Brettschneider und Kleine 2002). Neben der Schaffung niederschwelliger Partizipationsmöglichkeiten besteht die Herausforderung dabei insbesondere in einer diversitätsbewussten und geschlechtssensiblen Weiterentwicklung von Sport- und Bewegungsangeboten.

3.2 Ziele und Wege

Fußball ohne Abseits versucht sich beiden Komplexen, dem Problem der Partizipation und der Verwirklichung von Entwicklungs- und Integrationschancen im Sport, zu nähern, indem einerseits nach alternativen bzw. komplementären Sportsettings gesucht wird, um die Zielgruppe zu erreichen. Andererseits sollen durch eine sportpädagogische Didaktik der Vielfalt und Anerkennung zielgruppengerechte und inklusive Angebote entwickelt werden. So wirbt der DOSB zwar mit dem Slogan „Sport ist im Verein am schönsten", diese Aussage trifft die Realität aber nur noch eingeschränkt. Gerade in urbanen Räumen bewegen sich Menschen aller Altersstufen nur mit einem Anteil von 20–25 % im organisierten Sport (Wopp 2012). Informelles Sporttreiben, gewerbliche Anbieter, Krankenkassen, Betriebssport und die Schulen stellen beliebte alternative Sportsettings dar.

Im Bereich des Kinder- und Jugendsports wird der organisierte Sport insbesondere durch den Ausbau der Ganztagsschulen im Primar- und Sekundarbereich herausgefordert. Bewegung, Spiel und Sport als Ganztagselemente spielen bereits heute eine bedeutende Rolle (vgl. Laging 2009, S. 19). Die Verlängerung der Schulzeiten schafft demnach einerseits eine verstärkte „Konkurrenz am Nachmittag" (Wopp 2006, S. 24), andererseits basieren viele Ganztagskonzepte explizit auf der Kooperation mit außerschulischen Partner/innen (vgl. Deinet 2010, S. 57) und eröffnen außerschulischen Bildungsträgern, wie Sportvereinen, neue Möglichkeiten in der Schule aktiv zu werden (vgl. Naul 2011, S. 32). Durch den Auf- und Ausbau von sozialräumlichen Netzwerken und „kommunalen Bildungslandschaften" (vgl. Seibel 2007, S. 12) bietet sich verstärkt die Chance, auch bislang sportferne Zielgruppen zu erreichen. Im Projekt sollen durch das bislang eher unterschätzte Integrationspotential außerunterrichtlicher Sportangebote an Schulen (vgl. Soeffner und Zifonun 2008; Gebken und Vosgerau 2009) neue Möglichkeiten erschlossen werden, Mädchen in Bewegung zu bringen. Schulische Arbeitsgemeinschaften, die in Kooperation von Schulen und Vereinen angeboten werden, besitzen einerseits das Potential Mädchen mit Migrationshintergrund bzw. von sozialer Benachteiligung betroffene Schülerinnen besser für Spiel-, Sport- und Bewegungsangebote zu gewinnen. Andererseits fördern sie die sozialräumliche Vernetzung und Selbsthilfekompetenzen im Stadtteil. Das Projekt setzt demnach zugleich auf der Ebene der Menschen (Aktivierung) und der Strukturen (Ermöglichung) an.

Die Sportart Fußball erscheint für die Ziele und Konzeption des Projektes aus verschiedenen Gründen geeignet: Erstens ist der Sport relativ voraussetzungslos und auf verschiedene Settings unproblematisch zu übertragen, zweitens ist der Sport weltweit anerkannt und auch in migrantischen Milieus die beliebteste Sportart, drittens sind Fußballvereine in fast allen Sozialräumen zu finden, und viertens sind Fußballsport und Fußballkultur noch immer männlich dominierte Praxen und Räume, die emanzipative Potentiale bergen.

In einem Stufenmodell (siehe Tab. 1) lassen sich einige der Ziele des Projektes darstellen. Vorrangiges Ziel ist es zunächst, Mädchen in Bewegung zu bringen, durch gemeinsame Erlebnisse (z. B. Turniere) ein dauerhaftes Interesse für Sport und Bewegung zu wecken und Impulse für persönliche Entwicklungsprozesse zu geben. Fußball spielende Mädchen sind in Grundschulen in ‚sozialen Brennpunkten' nicht selbstverständlich. Die wesentlich fußballerfahreneren Jungen dominieren den häufig viel zu kleinen Bolzplatz und geschlechtsheterogene Fußball-AGs. Erst durch das Üben und Trainieren in einer geschlechtshomogenen Fußball-AG, können auch sportferne Mädchen erreicht werden. Der Sport im Schutzraum Schule normalisiert dabei das Verhältnis zum Fußball als männlich konnotierter Sportart und generiert Vertrauen auf Seiten der Eltern. Ihr Einverständnis und ihre Unterstützung sind entscheidend für die weitere Bewegungsbiografie der Kinder.

Das Mitspielen im schulischen Umfeld ist dabei auch eine Vorbereitung auf den Vereinssport. Der Übergang ist jedoch für viele migrantische Mädchen kein Selbstläufer, sondern muss begleitet und organisiert werden. Klassenturniere, Schul-AGs oder Vereinsgruppen bieten vielfältige Partizipationsmöglichkeiten für junge Menschen und die Gelegenheit, Freude an der Übernahme von ersten Aufgaben bei der Betreuung von jüngeren Kindern zu gewinnen. Ihr Einsatz ist aber nur erfolgreich, wenn sie Unterstützung durch die Erwachsenenwelt finden. Soziales Engagement im Fußball erfordert Coaching durch Vertrauenspersonen und Strukturen, die Schule und soziales Engagement miteinander vereinbaren machen. Durch die Gewinnung von Multiplikator/innen im Stadtteil werden im sozialen Umfeld der

Tab. 1 Vier Projektstufen (eigene Darstellung)

	Stufen	Institutionen	Merkmale	Ziele
Stufe 1	Partizipation in Mädchenfuß- ball- AGs und bei Turnieren	Schule in Koope- ration mit dem Sportverein)	Geschlechts- homogene, niederschwellige Trainingsgruppen	Teilhabe, Anerkennung, Zugehörigkeit
Stufe 2	Mitspielen im Fußballverein	Sportverein	Leistungsorien- tierte Teilnahme am Training und Spielbetrieb	Stärkung des Mädchenfußballs
Stufe 3	Ausbildung zur Fußballas- sistentin und Engagement in Übungsgruppen	Mitwirkung in Schul- AG, Vereinsmann- schaften, Schulfußball- turnieren und außerschulischen Einrichtungen	Assistentin mit ersten ‚ech- ten' sozialen Aufgaben im Kinder- und Jugendfußball	Mitbestim- mung, Selbst- wirksamkeit Peer-Teaching
Stufe 4	Selbstständige Leitung von Übungsgruppen	Schul- und Vereinssport	Junge/ jugendliche Übungsleiterin	Freiwilliges Engagement

Mädchen neue Möglichkeiten und nachhaltige Strukturen geschaffen. Ausbildungen im Sozialraum scheinen ein geeigneter niedrigschwelliger Rahmen zu sein, um junge Frauen mit Migrationshintergrund zu motivieren und zu qualifizieren. Als sportliche wie soziale Vorbilder wirken sie in die AGs zurück.

3.3 Die Projektbausteine

Die unterschiedlichen Stufen werden in den Projekten durch die Verbindung unterschiedlicher Bausteine (siehe Abb. 1) umgesetzt. Die verschiedenen Bausteine sollen dabei im Sinne der Nachhaltigkeit zunächst möglichst einfach, mit lokalen Ressourcen umzusetzen sein, den Teilnehmerinnen ein niederschwelliges Sportsetting bieten, zur sozialräumlichen Vernetzung beitragen und durch ihr Zusammenwirken, ein sich wechselseitig unterstützendes integriertes Handlungskonzept bilden.

- *Baustein 1: Spielen und üben in Mädchenfußball-AGs*

Geschlechtshomogene Arbeitsgemeinschaften an Grundschulen bieten einen niederschwelligen Einstieg in den Mädchenfußball. Verschiedene Studien (vgl. Frohn

Abb. 1 Die Projektbausteine (eigene Darstellung)

2007; Mutz und Burrmann 2011) belegen inzwischen, dass außerunterrichtliche AGs insbesondere von bildungsfernen Schülerinnen und Schülerinnen mit Migrationshintergrund angenommen werden. Der flächendeckende Ausbau der Ganztagsschulen bietet lokalen Sportvereinen deshalb die Chance, unter dem Dach der Schule neue Zielgruppen zu erreichen. In der im Gegensatz zum Schulsport freiwillig gewählten AG, die je nach Schulform im AG-Band, Ganztagsbereich oder in der Nachmittagsbetreuung der Grundschulen angesiedelt ist, können die Mädchen in ihrem unmittelbaren Sozialraum und einer ihnen vertrauten Gruppe erste Erfahrungen mit dem Ball machen. Den Schülerinnen ebenso wie ihren Eltern sind Turnhalle, Umkleideräume oder der Weg über den Schulhof vertraut. Die Schule dient als Türöffner, als erster Schritt hin zu einer längerfristigen Sportbeteiligung. Ein Beitrag wird nicht erhoben und auch ein Vereinsbeitritt bleibt freiwillig.

Die Schul- AGs setzen sich heterogen zusammen. Mädchen ohne oder mit wenig Fußballerfahrung, aus mehreren Jahrgängen und mit unterschiedlichen körperlichen Voraussetzungen treffen zusammen. Zu den *pädagogischen Zielen* der AGs gehört es, stärkere wie schwächere Schülerinnen gleichermaßen zu berücksichtigen, eine Kultur des sportlichen Miteinanders und der Fairness zu entwickeln, Konfliktlösungskompetenzen zu vermitteln, indem gemeinsame Regeln und Konsequenzen erarbeitet werden, die Unterschiede der Selbst- und Fremdwahrnehmung von individueller Körperlichkeit und Persönlichkeit zu erkennen, sich selbst auszuprobieren und zu verbessern (Selbstwirksamkeit) und das individuelle Selbstvertrauen zu stärken. So können soziale Probleme oder Konflikte abgefedert werden. Zu den *methodischen Ansätzen* der AGs gehört, die Spielfreude der Kinder zu nutzen und zu fördern, eine ressourcenorientierte und geschlechtssensibel Vermittlung, den Teilnehmerinnen die Möglichkeiten bieten, ihre eigenen Wünsche und ihre Kreativität einzubringen, eine ganzheitliche Bewegungsförderung anzubieten und mit unterschiedlichen Spielmaterialen zu experimentieren sowie durch Rituale und feste Regeln einen Teamzusammenhalt zu schaffen und den Kindern Orientierung und Verlässlichkeit zu bieten. Wechselnde Übungen und Variationen (Kegel-, Zahlen-, Sitz-, Tunnel- oder Drei-Zonen-Fußball), Wettbewerbe mit Spannung und Teamgeist, aber auch eine Atmosphäre des Wohlfühlens mit Zeit zum Reden, sprechen die Schülerinnen genauso an wie das klassische Spiel auf zwei Tore. Zu den *sportbezogene Zielen* der AGs gehört es, durch abwechslungsreiche Übungen und Spiele (auch ohne Fußballbezug) Spaß an Bewegung zu vermitteln, den Spaß am Ball zu entwickeln bzw. die Angst vor dem Ball zu verlieren und die Grundtechniken und Regeln des Fußballspiels kennenzulernen.

Gesucht und gefunden werden müssen qualifizierte weibliche AG-Leiterinnen, denn in einer vertrauensvollen und geschlechtshomogenen Atmosphäre spielen auch sportdistanzierte Mädchen mit und lassen sich auf diesen häufig noch von Jungen dominierten Sport ein. Eine Übungsleiterin kann wichtige Vorbildfunktionen übernehmen und zugleich, Möglichkeiten eröffnen, auch über die AG hinaus aktiv zu werden. Um die integrative Wirkung der Vernetzung zwischen Schule und Verein zu gewährleisten, sollte die AG möglichst von einer Trainer/in aus dem jeweiligen kooperierenden Stadtteilverein geleitet werden. Im Idealfall wird die AG-Leitung durch im Projekt ausgebildete Assistentinnen unterstützt.

- *Baustein 2: Sich messen in (Schul- und Vereins-) Turnieren*

Wer trainiert, will auch spielen und sich mit anderen, gleichwertigen Mannschaften messen. An den Standorten werden deshalb in regelmäßigen Abständen Mädchenfußballturniere organisiert, an denen die umliegenden Schulen mit ihren AGs teilnehmen. Sie bieten den Mädchen einen Höhepunkt im Schulalltag, schaffen Raum für besondere Erlebnisse und die Möglichkeit ihr Können vor Publikum zu beweisen. Zugleich schließen sie damit z. T. eine Lücke in der Angebotsstruktur vieler Fußballverbände- und Kreise bzw. Städte und Kommunen, die in einigen Regionen in der entsprechenden Altersgruppe für Mädchen bislang nur wenige Turnierangebote machen (können). Die Turniere werden von im Projekt ausgebildeten jugendlichen Fußballassistentinnen (mit-) organisiert und betreut.

Die Projektturniere wirken in die AG-Arbeit zurück, indem sie positive Erlebnisse und Identifikation ermöglichen. Durch die Turniere erfahren die Mädchen Selbstwirksamkeit. Umso wichtiger ist es, dass die Kinder im Rahmen der der Wettkämpfe lernen, produktiv mit Siegen und Niederlagen umzugehen. In den Projekten ist es selbstverständlich, dass alle Teilnehmerinnen eine Medaille mitnehmen können und ein sportlicher Misserfolg nicht beschämend wirkt.

Darüber hinaus erhöhen die Turniere die Aufmerksamkeit und Wertschätzung für das Anliegen des Projektes und den Mädchenfußball, indem sie Schule, Verein, AG-Leitungen, Fußballassistentinnen, Eltern und andere Unterstützer zusammenbringen. Über diese Turniere soll für die Sportbeteiligung der Mädchen und die Angebote der Kooperationsvereine geworben werden und eventuell bestehende Vorbehalte und Ängste überwunden werden. Weiterhin bieten sie die Möglichkeit, sowohl für die Kinder als auch für die Eltern soziale Netzwerke zu erweitern und neue Kontakte zu knüpfen. Um die Eltern nicht finanziell zu belasten, wird sowohl die Verpflegung als auch der Transport übernommen.

- *Baustein 3: Qualifizieren zum Leiten in der Fußballassistentinnenausbildung*

Weibliche Übungsleiterinnen werden in vielen Schulen und Vereinsgruppen verzweifelt gesucht. Sie fungieren als sportliche Vorbilder und erleichtern den Zugang zu vielen Mädchen mit Migrationshintergrund, deren Eltern männlichen Übungsleitern kritisch gegenüber stehen. Andererseits zeigen fußballbegeisterte junge Mädchen häufiger als Jungen ein gesteigertes Interesse an der Leitung und Betreuung von Fußballarbeitsgemeinschaften oder Vereinsgruppen. Diese Motivation greift das Projekt auf und bildet 14- bis 17-jährige Schülerinnen weiterführender Schulen in dreitägigen Kompaktkursen zu Fußballassistentinnen aus. Inhalte der Ausbildung sind unter anderem die Planung von Trainingsstunden, die Arbeit mit Gruppen, Rituale und Prinzipien, Varianten von kleinen Fußballspielen, Erste Hilfe sowie der Umgang mit Heterogenität und interkulturelle Erziehung. Die Praxiseinheiten werden in Zusammenarbeit mit den Grundschulen gestaltet.

Die Ausbildung findet vor Ort an einer der Projektschulen statt. Der reguläre Sportunterricht wird von den angehenden Assistentinnen übernommen und durch eine Praxiseinheit Fußball ersetzt. Zum Ende des dritten Ausbildungstages können sie durch die Abschlussprüfung das Zertifikat zur Fußballassistentin erwerben. Zu den Tätigkeitsfeldern nach der absolvierten Ausbildung gehören beispielsweise die Organisation von Turnieren und die Unterstützung der Trainer/innen der Grundschul-AGs, oder auch von Fußballgruppen im Verein. Nicht nur die Kinder, sondern auch die Lehrkräfte profitieren oft von diesen Lehrproben, denn sie können mancherlei Anregung mitnehmen, wie Fußball mit großen Gruppen in kleinen Turnhallen möglich sein kann. Später sollen die Fußballassistentinnen die Übungsleitertätigkeit selbständig übernehmen können und den Weg in den Vereinssport finden. Durch die Ausbildung und Erlangung des Zertifikats soll das Selbstbewusstsein sowie die Motivation für zukünftiges soziales Engagement gestärkt werden.

- *Baustein 4: Fußball leben im Camp*

Der Baustein Camps ist eine optionale Ergänzung der drei Bausteine. Die ein- oder mehrtägigen Camps bieten den teilnehmenden Mädchen die Möglichkeit, Gemeinschaft zu erleben und zu lernen, Verantwortung für sich und andere zu übernehmen. Neben Fußball mit Wettbewerben wie der Latten- oder Dribbelkönigin gehören sportartübergreifende Angebote wie kleine Bewegungsspiele, Bastelangebote oder Rollenspiele zum Programm. Angesprochen werden die Mädchen der beteiligten Grundschulen und Vereine. Ziel ist es, die Persönlichkeitsentwicklung der jungen Menschen zu unterstützen, ihr Selbstbewusstsein bzw. ihr Selbstwertgefühl zu verbessern. Die Camps werden von den ausgebildeten Fußballassistentinnen mit geleitet und gestaltet.

4 Integration und *Fußball ohne Abseits*

Über den Integrationsbegriff wird noch immer heftig gestritten, obwohl, oder gerade weil sich bislang kein einheitliches Verständnis von den Zielen und Instrumenten von Integration durchgesetzt hat. Zumeist bewegt sich die Diskussion zwischen Theorie und Vorurteil, sie bleibt entweder zu abstrakt oder einseitig. So hängen auch die idealtypisch getrennten Konzepte der ‚Integration in den Sport' und ‚Integration durch den Sport' in der Praxis enger zusammen, als es die Theorie vermuten lässt. Im Gegenteil, ist es sogar wenig sinnvoll, sie außerhalb ihrer individuellen, sozialräumlichen, soziostrukturellen Bezüge zu betrachten. Integration bedeutet immer eine Einbettung in soziale Kontexte, die nur empirisch oder in der Umsetzung konkreter Interventionen beobachtet werden kann. Zur praktischen Umsetzung des Projektes und Realisierung eines *Sports für alle*, gilt es daher zunächst, den Integrationsbegriff pragmatisch zu wenden, auf die Füße zu stellen und in konkrete Handlungskonzepte zu übersetzen.

Damit einher geht die Abkehr von einem statischen Verständnis von Integration als Praxis der Assimilation, hin zu einem dynamischen und pragmatischen Integrationsbegriff, der Integration als beständigen, mehrdimensionalen und wechselseitigen Interaktionsprozess versteht, der die unterschiedlichen Ressourcen, Bedürfnisse und Kompetenzen der Betroffenen zum Thema macht und sich durch Handeln vollzieht. Hier offenbaren sich auch die Defizite der Integrationsdebatte bzw. vieler sogenannter Integrationsprogramme im Sport: Sie setzen sich konzeptionell zumeist über die Akteure hinweg und vertrauen kaum auf lokales Wissen. So geht die Integrationsdebatte oft an den Akteuren vorbei, über die am meisten geredet wird, und die Leistungen von Migranten und von ihnen gegründeten Organisationen, Vereine und Verbänden finden selten Anerkennung. Insofern ist eine Umkehr der Perspektive notwendig, die nicht allein Integration von Einzelnen in das ‚System' oder Anpassung an die ‚Leitkultur' einfordert. Stattdessen muss man Desintegrationsprozessen entgegentreten, die sich über längere Zeitintervalle erstrecken und sich sowohl sozialräumlich, ökonomisch, politisch-rechtlich als auch kulturell auswirken und Formen der Selbst- und Fremdexklusion begünstigen.

Aus der Perspektive von *Fußball ohne Abseits* bedeutet Integration zunächst ganz allgemein, die chancengleiche Teilhabe an der Gesellschaft, an Bildung sowie selbstverständlich auch an Spiel, Sport und Bewegung möglich zu machen. Konkret vollzieht sie sich durch Handeln, das Lösen von Alltagsproblemen, die Erweiterung und Anwendung eines gesellschaftlichen Wissensvorrates, das Zusammenbringen und Vernetzen unterschiedlicher Menschen und Institutionen, das Werben um Anerkennung und den Abbau von strukturellen Hindernissen und Diskriminierungen. Integration wird dabei nicht als das Resultat eines Prozesses, sondern selbst als ein mehrdimensionaler, interaktiver Prozess verstanden, der in seinen Bemühungen nie zum Abschluss kommt. Integrationskonzepte lassen sich nicht allein theoretisch herleiten, sondern müssen sich handlungsorientiert vor Ort, bezogen auf lokale Strukturen und Akteure, erproben und entwickeln. Für das konzeptionelle Gerüst von *Fußball ohne Abseits* bieten sich dabei insbesondere folgende wissenschaftstheoretische und pädagogische Orientierungspunkte: die pragmatische Ausrichtung des Forschungsprojekts, die Schaffung niederschwelliger Teilhabemöglichkeiten, eines Empowerments durch die ressourcenorientierte Stärkung sozialräumlicher Netzwerke, und eine auf wechselseitige Anerkennungsverhältnisse ausgerichtete Pädagogik der Vielfalt.

4.1 Pragmatische Ausrichtung

Pragmatismus steht allgemein für ein ‚Primat der Praxis', als ‚Sinn für das Machbare' und eine sachbezogene, sich selbst korrigierende Handlungsweise. Zwar sollen auch hier Hypothesen gebildet, Visionen erzeugt und Problemlösungen entwickelt werden (Reich 2004, S. 30), deren Umsetzung und Konsequenzen jedoch in konkreten Handlungen erfahren und reflektiert werden. Die Theorie bleibt demnach nicht länger bloße Betrachtungsweise der Wirklichkeit, sondern sie wird zu einem

Instrument, mit dem die Wirklichkeit umgestaltet werden kann (vgl. Hetzel et al. 2008). Zahlreiche Annäherungsversuche an das Wesen des Pragmatismus (vgl. Nagl 1998; Oehler 2007; Reich 2004) beschreiben ihn als pluralistisch und antidogmatisch, nicht-monolithisch und vielgestaltig.

Der Pragmatismus impliziert somit ein anderes Wissenschafts- und Forschungsverständnis, dessen wesentliches Strukturmerkmal der Zusammenhang und die Kontinuität zwischen Untersuchen und einer umgestaltenden praktischen Tätigkeit darstellt (vgl. Schäfer 2005, S. 117). Die Arbeit des Forschungsprojekts ist daher gekennzeichnet durch ein aktives Einwirken auf den Forschungsgegenstand und das experimentelle Verändern des Untersuchungsgegenstandes (Jörke 2003, S. 13). Der Blick richtet sich auf die Konsequenzen, die sich aus dem Intervenieren, Experimentieren und Verbessern ergeben. Es ermahnt Wissenschaft und Forschung, sich enger mit den gesellschaftlichen und bildungspolitischen Herausforderungen sowie den Konsequenzen ihrer Handlungsempfehlungen auseinander zu setzen (vgl. Bellmann 2007).

John Deweys (1993) Demokratietheorie, seine Auseinandersetzung mit kooperativen Problemlösungen und Formen „forschenden Lernens" finden seit den 90er Jahren unter postmodernen, kommunikationstheoretischen, konstruktivistischen und handlungstheoretischen Gesichtspunkten eine neue Aufmerksamkeit (vgl. Bittner 2001). Dewey entwickelte sein Konzept in einem ähnlichen gesellschaftlichen Kontext: „In den Städten bildete sich eine neue Unterschicht heraus, wodurch die Integration der Gesellschaft immer problematischer wurde" (Jörke 2003, S. 9). Das Konzept bietet daher Anknüpfungspunkte, um über lokales Wissen Antworten und angemessene Lösungen für die herausfordernden Migrations-, Segregations- und Exklusionsprozesse zu entwickeln. Die Grundlage des Pragmatismus bildet eine fortschrittsoptimistische und experimentierfreudige Haltung. Fantasie, Neugierde und Experimente sind mehr gefragt denn Gewissheiten. Statt auf Patentlösungen, richtet sich der Blick auf soziale Prozessstrukturen. Pragmatische Erkenntnisse stehen im engen Zusammenhang zum sozialen Wandel und ergeben sich aus den geltenden Wissensbeständen und Ideen, die Menschen suchen, um Engpässe, Konflikte und Probleme zu lösen.

Der Pragmatismus als Bezugspunkt sportwissenschaftlicher Forschung wird bisher selten genutzt. Bislang greift lediglich Rottländer (2004) wesentliche Aspekte des Pragmatismus auf und verweist auf die Chancen eines forschenden Lernens, das ein situatives und bestmögliches Handeln von Sportlehrkräften durch Ausprobieren, Testen und Versuchen möglich machen kann. Der pragmatische Ansatz von *Fußball ohne Abseits* begründet sich in seiner entschlossenen Suche nach Lösungen und kreativen Ideen für aktuelle gesellschaftliche, sportpolitische und pädagogische Probleme. Neue Wege zu gehen und alternative Räume zu besetzen, um Sportbeteiligung möglich zu machen, Alltagsprobleme zu lösen und die soziale Situation zu verbessern steht im Mittelpunkt der Projekte von *Fußball ohne Abseits*. Menschen in ihrem Sozialraum durch den Sport zu aktivieren, sie nicht nur formal, sondern auch faktisch partizipieren bzw. gestalten zu lassen, ist somit ein primäres Ziel des Projektkonzepts und eine wichtige Aufgabe der Sportpädagogik und -didaktik. Dies bedeutet, soziale Kooperation und gegenseitige Unterstützung zu zentralen Aspekten in der pädagogischen Arbeit mit jungen Menschen zu machen. Gerade der Sport kann den Blick auf Stärken, Ressourcen und soziale Talente lenken, die für die Bewältigung der Lebensrisiken vor allem in problembelasteten Stadtteilen helfen können.

4.2 Sozialräumliche Netzwerke und Empowerment

Einen weiteren zentralen Bezugspunkt des Projektkonzeptes stellt die Sozialraumorientierung dar, die partizipative und ressourcenorientierte Formen der Beteiligung, der Kooperation und Steuerung lokaler Wandelungsprozesse aufgreift, um das „Selbsthilfepotenzial" (vgl. Gillich 2007, S. 402) und Empowerment problematischer Stadtviertel zu fördern.

Unter Sozialräumen werden nicht zu füllende Behälter, sondern „gegenseitig durchwobene, konflikthafte und heterogene soziale Zusammenhänge" (Kessl und Reutlinger 2007, S. 37) verstanden. Zu *sozialen* Räumen werden Räume durch das Handeln der Akteure und die Verbindung der Subjekte mit dem Raum. Der Sozialraum hat somit einen Doppelcharakter, weil er nicht nur als geographische Raumdimension, sondern auch als eine operative Handlungsdimension definiert und somit (im pragmatischen Verständnis) kreativ gestaltbar und sozial veränderbar ist (vgl. Früchtel et al. 2007). Für Kinder und Jugendliche sind Sozialräume vorrangig „Aneignungsräume" (Deinet 2007). Sie erschließen Räume, widmen sie um und entwickeln durch deren Aneignung und Veränderung motorische, soziale und kognitive Kompetenzen. Insbesondere für jüngere Kinder hat der soziale Nahraum eine hohe Relevanz.

Sozialraumorientierung als Ausgangspunkt wissenschaftlicher Theoriebildung und sozialer Interventionen rückt die Kontextbedingungen, die zu Problemlagen führen, stärker in den Fokus der Betrachtungen und weist auf die prägenden Strukturen hin, die durch Wechselbezüge bei den sozialen und räumlichen Bedingungen entstehen. Nicht die Beschreibungen von Perspektivlosigkeit und Defiziten, sondern eher Aktivierungspotentiale und Ressourcen im Quartier bzw. Stadtteil sollen gesucht und mit innovativen Ideen, Modellen und Konzepten überwunden werden. Mit Sozialraumorientierung wird die Hoffnung verbunden, die Betroffenen mit einem ‚Umgang auf Augenhöhe' wieder an das Gemeinwesen heranführen zu können. Eigeninitiative und Selbsthilfekräfte sollen Angebote passgenauer und bürgernäher gestalten. Der Blick richtet sich auf die betroffenen Menschen und ihre möglichen Bewältigungsleistungen, um Probleme durch die Berücksichtigung von Entwicklungszusammenhängen und sozialen Bezügen zu lösen.

Vereine, Initiativen, Interessensgruppen und niederschwellige Angebote in der sozialen Infrastruktur gelten als „Schätze" in Sozialräumen mit besonderen Integrationsbedarfen (vgl. Deinet 2009; May 2008). Sie zu finden, zu erhalten und zu stärken wird zur Aufgabe von Interventionen und eines sozialräumlichen Empowerments. Im Rahmen des Projektes wird die Aktivierung und Stabilisierung von Schlüsselpersonen aus dem Sozialraum, die AGs anleiten und Brücken zum Sportverein bilden und die Erprobung von belastbaren Kooperationen und Strukturen zu einer Schlüsselaufgabe. Für diese Aufgaben stehen in sozial prekären Stadtteilen nur begrenzt ‚heilende Kräfte' zur Verfügung. Umso dringender ist es, junge Menschen für Aufgaben in Spiel, Sport und Bewegung auszubilden.

Mit Hilfe des besonders im benachteiligten Milieu populären Fußballspiels wird an den Stärken im Stadtteil angesetzt. Der Fußballsport scheint dafür geeignet zu sein, die „Selbstorganisationsfähigkeit" (Hurrelmann 1994, S. 190) der Menschen milieu- und kulturübergreifend zu fördern und dadurch subjektives Wohlbefinden und Lebensqualität in der eigenen Lebenswelt zu verbessern. Gelingt es, junge Frauen aus dem Sozialraum für die Leitung der Fußballgruppen oder die Mitwirkung im Projekt zu gewinnen, fungieren sie zugleich als Vorbilder und ermutigen weitere Mädchen, in der Schule, im Verein oder im sozialen Umfeld weiterzuspielen und zu üben. Dies gelingt nicht durch methodische oder und inhaltliche Fertigprodukte, sondern durch „Wegbereiter" und „intermediäre" „Brückenbauer" (Herriger 2006) die den Mädchen fernab der ‚Fürsorgefalle' Hilfe zur Selbsthilfe geben. Die Herausforderungen werden mit den zur Verfügung stehenden personellen und sozialen Ressourcen bewältigt. Nicht zu Unrecht spricht man von der ‚Schwerkraft der Routinen', die auf dem Pausenhof, im Sportunterricht oder in dem von Männern geprägten Fußballvereine dominieren. Wenn junge Frauen selbstständig, selbsttätig und selbstbewusst im Fußballbereich Übungsleiterinnenfunktionen übernehmen, gelingt Empowerment durch selbstermächtigendes Fußballspielen. Dieser Blickwinkel verlässt die Defizitperspektive, und die häufig dominierende „Buchhaltung von Lebensschwächen" (Herriger 2006). Nicht mehr Mängel oder Unfertigkeiten, sondern Tore, Erfolge, Erfahrungen des Könnens, des Zusammenspiels werden vor allem für die beteiligten Lehrkräften sichtbar und von ihnen thematisiert (vgl. Interview mit Hermann Städtler in diesem Band).

Darüber hinaus erscheint die sozialräumliche Öffnung der professionellen pädagogischen Institutionen zwingend. Nicht nur einzelnen am Projekt beteiligten

(Sport-) Lehrkräften bleiben die lebensweltlichen Bezüge ihrer Schüler verborgen. Die in vielen Schulen bewusst gezogenen Grenzen zum sozialräumlichen Umfeld, die durch Zäune, Mauern und verschlossene Tore symbolisiert werden, setzen sich noch in vielen Köpfen fort. Diese zu überwinden, die Menschen aus dem Sozialraum neugierig zu machen, sie bewusst und auffällig in die Schule, in den Schulsport einzuladen sowie als Lehrkraft den Sozialraum aufzusuchen, erfordert Ressourcen und ein verändertes und zeitgemäßes Leitbild der Schule und der Sportlehrkräfte bzw. Übungsleiter/innen. Bewegungsbezogene Kompetenzen im Sozialraum zu finden, Kontakte zu knüpfen und zu pflegen, Vertrauen aufzubauen und Impulse aufzugreifen, stehen noch nicht auf ihrer Agenda. Eine erste Annäherung gelingt durch die Teilnahme und das Erleben der Turniere im Stadtteil- bzw. Sozialraum und durch die Ausbildungen der jugendlichen Fußballassistentinnen, in den die Menschen aus den Grundschulen, Sekundarstufen und Vereinen zusammengeführt werden. Die Stärken und Ressourcen des Sozialraums werden sichtbar und erkannt. *Fußball ohne Abseits* versteht sich als sportpädagogische „Marktplatzarbeit" (Gebken 2010), die durch sozialräumliche Kooperationen niederschwellige Bewegungs- und Sportangebote für Mädchen ermöglichen soll.

4.3 Teilhabeförderung durch niederschwellige Zugänge

Mit dem Begriff der Niederschwelligkeit (bzw. Niedrigschwelligkeit) wird ein in der Sozialen Arbeit weit verbreiteter Ansatz umrissen, der in erster Linie darauf abzielt, dass die potentiellen Angebotsnehmer nur geringe oder gar keine Voraussetzungen erfüllen müssen, um Angebote in Anspruch nehmen zu können. Der Ansatz hat sich insbesondere bei der Arbeit mit schwer zu erreichbaren Zielgruppen, z. B. in der Drogenprävention oder in der Arbeit mit Obdachlosen bewährt. Mit Niederschwelligkeit ist jedoch nicht in erster Linie eine qualitative Herabstufung der beschriebenen Angebote gemeint, stattdessen zielt sie auf die Veränderung der Zugangsvoraussetzungen, die Partizipation möglich machen. Das Bild der Schwelle, Hürde oder Barriere impliziert, dass der Zutritt zu einem bestimmten Bereich einer Person oder Gruppe versperrt ist. Die Schwelle ist zugleich sozial selektiv – während einige die Schwelle ohne Probleme überschreiten können, scheitern andere daran.

Die deutlich ungleiche Beteiligung unterschiedlicher Gruppen an verschiedenen Sportsettings führt die Existenz von Hürden in den (organisierten) Sport deutlich vor Augen. Insbesondere Mädchen aus sozial benachteiligten Stadtvierteln werden von konventionellen Angeboten bislang nur unzureichend erreicht. Niederschwellige Angebote fördern soziale Integration, den Spaß an der Bewegung sowie ein ungezwungenes Verhältnis zum Sport und eröffnen Chancen für eine langfristige Sportbeteiligung. Mädchen aus sozial marginalisierten Stadtvierteln finden den Weg in den Sport nur selten allein. Ihre Familien haben oft nur wenige Berührungspunkte mit dem organisierten Sport oder soziale, kulturelle oder finanzielle Vorbehalte gegenüber der Sportbeteiligung ihrer Kinder. Andererseits sind konventionelle Vereinsangebote oft zu wenig auf die Zielgruppe zugeschnitten – dies gilt insbesondere für den Mädchenfußball. Sportbezogene Integrationsarbeit muss deshalb ermöglichend und aktivierend zugleich wirken. Niederschwelligkeit kann bei sportbezogenen Angeboten gleich auf mehreren, strukturellen, formalen und sozialen Ebenen realisiert werden. Im Rahmen des Projektes erweisen sich dabei insbesondere das vertraute Schulumfeld, die Verlässlichkeit, Kostenfreiheit und Freiwilligkeit des Angebots, der geschlechtshomogene Raum, eine weibliche AG-Leitung und die reibungslose Einbettung in den Schulalltag als förderlich.

Zugleich sollen niederschwellige Angebote jedoch Wege in den Sport eröffnen, ohne neue Exklusionsmechanismen zu etablieren. Durch die Einbettung der Angebote in den Sozialraum und die Verbindung zu anderen, höherschwelligen Angeboten sollen Brücken in die Vereine und damit zu einer langfristigen Sportbeteiligung gebaut werden. Die AGs sind eine lohnende Zwischenstufe für all diejenigen Mädchen, die sich durch die AG auch für den Sport im Verein begeistern lassen. Darüber hinaus sollen auch die beteiligten Vereine die Rahmenbedingungen ihrer Angebotsstruktur überprüfen, selbst niederschwellige Angebote machen und ihre soziale wie interkulturelle Öffnung vorantreiben.

4.4 Diversität und Anerkennung

Auf den ersten Blick wirkt überraschend, dass weniger der Umgang mit Homogenität in der Mädchenfußballgruppe, als die Herausforderung heterogener Gruppen zur sportpädagogischen Schlüsselaufgabe im Rahmen des Projektes wird. Trotz Geschlechterhomogenität prägen heterogene Zusammensetzungen, mit großen Altersunterschieden, heterogenen Geschlechterverständnissen, kultureller sowie religiöser Verschiedenheit und einem unterschiedlichen Grad der Beherrschung der deutschen Sprache das Miteinander in den Übungsgruppen und bei Turnieren.

Das Wort „heterogen" leitet sich etymologisch von „anders, abweichend" her, wird aber in der aktuellen pädagogischen Diskussion mit Verschiedenheit, Vielfalt oder Unterschieden gleichgesetzt (Trautmann und Wischer 2011; Frohn und Pfitzner 2012). Eine „Pädagogik der Vielfalt" (vgl. Prengel 1995) wird als normativer pädagogischer Referenzrahmen in der pädagogischen Diskussion um Heterogenität gesehen, wenn auch eine Präzisierung des Konzeptes verstärkt eingefordert worden ist (vgl. Trautmann und Wischer 2011, S. 65). Sie steht für das Prinzip, das Lernen unabhängig von den individuellen Fähigkeiten und Beeinträchtigungen oder der sozialen oder kulturellen Herkunft möglich und wünschenswert ist. Ihre zentrale Idee ist es, das Spannungsverhältnis von ‚Gleichheit' und ‚Verschiedenheit' als ‚Gleichberechtigung der Verschiedenen' reflexiv neu zu bestimmen. Die Pädagogik der Vielfalt schließt somit an den bildungspolitischen und pädagogischen Diskurs um Inklusion an, der im eigentlichen Sinne eben nicht allein auf die Einbeziehung von behinderten Schüler/innen abhebt, sondern eine umfassende Anerkennung von Vielfalt für pädagogische Prozesse und Settings abzielt. Heterogenität und Diversität werden nicht als zu überwindende Probleme behandelt, sondern als Chance begriffen von- und übereinander zu Lernen. Insofern müssen Institutionen und Strukturen die individuellen Fähigkeiten der Teilnehmer/innen zum Maßstab ihrer Angebote machen und ihre Rahmenbedingungen an den Bedürfnissen und Besonderheiten der Menschen ausrichten. Hier besteht ein großer Möglichkeitsspielraum außerunterrichtlicher Sportsettings gegenüber dem Schulunterricht und seinen inhärenten Bewertungsmechanismen einerseits und dem organisierten Sport andererseits, der mit relativ festen Strukturen und Leistungsprinzipien wenig Spielraum für auf Vielfalt ausgerichtete pädagogische Inszenierungsformen lässt.

Einen beachtlichen, aber von der Sportpädagogik noch gar nicht aufgegriffenen, Vorschlag machen Lutz und Leiprecht (2005) mit dem „Intersektionalitätsansatz", der auf das Zusammenwirken mehrerer Differenzlinien hinweist. Differenzlinien sind soziale Ordnungskategorien, bipolar, hierarchisch, das Resultat sozialer Konstruktionen und miteinander verschränkt. Der Ansatz weist darauf hin, dass stets mehrere Kategorien von Benachteiligung oder Diskriminierung bestehen, sie aufeinander einwirken und auf Subjektivierungsprozesse Einfluss nehmen. Mit dem Intersektionalitätsansatz verbinden Lutz und Leiprecht, Differenzen anzuerkennen und als Lernanlass für Schüler/innen zu nutzen. Im Rahmen des Projektes *Fußball ohne Abseits* wird ein ‚produktiver Nutzen' durch den Einsatz von Schülerexpertinnen bzw. Fußballassistentinnen oder auch durch einen altersgemischten Sportunterricht im Rahmen der Qualifizierung, durch die Mitwirkung bzw. Leitung der Jugendlichen in den Fußball- AGs, den Turnieren und Camps angestrebt.

Für eine diversitätsbewusste Pädagogik hat die Herstellung gegenseitiger Anerkennungsverhältnisse eine eminente Bedeutung. Anerkennung und Zugehörigkeit gelten als grundlegende Voraussetzungen für die Identitätsbildung (vgl. Taylor 1993). Dabei lässt sich das dreistufige Anerkennungstheorem von Grimminger und Gieß-Stüber (2009) aufgreifen: erstens die reziproke Anerkennung im Sinne einer wechselseitigen emotionalen Zuwendung, zweitens die Anerkennung als Rechtsperson und drittens die soziale Wertschätzung. Fußball wird im Team gespielt. Erfolgreiches Spielen gelingt nur, wenn alle Spieler/innen beteiligt sind und das Zusammenspiel im Sinne einer gegenseitigen Wertschätzung gelingt. Mit dem Mitspielen in der Fußball- AG und dem Anleiten von Übungsgruppen sind für die Mädchen und eingebundenen jungen Erwachsenen grundlegende Erfahrungen sozialer Zugehörigkeit und des Erkannt- bzw. Beachtenwerdens verbunden. Die jungen Fußballerinnen finden Anerkennung in der für sie subjektiv bedeutsamen Rolle, wenn sie ihre individuellen Stärken bzw. Kompetenzen in das Spiel einbringen können und dies zu gemeinsamen Erfolgen führt. Anerkennung bedeutet hier Wertschätzung, Achtung, Respekt, aber auch Toleranz und Fairness. Die Verwirklichung von Anerkennungsverhältnissen muss sich in sportpädagogischen Inszenierungsformen wiederfinden.

Als Praxisforschungsprojekt versteht sich *Fußball ohne Abseits* als *work in progress*. Die skizzierten Herausforderungen und Konzepte müssen sich in der Praxis beweisen und wiederum reflektiert werden. Das Projekt versucht dabei, Integration auf verschiedenen Ebenen in eine Soziale Arbeit im Sport zu übersetzen: einmal durch die Entwicklung einer ganzheitlichen Strategie, die sowohl die soziale Öffnung der Angebote in Schulen und Vereinen vorantreibt, um den Anteil von Mädchen mit Migrationshintergrund am Sport zu erhöhen. Aber auch durch Qualifizierungsmaßnahmen und der Ausbildungen von jugendlichen Nachwuchstrainerinnen, die Brückenpositionen in den Sport interkulturell neu besetzen und damit die Rahmenbedingungen für den Mädchenfußball verändern. Die Verzahnung der verschiedenen Projektbausteine und der geschaffenen Strukturen sichert die Vernetzung der Akteure auf den unterschiedlichen Ebenen. Die Projekte schaffen damit nicht nur isolierte Angebote, sondern Strukturen, die nachhaltig in den Sozialräumen wirken können.

Literatur

Bade, K. (2007). Leviten lesen, Migration und Integration in Deutschland. Abschiedsvorlesung vom 27.06.2007. *IMIS-Beiträge, 31*, 43–64.
Bellmann, J. (2007). *John Deweys Naturalistische Pädagogik*. Paderborn: Schöning.
Bittner, S. (2001). *Learning by Dewey? John Dewey und die Deutsche Pädagogik 1900-2000*. Bad Heilbrunn: Klinkhardt.
Boos-Nünning, U., & Karakaşoğlu, Y. (2003). Kinder und Jugendliche mit Migrationshintergrund im Sport. In W. Schmidt, I. Hartmann- Tews, & W.-D. Brettschneider (Hrsg.), *Erster Kinder und Jugend-Sportbericht* (S. 319–338). Schorndorf: Hofmann.
Boos-Nünning, U., & Karakaşoğlu, Y. (2005). *Viele Welten leben. Zur Lebenssituation von Mädchen und jungen Frauen mit Migrationshintergrund*. Münster: Waxmann.
Bourdieu, P. (2005). Ortseffekte. In P. Bourdieu (Hrsg.), *Das Elend der Welt* (UTB *Soziologie*, gekürzte Studienausgabe, S. 117–123). Konstanz: Universitäts-Verlag Konstanz.
Brändle, F. (2002). Fußball und Geschlecht. In F. Brändle & C. Koller (Hrsg.), *Goal! Kultur- und Sozialgeschichte des modernen Fußballs* (S. 207–232). Zürich: Orell Füssli.

Braun, S. (2011). Assoziative Lebenswelt, bindendes Sozialkapital und Migrantenvereine in Sport und Gesellschaft. In S. Braun & T. Nobis (Hrsg.), *Migration, Integration und Sport. Zivilgesellschaft vor Ort* (S. 29–44). Wiesbaden: VS Verlag.

Braun, S., & Nobis, T. (2011). Migration, Integration und Sport - Zivilgesellschaft vor Ort. Zur Einführung. In S. Braun & T. Nobis (Hrsg.), *Migration, Integration und Sport. Zivilgesellschaft vor Ort* (S. 9–28). Wiesbaden: VS Verlag.

Brettschneider, W.-D., & Kleine, T. (2002). *Jugendarbeit in Sportvereinen. Anspruch und Wirklichkeit*. Schorndorf: Hofmann.

Breuer, C. (Hrsg.) (2006). *Sportentwicklungsbericht 2005/2006. Analyse zur Situation der Sportvereine in Deutschland*. Ort: Sportverlag Strauß.

Breuer, C., & Feiler, S. (2012). *Sportentwicklungsbericht 2011/2012. Analyse zur Situation der Sportvereine in Deutschland*. Köln: Bundesinstitut für Sportwissenschaft.

Breuer, C., & Rittner, V. (2004). *Gemeinwohlorientierung und soziale Bedeutung des Sports*. Köln: Sportverlag Strauß.

Breuer, C., & Wicker, P. (2010). *Die Situation der Sportarten in Deutschland - Eine Analyse auf Basis der Sportentwicklungsberichte. Fußballvereine in Deutschland*. Köln: Bundesinstitut für Sportwissenschaft.

Bröskamp, B. (1994). *Körperliche Fremdheit. Zum Problem der interkulturellen Begegnung im Sport*. Sankt Augustin: Academia.

Bundesregierung. (Hrsg.) (2007). *Der Nationale Integrationsplan. Neue Chancen – Neue Wege*. http://www.kmk.org/fileadmin/pdf/Bildung/AllgBildung/2007-10-18-nationaler-integrationsplan.pdf. Zugegriffen: 20. Feb. 2013.

Deinet, U. (2007). Sozialraumorientierung als Brücke zwischen Jugendhilfe und Schule. In U. Deinet & M. Icking (Hrsg.), *Jugendhilfe und Schule. Analyse und Konzepte für kommunale Kooperation* (S. 21–34). Opladen: Budrich.

Deinet, U. (Hrsg.) (2009). *Methodenbuch Sozialraum*. Wiesbaden: VS Verlag.

Deinet, U. (2010). Ganztagsschule im Kontext der Sozialraumorientierung. In P. Böcker & R. Laging (Hrsg.), *Bewegung, Spiel und Sport in der Ganztagsschule. Schulentwicklung, Sozialraumorientierung und Kooperationen* (S. 57–73). Hohengehren: Schneider Verlag.

Deutscher Olympischer Sportbund (DOSB). (2007). *Demographische Entwicklung in Deutschland: Herausforderung für die Sportentwicklung – Materialien, Analysen, Positionen*. Frankfurt a. M.: Deutscher Olympischer Sportbund.

Deutscher Olympischer Sportbund (DOSB). (2011). *Mitgliederentwicklung im Sportverein. Bestanderhebung und demografischer Wandel*. Frankfurt a. M.: Deutscher Olympischer Sportbund.

Deutscher Olympischer Sportbund (DOSB). (2013). *Sport ist der beste Integrationsmotor*. http://www.dosb.de/en/integration-durch-sport/aktuelles/detail/news/sport_ist_der_beste_integrationsmotor-1/. Zugegriffen: 20. März 2013.

Deutscher Sportbund (DSB). (2004). Sport und Zuwanderung. Grundsatzerklärung des Deutschen Sportbundes und seiner Mitgliedsorganisationen. Frankfurt a. M.: Deutscher Sportbund.

Dewey, J. (1993). *Demokratie und Erziehung*. Weinheim: Beltz.

Friedrichs, J., & Triemer, S. (2009). *Gespaltene Städte? Soziale und ethnische Segregation in deutschen Großstädten*. Wiesbaden: VS Verlag.

Frohn, J. (2007). *Mädchen und Sport an der Hauptschule*. Hohengehren: Schneider Verlag.

Frohn, J., & Pfitzner, M. (2011). Heterogenität im Sportunterricht. *Sportpädagogik, 35*(1), 2–5.

Früchtel, F., Cyprian, G., & Budde, W. (2007). *Sozialer Raum und Soziale Arbeit. Textbook. Theoretische Grundlagen*. Wiesbaden: VS Verlag.

Gebken, U. (2002). *Erziehung zum sozialen Handeln im Schulsport*. Oldenburg: Didaktisches Zentrum.
Gebken, U. (2010). Soziallernen – Methoden sozialen Lernen. In H. Lange & S. Sinning (Hrsg.), *Handbuch Methoden im Sport* (S. 537–547). Balingen: Spitta.
Gebken, U. (Mai 2013). Kicken auf den Lande. Vortrag beim Landkreis Friesland.
Gebken, U., & Vosgerau, J. (2009). Soziale Integration. *Sportpädagogik, 33*(5), 2–7.
Geisen, T. (2010). Vergesellschaftung statt Integration. Zur Kritik des Integrationsparadigmas. In P. Mecheril (Hrsg.), *Spannungsverhältnisse. Assimilationsdiskurse und interkulturelle-pädagogische Forschung* (S. 13–34). Münster: Waxmann.
Gillich, S. (2007). *Nachbarschaften und Stadtteile im Umbruch*. Gelnhausen: Triga.
Grimminger, E., & Gieß-Stüber, P. (2009). Anerkennung und Zugehörigkeit im Schulsport. Überlegungen zu einer (Sport-)Pädagogik der Anerkennung. In U. Gebken & N. Neuber (Hrsg.), *Anerkennung als sportpädagogischer Begriff* (S. 31–51). Hohengehren: Schneider Verlag.
Halm, D. (2007). Freizeit, Medien und kulturelle Orientierungen. In H.-J. von Wensierski & C. Lübcke (Hrsg.), *Junge Muslime in Deutschland. Lebenslagen, Aufwachsprozesse und Jugendkulturen* (S. 101–116). Opladen: Leske & Budrich.
Herriger, N. (2006). *Empowerment in der Sozialen Arbeit. Eine Einführung*. Stuttgart: Kohlhammer.
Hetzel, A., Kertscher, J., & Rölli, M. (Hrsg.). (2008). *Pragmatismus – Philosophie der Zukunft*. Weilerswist: Velbrück.
Hurrelmann, K. (1994). Probleme mit dem sozialen Verhalten: Kann die Schule Kindern und Jugendlichen mit aggressiven Impulsen helfen? In U. Pühse (Hrsg.), *Soziales Handeln im Sport und Sportunterricht* (S. 15–30). Schorndorf: Hofmann.
Hurrelmann, K., & Andresen, S. (2010). *Kinder in Deutschland 2010. 2. World Vision Kinderstudie*. Frankfurt a. M.: Fischer.
Jörke, D. (2003). *Demokratie als Erfahrung. John Dewey und die politische Philosophie der Gegenwart*. Wiesbaden: Westdeutscher Verlag.
Kalter, F. (2003). *Chancen, Fouls und Abseitsfallen*. Wiesbaden: Westdeutscher Verlag.
Kessl, F., & Reutlinger, C. (2007). *Sozialraum. Eine Einführung*. Wiesbaden: VS Verlag.
Ha, K. N. (2007). Deutsche Integrationspolitik als koloniale Praxis. In K. N. Ha, N. Lauré al-Samarai, & S. Mysorekar (Hrsg.), *re/visionen. Postkoloniale Perspektiven von People of Color auf Rassismus, Kulturpolitik und Widerstand in Deutschland* (S. 113–128). Münster: Unrast-Verlag.
Klein, M.-L. (2011). Migrantinnen im Sport – Zur sozialen Konstruktion einer „Problemgruppe". In S. Braun & T. Nobis (Hrsg.), *Migration, Integration und Sport. Zivilgesellschaft vor Ort* (S. 125–135). Wiesbaden: VS Verlag.
Klein, M.-L., & Kothy, J. (Hrsg.) (1998). *Ethnisch-kulturelle Konflikte im Sport (Schriften der deutschen Vereinigung für Sportwissenschaft Nr. 93)*. Hamburg: Czwalina.
Kleindienst-Cachay, C. (2007). *Mädchen und Frauen mit Migrationshintergrund im organisierten Sport*. Baltmannsweiler: Schneider Verlag.
Kleindienst-Cachay, C., Cachay, K., & Bahlke, S. (2012). *Inklusion und Integration. Eine empirische Studie zur Integration von Migrantinnen und Migranten im organisierten Sport*. Schorndorf: Hofmann.
Kugelmann, C., & Sinning, S. (2004). Wie lernen Mädchen Fußball-Spielen. Überlegungen zu einer adressatenbezogenen Sportspieldidaktik. In C. Kugelmann, G. Pfister, & C. Zipprich (Hrsg.), *Geschlechterforschung im Sport. Differenz und/oder Gleichheit. Beiträge aus der dvs-Kommission „Frauenforschung in der Sportwissenschaft"* (S. 135–152). Hamburg: Czwalina.

Laging, R. (2009). Integrative Kooperationspotenziale. Schule-Verein. In Staatliches Schulamt Marburg Biedenkopf (Hrsg.), *Dokumentation*. Viertes Gesprächsforum „*Kooperation Schule und Sportverein und ganztägig arbeitenden Schulen*" (S. 18–31). http://www.hessen.ganztaegig-lernen.de/sites/default/files/Hessen/HEDokumente/Materlialien/Veranstaltungen/2009_10_07/2009_10_07_Dokumentation_4._Gespraechsforum.pdf. Zugegriffen: 06. Mai 2013.

Lampert, T., Mensink, G. B. M., Rohmahn, N., & Woll, A. (2007). Körperlich-sportliche Aktivität von Kindern und Jugendlichen in Deutschland. Ergebnisse des Kinder- und Jugendgesundheitssurveys (KiGGS). *Bundesgesundheitsblatt, 50*, 634–642.

Lutz, H., & Leiprecht, R. (2005). Intersektionalität im Klassenzimmer. Ethnizität, Klasse, Geschlecht. In R. Leiprecht & A. Kerber (Hrsg.), *Schule in der Einwanderungsgesellschaft* (S. 218–234). Schwalbach/Ts: Wochenschau Verlag.

May, M. (2008). Begriffsgeschichtliche Überlegungen zu Gemeinwesen und Sozialraum. In M. Alisch & M. May (Hrsg.), *Kompetenzen im Sozialraum* (S. 19–38). Opladen: Leske & Budrich.

Mutz, M. (2009). Sportbegeisterte Jungen, sportabstinente Mädchen? Eine quantitative Analyse der Sportvereinszugehörigkeit von Jungen und Mädchen mit ausländischer Herkunft. *Sport und Gesellschaft, 6*(2), 95–121.

Mutz, M., & Burrmann, U. (2011). Sportliches Engagement jugendlicher Migranten in Schule und Verein: Eine Re-Analyse der PISA- und der SPRINT-Studie. In S. Braun & T. Nobis (Hrsg.), *Migration, Integration und Sport. Zivilgesellschaft vor Ort* (S. 99–124). Wiesbaden: VS Verlag.

Nagl, L. (1998). *Pragmatismus*. Frankfurt a. M.: Suhrkamp.

Naul, R. (2011). Ganztägiges Lernen mit Turnen, Spiel und Sport – historische Entwicklungslinien zwischen Schule und Sportverein. In R. Naul (Hrsg.), *Bewegung, Spiel und Sport in der Ganztagsschule. Bilanz und Perspektiven* (S. 30–50). Aachen: Meyer & Meyer Verlag.

Neuber, N. (2011). Bildungspotenziale im Kinder- und Jugendsport - Perspektiven für einen zeitgemäßen Bildungsbegriff. In M. Krüger & M. & N. (Hrsg.), *Bildung im Sport. Beiträge zu einer zeitgemäßen Bildungsdebatte* (S. 121–142). Wiesbaden: VS Verlag.

Oehler, P. (2007). *Pragmatismus und Gemeinwesenarbeit*. Ulm: AG Spak.

Prengel, A. (1995). *Pädagogik der Vielfalt. Verschiedenheit und Gleichberechtigung in Interkultureller, Feministischer und Integrativer Pädagogik*. Opladen: Leske & Budrich.

Reich, K. (2004). Konstruktivismus und Pragmatismus. In L. Hickmann (Hrsg.), *John Dewey. Zwischen Pragmatismus und Konstruktivismus* (S. 28–45). Münster: Waxmann.

Rottländer, D. (2005). Zur Aktualität des Pragmatismus für das Problem des sportpädagogischen Handelns im Sportunterricht. In M. Schierz & P. Frei (Hrsg.), *Sportpädagogisches Wissen* (S. 95–103). Hamburg: Czwalina.

Rulofs, B. (2010). Einführung. In Innenministerium des Landes Nordrhein-Westfalen (Hrsg.), *Wir sind dabei. Mädchen und Frauen mit Zuwanderungsgeschichte im Sport* (S. 6–7). Düsseldorf: Innenministerium des Landes Nordrhein-Westfalen.

Schäfer, K.-H. (2005). *Kommunikation und Interaktion. Grundbegriffe einer Pädagogik des Pragmatismus*. Wiesbaden: VS Verlag.

Schmidt, W. (2008a). Sozialstrukturelle Ungleichheiten in Gesundheit und Bildung – Chancen des Sports. In W. Schmidt (Hrsg.), *Zweiter Kinder- und Jugendsportbericht* (S. 43–61). Schorndorf: Hofmann.

Schmidt, W. (Hrsg.) (2008b). *Zweiter Deutscher Kinder- und Jugendsportbericht*. Schorndorf Hofmann.

Schmidt, W., Hartmann-Tews, I., & Brettschneider, W.-D. (Hrsg.). (2003). *Erster Deutscher Kinder- und Jugend-Sportbericht*. Schorndorf: Hofmann.

Seibel, B. (Hrsg.) (2007). *Bewegung, Spiel und Sport in der Ganztagsschule. Dokumentation eines Symposiums an der Südbadischen Sportschule Steinbach*. Schorndorf: Hofmann.

Seiberth, K. (2012). *Fremdheit im Sport. Eine kritische Auseinandersetzung mit den Möglichkeiten und Grenzen der Integration im Sport*. Schorndorf: Hofmann.

Seifert, B. (2002). Gesundheit und Wohlbefinden von Kindern und Jugendlichen und Auswirkungen sozialer Benachteiligung. In Sachverständigenkommission 11. Kinder- und Jugendbericht (Hrsg.), *Gesundheit und Behinderung von Kindern und Jugendlichen* (S. 87–173). München: DJI Verlag.

Soeffner, H.-G., & Zifonun, D. (2008). Integration und soziale Welten. In S. Neckel & H.-G. Soeffner (Hrsg.), *Mittendrin im Abseits* (S. 115–131). Wiesbaden: VS Verlag.

Steinbach, D., & Hartmann, S. (2007). Demografischer Wandel und organisierter Sport - Projektionen der Mitgliederentwicklung des DOSB für den Zeitraum bis 2030. *Sport und Gesellschaft*, 4(3), 223–242.

Taylor, C. (1993). *Multikulturalismus und die Politik der Anerkennung*. Frankfurt a. M.: Suhrkamp.

Theweleit, K. (2004). *Tor zur Welt. Fußball als Realitätsmodell*. Köln: Kiepenheuer & Witsch.

Tödt, D., & Vosgerau, S. (2007). Ethnizität und Ethnische Repräsentation im Fußball. Am Beispiel Türkiyemspor Berlin. In S. Krankenhagen & B. Schmidt (Hrsg.), *Aus der Halbdistanz. Fußballbiographien und Fußballkulturen heute* (S. 115–137). Münster: Lit.

Trautmann, M., & Wischer, B. (2011). *Heterogenität in der Schule. Eine kritische Einführung*. Wiesbaden: VS Verlag.

Voss, A. (2004). Geschlechterkonstruktionen im Sport jugendlicher Mädchen - Lesarten und Spielweisen. In C. Kugelmann, G. Pfister, & C. Zipprich (Hrsg.), *Geschlechterforschung im Sport. Differenz und/oder Gleichheit. Beiträge aus der dvs-Kommission „Frauenforschung in der Sportwissenschaft"* (S. 9–20). Hamburg: Czwalina.

Woll, A., Jekauc, D., Mees, F., & Bos, K. (2008). Sportengagements und sportmotorische Aktivitat von Kindern. In W. Schmidt, R. Zimmer, & K. Volker (Hrsg.), *Zweiter Deutscher Kinder- und Jugendsportbericht. Schwerpunkt Kindheit* (S. 177–191). Schorndorf: Hofmann.

Wopp, C. (2006). *DFB-Vereinsanalyse. Forschungsprojekt Analyse von Fußballvereinen in Deutschland*. Universität Osnabrück.

Wopp, C. (Hrsg.) (2012). *Orientierungshilfe zur kommunalen Sportentwicklungsplanung. Zukunftsorientierte Sportstättenentwicklungsplanung* (Band 16). Frankfurt: Landessportbund Hessen.

Zipprich, C. (2012). Sie steht im Tor – und er dahinter. In C. Zipprich (Hrsg.), *Sie steht im Tor – und er dahinter. Frauenfußball im Wandel* (S. 6–19). Hildesheim: Arete Verlag.

Chancen und Probleme von Mädchen und jungen Frauen mit Migrationshintergrund im Sport – ein Forschungsüberblick

Christa Kleindienst-Cachay und Steffen Bahlke

1 Problemstellung

In den letzten Jahren präsentieren uns die Medien zunehmend erfolgreiche Sportlerinnen mit Migrationshintergrund, wie zum Beispiel die Fußballnationalspielerin Fatmire Bajramaj oder die Boxerin Susianna Kentikian. Aber dies kann nicht darüber hinwegtäuschen, dass der Anteil dieser Mädchen und Frauen sowohl am organisierten als auch am informellen Sport im Vergleich zum Sportengagement der deutschen Bevölkerung immer noch recht gering ist: Mädchen mit Migrationshintergrund haben nur etwa halb so große Chancen zum organisierten Sport zu kommen, wie jene ohne Migrationshintergrund. Diese ungleichen Quoten im Sportzugang sind schon allein deshalb nicht hinnehmbar, da der Sport heute für junge Mädchen längst eine Selbstverständlichkeit ist und mit zu einem modernen Lebensstil gehört. Darüber hinaus ergeben sich aus dieser Sportabstinenz noch weitere gravierende Nachteile, denn die dem Sport inhärenten Potentiale für die Entwicklung, Bildung und Gesundheitsförderung junger Menschen sowie für die Einbindung in soziale Netzwerke können sich nur entfalten, wenn ein regelmäßiges, nachhaltiges Sporttreiben gesichert ist. Und schließlich könnten junge Migrantinnen von den vielfältigen integrativen Wirkungen, die dem Sport zugeschrieben

C. Kleindienst-Cachay (✉)
Abteilung für Sportwissenschaften/Sport und Erziehung, Universität Bielefeld,
Postfach 100131, 33501 Bielefeld, Deutschland
E-Mail: christa.cachay@uni-bielefeld.de

S. Bahlke
Abteilung für Sportwissenschaften, Universität Bielefeld, Postfach 100131,
33501 Bielefeld, Deutschland
E-Mail: steffen.bahlke@uni-bielefeld.de

werden, ja auch nur dann profitieren, wenn sie denn Mitglied in Sportgruppen wären.

Dass wir uns mit den hinter diesem Phänomen der Sportferne aufscheinenden Fragen befassen müssen, erscheint unmittelbar einsichtig, handelt es sich doch hier um eine wirklich bedeutende Gruppe von Betroffenen, nämlich um etwa 20 % aller Mädchen und jungen Frauen in Deutschland (vgl. Bundesregierung 2012, S. 28 ff.). Doch was hat es mit dem beschriebenen Phänomen eigentlich auf sich? Was wissen wir eigentlich aus dem Blickwinkel sportwissenschaftlicher Forschung über die Problematik der geringen Teilnahme und was über die möglichen Chancen, die aus einer Beteiligung am Sport für Mädchen und junge Frauen erwachsen können? Eine Annäherung an die Beantwortung dieser Fragen ist das Ziel des vorliegenden Beitrags, der im Folgenden zunächst einmal den Begriff der Integration im Zusammenhang mit dem Sporttreiben von Migrantinnen und Migranten klären möchte, bevor er anschließend den Fragen nach der Beteiligung und der Integration weiter nachgehen soll.

2 Was bedeutet Integration in und durch Sport?

Seit Jahren werden dem Sport Integrationsleistungen in Bezug auf Migrantinnen und Migranten zugeschrieben, ohne dass diese Zuschreibung in größerem Umfang untersucht oder empirisch belegt worden wäre (vgl. zusammenfassend Kleindienst-Cachay et al. 2012, S. 30 ff.). Ausgangspunkt eines derartigen „Integrationspostulats" bleibt vielmehr lediglich das Alltagswissen darüber, dass es sich beim Sport, und vor allem beim Mannschaftssport, um Aktivitäten handelt, die in Gruppen, unter gemeinsamen Zielsetzungen und unter gemeinsamen Anstrengungen ausgeübt werden und die – im besten Fall – zu einer Art sozialer Kohäsion führen. Für dieses alltagskulturell geprägte Verständnis von Integration wird häufig auch die populäre Formel „Sport spricht alle Sprachen" bemüht, die allerdings der Komplexität und den Schwierigkeiten der Integration im Sport keinesfalls gerecht wird.

Um nun aber die Frage nach den Potentialen des Sports für die Integration eingehender beantworten zu können, scheint es zunächst einmal nötig, sich darüber klar zu werden, was denn überhaupt unter „Integration" zu verstehen ist. Dieser Klärungsbedarf zeichnet sich umso mehr auch deshalb ab, als es in den letzten Jahren zu zahlreichen wissenschaftlichen Debatten, zugleich aber eben auch zu heftigen politischen Kontroversen – z. B. über die Forderung nach Anpassung an eine wie auch immer geartete „deutsche Leitkultur" – gekommen ist, ohne dass hierdurch der Begriff eindeutigere Konturen hätte gewinnen können.

Nicht zuletzt mit Blick auf das Ausmaß der politischen Aufladung der Integrationsthematik haben daher jüngst Kleindienst-Cachay et al. (2012) in einer auf zwei Großstädte bezogenen empirischen Untersuchung zu Fragen der Integration von Migrantinnen und Migranten in und durch den Sport eine weitgehend nicht-normative Lösung des Definitionsproblems vorgeschlagen. Demgemäß ist zwischen *Inklusion in den Sport* und *Integration im und durch den Sport* zu unterscheiden, sprich: In Anlehnung an die theoretische Begrifflichkeit Luhmanns (vgl. 1997, S. 618 ff.) muss zunächst einmal eine *Inklusion*, d. h. eine Beteiligung am Kommunikationszusammenhang des Sports – z. B. in Form der Mitgliedschaft im Sportverein – vorliegen. Denn nur unter dieser Voraussetzung kann es überhaupt zu weitergehenden Integrationsprozessen kommen, wobei allerdings noch einmal in zweierlei Hinsicht, nämlich in *Integration im Sport* und in *Integration durch Sport*, zu differenzieren ist. So handelt es sich bei der *Integration im Sport* um eine Einbindung in soziale Netzwerke beim oder neben dem eigentlichen Sporttreiben, wie sie sich etwa in formellen und informellen Gruppen des Sports zeigt, in denen Kommunikation auf ganz unterschiedlichen Ebenen erfolgen kann. Unter *Integration durch Sport* wiederum verstehen die Autoren das, was in der soziologischen Integrationsforschung vielfach als „Sozialintegration" – im Sinne einer Integration in größere gesellschaftliche Zusammenhänge – gefasst wird (vgl.u. a. Esser 2004). Darunter sind zum einen die durch die Teilhabe am Sport induzierten Sozialisationsprozesse von Migrantinnen und Migranten zu subsumieren, zum anderen aber auch konkrete Vermittlungs- und Platzierungsprozesse, die erst über die sozialen Kontakte im Sport möglich werden. Umfassen letztere beispielsweise Hilfen beim Zugang zu einer spezifischen Bildungseinrichtung oder bei der Vermittlung eines Arbeitsplatzes, ist bei den Sozialisationsprozessen insbesondere an die Verbesserung der sprachlichen Fähigkeiten und Fertigkeiten, an den Erwerb von Wissen und Kenntnissen sowie von spezifischen Einstellungen und Werthaltungen zu denken. Unmittelbar einsichtig ist, dass derartige Kompetenzen nicht nur für das Handeln in verschiedenen sportbezogenen, sondern ebenso in außersportlichen sozialen Zusammenhängen hoch bedeutsam sind, so z. B. für das erfolgreiche Absolvieren der Bildungslaufbahn oder für den Einstieg in und den dauerhaften Verbleib auf dem Arbeitsmarkt, darüber hinaus aber auch für den Bereich des Zusammenlebens in der Familie, in der Nachbarschaft, für das Handeln im Freundeskreis oder aber in größeren sozialen Einheiten, wie z. B. in Verbänden oder in der Kommune. Gerade für Kinder und Jugendliche mit Migrationshintergrund haben derartige durch Sport vermittelte Sozialisationsprozesse, die prinzipiell alle Sporttreibenden betreffen, besonders große Bedeutung, denn nachweislich zeigt sich diese Gruppe, was ihre Bildungsabschlüsse anbelangt, in Deutschland immer noch in erheblichem Maße benachteiligt und damit in ihrer sozialen Mobilität eingeschränkt.

Im Folgenden wird vor dem Hintergrund dieser Differenzierung des Integrationsbegriffes zunächst anhand einschlägiger Forschung die Frage der Beteiligung (Inklusion) von Mädchen und Frauen mit Migrationshintergrund in den organisierten Sport fokussiert. Anschließend wird dann anhand einer eigenen empirischen Studie der Frage nachgegangen, ob und in welcher Weise ein Sportengagement bei Mädchen und Frauen mit Migrationshintergrund zu einer *Integration im Sport* und schließlich auch zu einer *Integration durch Sport* führen kann.

3 Inklusion – Zur Beteiligung von Mädchen und Frauen mit Migrationshintergrund am Sport

Noch immer bietet die Datenlage zur Feststellung der Sportbeteiligung von Migrantinnen ein recht diffuses Bild, weil in den Mitgliederstatistiken der Sportvereine und -verbände das Merkmal „Migrationshintergrund" nicht geführt wird und es derzeit auch kaum repräsentative Befragungsergebnisse dazu gibt. Äußerst geringe Teilnahmezahlen am organisierten Sport zeichnen sich aber offenbar bei erwachsenen Frauen mit Migrationshintergrund ab. So weist diese Gruppe Schätzungen der Sportverbände zufolge lediglich einen Organisationsgrad von unter 4 % auf (vgl. Landessportbund Nordrhein-Westfalen 2004, S. 15; Halm 2007, S. 105), während es die weiblichen Sporttreibenden dieser Altersgruppe insgesamt immerhin auf etwa 20 % bringen (vgl. DOSB 2008, S. 89).

Im Kindes- und Jugendalter ist die Beteiligung an organisierten Formen des Sports erwartungsgemäß höher zu veranschlagen. Sie beträgt laut einer Studie des Deutschen Jugendinstituts aus dem Jahr 2000 ca. 21 % bei zehn- bis elfjährigen Mädchen mit Migrationshintergrund, sofern man hierbei die Teilnahme an Sportangeboten von Kulturvereinen und Jugendhäusern mit einbezieht (vgl. DJI 2000, S. 27 f.). Vergleicht man diese Prozentzahl allerdings mit jener der Mädchen ohne Migrationshintergrund (58 %), dann zeigt sich eine ganz beträchtliche Differenz (vgl. DJI 2000, S. 27 f.). Demgegenüber kommt Mutz (2009, S. 108) bei den Fünfzehnjährigen zu einem etwas günstigeren Zahlenverhältnis. So ermittelt er anhand einer Re-Analyse von PISA-Daten aus dem Jahr 2000 für Mädchen mit Migrationshintergrund einen Beteiligungsgrad am organisierten Sport von 28 %, während Mädchen ohne Migrationshintergrund bei 42 % liegen.

Ungeachtet ihrer ersichtlichen, einer differenten Operationalisierung und Stichprobenziehung geschuldeten, Unterschiede, belegen die genannten Studien – ebenso wie eine Fülle anderer empirischer Untersuchungen – also eindeutig, dass bislang die Chancen von Mädchen mit Migrationshintergrund, Sport in organisierter Form zu treiben, im Vergleich zu Mädchen ohne Migrationshintergrund erheblich geringer sind. Offenbar stellt es sich selbst für die in der dritten und vierten Generation von Familien mit Migrationshintergrund aufgewachsenen Mädchen immer noch als Problem dar, Organisationen beizutreten, die zwar vergleichsweise niedrigschwellige Angebote der Freizeitgestaltung unterbreiten, hierbei jedoch weiterhin spezifische Zugangsbarrieren aufweisen.[1]

Als die am stärksten sportferne Gruppe können hier die türkischen Mädchen identifiziert werden, deren Beteiligungsraten – je nach untersuchter Altersgruppe und nach Schulniveau – zwischen 3 % und 20 % liegen (vgl. Kleindienst-Cachay et al. 2012, S. 35 ff.). Dies ist deshalb besonders bedenklich, weil türkische Mädchen und junge Frauen mit knapp 26 % unter den Migrantinnen die größte Gruppe stellen (vgl. Bundesregierung 2007, Anhang Tab. 10).

3.1 Ursachen der geringen Sportbeteiligung

Was aber führt in Bezug auf den organisierten Sport zur Exklusion oder Inklusion von Mädchen und jungen Frauen mit Migrationshintergrund? Klar ist, dass die geringe Teilhabe gegenwärtig nicht auf Formen direkter Fremdexklusion zurückgeführt werden kann, Sportorganisationen also nirgends das Merkmal „Migrationshintergrund/Nicht-Migrationshintergrund" zum expliziten Kriterium des Ausschlusses von der Mitgliedschaftrolle erheben, was vor dem Hintergrund einer gesetzlichen Verankerung von Menschenrechten auch nicht zu erwarten ist.

Wenn überhaupt, so begegnet Fremdexklusion derzeit also allenfalls in indirekter Form, insofern sich beispielsweise ein Sportverein mit seinen Mitgliedschaftsbedingungen und seiner nach außen gerichteten Kommunikation an eine eng umgrenzte soziale Gruppe wendet, der de facto Menschen mit Migrationshintergrund und im engeren Mädchen und junge Frauen mit Migrationshintergrund aktuell nicht zugehören. Im Rekurs auf gängige Geschlechts- und Altersstereotype, auf tradierte kultur-, milieu- oder gruppentypische Verhaltens- und Merkmalscodizes ebenso wie auf Erwartungen hinsichtlich der „klassischen" Sozialvariablen „Einkommen", „Bildung" und „Berufsprestige" kann hier also ein Horizont sozialer Erwünschtheit entstehen, der sich aus Sicht bestimmter Gruppen als hohe Eintrittsbarriere darstellt und demgemäß sozial selektive Wirkung entfaltet (vgl. Kleindienst-Cachay et al. 2012, S. 72 f.).

---

[1] Im Übrigen erweist sich an dieser Stelle auch das informelle Sporttreiben von Kindern und Jugendlichen keineswegs als soziales Feld, von dem nennenswerte kompensatorische Wirkungen ausgehen könnten. Denn auch hier liegen die Differenzen zwischen dem Sportengagement der Migrantinnen und dem der Nicht-Migrantinnen bei etwa 20 Prozentpunkten. (vgl. Lampert et al. 2007, S. 639 f.).

Mit Blick auf die Masse eines breit gefächerten Angebots der Sportorganisationen bleibt nun allerdings auch hinsichtlich solch indirekter Formen der Fremdexklusion zu bemerken, dass deren Bedeutung – nur für sich genommen – eher gering zu veranschlagen ist. Relativ selten begegnen derartige, klar auf Exklusivität zielende und zumeist über Geld abgesicherte Organisationsstrukturen, wie zum Beispiel im Falle eines Golfclubs, der den Zutritt an eine Bürgschaft bindet und von seinen Mitgliedern hohe Beitrittsgebühren und hohe Jahresmitgliedsbeiträge fordert. Nicht zuletzt mit Blick auf das Moment der Freiwilligkeit des Zutritts zum organisierten Sport dürfte es daher in den allermeisten Fällen ergiebiger sein, sich analytisch auf die Seite derer zu begeben, die dem Sport fernbleiben, und hier nach den Mechanismen der Selbstexklusion zu fragen, die den Zugang zum Sport nicht allein erschweren, sondern womöglich sogar als Option gar nicht erst zu Bewusstsein kommen lassen.

Auch mit Blick auf Selbstexklusionsmechanismen darf von einer großen Vielfalt ausgegangen werden. So mögen Beweggründe beispielsweise einerseits in fehlenden Kenntnissen und Informationen der Familien in Bezug auf Spiel- und Sportmöglichkeiten im jeweiligen Stadtgebiet liegen, auf der Unkenntnis über die gesundheitlichen und entwicklungsfördernden Wirkungen von Spiel und Sport für Kinder und Jugendliche beruhen oder auch dem Mangel an Information über finanzielle Zuschüsse bzw. Möglichkeiten einer Befreiung vom Vereinsbeitrag geschuldet sein.[2] Andererseits können sich gerade im Fall von Mädchen auch spezifische Erziehungsvorstellungen, bei denen Spiel und Sport ab einem bestimmten Alter nicht mehr vorgesehen sind oder sogar als besonderes Gefahrenpotential für die Familienehre erachtet werden, negativ auswirken. Diese Vielfalt der Ursachen hängt damit zusammen, dass die Gruppe der Migrantinnen in sich sehr heterogen ist, und zwar nicht nur in Bezug auf die Herkunft aus verschiedenen Ländern und verschiedenen Kulturen, sondern auch im Hinblick auf Alter, Bildungshintergrund,

---

[2] Selbstverständlich kann auch ein „normaler" jährlicher Vereinsmitgliedsbeitrag für sozial schwache Familien – insbesondere mit mehreren Kindern und zumal dann, wenn jedes Kind in einem anderen Sportverein Sport treiben möchte – eine Barriere darstellen, ebenso wie die Kosten für Sportausrüstung und -bekleidung. Gleichwohl ergibt sich angesichts der relativ geringen Höhe der Beiträge und der Möglichkeiten zur Inspruchnahme von Unterstützungsleistungen – z. B. im Rahmen des Programms *Bildung und Teilhabe* des Bundesministeriums für Arbeit, das Familien, die nach SGB II bzw. SGB XII berechtigt sind, Sozialleistungen zu beziehen, pro Jahr und pro Kind mit einem Betrag in Höhe von 120 Euro für außerschulische, kostenpflichtige Bildungsangebote unterstützt – die Nicht-Teilhabe am Sport weit mehr aus Gründen der eigenen Präferenz für andere Formen der Freizeitgestaltung denn im Sinne einer indirekten Fremdexklusion aufgrund der für die Teilhabe notwendigen finanziellen Ressourcen.

Religion, Einkommen, ausgeübte Berufe, Wohnbedingungen, Einbindung in bestimmte Gruppierungen sowie ganz allgemein in Bezug auf Werte und Normen. Dies alles verweist darauf, dass man bei sämtlichen auf das Merkmal „Migrationshintergrund" bezogenen Daten zur Sportbeteiligung in Rechnung stellen muss, dass hier, wie bei der Konstituierung anderer sozialer Ungleichheitsphänomene auch, eine hohe Interferenz zwischen verschiedensten Variablen besteht. Das heißt, dass prinzipiell auch nicht nur ein einzelnes Merkmal, wie „Geschlecht", „Herkunftsland", „Ethnie" oder „Religion", als Ursache für feststellbare Partizipationsdifferenzen in Betracht gezogen werden darf, sondern von einer Kombination verschiedener, zugleich aber auch zusammenwirkender Faktoren auszugehen ist.[3]

Zur *sozialen Lage* der Migrantenbevölkerung in Deutschland ist zu sagen, dass der größte Teil der Migranten und Migrantinnen in Deutschland den beiden niedrigsten sozialen Milieus angehört, und zwar nach Einkommenssituation, Bildungshintergrund und Berufsprestige (vgl. Bundesregierung 2012, S. 38). Das Armutsrisiko ist damit dreimal so hoch wie das der restlichen Bevölkerung, wobei die soziale Lage der türkischstämmigen Bevölkerung nochmals etwas niedriger ist als die der übrigen Migrantengruppen. Entsprechend finden sich fast 87 % der türkisch-stämmigen Bevölkerung in den beiden untersten sozialen Milieus der Bundesrepublik (vgl. Alt 2006, S. 11).

Nun hat sich in vielen sportwissenschaftlichen Studien ein genereller Zusammenhang zwischen der Zugehörigkeit zu einem bestimmten sozialen Milieu und dem Sportengagement gezeigt (vgl. Cachay und Thiel 2008). Demnach nimmt das Sportengagement mit absteigender Sozialschicht rapide ab, und zwar gilt dies allgemein sowohl für Männer als auch für Frauen, für Frauen aber in noch viel stärkerem Maße.[4] Neuere Ergebnisse zur Kindheits- und Jugendforschung bestätigen dies. So sind von einer vergleichsweise geringen Sportbeteiligung sowohl deutsche Mädchen als auch Mädchen mit Migrationshintergrund betroffen, sofern sie aus niedrigen sozialen Milieus kommen (vgl. Lampert et al. 2007, S. 638; World Vision Deutschland e. V. 2007, S. 175). Dies verdeutlicht Abb. 1., in der das Bewegungsverhalten, der Sozialstatus und der Migrationsstatus von 3- bis 10-jährigen Mädchen getrennt abgebildet werden, eine Altersgruppe also, die nahezu ausschließlich von den Eltern zum Sport gebracht wird.

Unübersehbar ergeben sich für Mädchen mit verschiedenem Sozialstatus vor allem bei der organisierten sportlichen Aktivität große Unterschiede, Differenzen,

---

[3] Eine derartige Zusammenschau praktiziert heute v. a. die so genannte Intersektionalitätsforschung, die im Zusammenhang mit „gender" eine konsequente Berücksichtigung der Merkmale „class" und „race" fordert (vgl. Winker und Degele 2009).

[4] Vgl. hierzu bereits Schlagenhauf (1977, S. 155 ff.).

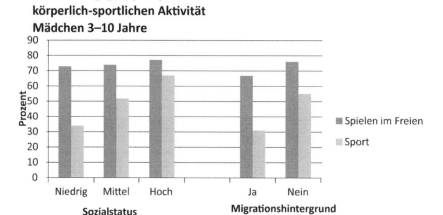

Abb. 1 Bevölkerungsgruppenspezifische Unterschiede in der körperlich-sportlichen Aktivität von Mädchen im Alter von 3–10 Jahre. (eigene Darstellung nach Lampert et al. 2006, S. 10)

die zwar auch für Jungen diesen Alters gelten, sich aber bei den Mädchen auf insgesamt niedrigerem Niveau bewegen (vgl. Lampert et al. 2006, S. 11). Außerdem zeigt Abb. 1. in den beiden rechten Säulen die Korrelation zwischen Migrationshintergrund und Sportengagement, wobei die bereits bekannten Unterschiede zwischen Mädchen mit und ohne Migrationshintergrund begegnen, und zwar sowohl bei sportlicher Aktivität – hier zugleich besonders deutlich – als auch beim Spielen im Freien.

In der bereits erwähnten Arbeit von Mutz (vgl. 2009, S. 115) wird ebenfalls der Zusammenhang zwischen der ökonomischen Lage der Herkunftsfamilie (ökonomisches Kapital) und dem Sportengagement im Verein untersucht, dabei aber noch zusätzlich mit dem in der Familie vorherrschenden Sprachgebrauch – was Mutz unter den Begriff „kulturelles Kapital" fasst – in Verbindung gebracht.[5] Auf diese Weise lässt sich zeigen, dass die Sportvereinsmitgliedschaft bei der Gruppe der fünfzehnjährigen Mädchen mit Migrationshintergrund zwischen 18 % und 47 % rangiert, und zwar linear abhängig davon, ob das Kapitalvolumen – gemessen durch Verrechnung der Indices für ökonomisches und kulturelles Kapital – sehr niedrig oder aber sehr hoch ausfällt. Eine ähnliche Spreizung ergibt sich auch für

---

[5] Beim „Sprachgebrauch" wird unterschieden zwischen Familien, in denen Deutsch die Familiensprache ist, und solchen, in denen eine andere Sprache verwendet wird. (vgl. Mutz 2009, S. 107).

deutsche Mädchen, allerdings auf insgesamt höherem Niveau (27 % bis 56 %). Das heißt, der Faktor soziale Lage klärt das geringere Sporttreiben der Migrantinnen nur zu einem gewissen Teil, jedoch noch nicht völlig auf. Es müssen noch andere Faktoren eine Rolle spielen.

Dafür, dass an dieser Stelle – wie bereits angedeutet – Bildungsdefizite für die Sportabstinenz zumindest mitverantwortlich zeichnen, spricht der durch viele empirische Untersuchungen erwiesene Zusammenhang zwischen niedrigem *Bildungsniveau* und fehlendem oder sehr geringem Sportengagement, der bei Erwachsenen genauso wie bei Kindern und Jugendlichen und bei Personen mit wie ohne Migrationshintergrund festgestellt werden konnte (vgl. Brinkhoff und Sack 1999, S. 58). Dies trifft insbesondere für die sportliche Aktivität im Verein zu und in ganz besonderem Maße für Mädchen und Frauen. Demgemäß haben wir bei Hauptschülerinnen mit und ohne Migrationshintergrund die niedrigste Beteiligung am Vereinssport (22 %), während die Werte der Realschülerinnen schon deutlich höher liegen (50 %, vgl. Kleindienst-Cachay 1993, S. 113). Wenig überraschend sacken diese Zahlen noch einmal deutlich ab, wenn das Merkmal „Migrationshintergrund" hinzugenommen wird. So treiben von Realschülerinnen mit Migrationshintergrund kaum mehr als 25 % Sport im Verein, während dies bei Hauptschülerinnen mit Migrationshintergrund nur noch 14 % sind (vgl. Kleindienst-Cachay 1993, S. 115).[6] Und da mit 44 % immer noch die Mehrzahl der Migrantinnen die Hauptschule (vgl. Bundesregierung 2012, Anhang Tab. 18) und damit eine Schulform besucht, in der auch die Mitschülerinnen ohne Migrationshintergrund wenig Sport im Verein treiben, ergeben sich auch durch die Peergroup kaum diesbezügliche Anregungen.

Gerade mit Blick auf die Forderung der Politik an die Sportvereine, Migrantinnen stärker in den Sport zu integrieren, ist vor dem Hintergrund dieser Erkenntnisse zu sagen, dass eine nachhaltige Förderung des Sportengagements zuallererst an der Verbesserung der sozialen Lage und des Bildungsniveaus weiter Teile der Migrantenbevölkerung anzusetzen hat. Denn Sport bleibt immer auch Ausdruck einer „saturierten" Lebensweise, während dort, wo man um das Existenzminimum kämpft, kaum finanzielle, zeitliche und ideelle Ressourcen für den Sport freigesetzt werden können, insbesondere nicht im Falle von Mädchen und jungen Frauen, die durch Belastungen in Haushalt und Familie in ihrer Freizeit noch weit stärker gebunden sind als die männlichen Familienmitglieder. Ein Versuch, allein über den Sport Gesellschaftspolitik betreiben, d. h. die Integration vorantreiben zu wollen, bleibt zum Scheitern verurteilt, wenn die Integrationsbemühungen nicht zeitgleich

---

[6] Vgl. auch die ähnlichen Zahlenrelationen bei Brinkhoff und Sack (1999, S. 58) sowie neuerdings bei Fussan (2007, S. 277 ff.).

an verschiedenen Punkten, v. a. an Verbesserungen der sozialen Lage und des Bildungsniveaus ansetzen und damit Synergieeffekte erzielen.

Inwiefern können nun aber neben der sozialen Lage und dem Bildungsniveau auch *sozio-kulturell vermittelte Wert- und Normhorizonte*[7] zur Selbstexklusion von jungen Migrantinnen beitragen und Barrieren für das eigene Sportengagement darstellen? Dass es hier einen – häufig auch religiös konnotierten – Zusammenhang gibt, darauf verweist nicht nur die einschlägige Literatur zum Islam und zu den damit verbundenen Alltagskonflikten (vgl. u. a. Rohe 2001), sondern dies zeigen auch empirische Studien zur Sportsozialisation und zum Sportengagement von Migrantinnen mit muslimischem Hintergrund (vgl. Kleindienst-Cachay 2007, S. 25 ff.: Kleindienst-Cachay 2010).[8] Darüber hinaus legt aber auch die Studie von Mutz (vgl. 2009, S. 110) einen über den sozio-ökonomischen Hintergrund und den familialen Sprachgebrauch hinausweisenden Zusammenhang mit bestimmten sozio-kulturell geprägten, zugleich Geschlechterordnungen präfigurierenden Normen nahe, die den Lebenszusammenhang einer bestimmten Familie prägen und geeignet scheinen, ein Sportengagement von Mädchen zu behindern. Denn nicht von ungefähr nehmen unter den verschiedenen Herkunftsländern der Migrantinnen die Türkei (muslimischer Hintergrund) und Russland/Kasachstan (christlich-fundamentalistischer Hintergrund) die beiden letzten Plätze in der Rangreihe sportvereinsaktiver Schülerinnen ein, während z. B. polnische und italienische Mädchen deutlich höhere Partizipationsquoten aufzuweisen haben.[9]

---

[7] Obwohl an dieser Stelle in der Intersektionalitätsforschung in Anlehnung an die anglo-amerikanische Debatte häufig mit dem Begriff „race" gearbeitet wird, der in der Migrationsforschung wiederum oft mit „Ethnie" übersetzt wird, soll im Folgenden weder mit dem Begriff „race" noch mit dem Begriff „Ethnie" gearbeitet werden, weil beide die Realität der Migranten in Deutschland nicht adäquat zu erfassen erlauben. So bilden ja z. B. selbst die Migranten aus dem Herkunftsland Türkei keinesfalls eine ethnisch homogene Gruppe, sondern gehören einer Vielzahl verschiedener Volksgruppen an. Verwendet wird hier stattdessen der Begriff „sozio-kulturell vermittelter Wert- und Normhorizont", um sich auch den im konkreten Fall notwendigen Grad an Differenzierung bei der Rekonstruktion der Lebenswirklichkeit verschiedenster Migrantengruppen bewusst zu halten.

[8] Vgl. hierzu ähnlich die Studien aus Norwegen bzw. England: Strandbu (2005); Kay (2006); Walseth (2006); vgl. auch: Dagkas et al. (2011); Benn et al. (2011).

[9] Darauf, dass es sich bei sozio-kulturell vermittelten Wert- und Normhorizonten nicht per se um allgemein gültige, religiös motivierte Welt- und Lebensauffassungen handelt, sondern dass diese häufig zugleich auch der Konstitution von Geschlechterordnungen mit differenten Rollenverteilungen dienen, macht im Übrigen auch der vielfach belegte Umstand aufmerksam, dass in Deutschland männliche türkischstämmige Jugendliche einen enorm hohen Partizipationsgrad im organisierten Sport aufweisen (vgl. hierzu Mutz 2009, S. 110, der 68 % angibt).

Allerdings muss auch an dieser Stelle wieder das Zusammenwirken verschiedener Variablen beachtet werden, denn das Ausmaß der Strenge, mit der bestimmte religiös-kulturell bedingte Gebote in den einzelnen Familien befolgt werden, steht häufig in Verbindung mit der Sozialschicht. So tendieren in Deutschland muslimische Familien mit niedrigem Bildungsniveau und aus unteren sozialen Milieus im Unterschied zu muslimischen Familien mit höheren Bildungsabschlüssen und besseren sozio-ökonomischen Bedingungen dazu, sich mit den vertrauten, traditionellen Normen und Werten ihrer Herkunftskultur stärker zu identifizieren als dies im Herkunftsland selbst der Fall wäre (vgl. Gesemann 2006, S. 8 f.; Usculan 2010, S. 200 f.). Mit anderen Worten: Die oft genug deprivierte und isolierte Lebenssituation von Migrantinnen und Migranten provoziert geradezu eine verstärkte Rückbesinnung auf für traditionell erachtete Werte und Normen (vgl. Gesemann 2006).[10]

Dass die Intensität der Befolgung religiöser Gebote in der Familie als ein moderierender Faktor im Hinblick auf die Aufnahme eines Sportengagements zu erachten ist, wird auch durch die Ergebnisse der quantitativen empirischen Studie von Boos-Nünning und Karakasoglu (2005b, S. 21 ff.) bestätigt: Jene muslimischen Mädchen, die bei der Befragung angaben, ein Kopftuch zu tragen und sich nicht ohne Aufsicht in öffentlichen Räumen aufhalten zu dürfen, zeigten auch bei der Frage, ob sie in ihrer Freizeit irgendeine Art von Sport treiben, die geringsten Werte. Das heißt, es ist nicht allein die Zugehörigkeit zu einer bestimmten Religion, die ein Sportengagement für Mädchen erschwert, sondern vielmehr die Intensität, mit der bestimmte religiös-kulturell vermittelte Normen eingehalten werden.

Welche geschlechtsspezifischen Gebote bzw. Verbote, die spätestens ab dem Einsetzen der Menarche für Mädchen gelten, erschweren oder verhindern nun aber womöglich in besonderem Maße den Zugang zum Sport? Am Beispiel der Muslima soll dies kurz beschrieben werden. So herrscht hier zum einen das Gebot der Geschlechtertrennung und das Gebot der Beaufsichtigung der (unverheirateten) Töchter durch erwachsene Familienmitglieder bzw. das Verbot für Mädchen und Frauen, sich unbeaufsichtigt in öffentlichen Räumen zu bewegen. Zum anderen ist das in vielen verschiedenen Spielarten vorkommende Gebot der Körperverhüllung zu nennen, das das Verbot, den eigenen (unbekleideten) Körper sehen zu lassen (auch nicht vor Gleichgeschlechtlichen!) ebenso einschließt wie das Verbot, den nackten Körper eines anderer zu betrachten (auch nicht den eines Gleichge-

---

[10] Usculan (2010, S. 200 f.) verweist darauf, dass die an der deutschen Aufnahmegesellschaft orientierten Autonomiebestrebungen türkischer Jugendlicher häufig mit den eher kollektivistischen Orientierungen der Familie konfligieren. Die Eltern entwickelten daraufhin häufig einen stark behütenden und kontrollierenden Erziehungsstil, der sich als „aggressive Strenge" bezeichnen lässt (vgl. Usculan 2010, S. 203).

schlechtlichen), was beides im Kontext des Sporttreibens beim Umkleiden oder Duschen der Fall sein könnte.

Muss an dieser Stelle sicherlich beachtet werden, dass viele der in Deutschland lebenden muslimischen Familien besagte Gebote kaum mehr strikt, sondern in sehr spezifischen Varianten und mitunter auch gar nicht mehr befolgen, bleibt dennoch unübersehbar, dass sich immer noch ein nennenswerter Teil muslimischer Eltern am Althergebrachten orientiert. Auch spielt hierbei nicht allein der religiös konnotierte Normenhorizont eine Rolle. Denn vielfach aus Agrargesellschaften stammend oder zumindest noch in mancher Hinsicht die von dort gewohnten Sitten und Gebräuche pflegend, zeigt sich das Sporttreiben im Lebensprospekt vieler Eltern und Großeltern schlichtweg nicht enthalten, was wiederum bedeutet, dass man seinen Kindern – die ja (noch) nicht die nötigen Selbstplatzierungsfähigkeiten entwickelt haben – in dieser Hinsicht kein positives Rollenvorbild bieten kann und auch gar nicht auf die Idee kommt, sie in einen Sportverein zu schicken.[11]

Völlig vermeiden lässt sich vor Ort der Kontakt mit dem Sport allerdings aufgrund der herrschenden Schulsportpflicht nicht. Und dass zumindest hier selbst im Falle der Mädchen die Gebote der Geschlechtertrennung, der Beaufsichtigung oder der weitreichenden Körperverhüllung tangiert werden können, scheint mithin weitgehend akzeptiert, zumal sich das deutsche Schulsystem an dieser Stelle nicht allein auf staatliche Autorität stützen kann, sondern offenbar in vielerlei Hinsicht auch einen recht „sensiblen" Umgang mit kultureller Differenz an den Tag legt.

Allerdings dürfte es spätestens dann, wenn muslimische Mädchen über den „Treibriemen des Schulsports" in das Sportsystem involviert werden, zu kritischen Nachfragen der Eltern oder zu Konflikten mit ihnen bzw. der ganzen Familie kommen, wobei die Intensität derartiger Konflikte wiederum davon abhängig ist, wie stark sich die Familie traditionellen Erziehungsnormen verpflichtet fühlt und ob und inwieweit sie diskurs- und kompromissbereit ist. Darüber hinaus spielt an dieser Stelle auch die Veränderungsbereitschaft des Sportsystems selbst eine Rolle. Denn während sich viele Sportvereine, die Muslima als Mitglieder haben, bereits auf bestimmte sozio-kulturelle Differenzen eingestellt und mit Veränderung ihrer Praxen reagiert haben (wie z. B., dass sie das Tragen des Kopftuchs beim Training und bei lokalen Wettkämpfen erlauben, dass auf Ess- und Trinkgewohnheiten Rücksicht genommen wird usw.), zeigen sich andere von der Notwendigkeit, kulturelle Differenzen zu beachten, wenig überzeugt und orientieren sich weitgehend an

---

[11] In erster Linie betroffen sind von dieser überlieferten Sportabstinenz einmal mehr die Mädchen und jungen Frauen, insofern bei Jungen bzw. jungen Männern das Sporttreiben, und zwar vor allem das Fußballspielen, als Möglichkeit zur aktiven Darstellung der männlichen Rolle grundsätzlich Anerkennung genießt.

der Haltung vieler Sportverbände sowohl auf nationaler als auch auf internationaler Ebene, die dieses Problem bislang noch kaum wahrnehmen.[12]

Zusammenfassend kann in Bezug auf die Ursachen der geringeren Sportbeteiligung von Mädchen und jungen Frauen mit Migrationshintergrund sicherlich gesagt werden, dass es hier aufgrund eines niedrigen Sozialstatus und Bildungsniveaus in besonderem Maße zu negativen Additionseffekten kommen dürfte: Das heißt, die Faktoren Migrationsstatus, niedriges sozio-ökonomisches und kulturelles Kapital der Familie sowie bestimmte sozio-kulturell bedingte Normen, die das Rollenbild der Frau bestimmen und zu einer ablehnenden Haltung dem Sporttreiben der Töchter gegenüber führen können, wirken hier ungünstig zusammen, so dass der Zugang zu einem regelmäßigen organisierten Sporttreiben erheblich erschwert wird.

4 Integration im und durch Sport – Chancen eines Sportengagements für Mädchen und junge Frauen mit Migrationshintergrund

Im Rahmen verschiedener Forschungsprojekte unter dem Rahmenthema „Sportsozialisation und Identitätsentwicklung hochsportiver muslimischer Mädchen und Frauen in Deutschland" (Kleindienst-Cachay 1998, 2000, 2007) wurde der Frage nachgegangen, welches integrative Potential ein Sportengagement im Jugendalter speziell für muslimische Mädchen, d. h. in Deutschland v. a. für Mädchen aus dem Herkunftsland Türkei, haben kann. Die Wahl gerade dieser Gruppe für die Untersuchung lässt sich dadurch begründen, dass es sich hier um die zahlenmäßig größte Teilgruppe junger Migrantinnen in Deutschland handelt und noch dazuhin um diejenige mit der geringsten Sportbeteiligung.[13]

---

[12] Dies betrifft vor allem das Kopftuchverbot. Bislang hat auf internationaler Ebene nur der internationale Fußballverband (FIFA) das Kopftuchverbot aufgehoben, und zwar in seiner Sitzung im Juli 2012 (vgl. Leh/Reuters/dpa 2012).

[13] Wie bereits oben beschrieben, weiß man seit der Studie von Mutz (vgl. 2009, S. 110), dass Mädchen aus den Herkunftsländern Russland und Kasachstan ähnlich niedrige Werte der Sportpartizipation aufweisen. Eine eingehende Untersuchung dieser Gruppe im Hinblick auf die konkreten Ursachen steht allerdings noch aus. Lediglich vermutet werden darf hier, dass auch in diesem Fall patriarchalische Familienbilder vorherrschen, die den Frauen und Töchtern in den Familien Beschränkungen im Sportzugang auferlegen. Allerdings zeigen auch die Jungen aus diesen Herkunftsländern von allen untersuchten Populationen die geringsten Werte beim Organisationsgrad im Sportverein, was darauf schließen lässt, dass es noch andere Ursachen geben muss als die oben für türkisch-muslimische Migrantinnen beschriebenen geschlechtstypischen Restriktionen. Zu denken ist hier beispielsweise an den Wunsch, in der

In einer ersten Studie wurden mittels problemzentrierter qualitativer Interviews, die auch narrative Anteile enthielten, 18 Leistungs- und Spitzensportlerinnen im Alter von 17 bis 31 Jahren vor allem aus den Sportarten Fußball, Taekwondo, Karate und Boxen, untersucht, in einer zweiten Studie sechs jugendliche Fußballspielerinnen im Alter von 15 bis 16 Jahren. Alle Probandinnen stammten aus Arbeitsmigrantenfamilien, in denen kein Familienmitglied über einen höheren Bildungsabschluss verfügte. Die Familien waren dem Sportengagement ihrer Töchter gegenüber anfangs eher ablehnend eingestellt. Auch wurde in einigen Familien das Sporttreiben nach Eintritt der Pubertät strikt untersagt. Dennoch war aber letztlich den Töchtern aufgrund der großen gesellschaftlichen Bedeutung und Akzeptanz, die der Sport über sozio-kulturelle Grenzen hinweg hat, der Einstieg und Verbleib möglich. Dafür war häufig die Sportbegeisterung des Vaters ausschlaggebend, während die Mutter in der Mehrzahl der Fälle eine eher negative Haltung gegenüber den Sportwünschen der Tochter einnahm (vgl. Kleindienst-Cachay 2000, S. 60 f.).

4.1 Integration im Sport

In den Interviews wird deutlich, dass sich vor, während, neben oder nach dem Sport zahlreiche Kommunikationssituationen ergeben, die Raum für informelle Gespräche bieten (vgl. Kleindienst-Cachay 2000, S. 72. ff., 2007, S. 35). Die Themen dieser Gespräche beziehen sich nicht nur auf den Bereich des Sports, sondern schließen z. B. auch die private Freizeitgestaltung, Freundschaften und Partnerschaften, familiäre Probleme bis hin zu Schul- und Ausbildungsfragen und Ereignissen am Arbeitsplatz mit ein und führen immer wieder auch zu einer Auseinandersetzung mit z. T. differenten Werten und Normen, insbesondere was das Verhalten der Geschlechter und die eigenen Lebenspläne betrifft (vgl. Kleindienst-Cachay 2007, S. 39 ff.). Allein schon in diesen Kommunikationssituationen, die ja im Rahmen des Trainings mehrmals pro Woche und auch bei Wettkämpfen am Wochenende ablaufen, liegt eine Chance zum Abbau sozialer Distanz zwischen vermeintlich „Fremden".

Darüber hinaus zeigen die Interviews, dass es auch zu einer Einbindung in vielfältige informelle, ja freundschaftliche Aktivitäten durch den Sport kommt. Die üblichen geselligen Zusammenkünfte über den Sport werden noch erweitert durch eine ganze Reihe formeller Treffen, wie etwa die Events im Zusammenhang mit Wettkämpfen oder Vereinsfeste und -feiern verschiedenster Art. All diese Kommunikationsanlässe führen zu einer im Verlauf der individuellen Sportkarrieren der

---

Community unter sich zu bleiben, sich nicht mit der Mehrheitsgesellschaft zu mischen, um so gewisse Traditionen aufrechterhalten zu können.

jungen Frauen zunehmend stärker werdenden Bindung an die Personen im Sport und zu einer Integration im Sport.

Noch intensiver erlebt wird diese Integration im Sport freilich dann, wenn – wie dies bei 10 der 18 befragten erwachsenen Leistungssportlerinnen der ersten Studie der Fall war – eine Funktionsrolle im Verein übernommen wird. Denn durch eine derartige Verantwortungsübernahme, beispielsweise als Übungsleiterin, Trainerin oder Kampfrichterin, wird der Rahmen, in dem sich Kommunikation und Interaktion im Sportverein bewegen, nochmals erheblich erweitert, und die Bindungen untereinander werden vertieft. All dies geschieht allerdings nicht automatisch, sondern ist das Ergebnis wechselseitiger Anerkennungsprozesse zwischen allen Akteuren, mit und ohne Migrationshintergrund, deren Basis zwar das gemeinsame Interesse am Sport, aber eben auch Rücksichtnahme und der Respekt vor dem jeweils Anderen ist.

4.2 Integration durch Sport

Die Einbindung in den Sport bietet demnach also immer wieder Anlass und Gelegenheit für einen kommunikativen Austausch kontextungebundenen Wissens, was wiederum zum „Motor" einer Integration durch Sport werden kann. Denn durch Erfahrungs- und Lernprozesse, die durch Kommunikationen im Sport angestoßen werden, ergeben sich Wirkungen, die bei den jungen Frauen auch Veränderungen hinsichtlich ihres Sprach- und Kommunikationsverhaltens und ihrer Einstellungen und Werthaltungen auslösen, wie dies die Selbstzeugnisse in den Interviews zeigen.

- *Anregung zur vertieften Auseinandersetzung mit den eigenen Entwicklungsaufgaben*

So wirkt das Sportengagement bei den befragten jungen Frauen vielfach wie ein Katalysator hinsichtlich einer vertieften Auseinandersetzung mit wichtigen Bereichen jugendlicher Entwicklung, wie zum Beispiel mit Blick auf die Themen „Bildung und Beruf", „Körper und Sexualität" oder „Freundschaft und Partnerschaft".[14] Denn da im Rahmen eines wettkampfmäßigen Sportengagements bestimmte Erziehungsnormen muslimischer Familien nicht ohne Weiteres eingehalten werden

---

[14] Vgl. zu den untersuchten Bereichen jugendlicher Entwicklungsprozesse und zu den sogenannten „Entwicklungsaufgaben" Fend (2003) und Kleindienst-Cachay (2007, S. 43 ff.). Im Zusammenhang mit den Entwicklungsaufgaben weist Uslucan (2010, S. 197) darauf hin, dass Migrantenjugendliche neben den allgemeinen Entwicklungsaufgaben auch noch die Aufgabe haben, sich mit Fragen der Zugehörigkeit zu einer Minderheit auseinanderzusetzen, „und dass die Eltern das doppelte Verhältnis – einerseits zur eigenen Ethnie, andererseits zur Aufnahmegesellschaft – eigenaktiv gestalten müssen".

können, kommt es nahezu zwangsläufig zu konfliktträchtigen „Diskussionen" zwischen Töchtern und Eltern über Werte und Normen, die das Verhalten der Geschlechter bestimmen. Auf diese Weise erfolgt zunächst ein vorsichtiges Aufbrechen der tradierten Geschlechterrollen in den Familien, dem wiederum bei den Töchtern – durch den fortbestehenden Einfluss vielfältiger Interaktions- und Kommunikationsprozesse im wettbewerbsmäßig betriebenen Sport angeregt – eine intensive Auseinandersetzung mit Werten und Normen verschiedenster Teilkulturen der Gesellschaft (Peergroup, Leistungssportkameradinnen- und -Kameraden, Trainerinnen und Trainer, Vereins- und Verbandsfunktionärinnen und -Funktionäre, Lehrkräfte an Schulen usw.) nachfolgt. Auf Dauer bleibt all dies nicht ohne Folgen für die Familiendynamik und führt bisweilen zu „intergenerativen Transmissionsprozessen" (vgl. Nauck 1994), was bedeutet, dass sich auch Mentalitätsänderungen bei den Eltern zeigen, wovon womöglich auch die Geschwister der Sportlerinnen profitieren können.

- *Einflüsse auf die sprachlichen Kompetenzen und auf die Bildungs- und Berufslaufbahn*

Alle befragten Sportlerinnen treiben in „deutschen" und nicht in „ethnischen" Sportvereinen Sport. Dies ist durchaus typisch, denn „ethnische" Vereine offerieren bislang nur selten Angebote für Mädchen und Frauen, selbst nicht in der vorwiegend betriebenen Sportart Fußball (vgl. Kleindienst-Cachay et al. 2012, S. 136 f.). In den „deutschen" Sportvereinen sprechen die jungen Migrantinnen dann aber ausschließlich Deutsch. Entsprechend betonen einige der interviewten Sportlerinnen eigens die dadurch erfolgte Förderung ihrer sprachlichen Kompetenzen, die sie als einen sehr positiven Nebeneffekt des Sporttreibens einschätzen:

> Im Turnverein habe ich wirklich gut Deutsch sprechen gelernt! Ich würde behaupten, dass das auch wirklich dazu beigetragen hat, dass ich Deutsch sprechen gelernt habe (Gerätturnerin, Linneweh 2007, S. 34).

Diese Sportlerin kam erst im Alter von 12 Jahren nach Deutschland, konnte also die deutsche Sprache nicht im Kindesalter, in dem das Zeitfenster für einen primären Spracherwerb noch offen ist, erlernen und veranschlagt die sprachfördernde Funktion des Sportvereins daher auch deshalb besonders hoch ein, weil in der Hauptschule, die sie nach ihrer Einwanderung zunächst besuchte, in den informellen Gesprächen zwischen den Schülerinnen und Schülern ausschließlich Türkisch gesprochen wurde.

Dass im Sportverein geredet wird, und zwar nicht nur über Sport, wird in zahlreichen Interviews bezeugt und hoch geschätzt. So sagt z. B. eine 16-jährige Fußballspielerin:

> Da ich ja so wenig irgendwo hingehe, ständig nur zu Hause bin, war das halt 'ne Möglichkeit, Freundinnen zu treffen. Wir reden hier, wir machen nicht nur Sport, nach 'm Training reden, [...] halt einmal in der Woche, dass ich halt Freunde treffen kann. Und ansonsten geht das halt nicht (Fußballerin, Kuzmik 1998, S. 35).

Doch nicht nur die sprachlichen Kompetenzen werden verbessert, sondern über die Gespräche wird auch ein viel weiterer Normen-, Werte- und Erwartungshorizont aufgespannt, als er den Mädchen aus der Herkunftsfamilie bekannt ist:

> Man hat über den Sport ja auch andere Gesichtspunkte mitbekommen [...], andere Gesinnungen kennengelernt, andere Aspekte, die eine Überlegung wert waren und die man so geistig auch mitdachte. [...] Also, das Leben zu Hause und das Leben in der Schule und in dem Verein, das waren zwei Welten (TaeKwonDo-Kämpferin, Kleindienst-Cachay 2000, S. 594).

Vor dem Hintergrund der zum Teil als recht eingeschränkt erfahrenen Kommunikationsbedingungen der Mädchen und jungen Frauen (vgl. Kleindienst-Cachay 2007, S. 39) ist es verständlich, dass der Sport als eine Gegenwelt konstruiert wird: Im Sport gibt es andere Themen und andere Interaktionsstile, man fühlt sich in einer Gruppe gleich gesinnter Jugendlicher und junger Erwachsener geborgen, kann über alles reden, auch über die eigenen Gefühle, und kann nebenbei auch noch Anerkennung durch sportlichen Erfolg erfahren. So berichten die jungen Frauen von einer „Hochstimmung", von „Glücksgefühlen", insbesondere „wenn die Leistung stimmt", sowie davon, dass der Sport ihr Selbstbewusstsein gestärkt und sie dazu angeregt habe, ihre „Kräfte auszuschöpfen" (Kleindienst-Cachay 2000, S. 498).

Diese Anregungen reichen so weit, dass sie auch das Bildungsverhalten bzw. das Bildungsaspirationsniveau beeinflussen. So geben viele der befragten Sportlerinnen an, dass sie im Verlauf ihrer Sportkarriere und unter dem Einfluss der Erfolge im Sport zu dem Entschluss gekommen seien, ihre schulische Ausbildung fortzusetzen bzw. wieder aufzunehmen, zu studieren oder einen beruflichen Weiterqualifizierungsprozess einzuleiten:

> Wenn man drei oder vier Mal die Woche ins Training geht, und dann hat man vier bis fünf Mal pro Jahr die Möglichkeit, sich zu vergleichen, und dann immer ganz oben ist, das ist schon wie ein Adrenalinstoß, dass man sich sagt: ‚Jetzt noch mehr! Jetzt aber noch besser!' [...]. Also, wenn ich im Sport nicht so erfolgreich gewesen wäre, dann wäre ich, glaube ich, gar nicht so auf die Idee gekommen, mich ganz so weiterzubilden, mein Abitur zu machen, zu studieren (TaeKwonDo-Kämpferin, Kleindienst-Cachay 2000, S. 611 f.).

Derartige Aussagen müssen im Zusammenhang mit den erreichten Bildungsabschlüssen der Befragten interpretiert werden: Von den untersuchten 18 erwachsenen Sportlerinnen hatten zum Zeitpunkt der Untersuchung neun das Abitur und vier weitere die fachgebundene Hochschulreife erreicht.[15] Damit verfügten 13 von 18 leistungssportlich engagierten Migrantinnen über die beiden höchsten Bildungsabschlüsse des deutschen Schulsystems! Vier weitere Frauen hatten seinerzeit bereits den Realschulabschluss erworben, und nur eine hatte die Schule nach dem Hauptschulabschluss verlassen und war zum Zeitpunkt der Befragung ohne Beschäftigung, weil sie sich in der Vorbereitung auf die Olympiade befand. Damit liegen die Abschlüsse der Befragten weit über dem durchschnittlichen Bildungsniveau junger türkischer Frauen in Deutschland.[16]

Diese Häufung hoher Bildungsabschlüsse bei den untersuchten muslimischen Leistungssportlerinnen, die durchaus keine schulischen „Überfliegerinnen" waren, sondern z. T. von ganz erheblichen Schulproblemen berichteten, ist so auffällig, dass reflektiert werden muss, in welchem Zusammenhang dieses Merkmal mit dem Sportengagement steht. Da man weiß, dass das Sportengagement sowohl bei Männern als auch bei Frauen mit der Höhe des Bildungsniveaus, gemessen am Schulabschluss, korreliert, und zwar auch bei Migrantinnen und Migranten (vgl. Halm 2003), kann man einerseits gewisse Vorselektionsprozesse nicht ausschließen. Andererseits weisen die Äußerungen der befragten Frauen, d. h. ihre Selbsteinschätzungen, deutlich auf positive Einflüsse hin, die sich den Erfahrungen im Sport verdanken:

> Meine Entwicklung lief stetig nach vorn, die wuchs und wuchs […]. Auf Grund dessen, weil man im Sport recht erfolgreich war, hat man sich ja auch im Leben etwas erhofft (TaeKwonDo-Kämpferin, Kleindienst-Cachay 2000, S. 594).

Diese Sportlerin betont im weiteren Verlauf des Interviews ausdrücklich, dass mit dem sportlichen Erfolg auch ihr Selbstbewusstsein gewachsen sei und dass so der Gedanke, das Leistungsstreben auf andere Lebensbereiche auszudehnen, nahegelegen habe:

---

[15] Inzwischen haben 9 der 18 befragten Sportlerinnen einen Universitätsabschluss.

[16] Demnach hatten im Abschlussjahrgang 2009/2010 in Deutschland nur 17,1 % aller ausländischen weiblichen Jugendlichen die Fachhochschul- und Hochschulreife erreicht (von den Jungen sogar nur 12,7 %), während der entsprechende Wert deutscher junger Frauen 39,7 % betrug (vgl. Bundesregierung (2012, Anhang Tab. 18). Zu bemerken bleibt hier allerdings, dass sich die Bildungsstatistik des Merkmals „Migrationshintergrund" bislang nicht bedient, sondern nur zwischen „Deutschen" und „Ausländern" unterscheidet.

> Als mir klar wurde, dass ich mit viel Ehrgeiz im Leben fast alles erreichen kann, wollte ich natürlich nicht nur Erfolg im sportlichen, sondern auch im beruflichen Bereich. Ich wollte nicht diesem typischen Bild der türkischen Frau folgen. Ich wollte mehr von meinem Leben, und ich begann, meinen Stil systematisch zu verwirklichen (TaeKwonDo-Kämpferin, Kleindienst-Cachay 2000, S. 697).

Einige weitere Befragte äußern, dass sich durch den Sport ihr Selbstbewusstsein gesteigert habe, und dass dies eine wesentliche Voraussetzung für ihre erfolgreiche Bildungslaufbahn gewesen sei (vgl. Linneweh 2007; Kleindienst-Cachay 2000, S. 94 ff.).[17] Derartige Wirkungen lassen sich auf zweierlei Weise erklären. Zum einen können sportliche Erfolge zu einer Steigerung der Leistungsmotivation und des Selbstbewusstseins führen, zum andern wirken Vorbilder im Verein sowie Gespräche mit Personen im Sportsystem anregend auf die Bildungsaspiration der jungen Frauen. So wird in den Interviews immer wieder davon berichtet, dass Gespräche mit Sportlehrerinnen und Sportlehrern sowie Trainerinnen und Trainern als Unterstützung und als Ermutigung erfahren wurden, die Bildungslaufbahn fortzusetzen (vgl. Kleindienst-Cachay 2007, S. 47). Darüber hinaus befand oder befindet sich der überwiegende Teil der anderen Vereinsmitglieder überwiegend in höheren Bildungsgängen:

> Ja, das waren ja hauptsächlich auch Leute oder Freunde, die auch studiert haben oder Abitur hatten und sich manchmal über Sachen unterhalten haben, wo man dann dabei saß und sich fragte: ‚Worüber unterhalten die sich jetzt', und man konnte nicht mitreden, und sich denkt: ‚Du möchtest aber auch einen Beitrag da geben können, dich artikulieren können' (TaeKwonDo-Kämpferin, Kleindienst-Cachay 2000, S. 614).

Eine einfache Kausalität zwischen Sporttreiben in leistungssportlichen Kontexten und Bildungserfolgen darf man zwar nicht annehmen, erwartbar aber sind Übertragungseffekte von Teilelementen des psychologischen Konstrukts „Leistungsmotivation" durchaus. Wenn nämlich im Laufe der Sportsozialisation durch wiederkehrende Erfolge im Wettkampf die Orientierung „Hoffnung auf Erfolg" erworben wurde, dann erscheint es plausibel, anzunehmen, dass sich hier Transfereffekte zwischen dem Bereich des Sports und dem Bereich der schulischen Bildung ergeben haben. Solche Transfereffekte, auf die die Sportlerinnen in den Interviews explizit hinweisen, legen sportpsychologische Untersuchungen auch tatsächlich nahe (vgl. Willimczik und Rethorst 1988).

---

[17] vgl. ähnlich auch Kuzmik (1998, S. 27) in Bezug auf muslimische Fußballspielerinnen, Taner (2012) in Bezug auf muslimische Handballspielerinnen sowie Fast (2013) in Bezug auf muslimische Volleyballspielerinnen.

- *Einflüsse auf Körperpraxen und Körperakzeptanz*

Bei allen befragten Sportlerinnen lässt sich eine Auseinandersetzung mit den unterschiedlichen Körperpraxen in den verschiedenen Teilkulturen beobachten. Gerade über die Bedeutung diverser Regeln im Umgang mit dem Körper sowie über unterschiedliche Normen des Sexualverhaltens wird in der Gruppe der Sportlerinnen häufig diskutiert. Daraus resultiert eine Modifikation, bisweilen auch eine völlige Negierung bestimmter Körpergebote, die die Frauen für sich persönlich, vor allem vor dem Hintergrund ihrer Rolle als Sportlerinnen, nicht für wünschenswert erachten (zum Beispiel die Beachtung von bestimmten Bekleidungsregeln oder das Gebot, sich beim Umkleiden und Duschen in Gemeinschaftsräumen vor anderen Frauen nicht nackt zu zeigen).

Bisweilen wird aber auch recht selbstbewusst auf Einhaltung bestimmter Regeln, die die Migrantinnen für wichtig erachten, bestanden, was dazu führt, dass in der Sportvereinsgruppe allmählich unterschiedliche Praktiken ganz selbstverständlich toleriert werden. Eine türkischstämmige Fußballerin berichtet z. B., dass sie die ihr zu kurz erscheinende Hose des Mannschaftstrikots an den Zeugwart zurückgegeben habe mit der Bitte, eine längere Hose, die bis zum Knie reicht, zu erhalten. Diesen Vorstoß empfanden offenbar auch einige andere Sportlerinnen (und zwar auch solche ohne Migrationshintergrund) als richtig, und forderten für sich ebenfalls längere Hosen.

Was das Fasten anbelangt, so betonen viele der befragten Frauen, dass sie dies in dem Rahmen, wie es in ihrer jeweiligen Familie praktiziert werde, gut mit dem Sport vereinbaren können, aber dass sie sich die Entscheidung für oder gegen das Fasten im konkreten Fall – in Abhängigkeit von der jeweiligen Situation im Wettkampfbetrieb – selbst vorbehalten. Für die befragten Sportlerinnen ist diese Verhaltensweise typisch. Denn selbstbewusst wollen sie die Einhaltung oder Nichteinhaltung von Regeln als Ergebnis ihrer individuellen Auseinandersetzung mit Werten und Normen verschiedener Teilgesellschaften verstanden wissen und nicht nur als bloße Anpassung an von außen vorgegebene Normen.

Auffallend ist, wie im Laufe eines intensiven Sportengagements im Leistungssport der eigene, sportlich trainierte Körper zunehmend positiv besetzt und als „stark", „ausdauernd" und „verlässlich" empfunden, aber auch als „schön" und „begehrenswert" wahrgenommen wird. In einigen Interviews wird hervorgehoben, dass man über die Präsentation des sportlichen Körpers auch Anerkennung als Frau erhalte, wodurch das Selbstbewusstsein steige. Dies wird vor dem Hintergrund der in der eigenen Familie oft erfahrenen Körperrestriktionen als besonders positiv hervorgehoben:

> Das Training, das macht einen ganz stark, als Frau auch. […] Du merkst, du kriegst einen schönen Körper, wirst nicht dick […] das ist immer auffällig, die Leute schauen auch, du kriegst auch Bestätigung von außen. Du fühlst dich gut als Frau. […] Von meinem Vater hat war immer eine Strenge und so, […] und du musstest dich immer verstecken oder so. Das war halt nicht schön. Wenn du dich zeigen konntest, das war immer schön dann. Du hast Bestätigung gekriegt. […] So selbstbewusst hast du dich gefühlt (Karate-Kämpferin, Kleindienst-Cachay 2000, S. 1695).

- *Aufbau eines gemischtethnischen Freundes- und Bekanntenkreises*

Da die Peergroup in der pädagogischen Forschung als wichtige Moderatorvariable für Entwicklungsprozesse im Jugendalter erachtet wird (vgl. Brinkhoff 1998), ist der Anschluss an eine Sportmannschaft für die befragten Muslima besonders wichtig, denn gerade sie haben oft über die Schule hinaus kaum Kontakt zu Gleichaltrigen, vor allem nicht zu jungen Deutschen (vgl. Fischer und Münchmeier 2000; Dollase und Ridder 1999; Boos-Nünning und Karakasoglu 2005a, S. 147 ff.; Harring 2008, S. 261). Freundschaftliche Kontakte über den Sport stellen insofern eine enorme Bereicherung ihrer Sozial- und Bildungswelt dar.[18] Die in den Interviews befragten türkischen Sportlerinnen nutzen und schätzen die Gelegenheit zur Kommunikation im Sport in hohem Maße. Dies zeigt sich besonders deutlich bei den befragten 15- bis 16-jährigen Fußballerinnen:

> Ja, eben, deswegen [wegen der sozialen Kontakte] hab' ich das ja gemacht (mit dem Sportverein). […] Wir reden hier. Wir machen nicht nur Sport, nach'm Training reden […] halt einmal in der Woche […] ansonsten geht das halt nicht (Fußballerin, Kuzmik 1998, S. 12).

Diese jungen Mädchen schreiben ihrer Mannschaft denn auch tatsächlich die spezifischen sozialen Ressourcen einer Peergroup zu, wie die Erfahrung von „Vertrauen", „Unterstützung und „Zusammenhalt". Eine der Befragten sieht in ihrer Mannschaft sogar „schon fast schon so was, wie 'ne Familie" (Kuzmik 1998, S. 64).

Wie die Interviews mit den erwachsenen Sportlerinnen zeigen, werden die Gespräche mit den Sportkamerad/innen, aber auch mit Trainer/innen und Übungsleiter/innen als wichtige Unterstützung bei alltäglichen Konflikten, zum Beispiel mit Eltern oder Lehrkräften, erachtet und auch genutzt:

---

[18] Auf die große Bedeutung der Gleichaltrigengruppe für informelle Lern- und Bildungsprozesse verweist auch der Zwölfte Kinder- und Jugendbericht (vgl. Bundesministerium für Familie, Senioren, Frauen und Jugend 2005, S. 147).

Die Sportkameraden haben mir schon geholfen. Und ich habe eine Bezugsperson gehabt in meinem Trainer. [...] Ich konnte mich mit ihm zusammensetzen und konnte dann halt so über mich sprechen, über die Beziehung zu meinem Vater [...], über meine Lebenssituation, und die haben mich natürlich dann auch bestärkt in meinem Tun. (TaeKwonDo-Kämpferin, Kleindienst-Cachay 2000, S. 673).

5 Fazit: Sport als Mittler zwischen zwei Welten

Zusammenfassend kann festgehalten werden, dass sich die Migrantinnen mit ihrer Entscheidung, in der Pubertät – und trotz des Widerstands der Eltern – regelmäßig Sport zu treiben und sich an das wettkampfmäßige Sporttreiben zu binden, unbewusst für ein anderes weibliches Rollenmodell als das von ihren Familien für sie vorgesehene entschieden haben. Über den Sport wird es ihnen allmählich möglich, Geschlechternormen für sich selbst anders zu definieren. Auf diese Weise entsteht ein neues Bild von sich selbst als einer jungen Frau mit türkischem Einwanderungshintergrund, die in Deutschland lebt, zur Schule bzw. zur Universität geht oder bereits berufstätig ist und dabei höchst erfolgreich eine für Frauen nicht ganz gewöhnliche Sportart (z. B. Boxen, Taekwondo, Karate oder Fußball) betreibt. Dieses neue Selbstbild ist gekennzeichnet durch ein „eigenes Modernisierungskonzept", das westlichen Modernisierungsvorstellungen keinesfalls in allen Punkten entspricht (Herwartz-Emden und Westphal 1997). Es kann vielmehr als Ausdruck des Versuchs verstanden werden, ein spannungsreiches Gleichgewicht zwischen den verschiedenen Kulturen herzustellen, das gleichzeitig die Möglichkeit zur Konstruktion einer wirklich „einzigartigen" Identität bietet: Als türkisch-muslimische Frau selbstbestimmt nach spezifischen Traditionen zu leben und nichtsdestotrotz auch erfolgreich Leistungssport in mehrheitlich deutschen Sportmannschaften – zu denen vielfach auch männliche Sportler gehören – zu betreiben, noch dazu in einer „Männerdomäne", wie dem Kampfsport oder dem Fußball, was für eine Frau an sich schon nicht ganz gewöhnlich ist.

Eine der Befragten, eine Boxerin, betont ausdrücklich, dass der Sport ihr erlaube, beide Seiten zu leben, nämlich einerseits einen selbstbestimmten, freien Lebensstil zu pflegen – mit guter schulischer Bildung, Universitätsbesuch, späterer Berufstätigkeit und einem ungewöhnlichen Hobby, wie dies auch den jungen männlichen Migranten möglich ist – und andererseits gewisse Traditionen ihrer Herkunftsfamilie und der umgebenden Community zu beachten. In der folgenden Interviewpassage berichtet sie mit sichtlichem Stolz, wie sie mit diesem Lebensentwurf von außen, und zwar von türkischen männlichen Jugendlichen, die mit ihr zusammen im Boxclub trainieren, wahrgenommen wird:

> Die haben gesagt: ‚Hey, die ist modern, und sie macht das alles, und sie ist ein Mädchen, und […] sie trainiert mit uns, aber sie hat immer noch ihre Normen und sie hat ihre Werte, und sie macht ihre Schule […] und sie ist ehrgeizig und erfolgreich.' […]. Die waren sehr stolz auf mich, und auch, dass ich halt das Religiöse nie vernachlässigt habe, sondern da auch ganz klare Grundsätze hatte (Boxerin, Kleindienst-Cachay 2000, S. 896).

Auf die Frage, wie sie dieses Leben mit und in zwei Kulturen empfinde, antwortet sie ohne zu zögern:

> Für mich gilt eigentlich, dass ich so zwischen den Kulturen tänzele, aber es ist nicht so, dass man dazwischen gefallen ist. Man weiß, wo man hingehört. Man hat einen festen Bezug zu dem, wo man herkommt, was man ist. Aber es gibt halt in beiden Kulturen sehr positive Dinge (Boxerin, Kleindienst-Cachay 2000, S. 827).

Dass eben dieses „Zwischen-den-Kulturen- Leben" nicht als schmerzhafter Spagat, sondern als etwas Positives, als Ressource empfunden wird, zeigt sich in vielen weiteren Äußerungen der befragten Sportlerinnen, wie zum Beispiel in der Folgenden:

> Ich empfinde das als Bereicherung. Ich bin froh, hier aufgewachsen zu sein, Ausbildung (d. h. Studium und Referendariat, C. K.-C.) gemacht zu haben, Sport zu treiben. Aber ich bin auch froh, dass ich etwas Besonderes bin und auch noch etwas anderes in mir habe, d. h. die türkische Seite. (Modern-Dance Sportlerin, vgl. Kleindienst-Cachay 2000, S. 544)[19]

Spürbar ist das Bemühen der jungen Frauen, trotz der zum Teil großen Schwierigkeiten, verschiedenen, teilweise sogar ambivalenten Anforderungen zu entsprechen. Dies zeigt sich oft schon an der Wahl der Sportart, aber auch am Bekleidungsverhalten im und außerhalb des Sports, im Ernährungsverhalten und der Praxis bestimmter Körpertechniken, bei der Einhaltung religiöser Fastengebote sowie nicht zuletzt im Bereich der Partnerwahl und an der Respektierung des Virginitätsgebots. So ergibt sich im Laufe des Sportengagements, aus dem Prozess des Kennenlernens, Reflektierens und Neudefinierens von Normen und Werten, ein spannungsreiches Miteinander verschiedener kultureller Praktiken als eine spezifische Möglichkeit, „viele Welten zu leben", wie dies Boos-Nünning und Karakasoglu (2005a) heute als typisch für viele junge Migrantinnen erachten. Und zu diesen „vielen Welten" gehört eben auch der Sport.

---

[19] Vgl. zu dieser These auch Badawia (2002), der das Bild vom „dritten Stuhl" verwendet, um derartige Lebensentwürfe zu beschreiben.

Bilanziert man nun die Chancen und Probleme eines Sportengagements von Mädchen und Frauen mit Migrationshintergrund, so ist festzuhalten, dass die Chancen die Probleme bei weitem überwiegen. Allerdings stellt sich die immer noch zu geringe Beteiligungsrate am Sport weiterhin als großes Hindernis für die Realisierung der Chancen dar. Um hier Abhilfe zu schaffen, bedarf es erheblicher Anstrengungen auf verschiedenen Ebenen, zunächst der der Sportverbände durch spezifische Förderprogramme, dann aber auch auf Seiten der Schulen zur Unterstützung dieser Programme. Denn genau Letzteres scheint gegenwärtig der gangbarste Weg, damit auch die Eltern der jungen Migrantinnen erreicht werden und so Wissen über den Vereinssport erlangen und Vertrauen in die Vereinsangebote aufbauen können.

Literatur

Alt, C. (2006). Milieu oder Migration – was zählt mehr?. In Deutsches Jugendinstitut (DJI). (Hrsg.), *Jugend und Migration* (S. 10–11). München: Deutsches Jugendinstitut.

Badawia, T. (2002). *Der dritte Stuhl*. Frankfurt a. M.: IKO-Verlag für Interkulturelle Kommunikation.

Benn, T., Pfister, G., & Jawad, H. (Hrsg.) (2011). *Muslim women and sport*. London: Routledge.

Boos-Nünning, U., & Karakasoglu, Y. (2005a). *Viele Welten leben. Zur Lebenssituation von Mädchen und jungen Frauen mit Migrationshintergrund*. Münster: Waxmann Verlag.

Boos-Nünning, U., & Karakasoglu, Y. (2005b). *Viele Welten leben. Zur Lebenssituation von Mädchen und jungen Frauen mit Migrationshintergrund. Sonderauswertung „Sport".* http://www.bmfsfj.bund.de. Zugegriffen: 15. Mai 2005.

Brinkhoff, K.-P. (1998). *Sport und Sozialisation im Jugendalter: Entwicklung, soziale Unterstützung und Gesundheit*. Weinheim: Juventa.

Brinkhoff, K.-P., & Sack, H.-G. (1999). *Sport und Gesundheit im Kindesalter. Der Sportverein im Bewegungsleben der Kinder*. Weinheim: Juventa.

Bundesministerium für Familie, Senioren, Frauen und Jugend. (2005). *Zwölfter Kinder- und Jugendbericht. Bericht über die Lebenssituation junger Menschen und die Leistungen der Kinder-und Jugendhilfe in Deutschland*. München: Juventa.

Bundesregierung (die Beauftragte). (2007). *7. Bericht über die Lage der Ausländerinnen und Ausländer in Deutschland*. http://www.bundesregierung.de/Content/DE/Publikation/IB/7-auslaenderbericht.html. Zugegriffen: 18. Jan. 2013.

Bundesregierung (die Beauftragte). (2012). *Neunter Bericht über die Lage der Ausländerinnen und Ausländer in Deutschland*. http://www.bundesregierung.de/Content/DE/_Anlagen/IB/2012-06-27-neunter-lagebericht.pdf?__blob. Zugegriffen: 18. Jan. 2013.

Cachay, K., & Thiel, A. (2008). Soziale Ungleichheit im Sport. In K. Weis & R. Gugutzer (Hrsg.), *Handbuch Sportsoziologie* (S. 189–199). Schorndorf: Hofmann.

Dagkas, S., Koushkie Jahromi, M., & Talbot, M. (2011). Reaffirming the value of physical education, physical activity and sport in the lives of young muslim women. In T. Benn, G. Pfister, & H. Jawad (Ed.), *Muslim women and sport* (S. 13–24). London: Routledge.

Deutscher Olympischer Sportbund. (2008). *Jahrbuch des Sports 2008/2009.* Niedernhausen/Ts.: Schors.

Deutsches Jugendinstitut (DJI). (Hrsg.) (2000). *Wie Kinder multikulturellen Alltag erleben. Ergebnisse einer Kinderbefragung.* München: Deutsches Jugendinstitut.

Dollase, R., & Ridder, A. (1999). Sind hohe Anteile ausländischer Schülerinnen in Schulklassen problematisch? *Journal für Konflikt- und Gewaltforschung, 1*(1), 56–83.

Esser, H. (2004). Was ist denn dran am Begriff der „Leitkultur"? In R. Kecskes, M. Wagner, & C. Wolf (Hrsg.), *Angewandte Soziologie* (S. 199–214). Wiesbaden: VS Verlag für Sozialwissenschaften.

Fast, N. (2013). *„Ich bin eine deutsche Muslimin" – eine theoriegeleitete empirische Untersuchung zur Sportsozialisation und Identitätsentwicklung muslimischer Sportlerinnen im wettkampfmäßig betriebenen Volleyball.* München: AVM.

Fend, H. (2003). *Entwicklungspsychologie des Jugendalters.* Opladen: Leske + Budrich.

Fischer, A., & Münchmeier, R. (2000). *Jugend 2000. 13. Shell-Jugendstudie.* Opladen: Leske + Budrich.

Fussan, N. (2007). Integration von Jugendlichen mit Migrationshintergrund in Peer-Netzwerke: Sozialisationsvorteile sportvereinsorganisierter Jugendlicher. In T. Nobis & J. Baur (Hrsg.), *Soziale Integration vereinsorganisierter Jugendlicher* (S. 298–317). Köln: Strauß.

Gesemann, F. (2006). *Die Integration junger Muslime in Deutschland. Bildung und Ausbildung als Schlüsselbereiche sozialer Integration. Islam und Gesellschaft, 5.* Berlin: Friedrich-Ebert-Stiftung.

Halm, D. (2003). Türkische Zuwanderer im Deutschen Amateurfußball – Situation, Probleme und Perspektiven. In A. Goldberg, D. Halm, & M. Sauer (Hrsg.), *Migrationsbericht der Stiftung Zentrum für Türkeistudien* (S. 9–62). Münster: LIT.

Halm, D. (2007). Freizeit, Medien und kulturelle Orientierungen junger Türkeistämmiger in Deutschland. In H.-J. von Wensierski, & C. Lübcke (Hrsg.), *Junge Muslime in Deutschland* (S. 101–113). Opladen: Budrich.

Harring, M. (2008). (Des)Integration jugendlicher Migrantinnen und Migranten – Schule und Jugendverbände als Vermittler sozialer Kompetenzen. In C. Rohlfs, M. Harring, & C. Palentien (Hrsg.), *Kompetenz-Bildung* (S. 253–274). Wiesbaden: VS Verlag für Sozialwissenschaften.

Herwartz-Emden, L., & Westphal, M. (1997). *Arbeitsmigrantinnen aus der Türkei in der Bundesrepublik Deutschland: Zwischen Emanzipation und Unterdrückung.* Hannover: Niedersächsische Landeszentrale für Politik.

Kay, T. (2006). Daughter's of Islam. Family influences on muslim young women's participation in sport. *International Review for the Sociology of Sport, 41*(3–4), 357–373.

Kleindienst-Cachay, C. (1995). *Forschungsprojekt: Sportengagement von Hauptschülerinnen. Abschlussbericht des 1. Teils: Fragebogenuntersuchung zur sportiven Praxis und zum Sportengagement von Hauptschülerinnen und Realschülerinnen sowie Hauptschülern und Realschülern.* Maschinenschriftliches Manuskript, Pädagogische Hochschule Ludwigsburg.

Kleindienst-Cachay, C. (1998). Sportengagement muslimischer Mädchen und Frauen in der Bundesrepublik Deutschland – Forschungsdesiderate und erste Ergebnisse eines Projekts. In M.-L. Klein & J. Kothy (Hrsg.), *Ethnisch-kulturelle Konflikte im Sport* (S. 113–125). Hamburg: Czwalina.

Kleindienst-Cachay, C. (2000). *Forschungsprojekt Sportsozialisation und Identitätsentwicklung hochsportiver muslimischer Frauen in Deutschland. Abschlussbericht zum 31.3.2000.* Maschinenschriftliches Manuskript, Universität Bielefeld.

Kleindienst-Cachay, C. (2007). *Mädchen und Frauen mit Migrationshintergrund im organisierten Sport*. Hohengehren: Schneider.

Kleindienst-Cachay, C. (2010). 'Balancing between the cultures…': Sports and physical activities of muslim girls and women in Germany. In T. Benn, G. Pfister, & H. Jawad (Ed.), *Muslim women and sport* (S. 92–108). London: Routledge.

Kleindienst-Cachay, C., Cachay, K., & Bahlke, S. (2012). *Inklusion und Integration. Eine empirische Studie zur Integration von Migrantinnen und Migranten im organisierten Sport*. Schorndorf: Hofmann.

Kuzmik, C. (1998). *Die Bedeutung des Sports für die Identitätsentwicklung weiblicher muslimischer Jugendlicher in der Bundesrepublik Deutschland*. Unveröffentlichte Hausarbeit, Universität Hannover.

Lampert, T., Starker, A., & Mensink, G. B. M. (2006). *Sport und Bewegung*. http://www.kiggs.de/experten/downloads/dokumente/SportBewegung_Lampert.pdf. Zugegriffen: 18. Jan. 2013.

Lampert, T., Mensink, G. B. M., Romahn, N., & Woll, A. (2007). Körperlich-sportliche Aktivität von Kindern und Jugendlichen in Deutschland. Ergebnisse des Kinder- und Jugendgesundheitssurveys (KiGGS). *Bundesgesundheitsblatt, 50*(5/6), 634–642.

Landessportbund Nordrhein-Westfalen (2004). *Ein Leitfaden durch das Programm „Integration durch Sport" der Sportjugend im Landessportbund Nordrhein-Westfalen e. V.* Duisburg.

Leh/Reuters/dpa (2012). *Muslimische Kickerinnen: Fifa hebt Kopftuch-Verbot endgültig auf*. http://www.spiegel.de/sport/fussball/fifa-erlaubt-kopftuch-auf-dem-fussballplatz-a-842874.html. Zugegriffen: 25. Jan. 2013.

Linneweh, M. (2007). *Sportsozialisation muslimischer Mädchen am Beispiel Geräteturnen – Theoretische Begründung und empirische Validierung an Hand eines Fallbeispiels*. Unveröffentlichte Masterarbeit Abt. Sportwissenschaft, Universität Bielefeld.

Luhmann, N. (1997). *Die Gesellschaft der Gesellschaft* (Bd. 2). Frankfurt a. M.: Suhrkamp.

Mutz, M. (2009). Sportbegeisterte Jungen, sportabstinente Mädchen? Eine quantitative Analyse der Sportvereinszugehörigkeit von Jungen und Mädchen mit ausländischer Herkunft. *Sport und Gesellschaft, 6*(2), 146–174.

Nauck, B. (1994). Erziehungsklima, intergenerative Transmission und Sozialisation von Jugendlichen in türkischen Migrantenfamilien. *Zeitschrift für Pädagogik, 40*(1), 43–62.

Rohe, M. (2001). *Der Islam – Alltagskonflikte und Lösungen*. Freiburg: Herder.

Schlagenhauf, K. (1977). *Sportvereine in der Bundesrepublik Deutschland. Teil 1: Strukturelemente und Verhaltensdeterminanten im organisierten Freizeitbereich*. Schorndorf: Hofmann.

Strandbu, Å (2005). Identity, embodied culture and physical exercise. Stories from Muslim girls in Oslo with immigrant backgrounds. *Young Nordic Journal of Youth Research, 13*(1), 27–45.

Taner, N. (2012). *Zur Sportsozialisation von jungen Handballspielerinnen mit Migrationshintergrund – theoretische Begründung und empirische Untersuchung anhand von Fallbeispielen*. Unveröffentlichte Masterarbeit Abt. Sportwissenschaft, Universität Bielefeld.

Uslucan, H.-H. (2010). Erziehungsstile und Integrationsorientierungen türkischer Familien. In C. Hunner-Kreisel & S. Andresen (Hrsg.), *Kindheit und Jugend in muslimischen Lebenswelten. Aufwachsen und Bildung in deutscher und internationaler Perspektive* (S. 195–210). Wiesbaden: VS Verlag für Sozialwissenschaften.

Walseth, K. (2006). Young muslim women and sport: The impact of identity work. *Leisure Studies, 25*(1), 75–94.

Willimczik, K., & Rethorst, S. (1988). Sportpsychologische Forschungsmethoden im Spannungsfeld von Grundlagen- und Anwendungsforschung – Ein empirischer Methodenvergleich. In P. Schwenkmetzger (Hrsg.), *Sportpsychologische Diagnostik, Intervention und Verantwortung* (S. 215–231). Köln: bps-Verlag.

Winker, G., & Degele, N. (2009). *Intersektionalität. Zur Analyse sozialer Ungleichheiten.* Bielefeld: Transkript.

World Vision Deutschland e. V. (Hrsg.) (2007). *Kinder in Deutschland. 1. World Vision Kinderstudie.* Frankfurt a. M: Fischer.

Zwischen Gemeinschaft und Gegnerschaft – Anmerkungen zum Potential des Fußballs für soziale Inklusion

Gerd Dembowski

1 Fußball zwischen Gemeinschaft und Gegnerschaft

Die Verbreitung des modernen Fußballs[1] auf dem europäischen Kontinent gegen Ende des 19. Jh. zeugt von einem kosmopolitisch aufgeladenen *Kulturtransfer* (vgl. Eisenberg 1997, S. 95 ff.). In international belegten Schweizer Schulen lernten die Söhne wohlhabender Bürger diesen Sport über ihre englischen Mitschüler kennen und spielen und nahmen den Ball dann mit in ihre Herkunftsländer. Er galt als bürgerliches Symbol des gesellschaftlichen Aufstiegs, eines progressiven „British Way of Life" (vgl. Lanfranchi und Taylor 2001, S. 19 ff.)[2] und ging einher mit Ideen eines freien Markts, einer transnationalen Offenheit für Nachbarn, einer Mobilität von Talenten, und einer eher lustvollen, öffentlichen Wahrnehmung des eigenen Körpers. Bereits in der Etablierung des deutschen Fußballs spielten kosmopolitisch orientierte, darunter in bemerkenswerter Weise auch jüdische Pioniere eine wichtige Rolle, während die Turnerschaft ihn zunächst als undeutsch ablehnte und eine ‚volkskörper'-orientierte Leibeserziehung gegen den neumodischen Sport durch-

---

[1] Der Schwerpunkt des vorliegenden Essays bezieht sich ausschließlich auf die Entwicklung des Männerfußballs als gesellschaftlich dominantem, hegemonialen Referenzrahmen. Die fortlaufend verwendete männliche Endung von Akteuren soll nicht nur darauf, sondern auch auf die strukturelle Benachteiligung hinweisen, deren Begründung vor allem in der soziohistorischen und biologischen Konstruktion von Geschlecht und den daraus abgeleiteten Formen von Heteronormativität liegt.

[2] Verkörpert deutlich wird dieser *Kulturtransfer* z. B. in der frühen Benennung des Vereins Britannia Solingen.

G. Dembowski (✉)
Institut für Sportwissenschaft, Leibniz Universität Hannover,
Königsworther Platz 1, 30167 Hannover, Deutschland
E-Mail: gerd.dembowski@sportwiss.uni-hannover.de

zuhalten versuchte (vgl. Schulze-Marmeling 2010; Beyer 2010). „Whereas football clubs rarely discriminated on the basis of citizenhship, a nationality clause was inserted in the regulations of almost every gymnastic club" (Beyer 2010, S. 21; vgl. Blecking 2012). Eine hegemoniale Aufladung des Fußballs mit den Ideen einer weltbürgerlichen Öffnung für Menschen aller Nationalitäten sollte damals trotzdem nicht gelingen. Stärker waren letztlich seine ebenso aufkommenden Nationalisierungsbestrebungen, eingebettet in die damals fortschreitenden Nationalisierungsprozesse (West-) Europas, den historischen Kampf der folgenden zwei Lagerdiktaturen des 20. Jh. (vgl. Luks 2012) sowie den damit unabdingbar verknüpften Abgrenzungs-, Ausgrenzungs- und Vernichtungsmechanismen.

Die Aufladung des Fußballs innerhalb seines Regelgebildes aus Befehl, Strafe und Gehorsam zu einem binären, häufig abwertenden Konstrukt aus ‚Wir' und ‚die Anderen' prägt weiterhin den Diskurs. Dieses Konstrukt verstärkt sich in der wettbewerbs- und leistungsfixierten Teamordnung auf dem Feld und auch territorialisiert über die Fankurven. Ihre einerseits ritualisierte, andererseits dynamische soziale Performanz verfestigt sich in den Fankulturen, die sich über diese erfundene Halbwelt des Fußballs nicht nur pures Amüsement, sondern auch Kompensation des disziplinierten, rollenüberhäuften Alltags erhoffen.

Die Ambivalenz, die das soziale Machtfeld des Fußballs zwischen Abgrenzung und Zusammenkunft weiterhin bereithält, formuliert Dirk Halm wie folgt: „Sport bietet nicht nur die Möglichkeit zur Verständigung unter dem Dach überkultureller Normen und Regeln, sondern ebenso die Gelegenheit zu ethnischer und nationaler Selbstvergewisserung in Konkurrenzsituationen, die besonders im Fußball dem Wettbewerb, den alternative soziale Systeme und Lebensbereiche bereithalten, oft in nichts nachstehen. Sport birgt die Chance für interkulturelle Verständigung und die Gefahr von Dissens gleichermaßen" (Halm 2006, S. 21). Ähnlich sehen es auch Gabriele Klein und Michael Meuser (2008), wenn sie Fußball als „ein geeignetes Medium und ein geeigneter Ort sozialer In- und Exklusion" deuten: „Er gilt vielen als ein probates Mittel gesellschaftlicher Integration, aber Fußball ist auch Kristallisationspunkt sozialer Kämpfe, Austragungsort von Gewalt und Präsentationsraum für neofaschistische Gruppen. Während eines Fußballspiels können – zumindest temporär – soziale Statusunterschiede als unbedeutend erfahren werden, Fußball kann aber auch Rassismus, Nationalismus und Sexismus provozieren" (Klein und Meuser 2008, S. 8). Dies sind nur einige grundlegende Faktoren, die nicht ignoriert werden sollten, wenn es um die bewusste Weiterentwicklung von Fußball als Feld sozialer Inklusion geht.

2 Dialektische Auswirkungen der Professionalisierung des Fußballs

Die zunehmende Professionalisierung und Kommerzialisierung des Fußballs bedeutete in ihrem historischen Kern eine erhebliche Öffnung, z. B. für die (männliche) Arbeiterschaft. Diese Öffnung erweiterte Teilhabemöglichkeiten und führte Menschen über die wohlhabenden Bürgerlichen hinaus zusammen (vgl. Claussen und Blecking 2010), die bislang mit Fußball ihr soziales Milieu und ihren Zivilisationsgrad zelebriert hatten. Im Fußball war möglich, es in einer zunehmend säkularisierten Welt der Aufklärung, Wissenschaft und Industrialisierung mit physischen Möglichkeiten ganz nach oben zu schaffen, seiner sozialen Herkunft zu entfliehen oder zumindest den Traum von einem besseren Leben ins Erträgliche zu sublimieren. Professionalisierung und Kommerzialisierung können somit als ein grundlegender Faktor zur sich schrittweise wandelnden Diskurshoheit im Fußball zugunsten eines „konkreten Kosmopolitismus" (Claussen und Blecking 2010) betrachtet werden. Der professionelle Ligenfußball in Deutschland, insbesondere seit Anfang der 1990er Jahre, entwickelt als öffentliche, postmoderne Erzählung diesbezüglich eine bedeutende *glokalisierende* Strahlkraft – verknüpft also die lokale Verortung der Rezipienten mit globalen Zugängen und Referenzen. So ist es aufgrund der herausragenden Leistungen seiner internationalen Akteure für den ‚eigenen' Verein und der gentrifizierten Inszenierung des Fußballs mitunter annehmbarer, kosmopolitische Verhältnisse und die hybriden Identitäten ihrer zahlreichen Akteure zu erfahren und zu akzeptieren.

Dabei gewinnt ein Blick auf wandernde Fußballprofis und Trainer als ‚nützliche Ausländer' und ‚nützliche Migranten' an Gewicht. Dieser Prozess erstreckt sich auch auf die diskursive Positionierung der deutschen Nationalmannschaft. Ob Asamoah, Kuranyi, Neuville oder Odonkor, ob Boateng, Khedira, Özil oder Podolski – leistungsspezifische Kriterien führen im Verbund mit dem aus staatstragender Sicht noch jungen Eingeständnis für Deutschland als Einwanderungsland dazu, dass sich eine öffentliche Wahrnehmung des deutschen Nationalmannschafts- und Profifußballs auch durch die nach Deutschland Migrierten und Geflüchteten bzw. People of Color (PoC)[3] – nachhaltig irritiert und verschiebt. Über naturalisierte ‚deutsche Tugenden' und eine postkoloniale autochthone Selbstwahrnehmung

---

[3] Wirkungsmächtig werden Menschen durch Benennungen auf eine Reise reduziert, die sie oder ihre Vorfahren einmal gemacht haben bzw. machen mussten. Der vorliegende Essay setzt mit der nachfolgenden Verwendung des Begriffs Migrierte/People of Color (PoC) Benennungen als Selbstbenennungen auf einer Basis der Kritischen Weißseinsforschung im Jahre 2012 (vgl. Lauré al-Samarai und Mysorekar 2007; Eggers et al. 2009; Arndt und Ofuatey-Alazard 2011; Olson 2004).

überwog zuvor ein eher weiß-nationaler, diskursiver Kanon. Solche sozial konstruierten Akzente haben in der diskursiven Erzählung des Fußballs jahrzehntelang verdeckt, dass nicht erst seit Asamoah oder Özil, sondern schon seit der Gründung der deutschen Nationalmannschaft Migrierte/PoC in großer Zahl eine tragende Rolle spielten (vgl. Blecking und Dembowski 2010, S. 17; Dembowski 2010a, S. 32).

Die zunehmende Ausleuchtung bspw. durch eine qualitativ individualitätsbezogenere Betreuung durch Vereine und Trainer einerseits, sowie star- und persönlichkeitsfokussierte Reportagen und spielereigene Webseiten andererseits, orientiert sich nicht nur an körperlichen Werten und Leistungen der Spieler, sondern erfasst auch zunehmend ihre sozialen Hintergründe. Während in den 1970er bis tief in die 1990er Jahre hinein auch von höchsten Vereinsstellen regelmäßig Töne zu vernehmen waren, die bestimmten Herkünften pauschal bestimmte Eigenschaften zuschrieben, passiert dies inzwischen individuell differenzierter. Es geht eher um die persönliche Sozialisation und die gegenwärtigen Bedürfnisse von Einzelnen, die pro-aktiv beachtet werden, damit sie sich wohler fühlen. Zufriedenheit und Menschenfreundlichkeit sind leistungssteigernd und funktionieren nicht allein durch die Fülle des Geldbeutels (vgl. Slomka und Dembowski 2010, S. 60 ff.). Eine offen autoritaristisch bzw. sozialdarwinistisch gelebte Ausdeutung *hegemonialer Männlichkeit* (vgl. Connell 2006) spielte im Leben der Aktiven bis in die 1990er Jahre noch eine identifikationsträchtigere, plakativere Rolle (vgl. Borowka und Raack 2012).

Andrei S. Markovits (2011) attestiert, „dass die Leistungen von Vertretern ethnischer und somit fast immer diskriminierter [...] Minoritäten auf dem Spielfeld [...] einen emanzipatorischen Charakter haben" (Markovits 2011, S. 36). Je mehr von ihnen „in den hegemonialen Sportkulturen existieren", so Markovits weiter, „desto akzeptierter werden deren Ethnien in der Gesellschaft schlechthin" (Markovits 2011, S. 37). Zugleich benennt er, dass akzeptiert zu sein aber nicht bedeuten muss, respektiert zu werden. Der Einkauf von Spielern jenseits deutscher Landesgrenzen sowie der landesinterne Aufstieg hybrider Identitäten im Profi- und DFB-Auswahlfußball bedeutet jedoch nicht blindlings eine tiefenstrukturelle Auflösung weiß-deutscher Dominanzkulturen im Profi- und Amateurfußball. Der Weg vom akzeptierten Fußballprofi, gar vom Publikumsliebling hin zum ‚Söldner' oder ‚scheiß Millionär' kann ein kurzer sein, besonders für Migrierte/PoC. Ein *konkreter Kosmopolitismus* kann bspw. nach individuellem Fehlverhalten eines Spielers oder schlechter Leistung des Teams seine Fragilität offenbaren. Häufig wandelt sich ein ‚Migrationshintergrund' dann deutlich zu einem Vordergrund, und das Wissen über Rassismus, ein auf ‚Stand-by' sich befindendes, rassifiziertes Wissensarchiv aktiviert sich (vgl. Terkessidis 2004). Unreflektiert werden Abweichungen in zunehmend subtiler Weise ethnisiert und exotisiert. Plötzlich zeugt ein überhartes

Foul eines Fußballers wieder von „südländischer Mentalität", während eine solche weißen Spielern in vergleichbaren Situationen nie unterstellt wird. In dieser Aufladung kann Effizienz wieder zu einem Herkunftsstigma gemacht werden, bestimmte Staatsbürger werden als Deutsche zweiten Grades markiert und somit als Subalterne positioniert (vgl. Dembowski und Bott 2006, S. 227; Dembowski 2010a, S. 33; Horeni 2012).

Wie schon zu Beginn der Verbreitung des Fußballs auf dem europäischen Kontinent, bezieht sich dieser ausfalzende Diskurs auf ein latentes, autoritaristisches Überlegenheitsdenken als *weißer Suprematie* (vgl. Wamper 2011, S. 84 f.; Arndt 2009; Eggers 2009). Mit einem Verhaltensrepertoire divers umschaltbarer, scheinmodernisierter Facetten von Maskulinitätserscheinungen (vgl. Bott und Dembowski 2006) bezeugt dies der Fußball auf dem grünen Rasen ebenso permanent wie der hegemonial männliche Kitt der Fanszenen (vgl. Dembowski 2011). Das soziale Umfeld des Fußballs lässt die Deutung zu, dass sich dort eine kleine Genealogie des „Deep Plays" (Clifford Geertz) der bürgerlich-gesellschaftlichen Verteilung von individuellen und institutionellen Machtverhältnissen zuträgt. Dies funktioniert ambivalent aufladbar – entgegengesetzte Richtungen können sich temporär und situativ verschränken: Während Profis privilegiert durch ihren sozialen und finanziellen Status individuell genauso wie die gesellschaftliche Außendarstellung Deutschlands symbolisch profitieren, findet eine soziale Inklusion von Migrierten/PoC noch längst nicht in gleich hohem Maße in den Amateurligen statt. Selbst diejenigen, die gestern noch als Deutschlands Helden gefeiert wurden, können morgen Gegenstand von rassifizierten Beschimpfungen werden. Der deutsche Nationalspieler Jérôme Boateng erkennt: „Wenn es gut läuft, liegt es an den deutschen Eigenschaften, wenn es schlecht läuft, sind es die ausländischen" (zit. nach Horeni 2012, S. 33).

Kaum war die WM 2006 in Deutschland vorbei, wurde Nationalspieler Gerald Asamoah im DFB-Pokal von Rostocker Fans rassistisch beschimpft. Besonders nach dem Ausscheiden Deutschlands bei der EM 2012 entlud sich die Verbitterung der Verlierer nicht zum ersten Mal massenhaft in einer öffentlichen Debatte um Migrierte/PoCs in der deutschen Elf, die nicht die Nationalhymne mitsingen wollten (vgl. Horeni 2012, S. 60 ff.). Nicht nur zahlreiche exponierte Internetforen mussten angesichts eines von *weißer Suprematie* zeugenden ‚Shitstorms' geschlossen werden. Auch Prominente, wie z. B. der DFB-Ehrenpräsident Gerhard Mayer-Vorfelder, stimmten in den irrationalen Kanon gegen nicht singende Migrierte/PoCs ein. Auf der ebenso banalen wie wirkungsmächtigen Ebene zeigte z. B. der rassistische Bestseller „Deutschland schafft sich ab" von Thilo Sarrazin und die diesbezogene medial-öffentliche Debatte um zu viele bzw. ‚sich nicht integrierende' Migrierte/PoCs, wie mit eben diesen verfahren werden kann, wenn das gemeinsame vierwöchige Jubeln für die DFB-Elf vorüber ist. Rund um die WM 2012 zeugte davon u. a. eine mediale und alltagspolitische Hetze gegen Griechenland, die Moralpanik um Salafiten oder religiös bedingte Beschneidung sowie der in *weißer Suprematie* bestechende Bestseller „Neukölln ist überall" von Heinz Buschkowsky. Auch das diskursiv wirkungsmächtige Live-Bild eines Nationalismus im Gewand des „Partyotismus" ist trügerisch (vgl. Dembowski 2009), wenn die Berichte über Ausschreitungen auf der Basis von aggressivem Nationalismus und Rassismen bei den internationalen Turnieren von FIFA und UEFA zwischen 2006 bis 2012 hinzugezogen werden.

3 Von sozialer Inklusion und Konflikten im Amateurfußball

Im Fußball lassen sich die *Syndrome gruppenbezogener Menschenfeindlichkeit* (vgl. Heitmeyer 2007) wie unter einem Brennglas nachvollziehen, genauso wie imaginäre Regeln einer Ellenbogengesellschaft. Diskriminierung, z. B. in Form von aggressivem Nationalismus, Rassismus, Antisemitismus, Antiziganismus, Disableismus oder auch Heterosexismus und Homophobie bilden sich auf der Folie des jeweils gegenwärtigen Standes von *hegemonialer Männlichkeit* und *weißer Suprematie* in offenen wie latenten Ausprägungen ab. Sie bieten einen beachtenswerten Seismograph für die gegenwärtigen gesellschaftlichen Verhältnisse. Der Fußball und seine Zuschauerkulturen sind somit auch Diskriminierungsabbilder und ihre Aussagen wirken wechselwirksam und z. T. verstärkend zu gesellschaftlichen Verhältnissen. Dies determiniert sich über eine schier unauflösbare soziale, postkolonial geprägte Konstruktion von ‚Wir' und ‚die Anderen' im Verbund mit dem Siegeszug des Gewinnens als symbolisch wirkungsmächtige Unterstreichung sozialer Machtverhältnisse. Den Blick über die vielleicht 20 bis 100 in jedem Bundesligastadion erkennbar offen rassistisch sich positionierenden, organisierten Neonazis hinaus zu richten, hin zu sich selbst und den gesellschaftlichen Verhältnissen, die immer wieder neue 20 bis 100 Neonazis pro Stadion produzieren werden, ist ein Schlüssel zur strukturellen Veränderung.

Wenn zahlreiche Prominente aus Sport und Politik bis hin zur Amateurtrainerin und zur Lokalpolitikerin den Fußball pauschalisierend als ‚Integrationsmotor' oder ‚Integrationsmaschine' hervorheben, basiert dies einerseits auf den zu verzeichnenden Fortschritten institutioneller Bemühungen, andererseits aber allzu häufig auf einer oberflächlichen, romantisierenden und so Distanz haltenden Sichtweise von unterschiedlichen Gruppen, die sich qua Ball auf dem Rasen verständigen. Nur schwer verbandsstrukturen- und medienwirksam darstellbar bleibt, wie soziale Inklusion wechselseitig in den ca. 80.000 Fußballspielen pro Wochenende im Detail verläuft und von Beteiligten womöglich als erfolgreich angesehen wird. Einer Verankerung davon als bleibende Wahrnehmung steht zusätzlich im Weg, dass ein kulturalistisch zuschreibendes Bild des bspw. ‚verspielten', ‚ballverliebten', ‚temperamentvollen', ‚heißblütigen' ‚Südländers', des infantilen Anderen weiterhin bereit gehalten wird (vgl. Ungruhe 2011, 2012). Hinzu suggeriert das Austragen von sich im gesellschaftlichen Alltag anstauenden Konflikten während eines sportlichen Aufeinandertreffens zweier Teams, dass Machtunterschiede zwischen Gruppen durchaus nah beieinanderliegen. Gäbe es größere Disparitäten, wären Konflikte in ihrer symbolischen und z. T. physischen Austragung nicht denkbar (vgl. Soeffner und Zifonun 2006).

Die über 500 Vereine, die einmal von Migrierten/PoC gegründet wurden, werden „selten als gelungene Beispiele für Integration und migrantische Selbstorganisation gesehen" (Gebken 2012, S. 189). Vereine, wie der 1978 gegründete Kreuzberger Verein Türkiyemspor Berlin werden nach wie vor „migrantisiert", wie es Robert Claus von der dortigen Presseabteilung bezeichnet. So etwas gilt nicht nur für moralpanische Anwandlungen diverser medialer Berichterstattungen, die als ‚anders' markierte Vereine bevorzugt dann in die Schlagzeilen befördern, wenn sie als Akteure physischer Gewalt oder weiterer Ereignisse mit Skandalisierungspotential benannt werden können. Es gilt auch für die dramatisierende Fokussierung, wenn Verbände marginale Kulminationspunkte wie Spielabbrüche hervorheben, die vornehmlich von „nicht-deutschen Spielern, meist türkischer oder kurdischer Herkunft, verursacht werden" (Gebken 2012, S. 189). Erfasst ist noch zu selten, dass Migrierte/PoC zuvor häufig angestachelt bzw. sich provoziert werden (vgl. Dembowski 2010b, S. 84). Hinzugezogen wird kaum, dass autochthone Weiße habituell auf ein sozial wirkungsmächtiges Dominanzsystem rekurrieren können, was diverse, auch aggressive Reaktionen bei Migrierten/PoC ‚triggern' kann. Schnell wird ein regionales Aufeinandertreffen zweier Teams symbolisch zu ‚die Deutschen' gegen ‚die Türken' überladen (vgl. Gebauer 1996). Dann wollen sich nicht nur ‚die Deutschen' behaupten, sondern auch ‚die Türken' mal zeigen, was in ihnen steckt.

Über eine fragwürdige Vermittlung von sozialem Wissen in einer ‚Parallelwelt' der Schützenvereine, der freiwilligen Feuerwehr oder anderen hegemonialen Männerbünden, z. B. in der Polizei (vgl. Behr 2008, S. 91 ff.), wird gemeinhin nicht berichtet. Im Kontext von Fehlleistungen des Verfassungsschutzes um die neonazistische Mordserie des sog. „Nationalsozialistischen Untergrunds" (NSU) wird nicht von einer ‚undurchdringbaren Parallelwelt' Deutscher gesprochen, die ‚noch immer nicht in dieser Gesellschaft angekommen' sind, weil sie womöglich in einem seltsamen Anfall von Ehre Mörder und Komplizen schützt. Wenn Mitglieder des Technischen Hilfswerks (THW) oder Studierende zusammen Fußball spielen, weil sie auch sonst ähnlichförmige Alltagserfahrungen teilen, wird nicht von Abschottung gesprochen. Niemand würde die Umbenennung eines Restaurants namens ‚Bella Italia' in ‚Schönes Hannover' oder den ‚Izmir Döner' in ‚Duisburger Geschnetzeltes' fordern, während das bei Fußballvereinen, die z. B. Hilalspor Stuttgart heißen, durchaus und sogar ideologisch aufgeladen passiert.[4]

„Dass die bisherigen Vereine schlecht auf die gesellschaftlichen Veränderungen durch Zuwanderung eingestellt waren" (Gebken 2012, S. 189), wird nicht betrachtet: „Sie knüpften nicht an die Lebenswelt der Menschen mit Migrationshintergrund an und boten nicht die nötige Offenheit. Viele Sportler und Sportlerinnen fühlten sich in ‚urdeutschen' Vereinen nicht wohl" (Gebken 2012, S. 189; vgl. Dembowski 2010b, S. 81), auch weil sie nicht als Individuen angenommen wurden. Dass Migrierte/PoC sich auch beim Fußball dann in ihrer Freizeit schlichtweg bevorzugt mit Menschen umgeben, die ähnliche soziale Erfahrungen haben, in diesem Fall z. B. auch in Bezug auf ihre Markierung in einer alltäglichen Dominanzkultur, wird skeptisch und als Abschottung betrachtet. Motive und Bedürfnisse werden lieber uniform ethnisiert, anstatt sie aus einer individuell erfahrenen und interpretierten sozialen Lebenswelt heraus zu verstehen. Dabei bestätigt Dariuš Zifonun am Fallbeispiel des FC Hochstätt Türksport auch für den Amateurfußball den individuellen Stil als signifikante Komponente und findet kein uniformes ‚ethnisches' Dach: „In Stilisierungen drückt sich weniger eine umfassende Gruppenzugehörigkeit und dauerhafte Gemeinschaft aus, als vielmehr eine von Individuen, die sich als einzelne verstehen, getragene Lebensweise und Lebenshaltung" (Zifonun 2008, S. 208; vgl. Zifonun 2008, S. 209; Stahl 2011, S. 274). Es ließe sich „legalistisch argumentieren", so Sylvester Stahl, „dass Migranten genauso wie andere Personen unabhängig von etwaigen Rückwirkungen die Freiheit genießen sollten, eigene Sportvereine zu betreiben und nach ihrem Willen auszugestalten" (Stahl 2011, S. 280). Dabei muss hinzugezogen werden, dass der Amateurfußball in Deutschland – zumindest in urbanen Ballungsräumen – erheblich getragen wird von Menschen, die als Migrierte/PoC immer wieder als ‚Andere' markiert werden und z. T. die ihnen zugewiesenen Stereotype reproduzieren (vgl. Dembowski 2010b, S. 88; Ungruhe 2012, S. 46 f.). „Die Macht, andere dazu zu bringen, sich als andere wahrzunehmen und zu erfahren (Stuart Hall)," so Paul Mecheril (2007, S. 221), „ist unter Bedingungen nicht totaler Herrschaft eine Herrschaftspraxis, die weit wirksamer ist, als jede empörende Untersagung und als jeder Zwang, der als ‚fremd' erlebt und als ‚unerhört' kommuniziert wird. Diese Macht des rassistischen Systems wirkt und entfaltet sich nicht so sehr von einem Zentrum aus (etwa den Rassisten, die Schwarze glauben machten, sie seien Andere), sondern muss als dezentriert und verstreut wirkende Macht verstanden werden, eher depersonalisiert und deintentionalisiert."

---

[4] Mit der Umbenennung von Hilalspor Stuttgart wurde die Absurdität sozialer Konstruktionen von „Fremdheit" offensichtlich: Als der Verein dann FC Stuttgart hieß, ‚trauten' sich erheblich mehr Menschen, ihre Kinder dort anzumelden (vgl. Dembowski 2010b, S. 84).

Interessant ist, dass Frank Kalter (2003) konträr zu den oft als gefährlich stilisierten sog. ‚Parallelgesellschaften' herausfindet, dass die strukturelle ‚Integration' im Ligensystem weit fortgeschritten ist. Es seien kaum Unterschiede von Migrierten/PoC zu Deutschen festzustellen, was sportliche Chancen angeht. Vereine wie der FC Hochstätt Türkspor sind „nicht nur systemisch und sozial integriert, darüber hinaus partizipieren sie an der normativen Anforderungs- und Aufforderungsstruktur moderner Gesellschaften" (Zifonun und Cındark 2004, S. 295; vgl. Stahl 2011, S. 274 f.). Dies kann insbesondere als sukzessiver Erfolg von Kämpfen migrantisierter Akteure und der mit ihnen Sympathisierenden gewertet werden.

4 Der weite Weg von ‚Integration' zu sozialer Inklusion

Dr. Theo Zwanziger, von 2006 bis 2012 alleiniger DFB-Präsident, sagte, der Fußball könne über die Freiwilligkeit seiner Teilnehmenden und seiner Popularität „eine hervorragende Grundlage für gelungene Integrationsverläufe legen – weit mehr als andere Bereiche des öffentlichen Lebens" (zit. nach Welt Online 2010). Und er signalisierte über sein Wirken im DFB die Erkenntnis, dass es nicht genügt, schlicht einen Ball in die bunte Menschenmenge zu werfen und das Spiel anzupfeifen.

Antrieb zur Umsetzung von ‚Integrationsmaßnahmen' im Hinblick auf den Elitebereich im Fußball wurden mit dem Millenium die Leistungsaspekte. Nach dem frühen Ausscheiden der deutschen Nationalelf bei der WM 1998 in Frankreich und dem dortigen Titelgewinn eines medial wie fachlich als „Multikulti"-Team gefeierten französischen Teams, setzte sich im DFB und über die zur Lizenzauflage gemachten Leistungszentren der Bundesligisten eine zeitgemäßere Jugendförderung durch, die verstärkter und gezielter auch auf migrantisierte Talente zugeht (vgl. Terkessidis et al. 2010, S. 284). Seit dem Jahr 2000 wird dieser Ansatz durch die Reform des Staatsbürgerschaftsrechts befördert, weil sich – insbesondere für eine Leistungselite – zusätzliche Einbürgerungsmöglichkeiten ergeben. Insgesamt bedeutet diese Entwicklung einen strukturellen Schub für den Talentkurs des DFB und ebenso für die Amateurförderung.

Überhaupt verlief die Geschichte des Integrationsbegriffes des DFB im weiten Sinne parallel zur regierungspolitischen Entwicklung. Erstmals verpflichtete sich der DFB auf seinem Bundestag 1981 dazu, „die Interessen zwischen Deutschen und ausländischen Mitgliedern ausgleichen" (DFB 1981, S. 13) zu wollen. Zwar ist nicht von (struktureller) Diskriminierung die Rede, dennoch sollen jene „geeigneten Maßnahmen [...] Vorurteile gegenüber ausländischen Mitarbeitern abbauen" (DFB 1981, S. 13). Der DFB verstand die Situation von Migrierten/PoC, auch was die Gründung eigener Vereine anging, als „Isolierung" und teilweise als Konkurrenz, die es schrittweise aufzulösen galt (vgl. DFB 1981, S. 12). Zum Ziel setzte man sich eine „notwendige soziale Eingliederung" in die Mitgliedsvereine des DFB: „Dabei sollte auf Sicht die Einzelmitgliedschaft des ausländischen Mitbürgers dominieren" (DFB 1981, S. 13). Auch „selbständige Vereine mit ausschließlich ausländischen Mitgliedern sollten auf Sicht in deutschen Vereinen aufgehen" (DFB 1981, S. 13).

Während der DFB insbesondere über sein erstes „Integrationskonzept" von 2008 inzwischen versucht ‚Integration' weitläufig nicht mehr mit Assimilation im Zeichen einer (weiß-) deutschen Dominanzgesellschaft gleichzusetzen und sie als gleichsame Annäherung sozusagen interaktiv passieren soll, verbleibt sie gesamtgesellschaftlich in einem „Akt der politischen Kontrolle, kulturellen Überprüfung und juristischen Zertifizierung" als „Zwang zur sekundären Sozialisation" (Kien Nghi Ha 2007, S. 115, 113), z. B. über Integrationskurse und den Einbürgerungstest, über das staatsbürgerschaftliche Optionsmodell nach dem Geburtsortprinzip und die faktische Abschaffung des Asylrechts. Hinzu puzzeln sich immer wieder o. g. rechtskonservative, populistische ‚Rollbacks', die allesamt auf ein ‚mehrheitsdeutsches' Überlegenheitsdenken zurückgreifen.

Während einerseits durchaus Fortschritte in einer Wandlung von ‚Wir' und ‚die Anderen' hin zu einer Wahrnehmung von Hybridität zu beobachten ist, bleiben Migrierte/PoC strukturell weiterhin „im Normalisierungs- und Regulationssystem des deutschen Gesetzgebers als defizitäre und deviante Objekte definiert" (Kien Nghi Ha 2007, S. 122). Im Angesicht eines historisch vernähten, wirkungsmächtigen ‚Integrations' diskurses in Deutschland und seiner darüber rassifizierten Aufladung ist allein deshalb der Begriff ‚Integration' als symbolisch verbrannt zu betrachten.

In der Praxis ist dennoch ist erkennbar, dass das umfangreiche DFB-„Integrationskonzept" von 2008 einen erheblich fortentwickelten Ausdruck der gesellschaftlichen Positionierung des Verbands markiert. Folgende Positionierung ist politisch eindeutig und benennt z. B. „Versäumnisse der Vergangenheit" (DFB 2011, S. 79) in Bezug auf soziale Inklusion in Deutschland: „Im Gegensatz zu der Meinung, dass der Integrationsprozess im Kern ein Assimilationsprozess ist, der in der zumindest weitgehenden oder sogar gänzlichen Übernahme der Kultur, der Lebensformen und Lebensweise der Aufnahmegesellschaft besteht, bekennt sich der DFB zu einem Integrationsverständnis auf der Basis kultureller Vielfalt" (DFB 2008). Darüber hinaus wird erkannt, „dass Integration nicht automatisch stattfindet und die Organisation des Sports die Selbst- und Fremdabgrenzung schlimmstenfalls sogar fördern kann" (DFB 2008). Im Nachschlagewerk „Integration A–Z" führt der DFB seine aktuelle Vision einer interaktiven ‚Integration' als fortlaufenden Prozess einer sozialen Inklusion aus, die auch in seinen Grundlagen erheblich mehr Spielraum für die Entfaltung der getroffenen Akteure lässt (vgl. DFB 2011, S 78 ff., 97).

Beispielhaft kann am DFB nachvollzogen werden, wie ein Verband damit ringt, über die erstmalige Etablierung einer ehrenamtlichen „Integrationsbeauftragten" als Aufsichtsratsmitglied (2006) und sein verbandsgeschichtlich erstes „Integrationskonzept" den eigenen progressiven Anspruch zur sozialen Inklusion und gegen (strukturelle) Diskriminierung über seine Regional- und Landesverbände mit dem Alltag der Vereine in Deutschland abzugleichen. Dass dies ein komplexer und langer Weg ist, zeigt sich nicht nur in den Beschränkungen und in der Krise des Ehrenamts, sondern auch in seinen Limitierungen gegenüber hauptamtlich qualifizierten Strukturen, genauso wie in den häufig fehlenden adäquaten Trainer/innenausbildungen und einem vielerseits verkürzten Bewusstsein für eine womöglich notwendige Finanzierung. Möglicherweise bricht sich die weiterhin ausgeprägt präsidial ausgerichtete, und somit stark personenabhängige, Struktur des DFB und seiner Verbände mit den föderal-partizipatorischen Ansprüchen realer Lebenswelten – und kann deshalb als handlungsgehemmt eingeschätzt werden. Es bleibt also abzuwarten, wie sich die seit der DFB-Periode unter Präsident Zwanziger medial weit besser platzierte, antidiskriminierende und sozial inkludierende Verbandshaltung, die nachfolgenden Aktionen, Kampagnen und strukturell eröffneten Voraussetzungen – vernetzt mit den entsprechenden Bestrebungen von anderen gesellschaftlichen Institutionen bzw. Akteuren – in den realen Alltag der Verbände hinein verstetigen werden.

Literatur

Arndt, S. (2009). Weißsein. Die verkannte Strukturkategorie Europas und Deutschlands. In M. M. Eggers, G. Kilomba, P. Piesche, & S. Arndt (Hrsg.), *Mythen, Masken, Subjekte. Kritische Weißseinsforschung in Deutschland* (2. Aufl., S. 24–28). Münster.

Arndt, S., & Ofuatey-Alazard, N. (Hrsg.) (2011). *Wie Rassismus aus Wörtern spricht. (K)erben des Kolonialismus im Wissensarchiv deutsche Sprache. Ein kritisches Nachschlagewerk*. Münster.

Behr, R. (2008). *Cop Culture - Der Alltag des Gewaltmonopols. Männlichkeit, Handlungsmuster und Kultur in der Polizei* (2. Aufl.). Wiesbaden.

Blecking, D. (2012). Der Motor der Modernisierung? Wie der moderne Sport nach Deutschland kam. In Heimatgeschichtsverein für Schönbuch und Gäu (Hrsg.), *Aus Schönbuch und Gäu*. Beilage der Kreiszeitung Böblinger Bote, 1. Heft, Böblingen.

Blecking, D., & Dembowski, G. (2010). Einleitung. In D. Blecking & G. Dembowski (Hrsg.), *Der Ball ist bunt. Fußball, Migration und die Vielfalt der Identitäten in Deutschland* (S. 14–19). Frankfurt a. M.

Beyer, B. (2010). Walther Bensemann - ein früher Kosmopolit. In D. Blecking & G. Dembowski (Hrsg.), *Der Ball ist bunt. Fußball, Migration und die Vielfalt der Identitäten in Deutschland* (S. 227–238). Frankfurt a. M.

Borowka, U., & Raack, A. (2012). *Volle Pulle. Mein Doppelleben als Fußballprofi und Alkoholiker*. Hamburg.

Claussen, D., & Blecking, D. (2010). Der konkrete Kosmopolitismus im Fußball des 21. Jahrhunderts. In D. Blecking & G. Dembowski (Hrsg.), *Der Ball ist bunt. Fußball, Migration und die Vielfalt der Identitäten in Deutschland* (S. 20–28). Frankfurt a. M.

Connell, R. W. (2006). *Der gemachte Mann. Konstruktion und Krise von Männlichkeiten* (3. Aufl.).Wiesbaden.

Dembowski, G. (2009). Wie weich ist Nationalismus im deutschen Fußball? In Projektgruppe Nationalismuskritik (Hrsg.), *Irrsinn der Normalität. Aspekte der Reartikulation des deutschen Nationalismus* (S. 182–204). Münster.

Dembowski, G. (2010a). Ballarbeit. Szenen aus Fußball und Migration im Profifußball. In D. Blecking & G. Dembowski (Hrsg.), *Der Ball ist bunt. Fußball, Migration und die Vielfalt der Identitäten in Deutschland* (S. 31–37). Frankfurt a. M.: Verlag.

Dembowski, G. (2010b). Ballfreiheit. Szenen aus Fußball und Migration im Amateurfußball. In D. Blecking & G. Dembowski (Hrsg.), *Der Ball ist bunt. Fußball, Migration und die Vielfalt der Identitäten in Deutschland* (S. 79–90). Frankfurt a. M.

Dembowski, G. (2011). „Ich hab' ja nichts gegen Schwule, aber…". Stichworte zur Modernisierung von hegemonialen Männlichkeiten im deutschen Fußball. In Faninitiative Innsbruck (Hrsg.), *Fußball ohne Vorurteile. Begleitband zur Ausstellung Tatort Stadion*. Innsbruck.

Dembowski, G., & Bott, D. (2006). Stichworte zu Fußball, Männlichkeit, deutschem Nationalismus und Herrschaft. In E. Kreisky & G. Spitaler (Hrsg.), *Arena der Männlichkeit. Über das Verhältnis von Fußball und Geschlecht* (S. 218–234). Frankfurt a. M.

Deutscher Fußball-Bund (DFB). (1981). *Niederschrift über den 30. ordentlichen Bundestag des DFB am 30. und 31.10.1981 in Gelsenkirchen*. Frankfurt a. M.

Deutscher Fußball-Bund (DFB). (2008). *Integrationskonzept des Deutschen Fußball-Bundes*. http://www.dfb.de/uploads/media/Integrationskonzept04-07-08.pdf. Zugegriffen: 20. Okt. 2012.

Deutscher Fußball-Bund (DFB). (2011). *Integration A-Z. 80 Begriffe zum gegenseitigen Verständnis*. http://www.dfb.de/fileadmin/user_upload/2011/05/DFB_Buch_Integration_A-Z.pdf. Zugegriffen: 17. Okt. 2012.

Eggers, M. M. (2009). Rassifizierte Machtdifferenz als Deutungsperspektive in der Kritischen Weißseinsforschung in Deutschland. In M. M. Eggers, G. Kilomba, P. Piesche, & S. Arndt (Hrsg.), *Mythen, Masken, Subjekte. Kritische Weißseinsforschung in Deutschland* (2. Aufl., S. 56–72). Münster.

Eggers, M. M., Kilomba, G., Piesche, P., & Arndt, S. (Hrsg.). (2009). *Mythen, Masken, Subjekte. Kritische Weißseinsforschung in Deutschland* (2. Aufl.). Münster.

Gebauer, G. (1996). Der Körper als Symbol für Ethnizität. In T. Alkemeyer & B. Bröskamp (Hrsg.), *Fremdheit und Rassismus im Sport. Tagung der svs-Sektion Sportphilosophie vom 9.-10.9.1994 in Berlin* (S. 81–85). St. Augustin.

Gebken, U. (2012). Vor Ort und auf dem Platz: Soziale Integration durch Fußball. *Forum Stadt. Vierteljahreszeitschrift für Stadtgeschichte, Stadtsoziologie, Denkmalpflege und Stadtentwicklung. Schwerpunkt: Stadt - Fußball - Stadion, 39*(2), 181–192.

Eisenberg, C. (1997). *Fußball, soccer, calcio. Ein englischer Sport auf seinem Weg um die Welt*. München.

Ha, K. N. (2007). Deutsche Integrationspolitik als koloniale Praxis. In Kien Nghi Ha, N. Lauré al-Samarai & S. Mysorekar (Hrsg.), *re/visionen. Postkoloniale Perspektiven von People of Color auf Rassismus, Kulturpolitik und Widerstand in Deutschland* (S. 113–128). Münster.

Halm, D. (2006). Sport als Mittel der interkulturellen Verständigung? In Heinrich-Böll-Stiftung (Hrsg.). *Fußball und Integration. Dossier* (S. 21–22). Berlin: Heinrich-Böll-Stiftung.

Heitmeyer, W. (2007). Gruppenbezogene Menschenfeindlichkeit. Ein Normaler Dauerzustand? In W. Heitmeyer (Hrsg.), *Deutsche Zustände. Folge 5* (S. 15–36). Frankfurt a. M.

Horeni, M. (2012). *Die Brüder Boateng. Eine deutsche Familiengeschichte*. Stuttgart.

Kalter, F. (2003). *Chancen, Fouls und Abseitsfallen. Migranten im deutschen Ligenfußball*. Wiesbaden.

Klein, G., & Meuser, M. (2008). Fußball, Politik, Vergemeinschaftung. Zur Einführung. In G. Klein & M. Meuser (Hrsg.), *Ernste Spiele. Zur politischen Soziologie des Fußballs* (S. 7–16). Bielefeld.

Lanfranchi, P., & Taylor, M. (2001). *Moving with the Ball. The Migration of Professional Footballers*. Oxford.

Lauré al-Samarai, N., & Mysorekar, S. (Hrsg.). (2007). *re/visionen. Postkoloniale Perspektiven von People of Color auf Rassismus, Kulturpolitik und Widerstand in Deutschland*. Münster.

Luks, L. (2012). Das Jahrhundert der Verwirklichung totalitärer Utopien und Lager. In D. Blecking & L. Peiffer (Hrsg.), *Sportler im „Jahrundert der Lager". Profiteure, Widerständler, Opfer* (S. 12–26). Göttingen.

Markovits, A. S. (2011). *Sport: Motor und Impulssystem für Emanzipation und Diskriminierung*. Wien.

Mecheril, P. (2007). Besehen, beschrieben, besprochen. Die blasse Uneigentlichkeit rassifizierter Anderer. In K. N. Ha, N. Lauré al-Samarai, & S. Mysorekar (Hrsg.), *re/visionen. Postkoloniale Perspektiven von People of Color auf Rassismus, Kulturpolitik und Widerstand in Deutschland* (S. 219–228). Münster.

Olson, J. (2004). *The Abolition of White Democracy*. Minneapolis/London.

Schulze-Marmeling, D. (2010). Am Anfang waren die Engländer. Zur Frühgeschichte des Fußballs in Deutschland. In D. Blecking & G. Dembowski (Hrsg.), *Der Ball ist bunt. Fußball, Migration und die Vielfalt der Identitäten* (S. 216–226). Frankfurt a. M.

Slomka, M., & Dembowski, G. (2010). Ethnisch gemischte Teams funktionieren besser. In D. Blecking & G. Dembowski (Hrsg.), *Der Ball ist bunt. Fußball, Migration und die Vielfalt der Identitäten in Deutschland* (S. 59–63). Frankfurt a. M.

Soeffner, H.-G., & Zifonun, D. (2006). Migranten im deutschen Vereinsfußball. In Heinrich Böll Stiftung (Hrsg.), *Fußball & Integration. Dossier* (S. 5–7). http://www.migration-boell.de/downloads/integration/Dossier_Fussball_und_Integration.pdf. Zugegriffen: 20. Okt. 2012.

Stahl, S. (2011). *Selbstorganisation von Migranten im deutschen Vereinssport. Eine soziologische Annäherung*. Potsdam.

Terkessidis, M. (2004). *Die Banalität des Rassismus. Migranten zweiter Generation entwickeln eine neue Perspektive*. Bielefeld.

Terkessidis, M., Dembowski, G., Rychlak, Y., & Blecking, D. (2010). Entdeutscht? Identität als Plastikwort. In D. Blecking & G. Dembowski (Hrsg.), *Der Ball ist bunt. Fußball, Migration und die Vielfalt der Identitäten in Deutschland* (S. 279–289). Frankfurt a. M.

Ungruhe, C. (2011). Anders bleiben. Auseinandersetzungen mit Migration und Integration afrikanischer Profifußballer in Deutschland. In H. Popp (Hrsg.), *Migration und Integration in Deutschland* (S. 95–105). Bayreuth.

Ungruhe, C. (2012). Die geborenen Sportler. Zur Konstruktion von Andersartigkeit afrikanischer Profifußballer in Deutschland. In A. Bischof, M. Busse, E. Currle, S. Lochner, & C. Ungruhe (Hrsg.), *Migration und Teilhabe auf dem Arbeitsmarkt: Genutzte Potentiale oder verschwendete Ressourcen? Arbeitspapiere aus der Verbundforschung (Forschungsverbund Migration und Wissen) 2* (S. 37–54). München.

Welt, O. (2010). *Den Sport noch stärker nutzen.* http://www.welt.de/print/wams/sport/article10190259/Den-Sport-noch-staerker-nutzen.html. Zugegriffen: 4. Mai 2013

Wamper, R. (2011). Revolutionary Art is a Returning from the Blind - Emory Douglas und die Black Panther Party (for Self-Defense). In M. Babias & F. Waldvogel (Hrsg.), *Freedom of Speech* (S. 81–91). Köln.

Zifonun, D. (2008). Das Migrantenmilieu des FC Hochstätt-Türkspor. In S. Neckel & H.-G. Soeffner (Hrsg.), *Mittendrin im Abseits. Ethnische Gruppenbeziehungen im lokalen Kontext* (S. 187–210). Wiesbaden.

Zifonun, D., & Cındark, İ. (2004). Segregation oder Integration? Die soziale Welt eines ‚türkischen' Fußballvereins in Mannheim. *Deutsche Sprache. Zeitschrift für Theorie, Praxis, Dokumentation, 32*(3), 270–289. (Sonderdruck)

Teil II
Perspektiven

Ein Steilpass in die Tiefe – von Integration zu Inklusion

Stefan Schache

1 „Bin ich integriert, weil ich Fußball spiele …?" – einleitende Gedanken

Der folgende Beitrag versucht einen zweiten Blick auf die konzeptuellen Grundgedanken der in diesem Band vorgestellten Projekte zu werfen – und zwar vor dem Hintergrund der gesellschaftlichen Diskussionen um Inklusion. Es soll die Frage aufgeworfen und mögliche Antworten aufgezeigt werden, inwieweit inklusive Forderungen Anschluss finden an Projekte, die Mädchen aus benachteiligten Strukturen anvisieren und sie durch den Fußball befähigen, ihr Leben selbstbewusster zu gestalten. Um die integrativen Potentiale der Projekte auch auf dem Fundament einer inklusiven Gesellschaft entfalten zu können, bedarf es eines weiteren Konstrukts: der Förderung der Selbstkompetenz.

Seit einigen Jahren gilt Fußball in der (Fach-) Öffentlichkeit als ein Integrationsmotor, als ein Anschubser und Impulsgeber, um soziale Grenzen, Mauern und Vorurteile zu überwinden. Im Fußball wird die Chance gesehen, durch die Bewegung an sich, durch das gemeinsame Spielen im Team oder durch die Begeisterung beim gemeinsamen Zuschauen und Mitfiebern, soziale Unterschiede als unwichtig erscheinen zu lassen – Herkunft, Religion oder sozialer Status scheinen ihre vermeintliche Relevanz beim Fußball einzubüßen, sie gelten nicht länger als Barriere oder Schranke zur gesellschaftlichen oder kulturellen Teilhabe.

Den Fußball als Integrationsmotor (vgl. Böhmer 2012) zu bezeichnen, Fußball als wie geschaffen für die Integration anzusehen (vgl. DFB 2012) oder weitreichender: Sport per se als Integration wahrzunehmen und Sport als gelebte Integration zu verstehen (vgl. Bach 2007) – all diese Formulierungen wirken eher plakativ und

S. Schache (✉)
Institut für Sport-und Bewegungswissenschaften, Universität Osnabrück, Jahnstr. 75, 49080 Osnabrück, Deutschland
E-Mail: stefan.schache@uni-osnabrück.de

vereinfachend, denn der ‚bloßen' (gemeinsamen) sportlichen Betätigung, dem Sich-Bewegen kann noch kein integratives Moment unterstellt werden. Ein bloßer „Kontakt führt nicht automatisch zu einer besseren Verständigung" (Gebken 2011, S. 4). Zugespitzt hinsichtlich der Heterogenitätsdimension „Herkunft" hat beispielsweise Pilz (2007) in einer Auswertung von Sportgerichtsurteilen des niedersächsischen Amateurfußballs festgestellt, dass zwei Drittel der Spielabbrüche von Spielern mit Migrationshintergrund, meist türkischer oder kurdischer Herkunft, verursacht werden und Tatbestände wie Rohes Spiel, Tätlichkeiten mit und ohne Verletzungen und Bedrohung deutlich häufiger von Spielern mit Migrationshintergrund begangen werden. Die Schlagworte des Integrationsmotors und der gelebten Integration scheinen dann arg fehl am Platz bzw. als Zynismus. In vielen Online-Veröffentlichungen ist genau dieser Argumentationsgang wiederzufinden, der freilich in dieser Form eher polemisiert und verkürzt, eine sachliche Debatte verunmöglicht, lediglich desintegrative Effekte verstärkt und von daher nicht das Wesentliche in den Fokus nimmt: Es bedarf eben konkreter Maßnahmen, die das integrative Potential des Fußballs erkennen und es zur Entfaltung bringen. Bezogen auf die Heterogenitätsdimensionen „Gender" und „sozialer Status" stellen die in diesem Band beschriebenen Projekte *Mädchen mittendrin*, *Kicking Girls* oder auch *Mick – Mädchen kicken mit* solch konkrete Maßnahmen dar, die es geschafft haben, gesellschaftliche Ausgrenzungen zu überwinden, soziale Interaktion und Autonomie zu fördern sowie das Zutrauen in die eigenen Fähigkeiten zu steigern und das Selbstkonzept zu stärken.

Es scheint nun allerdings angebracht zu sein, die in diesem Band vorgestellten Projekte konzeptuell in die gesellschaftlichen und insbesondere bildungspolitischen Entwicklungen einzubinden. Die Projekte sollen vor allem vor dem Hintergrund der Inklusion betrachtet werden. Mit der Ratifizierung der UN-Behindertenrechtskonvention (2009) haben es sich die unterzeichnenden Staaten – wie Deutschland – zur Aufgabe gemacht, allen Menschen die gleichen Chancen zur Teilhabe, zur Selbstbestimmung und zur Bildung zu gewährleisten. Eine inklusive Gesellschaft soll entstehen, die keinen ausschließt oder aufgrund bestimmter Merkmale diskriminiert. Es scheint gerade in diesem Zusammenhang produktiv, die Konzepte von Inklusion und Integration zu kontrastieren, um wesentliche Momente deutlich zu machen. Es wird zu fragen sein, wie bestimmte benachteiligte Zielgruppen in den Fokus genommen werden können, wenn doch inklusive Bemühungen den gleichberechtigten Zugang aller einfordern. Sind die Projekte, die sich über den Fußball der Mädchen annehmen, die in alten Mustern und Strukturen keine Berücksichtigung gefunden haben, mit inklusiven Gedanken zu versöhnen? Oder steht der konzeptuelle Grundgedanke der Projekte strukturell im Widerspruch zur Inklusion oder inklusiven Gesellschaft? Bedarf es vielleicht hier eines ‚Brückenkonzepts', das die integrativen Projekte mit inklusiven Visionen verbindet? Die Förderung des Selbstkonzepts könnte eine solche Brückenfunktion übernehmen.

2 „Komme ich dazu oder bin ich dabei ...?" – Integration und Inklusion in Abgrenzung

Im Allgemeinen wie auch im bildungssprachlichen Umgang werden Inklusion und Integration oft in einem Zug genannt, getrennt oder verbunden durch Spiegel- oder Schrägstriche. Das lässt den Eindruck entstehen, die Begriffe würden dasselbe umschreiben. Dazu hat sicherlich auch die Übersetzung der Dokumente der UN-Konvention beigetragen, die den Begriff „inclusion" fälschlicherweise mit „Integration" übersetzte (vgl. BUND 2008; Schumann 2009, S. 52). Neben den Konsequenzen des Übersetzungsfehlers für die bildungspolitische Gestaltung ist vor allem aber eine inhaltliche Verwässerung der Begriffe zu beobachten. Es soll im Folgenden eine grundlegende Klärung herbeigeführt werden, die den aktuellen gesellschaftlichen Diskurs widerspiegelt und die Relevanz deutlich macht, die der Begriff der Inklusion für die in diesem Band erwähnten Mädchen-Fußballprojekte hat. Das geschieht über einen kleinen Umweg der Segregation, und zwar sowohl im Zusammenhang mit Migrantenvereinen (des Sports) wie auch im Zusammenhang der Förderung von Menschen mit Behinderung (im Sport).

Die ersten Migrantenvereine verstanden sich als eine Anlaufstelle für Neuankömmlinge und die Pflege eigener Traditionen. Sie waren so etwas wie ein Schutzraum, eine Nische, in der ohne fremde Konventionen die ersten Begegnungen im ‚neuen Land' stattfinden konnten. Diese ethnischen Vereine hatten somit eine sozialisierende Funktion für viele junge Menschen und boten eine Chance der Teilhabe am Migrantenmilieu (vgl. Soeffner und Zifonum 2008, S. 144). Die Gründungen solcher Vereine können allerdings nicht nur auf den Wunsch nach Sicherheit und Geborgenheit zurückgeführt werden; sie weisen auch auf Umstände hin, die durch kulturelle und soziale Differenzen zwischen zugewanderter und einheimischer Bevölkerung hindeuten: Rituale, abweichendes Sportverständnis, Diskriminierung, Chancenungleichheit (vgl. Pilz 2008; Gebken 2011). Zwar wurde offiziell die Gründung eigenethnischer Sportvereine nicht als Integrationsunwilligkeit, sondern als selbstverständliches Recht anerkannt, das Ansehen solcher Migrantenvereine ist allerdings immer durch den Vorwurf der Abschottung und der Integrationsverweigerung geprägt (vgl. Gebken 2011).

Über die Institutionalisierung des (Kriegs-) Versehrtensports zum deutschen Behindertensport griffen ab der Mitte der 1970er Jahre integrative Ansätze und Ideen Raum, mit dem Ziel, Freizeitsportangebote für das gemeinsame Sporttreiben von Menschen mit und ohne Behinderung zu schaffen, um Berührungsängste abzubauen und soziale Integration voranzutreiben. Es sind daraufhin zahlreiche Projekte ins Leben gerufen und Ideen umgesetzt worden, die dem Grundgedanken des gemeinsamen Sporttreibens nachkamen. Allerdings ist die umfassende Teilhabe von Menschen mit Behinderung in die gesellschaftlichen Strukturen (des Sports) noch immer eine Herausforderung: Es gilt festzuhalten, dass „Segregation und Integration keine klar gegeneinander abzugrenzenden Phasen sind, sondern dass gegenwärtig beide parallel nebeneinander bestehen" (Radtke 2011, S. 2). Gleiches trifft auch auf die schulische Förderung und Bildung von Kindern, Jugendlichen und Erwachsenen mit Behinderung zu.

Die Bedingungen, Muster und Strukturen, die eine chancengleiche Teilhabe von Menschen mit besonderen Bedürfnissen ver- und behindern, werden durch die UN-Behindertenrechtskonvention, die 2009 in Deutschland ratifiziert wurde und insgesamt von mehr als 150 Ländern unterschrieben worden ist, angeprangert: Sie möchte Exklusion beseitigen, die durch negative Einstellungen und mangelnde Berücksichtigung von Vielfalt in ökonomischen Voraussetzungen, sozialer Zugehörigkeit, Ethnizität, Sprache, Religion, Geschlecht, sexueller Orientierung und Fähigkeiten entsteht (vgl. Burnett 2010). Inklusion und die inklusive Pädagogik (oder auch Pädagogik der Vielfalt) erheben den Anspruch, eine Antwort auf die komplette Vielfalt aller zu sein: sie treten ein für das Recht aller, unabhängig von ihren Fähigkeiten oder Beeinträchtigungen sowie von ihrer ethnischen, kulturellen oder sozialen Herkunft miteinander und voneinander zu lernen – ob in der Schule, im Verein oder in anderen Institutionen und Organisationen. Kein Kind oder Jugendlicher, kein Mensch soll ausgesondert werden, weil er den Anforderungen der bestehenden Gesellschaft nicht entsprechen kann. Im Gegensatz zur Integration will Inklusion nicht die Menschen den Bedingungen der Institutionen und Organisationen anpassen, sondern deren Rahmenbedingungen an den Bedürfnissen und Besonderheiten der Menschen ausrichten (vgl. Schumann 2009, S. 51). Die Vielfalt und Heterogenität der Menschen sind nicht als Problem zu bewerten, welches gelöst oder überwunden werden muss; die Vielfalt wird als Chance für das gemeinsame Lernen und Leben begriffen. Dahinter steht ein gravierender Perspektiv- und auch Paradigmenwechsel: Als Reaktion auf die Verschiedenartigkeit der Menschen müssen die Strukturen und Sichtweisen so verändert werden, dass jedes Individuum die notwendige Hilfe und Unterstützung erfährt, die es aufgrund seiner individuellen Voraussetzungen zur Teilhabe am gesellschaftlichen Leben benötigt (vgl. Doll-Tepper und Schmidt-Gotz 2008, S. 363).

Im Unterschied zur Inklusion unterscheidet die Integration also zwischen Menschen mit und Menschen ohne besondere Bedürfnisse und sucht die Wiedereingliederung der ‚aussortierten', irgendwie stigmatisierten, ‚gelabelten' Menschen zu verwirklichen: Menschen mit Behinderung, Menschen mit Migrationshintergrund, Menschen mit geringem sozioökonomischen Status, Menschen, die in irgendeiner Art von der Mainstreamgesellschaft abweichen. Den Ausgangspunkt bildet also die Teilung in zwei (oder mehrere) Gruppen. Integrative Bemühungen überwinden diese Grenzen zwischen Gruppen nicht, sie bestätigen und bekräftigen sie durch ihre Bemühungen selbst. In integrativen Prozessen werden Menschen (aus sozialen Randgruppen) in ein bestehendes System aufgenommen, welches ursprünglich nicht analog ihrer Bedürfnisse konzipiert worden und gewachsen ist. So sind diese Menschen selbst aufgerufen, sich aus eigener Kraft an das bestehende System mit seinen kulturellen Standards anzupassen (vgl. Radtke 2011).

Es wird deutlich, dass ein inklusiver Ansatz weniger einen Anpassungsprozess auf individueller Ebene als vielmehr einen Veränderungsprozess auf institutioneller Ebene einfordert. Die Frage, wie Angebote – beispielsweise im Breiten-, Schul- oder auch Spitzensport – gestaltet werden müssen, um die Teilhabe aller Mitglieder einer heterogenen Gesellschaft mit all ihren vielfältigen sozialen Merkmalen zu ermöglichen, drängt sich somit in den Vordergrund. Der Anspruch, dass jeder in der Lage ist – oder in die Lage versetzt werden muss –, seine Potentiale entfalten zu können, ist universal und gilt unabhängig von irgendwelchen Merkmalen. Der Begriff der Inklusion steht für diesen Anspruch. In den Ausführungen wird aber auch deutlich, dass er erhebliche visionäre Anteile in sich birgt – oft wird von der Vision Inklusion gesprochen. Wenn weitere Definitionen und Beschreibungen von Inklusion herangezogen werden, wird dies noch ersichtlicher: Mit unterschiedlichen Akzentuierungen und Schlüsselbegriffen wird versucht, dem komplexen Gegenstandsbereich der Inklusion näherzukommen. Komplex erscheint der Bereich der Inklusion deshalb, weil er zum einen zum „inflationären Alltagsbegriff mit unscharfen Konturen und mehrdeutigem Inhalt" (Wocken 2011, S. 2) geworden ist, zum anderen, weil er schwer zu konkretisieren, aber offenbar noch schwerer zu operationalisieren ist. Das wird deutlich, wenn andere Umschreibungen und weitere Ausführungen von Inklusion hinzugezogen werden. Dort ist dann die Rede von „included identity" und „inklusive Kultur" (Theunissen 2006), von der „Kultur der Achtsamkeit" (Dt. Bischofskonferenz 2003), von der „Stärkung des Zugehörigkeitsgefühls" (BUND 2008) oder von einer „Vision einer Gesellschaft", in der Inklusion gegen die schleichende Entwürdigung des Andersseins ankämpft (Lob-Hüdepohl 2006). Da Inklusion eine so umfassend zugewandte Sicht auf den Menschen einfordert und ganze Gesellschaftsbereiche betrifft, beansprucht sie auch ein breites Spektrum an Veränderungen. Veränderungen, die offenbar nicht leicht einzuleiten oder umzusetzen sind.

Es stellt sich also die Frage, wie man den Forderungen und Ansprüchen inklusiver Gesellschaftssysteme (wie beispielsweise formaler und non-formaler Bildung) gerecht werden kann, wie die Teilhabe aller realisiert werden kann? Im Sinne einer inklusiven (Bildungs-) Landschaft auf der Grundlage von Vielfalt als Normalität dürfte es keine segregierenden Angebote geben. Es würde der grundlegenden Annahme der Inklusion widersprechen, für besondere Zielgruppen ein besonderes Angebot zu kreieren, damit diese in ein bestehendes System integriert werden können. Dabei würde das Individuum mit seinen besonderen Merkmalen in den Vordergrund rücken, es würden Veränderungen auf Seiten des Individuums erwartet und die Strukturen und Sichtweisen der Mehrheitsgesellschaft blieben dieselben. In der Konsequenz einer inklusiven Kultur und Gesellschaft müsste es nicht notwendig sein, Schutzräume einzurichten, in denen spezifische Angebote für benachteiligte Gruppen angeboten werden. In einer inklusiven Sport- und Lebenskultur dürfte es überflüssig sein, Mädchen aus benachteiligten Verhältnissen gesonderte Fußballangebote zu unterbreiten, sie zu Gruppenleiterinnen und Trainerinnen auszubilden, um sie in ein System zu integrieren, das sich seinerseits nicht verändert und entwickelt.

Das Visionäre oder zurzeit Unrealistische dieser Bedingungen wird im Konjunktiv deutlich. Die Gesellschaft ist noch weit davon entfernt, im Kern eine inklusive zu werden. Daher sind derzeit die Bemühungen der Fußballprojekte vielleicht an der richtigen Stelle und vielleicht am richtigen Ort. Vielleicht ist es gerade richtig und angebracht, weiterhin von ‚sozialer Integration' in diesem Kontext zu sprechen – es scheint aber auch angebracht und richtig zu sein, die Perspektive und Entwicklungsrichtung der Projekte auszuformulieren und damit die Potentiale der Projekte für Inklusion weiterzuentwickeln. Es wäre in der jetzigen gesellschaftlichen und bildungspolitischen Situation zu wenig und unzulässig, weiterhin die Aufnahme sozialer Randgruppen in das bestehende System als Zielvorgabe zu vertreten. Das Ziel muss Inklusion sein – das wird nicht nur im Rechtsanspruch aller deutlich. Das Erreichen des Ziels kann aber nicht in der Umetikettierung derselben Maßnahmen liegen – aus integrativen werden inklusive Angebote. Da muss Wocken (2011) recht gegeben werden, wenn er festhält: „Nicht überall, wo Inklusion draufsteht, ist auch Inklusion drin" (Wocken 2011 S. 2). Daher muss deutlich werden, inwieweit die erfolgreichen Bemühungen der Fußballprojekte auch mit den aktuellen Forderungen der Inklusion vereint werden können. Es muss – u. a. theoretisch konsistent – erkennbar werden, dass die Projekte unter dem Begriff der sozialen Integration zur Entwicklung einer inklusiven Landschaft beitragen und sie nicht – wie der Begriff der Integration es nahelegt – behindern. Mit dem Konzept der Selbstkompetenzförderung und der Annahme, dass eine inklusive Gesellschaft und Bildungslandschaft nicht gepflanzt und eingeführt werden kann, sondern nur allmählich wachsen kann (vgl. Schache 2011), ist es möglich, die Projekte, deren

Ergebnisse in diesem Band beschrieben sind, in den Diskurs und „Dunstkreis" der Inklusion zu überführen.

3 „Ja, das kann ich ganz gut …!" – die Förderung der Selbstkompetenz

Die Selbstkompetenz kann als eine von vier Kompetenzen verstanden werden, die gemeinsam die Lernkompetenz bilden: Selbstkompetenz, Sachkompetenz, Methodenkompetenz und Sozialkompetenz führen zur Lernkompetenz. Das lebenslange Lernen wird in dieser Betrachtung in den Vordergrund geschoben und überlagert die überholte, aber noch anzutreffende Vorstellung von der Aufgabe der Bildung und Erziehung, einen festen Wissenskorpus zu übermitteln. Vielmehr werden nun die Möglichkeiten zur gesellschaftlichen Teilhabe als Ziel von Bildung und Erziehung wie auch die Stärkung der Persönlichkeit betont(vgl. Czerwanski et al. 2004). Mit der Stärkung der Persönlichkeit rückt aber v. a. eine Kompetenz in den Fokus, da diese Regulations- und Integrationsaufgaben übernimmt, die grundlegend für alle weiteren Kompetenzen sind: die Selbstkompetenz.

Selbstkompetenz wird im psychologischen Diskurs als ein Bündel von Einzelkompetenzen aufgefasst, die für die Entwicklung der Persönlichkeit und für Lernen im weitesten Sinne wichtig sind. „Zu diesen persönlichen Kompetenzen gehören zum Beispiel die Fähigkeit, sich selbst zu motivieren sowie die Fähigkeit, mit Misserfolgen umzugehen. Bei diesen Kompetenzen geht es im Kern darum, mit eigenen Gefühlen umgehen zu können, man spricht auch von Affekt-, bzw. Selbstregulation" (Künne und Sauerhering 2011, S. 6). Die Regulation von Emotionen liegt also vielfältigen Einzelkompetenzen wie Selbstmotivierung oder Selbstberuhigung zugrunde. Dabei spielt neben einer analytischen ‚Schritt-für-Schritt-Logik', die sequentiell und nacheinander Einzelheiten wahrnimmt und verarbeitet, die parallele Verarbeitung des Selbst eine große Rolle (vgl. Kuhl 2001). Die Unterscheidung zwischen dem ‚Ich', das klare Ziele verfolgt, logische Schlüsse zieht und die Aufmerksamkeit fokussiert, und dem ‚Selbst', welches als großer Speicher von Erfahrungen, Wünschen, Bedürfnisse, Vorlieben, Sorgen und vieles Weitere begriffen wird, ist wichtig, weil sie Funktionsmerkmale beschreibt, die für eine Förderung der Selbstkompetenz richtungsweisende Implikationen enthält (vgl. Schache und Künne 2012. Die parallele Verarbeitung des Selbst ermöglicht die Berücksichtigung vieler Informationen, die das Handeln und Entscheiden derart bestimmen, dass es auch unterschiedlichen Bedürfnissen, Werten und Fähigkeiten gerecht werden kann (vgl. Künne und Sauerhering 2011).

Künne und Sauerhering (2011) haben auf der Grundlage psychologischer und pädagogischer Diskurse sieben Bestandteile der Selbstkompetenz extrahiert, die im Folgenden kurz wiedergegeben werden sollen: Grundlegend scheint als erstes eine Basis der Grundsicherheit zu sein, ein Gefühl des Vertrauens in sich und in die Welt. Mit diesem sogenannten Urvertrauen kann ein Kind sich die Welt erschließen: Ein ganzer Raum von unzähligen Möglichkeiten steht zur Erkundung bereit. Weiter wird die Fähigkeit der Selbstwahrnehmung genannt, die es dem Kind ermöglicht, seine eigenen inneren Zustände wahrzunehmen: Wie fühle ich mich, was brauche ich oder was brauche ich nicht mehr (vgl. Kuhl 2001)? Mit dem weiteren Bestandteil des emotionalen Selbstausdrucks kann das Kind seinen emotionalen Zustand mimisch, gestisch und körperlich einem Gegenüber mitteilen. Aus den Reaktionen der Umwelt bekommt das Kind Rückmeldungen, es lernt so seine Gefühle und emotionalen Zustände zu differenzieren und beginnt sie zu regulieren. Im Verlauf der Entwicklung kommen die Bestandteile der Selbstmotivierung und der Selbstberuhigung hinzu. Die Regulation von Gefühlen und emotionalen Zuständen gelingt somit immer autonomer. Das Kind kann sich auch bei schwierigen Aufgaben in eine gute innere Stimmung versetzen, sich also motivieren, eine Aufgabe zu beginnen; das Kind kann sich selbst innerlich und äußerlich beruhigen und das Spannungsniveau regulieren, um handlungsfähig zu bleiben. Als sechsten Bestandteil nennen Künne und Sauerhering (2011) die ganzheitliche Aufnahme von Rückmeldungen. Damit wird die Speicherung von Rückmeldungen im Selbst angesprochen, die damit als „Gesamtpaket" (Künne und Sauerhering 2011, S. 8) aus Gefühlen, Körpersignalen und Situationseindrücken bestehen. Es werden beispielsweise keine einfachen, verkürzenden verbalen Aussagen gespeichert, sondern ein komplexes Feld von Feedbacks, die erst gemeinsam nachhaltig wirken können. Als letzter Bereich ist die integrative Kompetenz des Selbst zu nennen, welche es ermöglicht, Widersprüche auszuhalten und zu einem Ganzen zu integrieren. Erst mit fortschreitender Entwicklung entsteht diese integrative Kompetenz des Selbst und ermöglicht, unterschiedliche Situationen, Tagesformen, verschiedene Auslöser für Stimmungen etc. unter einem Dach abzustimmen. Dadurch gelingt es dem Kind, „sich bestmöglich in seiner Umwelt zu bewegen und dabei sowohl die eigenen Möglichkeiten wie auch die Erwartungen und Bedürfnisse der Menschen in seinem sozialen und kulturellen Umfeld zu berücksichtigen" (Künne und Sauerhering 2011, S. 9).

Um all diese Einzelkompetenzen oder genannten Bestandteile der Selbstkompetenz explizit ansprechen bzw. fördern zu können, bedarf es bestimmter Qualitäten oder eben auch Kompetenzen auf Seiten der Pädagogen, Förderer, Erzieher, Trainer oder Ausbilder. Es müssen für eine Förderung der Selbstkompetenz Bedingungen geschaffen werden, die die Kinder und Jugendlichen anregen, ihre Potentiale zu entfalten und entfalten zu wollen. Die Aufgaben und Inhalte sollten so gestaltet sein, dass sie herausfordern, dass sie anregen und zur Bewältigung einladen. Das kann aber nur geschehen, wenn eine vertrauensvolle Atmosphäre oder Lernkultur vorherrscht, die v. a. durch die Pädagogen und Trainerinnen aufgebaut werden kann. Die Beziehungsgestaltung legt dabei den Grundstein. Durch eine wertschätzende, offene und authentische Haltung können pädagogische Interaktionen initiiert und Situationen hergestellt werden, die erfolgreiches Lernen bedingen und so förderlich wirken (vgl. Schache und Künne 2012). Ein unmittelbarer, echter Kontakt zwischen Pädagogen/Trainern und dem Kind oder Jugendlichen ist eine Voraussetzung für eine gelingende Förderung. Auf dieser Basis können Fördersituationen, Übungen und Spiele angeboten werden, die die Selbsttätigkeit der Kinder und Jugendlichen ansprechen und herausfordern. Nur so kann Selbstwirksamkeit erfahren werden, die als grundlegende Komponente zur Entwicklung eines positiven Selbstkonzepts gilt (vgl. Zimmer 2011). Die Kinder und Jugendlichen müssen die Handlungen und Ergebnisse als von ihnen selbst erwirkt wahrnehmen. Das Ergebnis muss auf das eigene Bemühen zurückgeführt werden, so dass die Grundüberzeugung entstehen und wachsen kann, dass sie etwas in der Welt bewirken können. Das Selbstkonzept kann dabei als verbale, explizite oder bewusste Ansammlung all jener Fähig- und Fertigkeiten verstanden werden, von denen ein Kind oder ein Jugendlicher meint, diese würden es/ihn ausmachen. Es ist dabei wichtig, dass sich ein realistisches Selbstkonzept und -bild entwickelt. Nicht nur all jene Qualitäten des Könnens und Gekonnt-Habens sollen hier versammelt sein; auch ein „das kann ich (noch) nicht so gut" ist wertvoll, da es im sozialen Vergleich zu einer realistischen Einschätzung seiner selbst führt – und so eine dem Selbst gemäße Rolle eingenommen werden kann. Selbstkompetenz heißt nicht, dass ich alles kann und beherrsche, dass ich alle Aufgaben erledige und alle Situationen meistere; selbstkompetent meint die Fähigkeit, Emotionen regulieren zu können, sich Handlungsoptionen eröffnen zu können, Kreativität zu entwickeln, seine eigenen Potentiale entfalten zu können – in anderen Diskursen wird in diesem Sinne von einem Mir-Gemäßen oder dem eigenen, individuellen Maß gesprochen (vgl. Gadamer 1994).

4 „Das ist doch selbstverständlich …!" – den Boden für eine inklusive Gesellschaft bereiten

Gesellschaftliche Ausgrenzungen überwinden, soziale Interaktion und Autonomie fördern sowie das Zutrauen in die eigenen Fähigkeiten steigern und das Selbstkonzept stärken (s. o.) – das alles sind nicht nur Ziele, die den Mädchen-Fußballprojekten unterstellt werden können, es sind auch Forderungen, die von einer inklusiven

Gesellschaft gestellt werden – allerdings müsste es dann heißen: gesellschaftliche Ausgrenzungen überwunden haben. Aber der Weg bis zu einer inklusiven Gesellschaft ist noch ein langer. Bis eine inklusive Kultur (s. o.) vorherrscht, bedarf es noch einiger Anstrengungen, Entwicklungen und Veränderungen – v. a. wenn davon ausgegangen werden muss, dass eine Kultur nicht hergestellt oder gar implementiert werden kann (vgl. Schache 2011): Denn Kultur wird in ganz unterschiedlichen Bereichen immer als etwas historisch gewachsenes betrachtet, als kollektives Phänomen, das emotional gefärbt und implizit ist (vgl. Schein 1984). Eine Kultur sorgt für Komplexitätsreduktion, für Stabilität und Ordnung und damit für Sicherheit, Schutz, Verlässlichkeit und Zuversicht – allesamt Qualitäten, die es zu erhalten lohnt. Sie gibt Orientierungspunkte vor, die im alltäglichen Tun Entlastung bieten und Handlungssicherheit vermitteln. Eine Kultur ist eine Möglichkeit, die Wirklichkeit zu sehen – eine bestimmte Konstruktion, die als Legitimations- oder Interpretationsfolie verstanden werden kann (vgl. Franzpötter 1997). Wie kann also eine solche Konstruktion, ein solches Phänomen wachsen, wenn es schon nicht herstellbar oder implementierbar ist?

Weiter oben wurde beschrieben, dass es darauf ankäme, Strukturen so zu verändern, dass alle Menschen die gleiche Chance der Teilhabe erhielten und so eine inklusive Kultur entstehen könne. Inklusion fordere keinen Anpassungsprozess auf individueller Ebene ein, sondern einen Veränderungsprozess auf institutioneller, struktureller Ebene. Diese müsse für Bedingungen sorgen, die eine Entwicklung in Richtung Inklusion begünstigen. Im gleichen Atemzug wird neben der Veränderung der Strukturen die Veränderung der eigenen Sichtweisen genannt. Unter Artikel 8 der der UN-Konvention findet die Bewusstseinsbildung Erwähnung, deren Ziel im Abbau von Vorurteilen und in einer respektvollen Einstellung gegenüber Menschen mit Behinderung oder eben aus sozialen Randgruppen liegt. Was bedeutet aber die Veränderung einer Sichtweise oder das Bemühen um den Abbau von Vorurteilen? Welcher Fähigkeiten oder Kompetenzen bedarf es, um sich seiner Vorurteile bewusst zu werden, um seine eigene Sichtweise explizieren und hinterfragen zu können?

Eine Sichtweise ist im engeren Sinn die subjektive Ansicht und Einstellung zu Zuständen, Ereignissen oder anderen Personen und ihre wesentliche Aufgabe besteht darin, zu bewerten oder zu beurteilen. Sie sagt aus, wie jemand etwas sieht – konstruktivistisch: wie jemand seine Wirklichkeit konstruiert. Eine Sichtweise entsteht auf der Basis der eigenen Erfahrungen und des eigenen Wissens vor dem Hintergrund der eigenen gesellschaftlichen Umgebung und der dazugehörigen Deutungsmuster. Sie ist somit immer ein von gesellschaftlichen Gültigkeiten geprägter individuell gebildeter Standpunkt, der nicht immer bewusst ist. Fragt man jemanden nach seiner Sichtweise auf bestimmte Dinge oder nach seiner Haltung zu bestimmten Vorkommnissen, so ist zumeist eine anfängliche Verlegenheit zu beobachten. Auf den impliziten Anteil der Sichtweise ist nicht problemlos zuzugreifen. Das liegt v. a. daran, dass sie aus eigenen Erfahrungen und Wissen speist, mit gesellschaftlichen Konventionen und Deutungsmustern verwoben wird und somit im Selbst (s. o.) gespeichert wird. Die Explikation der eigenen Sichtweise muss sozusagen das Ich übernehmen und die ganzheitlichen, integrativen Inhalte des Selbst übersetzen. Es kommt also darauf an, die im Selbst verankerte Sichtweise oder Haltung gegenüber bestimmten Zuständen, Ereignissen oder anderen Personen zu hinterfragen und sie auf ihre ‚Kompatibilität' mit inklusiven Forderungen und Annahmen zu überprüfen. Erst wenn ich selbst in der Lage bin, meine bisherigen Einstellungen und Sichtweisen gegenüber benachteiligten oder ausgegrenzten Menschen zur Disposition zu stellen, bin ich imstande, diese auch zu ändern. Das bedarf nicht immer einer bewussten oder intentionalen Handlung, manchmal ist es auch nur ein Schlüsselereignis, das meine bisherigen Ansichten und grundlegenden Einstellungen im Kern verändert. Es wird aber deutlich, dass ein Lernen auch immer ein Verlernen impliziert, dass ein Gewinn einer neuen Sichtweise auch einen Verlust einer alten beinhaltet. Verlernen und Verlust ist immer mit einer Handlungsunsicherheit verbunden, mit einem Verlieren der sicher geglaubten Orientierungspunkte. Wer kann aber diese Unsicherheiten aushalten? Wer ist imstande, Perspektiven zu erweitern? Wer kann sich dem Fremden öffnen und Unbehagen aushalten?

Neue Strukturen zu schaffen, die keinen ausschließen und die Teilhabe aller gewährleisten, ist die eine Seite der Inklusion; die andere ist die Veränderung bzw. Sensibilisierung der eigenen Sichtweise, die bei jedem Einzelnen beginnen und vollzogen werden muss – will man die Vision der Inklusion der Realisierung ein Stück näherbringen. Aber nur selbstkompetente Einzelne sind dazu in der Lage. Die Konzeptionen und Ziele der Mädchen-Fußballprojekte sollen hier nicht auf die einzelnen Bestandteile und Einzelkompetenzen abgeklopft werden. Es reicht in diesem Zusammenhang festzuhalten, dass die Stärkung der Persönlichkeit, die Förderung der Selbstkompetenz, eine Brückenfunktion übernimmt: von der sozialen Integration benachteiligter Zielgruppen hin zu einer inklusiven Kultur und Gesellschaft, die strukturell und ideell die Teilhabechance aller gleichberechtigt ermöglicht. Es bedarf eben selbstkompetenter Mädchen, wenn Inklusion nicht nur eine Vision bleiben, sondern allmählich Realität werden soll. Inklusion kann nur mit selbstkompetenten Menschen gelebt werden, die auf der Basis eines gefestigten Selbstbilds Unsicherheiten klären, Widersprüche versöhnen und aushalten können und offen sind gegenüber Neuem. Die Mädchen, die begeistert Fußball spielen, die Techniken und Taktik lustvoll lernen, die selbständig die Fußball-AGs in den Schulen leiten, die als Übungsleiter und Trainer in Vereinen tätig sind und die sich kompetent um die Bedürfnisse ihrer fußballbegeisterten Kinder kümmern, sind das beste Beispiel. Die in diesem Buch beschriebenen Projekte der sozialen Integration markieren einen Anfang. Über die Förderung der Selbstkompetenz wird eine Grundlage geschaffen, auf der Inklusion und inklusive Gedanken wachsen können. Mit dieser Basis sind dann strukturelle Veränderungen anzuvisieren, die eine beabsichtigte Integration obsolet erscheinen lassen und damit inklusiv ausgerichtet sind.

Literatur

Bach, T. (2007). Impulsreferat zum Kongress „Integration durch Sport". In S. Landeshaupt (Hrsg.), *Dokumentation des Internationalen Kongresses am 22. und 23. Januar 2007* (S. 25–27). Ort: Verlag.

Böhmer, M. (2012). *Gelebte Integration im Verein.* http://www.bundesregierung.de/Content/DE/Artikel/IB/Artikel/Themen/Gesellschaft/Sport/2012-06-15-fussballprojekte.html. Zugegriffen: 01. Juni 2012.

Bundesrepublik Deutschland (BUND). (2008). Gesetz zu dem Übereinkommen der Vereinten Nationen vom 13. Dezember 2006 über die Rechte von Menschen mit Behinderungen vom 21.12.2008. In Bundesgesetzblatt (II) 35.

Burnett, N. (2010). Vorwort. In Deutsche UNESCO-Kommission e. V. (DUK) (Hrsg.), *Inklusion. Leitlinien für die Bildungspolitik* (2. Aufl.). Bonn: Deutsche UNESCO-Kommision e.V.

Czerwanski, A., Solzbacher, C., & Vollstädt, W. (Hrsg.). (2004). *Förderung von Lernkompetenz in der Schule. Bd. 2: Praxisbeispiele und Materialien.* Gütersloh: Verlag Bertelsmann Stiftung.

Deutsche Bischofskonferenz. (Hrsg.) (2003). unBehindert Leben und Glauben. Wort der deutschen Bischöfe zur Situation der Menschen mit Behinderungen. *Die Deutschen Bischöfe 70.* Bonn.

Deutscher Fußball-Bund (DFB). (2012). *Integration ist Teilhabe.* http://www.dfb.de/index.php?id=501909. Zugegriffen: 01. Juni 2012.

Doll-Tepper, G., & Schmidt-Gotz, E. (2008). Inklusiver Sportunterricht -Zum gemeinsamen Unterricht von Kindern mit und ohne Behinderung in der Grundschule. In W. Schmidt, R. Zimmer, & K. Völker (Hrsg.), *Zweiter Deutscher Kinder- und Jugendsportbericht. Schwerpunkt: Kinder.* Schorndorf: Hofmann.

Gebken, U. (2011). *Migrantenvereine – stigmatisieren oder wertschätzen?* http://www.integration-durch-sport.de. Zugegriffen: Juli 2012.

Gadamer, H. G. (1994). *Über die Verborgenheit der Gesundheit.* Frankfurt a. M: Suhrkamp.

Franzpötter, R. (1997). *Organisationskultur. Begriffsverständnis und Analyse.* Baden-Baden: Nomos Verlag.

Kuhl, J. (2001). *Motivation und Persönlichkeit.* Göttingen: Hogrefe.

Künne, T., Sauerhering, M., & Strehlau, A. (2011): Selbstkompetenzförderung als Basis frühkindlichen Lernens. Ein (weiterer) Anspruch an die elementarpädagogische Praxis!? In M. R. Textor (Hrsg.), *Kindergartenpädagogik. Online-Handbuch.* http://www.kindergartenpaedagogik.de/2208.html. Zugegriffen: 12. Juli 2012.

Lob-Hüdepohl, A. (2006). Inklusion nur eine Wortverschiebung? Professionsethische Anmerkungen. *Behinderung & Pastoral, 9,* 3–12.

Pilz, G. A. (2007). Rote Karten statt Integration? Möglichkeiten, Chancen, Probleme am Beispiel des Fußballs. In Cappenberger Gespräche der Freiherr-vom-Stein-Gesellschaft (Hrsg.), *Kulturelle Vielfalt in der Stadtgesellschaft* (Bd. 34). Stuttgart: Kohlhammer.

Pilz, G. A. (2008). *Eigenethnische Fußballvereine – Weg zur Integration oder Segregation?* Manuskript eines Vortrages anlässlich der DGfE- Sektionstagung Sportpädagogik in Münster am 29.11.2008.

Radtke, S. (2011). *Inklusion von Menschen mit Behinderung im Sport.* http://www.bpb.de/apuz/33347/inklusoin-von-menschen-mit-behinderun-im-sport. Zugegriffen: 12. Juli 2012.

Schache, S. (2011). Inklusion muss wachsen – Überlegungen aus psychomotorischer Sicht. In H. Jessel (Hrsg.), *Die Kunst mit der Vielfalt umzugehen.* Lemgo: AKL Verlag.

Schache, S., & Künne, T. (2012). Der Haltung auf der Spur… – Persönlichkeitspsychologie und Psychomotorik. *motoric, 35*(2).

Schein, E. H. (1984). *Organizational Culture and Leadership. A Dynamic View.* San Francisco: Jossey-Bass.

Schumann, B. (2009). Inklusion statt Integration – Eine Verpflichtung zum Systemwechsel. Deutsche Schulverhältnisse auf dem Prüfstand des Völkerrechts. *Sonderdruck Pädagogik, 2,* 51–53.

Soeffner, H. G., & Zifonum, D. (2008). Integration und soziale Welten. In S. Neckel & H. G. Soeffner (Hrsg.), *Mittendrin im Abseits* (S. 115–138). Wiesbaden: Verlag für Sozialwissenschaften.

Theunissen, G. (2006). Inklusion. Perspektiven für die Behindertenarbeit unter Berücksichtigung des Wohnens und Lebens in der Gemeinde von Menschen mit Lernschwierigkeiten und mehrfachen Behinderungen. *Behinderung & Pastoral, 9,* 13–21.

Wocken, H. (2011). Über die Entkernung der Behindertenrechtskonvention. Ein deutsches Trauerspiel in 14 Akten, mit einem Vorspiel und einem Abgesang. *Zeitschrift für Inklusion, 5*(4).

Zimmer, R. (2011). *Handbuch der Psychomotorik. Theorie und Praxis der psychomotorischen Förderung von Kindern* (6. Neuaufl.). Freiburg: Herder.

Jugendliche als qualifizierte Experten – Chancen und Perspektiven des Qualifizierungsansatzes von *Fußball ohne Abseits*

Bastian Kuhlmann

1 Einleitung

„Das alte Ehrenamt stirbt aus!", lautet eine beunruhigende Diagnose hinsichtlich der Entwicklung des freiwilligen Engagements im organisierten Sport. Vielen Sportvereinen fällt es zunehmend schwerer, Übungsleiter/innen und Verantwortungsträger/innen für ihre Angebote und Strukturen zu gewinnen und langfristig zu binden. Erstmals seit Gründung des Deutschen Olympischen Sportbundes (DOSB) wird ein Rückgang des freiwilligen Engagements im Sport gemessen (vgl. Braun 2011a). Insbesondere junge Menschen engagieren sich immer weniger freiwillig. Hinter dem quantitativen Problem lassen sich aber vor allem auch qualitativ-ursächliche Faktoren erkennen. Ältere Ehrenamtsmilieus verschwinden und neue Akteure mit veränderten Ansprüchen wandeln das Bild des Ehrenamts. Die Entwicklung erscheint nicht nur deshalb problematisch, weil sie das ökonomische Fundament des Vereinswesens erodieren lässt, sondern auch weil sie die spezifischen Bildungs-, Integrations-, Sozialisations-, Gesundheits- und Demokratiepotentiale des organisierten Sports (vgl. Baur und Braun 2003) infrage stellt. Gerade für junge Menschen hält das freiwillige Engagement im Sport große Entwicklungschancen bereit. Jugendliche zu qualifizieren, sie zu begeistern und an ehrenamtliche Tätigkeiten heranzuführen, sollte den Verbänden und Vereinen daher nicht nur aus ökonomischen Gründen eine Verpflichtung sein. Die Krise des Ehrenamts rührt am gemeinwohlorientierten Selbstverständnis des organisierten Sports.

B. Kuhlmann (✉)
Institut „Integration durch Sport und Bildung", Carl-von-Ossietzky Universität Oldenburg,
Marie-Curie-Straße 1, 26129 Oldenburg, Deutschland
E-Mail: bastiankuhlmann@t-online.de

Freiwilliges Engagement ist ein aussagekräftiger Indikator für Integration, weil hier nicht nur passive Mitgliedschaft, sondern von einer aktiven Partizipation ausgegangen werden kann. Menschen mit Migrationshintergrund sind im Ehrenamt jedoch bislang seltener zu finden. Zwar ist der Anteil ehrenamtlich engagierter Menschen mit Migrationshintergrund zuletzt signifikant gestiegen, noch immer haben jedoch lediglich 4,7 % aller Ehrenamtlichen in deutschen Sportvereinen einen Migrationshintergrund und sind deshalb auch in Relation zu ihrem Mitgliederanteil deutlich unterrepräsentiert (vgl. Breuer und Wicker 2010, S. 12). Auch sind noch immer signifikant weniger Frauen mit Migrationshintergrund freiwillig engagiert. So läuft der organisierte Sport weiterhin Gefahr, nicht mit dem demografischen Wandel Schritt zu halten. Das gezielte Werben um Menschen mit Migrationshintergrund auch unter Berücksichtigung von Geschlechterfragen sollte daher Anliegen einer um Integration bemühten Verbandspolitik sein.

Den negativen Befunden steht paradoxerweise eine steigende grundsätzliche Bereitschaft zur Übernahme ehrenamtlicher Aufgaben gegenüber, die jedoch von individuellen Bedingungen abhängig gemacht wird. Fast zwei Drittel der bislang nicht freiwillig Engagierten zeigen sich demnach „bereit" oder „vielleicht bereit" für ehrenamtliche Tätigkeiten (vgl. Braun 2012, S. 4), finden aber trotz der bestehenden Qualifikations- und Gelegenheitsstrukturen von Verbänden und Vereinen bislang keinen Zugang. Es muss daher die Frage gestellt werden, warum die bestehenden Qualifikationsstrukturen der Sportverbände und Vereine junge Menschen nicht (mehr) erreichen und welche Veränderungen geeignet erscheinen, um auch Menschen mit Migrationshintergrund als ehrenamtliche Helfer zu gewinnen und bislang ungenutzte „diffuse Engagementpotentiale" (Braun 2012, S. 4) zu wecken.

Der folgende Beitrag soll die Potentiale von neuen Qualifizierungswegen für Jugendliche als Übungsleiter/innen im Sport und Multiplikator/innen für Integration darstellen. Zunächst soll der Fokus auf den derzeitigen Status quo des Ehrenamtes gelegt werden. Welche Ursachen verbergen sich hinter dem Verschwinden des „alten Ehrenamtes" und welche vielversprechenden Handlungsfelder einer Neuausrichtung können aufgezeigt werden? Anschließend wird der Wandel des Ehrenamtes, gerade im Hinblick auf die Rolle des Übungsleiters, genauer skizziert, um so die Qualifizierungsstrukturen im bundesweiten Kontext zu beleuchten. Hier sollen Gefahren und Schwierigkeiten, aber auch Chancen und Potentiale aufgezeigt werden. Abschließend soll der Baustein „Qualifizierung" der Projektkonzeption von *Fußball ohne Abseits* detailliert diskutiert werden. Hier wird ein Instrumentarium vorgeschlagen, mit dem es gelingen kann, eine Qualifizierung von Mädchen in der ‚Männerdomäne' Fußball zu ermöglichen und freiwilliges Engagement zu fördern.

2 Das Ehrenamt im Wandel

Das Ehrenamt ist die wohl wichtigste Säule eines funktionierenden Netzwerks zwischen Gesellschaft, Sportverbänden und der Vereinswelt. Der Sport stellt das mit Abstand bedeutendste Handlungsfeld für freiwilliges Engagement in Deutschland dar. So war im Jahr 2009 jede/r Zehnte Deutsche über 14 Jahren ehrenamtlich im Bereich Sport engagiert. Trotz der Pluralisierung von Sportsettings findet dabei 90 % des Engagements direkt in den Vereinen statt (vgl. Braun 2011b), für die das freiwillige Engagement die „maßgebliche vereinsökonomische und -kulturelle Ressource" (Braun 2012, S. 1) darstellt. Umso besorgniserregender erscheinen die sportbezogenen Ergebnisse des Freiwilligensurveys des Bundesministeriums für Familie, Senioren, Frauen und Jugend (BFSFJ), die zwischen 1999 und 2009 im Fünfjahresrhythmus durchgeführt wurden, und auf einen relativen Rückgang des freiwilligen Engagements im Sport hindeuten (vgl. Braun 2011b, S. 107). Auch der Sportentwicklungsbericht des DOSB macht darauf aufmerksam, dass die Gewinnung und Bindung von ehrenamtlichen Übungsleitern bereits heute ein großes Problem für viele Vereine darstellt (vgl. Breuer und Wicker 2010), was mit Blick auf die Prognosen zu ernüchternden Zukunftsszenarien führt. Sollten sich zukünftig noch weniger Ehrenamtliche finden lassen, so wären die Konsequenzen alarmierend: Trainer/innen würden in den Sportgruppen fehlen, Vereinsorganisation wäre nicht realisierbar und das Ideal eines „Sports für alle" – fernab der Herkunft, des Leistungsvermögens und der Position in der Gesellschaft – könnte nicht erfüllt werden.

Mit dem verminderten Interesse und schwindenden Bereitschaft für das Ehrenamt geht ein qualitativer „Strukturwandel des Ehrenamtes" einher, der aus veränderten Voraussetzungen und Ansprüchen an das freiwillige Engagement resultiert. Während sich das „alte Ehrenamt" auf ein lebenslanges Engagement Einzelner kaprizierte, gelten als Merkmale des „neues Ehrenamts" „vielfältige, zeitlich befristete, pragmatische und tätigkeitsorientierte Engagements in verschiedenen Organisationsformen und in neuen Engagementfeldern" (Braun 2008, S. 4). Nicht vermeintlich selbstloses Handeln, sondern biografisch motivierte Selbstverwirklichung und Selbstentfaltung gelten heute als wesentliche Antriebsmotive für persönliches Engagement. So wird einerseits deutlich, dass ehrenamtliche Tätigkeiten enger als zuvor in Relation zu einem erweiterten Bildungsverständnis stehen. Menschen, die sich freiwillig engagieren, zeigen sich an einer persönlichen Kompetenzentwicklung interessiert. Menschen, die sich für eine Aufgabe ausreichend qualifiziert fühlen und das Gefühl haben, leiten und bewegen zu können, sind eher bereit, sich zu engagieren. Aus Perspektive der Engagierten ergibt sich ein „‚Mehrwert' in Form von zusätzlichen Bildungsprozessen; es geht auch um den „Aufbau von Bildungskapital" (Braun 2011b, S. 114). Andererseits vergleichen immer mehr Menschen den Aufwand und Nutzen ihrer Tätigkeiten explizit. Unter dem Eindruck eines wachsenden Leistungsdrucks bleibt oftmals wenig Zeit für ehrenamtliche Tätigkeiten, gerade auch dann, wenn andere Engagements mehr Reputation und bessere Bezahlung versprechen. War der Eintritt in den Verein früher zugleich auch ein erster Schritt hin zum freiwilligen Engagement, haben sich heute die Motive verschoben. Gerade im Fußballsport wollen viele Akteure ihre Tätigkeiten entschädigt haben, sei es als Spieler/in, Trainer/in oder Funktionär/in.

Weitere Ursachen für das Personalentwicklungsproblem sind der demografische Wandel, der die Alterspyramide in Deutschland auf den Kopf stellt und durch den immer weniger Jugendliche für ehrenamtliche Tätigkeiten zur Verfügung stehen, der staatliche Rückzug aus vielen Gesellschaftsbereichen, der eine Lücke hinterlässt, die personell gefüllt werden muss, aber auch eine zunehmende Konkurrenzsituation zu neuen (staatlichen oder kommerziellen) Anbietern schafft. So bauen immer mehr Schulen ihr Ganztagsangebot aus und bieten Sportmöglichkeiten am Nachmittag an, die oftmals kongruent zu den Angeboten von Vereinen sind. Um wettbewerbsfähig zu bleiben, müssen sich die Vereine mit ihren Übungsleiter/innen also auch in Richtung der Schulen orientieren, an denen für die Zukunft sogar noch mit einem Mehrbedarf an qualifiziertem Personal zu rechnen ist. Die derzeitige Konstruktion des Ehrenamtes steht demnach auf wackeligen Füßen. Um sie aufrecht zu erhalten, müssen sich alle Beteiligten der Herausforderung stellen und das Ehrenamt zukunftsfähig weiterentwickeln. So bringt Wopp (2006) in der Vereinsanalyse für den größten deutschen Fachverband, den Deutschen Fußball-Bund (DFB), zum Ausdruck, dass sich die Verbände vermehrt der Personalentwicklung widmen müssen. Hierbei sollten insbesondere folgende Aspekte eine verstärkte Rolle spielen (vgl. Wopp 2006, S. 19):

- Ehrenamtliches Engagement in Schulen
- Ausweitung der Qualifizierung von Übungsleitern und Trainern vor Ort
- Gezieltes Anwerben von Übungsleiter/innen mit Migrationshintergrund
- Förderung des ehrenamtlichen Engagements durch den Aufbau von Anreizsystemen

Wie sich diese Handlungsfelder im Bezug auf die Qualifizierungsthematik im Ehrenamt nutzen und gestalten lassen, soll im Folgenden problematisiert werden.

2.1 Ehrenamtliches Engagement in Schulen

Im Zuge der Implementierung der Ganztagsschulen werden sich zwangsläufig Veränderungen in der Vereinswelt ergeben. Die Vereine müssen sich in Zukunft für die Nachmittagsbetreuung in den Schulen öffnen. Zwar bestehen bereits Kooperationsvereinbarungen zwischen Schulen und Vereinen, die durch die Landessportbünde gefördert werden, wenn lizenzierte Trainer/innen Sportangebote an Schulen übernehmen. Die Problematik liegt hier jedoch im Detail: Mit Blick auf die Zahlen der lizenzierten Trainer/innen lässt sich erkennen, dass die Vielzahl an ausgebildeten Übungsleiter/innen entweder fest in der Berufswelt verankert ist (und damit nicht in der Lage, am frühen Nachmittag schulspezifische Sportangebote zu übernehmen) oder aber sich deutlich in Richtung Leistungssport orientiert (vgl. Breuer und Wicker 2010). Somit wird es für die Schulen zunehmend schwieriger, „förderfähiges" Personal zu akquirieren.

Unter Beachtung dieser Umstände ergibt sich perspektivisch also eine Ausrichtung auf zweierlei Personengruppen, denen es möglich ist, ehrenamtliches Engagement an Schulen zu zeigen: Zum einen sind es qualifizierte Erwachsene, beziehungsweise Personen im Rentenalter, die am frühen Nachmittag auf Grund ihrer Arbeitsverhältnisse in der Lage sind, in der Schule das Ganztagsangebot mitzugestalten. Jedoch ist zu erkennen, dass eine große altersbedingte Disparität zwischen Pensionierten und Jugendlichen besteht, die unter anderem auf unterschiedliche Lebensweisen zurückzuführen sind. Zum anderen gibt es die Gruppe der älteren Jugendlichen und jungen Erwachsenen, die selbst noch zur Schule gehen, im jungen Erwachsenenalter einen Sozialdienst verrichten oder aber durch Berufsausbildung (Studium, Lehre etc.) noch in ihrem Sozialraum leben. Gelingt es, diese Klientel zu qualifizieren und für die Übungsleiterrolle zu begeistern, so ergibt sich ein immenses Potential für die Durchführung qualitativ hochwertiger Sportangebote an Schulen. Dabei ist zu beachten, dass insbesondere der Sozialraum der Schule dieses Feld für eine neuartige Gewinnung von bisher nicht erreichten Personen bietet. In Schulen können Jugendliche erreicht werden, die bislang für ehrenamtliches Engagement nicht aufgeschlossen genug waren oder aber aus bildungsfernen, sozial schwächeren Familien stammen, die der Vereinswelt fern sind und waren. Es sollte Ziel sein dass die Vorbereitung auf ehrenamtliches Engagement selbst Teil des Schulprogramms und außerschulisches, freiwilliges Engagement Teil eines erweiterten Bildungsverständnisses wird.

2.2 Ausweitung der Qualifizierung von Übungsleiter/innen und Trainer/innen vor Ort

Der DOSB weist in seinen Statistiken mehr als 500.000 Übungsleiter/innen mit Lizenzen aus. Bundesweit ist dies eine beachtliche Zahl und charakterisiert den Sport als einen der größten Bildungsträger in der Bevölkerung. Viele Fachverbände, wie zum Beispiel der DFB, teilen ihre Qualifizierungssysteme in die Bereiche Leistungssport und Breitensport, um die jeweiligen Kompetenzbereiche deutlich zu kennzeichnen. Ehrenamtliche Strukturen sind in dieser Unterteilung eher im Bereich des Breitensports zu finden. In den Ausbildungsstrukturen der Landesverbände mit den untergeordneten Ebenen von Kreissportbünden und Stadtsportbünden lässt sich erkennen, dass die Notwendigkeit einer dezentralen Qualifizierung realisiert worden ist. Gerade im Breitensportkontext ist eine Öffnung hin zu Trainerausbildungen vor Ort mit kurzen Wegen immer häufiger festzustellen. Dies ist eine Entwicklung, die für die Rekrutierung von neuen Übungsleiter/innen unausweichlich ist und für die Zukunft des Ehrenamts exemplarischen Charakter trägt.

Jedoch entstehen auch hier Problematiken: Selbst wenn es zu dezentralen Ausbildungen innerhalb der Kreise kommt, so ist gerade in ländlichen Regionen immer noch mit erheblichen Wegen und einem großen zeitlichen und finanziellen Aufwand zu rechnen, was insbesondere für Jugendliche ein sehr schwer zu überwindendes Hindernis darstellt. Darüber hinaus sind die einzelnen Lehrgänge im Sozialraum der Jugendlichen sehr selten und ohne vorherige Absprachen eng und fix terminiert, wodurch eine Vielzahl von Interessierten ausgeschlossen wird. Breitensportausbildungen haben darüber hinaus den Nachteil, oftmals nicht spezifisch genug auszubilden. Zwar werden die Basics der Übungsleiter/innen-Tätigkeit umrissen, jedoch fehlt in solchen Qualifizierungsmaßnahmen oft der direkte Bezug zur jeweiligen Sportart und den unterschiedlichen Lebensräumen der Lerngruppen. Einen weiteren Nachteil stellt die fehlende Nachhaltigkeit der Ausbildungen dar. Gelingt es den Verbänden, Jugendliche zu qualifizieren, so ist damit noch lange nicht garantiert, dass die neu-lizenzierten Trainer/innen im Anschluss auch adäquate Tätigkeitsfelder finden. Gerade Jugendliche müssen im Anschluss begeistert und geführt werden, um das Gelernte gezielt anzuwenden und sich dadurch auch weiter zu qualifizieren.

2.3 Gezieltes Anwerben von Übungsleiter/innen mit Migrationshintergrund

Schmidt (2008) weist im 2. Kinder- und Jugendsportbericht auf den Aspekt hin, dass immer mehr Kinder mit Migrationshintergrund den Weg in die deutsche Vereinswelt finden. Der Anteil der Jungen mit Migrationshintergrund im Ruhrgebiet, die am organisierten Sport teilhaben, übersteigt mit 62 % sogar die der Jungen ohne Migrationshintergrund mit 57 %. Bei den Mädchen ist das Bild allerdings entgegengesetzt: 26 % der Mädchen mit Migrationshintergrund organisieren sich im Verein. Dem steht eine Vergleichszahl von 50 % aller Mädchen ohne Zuwanderungsgeschichte gegenüber. Allgemein betrachtet verdeutlichen diese Zahlen einen Trend, der sich auch in der Gesamtbevölkerung erkennen lässt: Deutschland wird internationaler. Und dieser Internationalisierung muss sich die deutsche Vereinswelt auch auf Ebene der Übungsleiter/innen stellen. Beispielsweise kann es aus religiösen Motiven schwierig werden, ein Mädchen aus einem arabischen Elternhaus bei einem Mann trainieren zu lassen. Hier sollten Barrieren überwunden und nach pragmatischen Lösungen hinsichtlich der Bedürfnisse von Migranten reagiert werden. Ein Schritt in die richtige Richtung ist die gezielte Akquise von Übungsleiter/innen aus dem Sozialraum, die sich mit den Lebensweisen der jeweiligen Bevölkerungsgruppen auskennen. Eine gelungene Integrationsarbeit im Verein zeichnet sich deshalb auch dadurch aus, inwieweit es gelingt, gezielt Übungsleiter/innen mit Migrationshintergrund zu akquirieren und qualifizieren. Ehrenamtlich engagierte Migrantinnen und Migranten können so ein Vorbild für ihre Peergroup und Community darstellen, ein Bindeglied sein und zugleich als Multiplikator/innen für eine gelungene Integration fungieren. Die soziale und kulturelle Öffnung der Vereine in Richtung von Menschen mit Migrationshintergrund ist daher auch eine Aufgabe für traditionelle „deutsche" Vereine. Typische Rollenbilder werden so aufgebrochen und Vereine, die diese Tendenzen nutzen, verzeichnen nicht selten einen immensen Mitgliederanstieg.

2.4 Förderung ehrenamtlichen Engagements durch den Aufbau von Anreizsystemen

Eine funktionierende Vereinswelt wird durch den unermüdlichen Einsatz von unentgeltlich arbeitenden Personen in den verschiedensten Positionen getragen. Gerade die Übungsleiter/innen und Trainer/innen unterschiedlichster Sportgruppen – vor allem im Jugendbereich – haben einen immensen Aufwand zu bewältigen. Wie bereits angesprochen, unterscheiden sich die Motive von ehrenamtlich Engagierten voneinander und haben sich in den letzten Jahren stark verändert. Sie divergieren unter anderem zwischen Eltern-Kind-Beziehung, dem Streben nach sportlichem Erfolg, dem Spaß an der Sache oder der persönlichen Weiterbildung. Fast immer geht es dabei um persönliche Motive abseits finanzieller Interessen. Ehrenamtliches Engagement lebt davon, dass es zumeist ohne oder nur mit einer geringen finanziellen Entschädigung durchgeführt wird. Der Begriff des *Ehren*amtes deutet an, dass stattdessen andere Formen der Anerkennung eine Rolle spielen.

Umso wichtiger erscheint es, den Akteuren immer wieder neue Anreizsysteme zu bieten, die ihnen eine zufriedenstellende und befriedigende Arbeitsweise ermöglichen. Der DFB hat hierfür den Ehrenamtspreis installiert, der einzelne engagierte Menschen im Fußballsport ehrt und ihnen öffentliche Anerkennung zuteilwerden lässt. Die potentiellen Preisträger können vorgeschlagen und nach einer objektiven Beurteilung zum Beispiel mit dem Besuch eines Länderspiels geehrt werden. Einzelne Landesverbände haben die „SportEhrenamtsCard" für alle ehrenamtlich arbeitenden Mitglieder der Sportvereine eingeführt. Hier werden den Teilnehmer/innen unter anderem Vergünstigungen bei großen Konzernen gewährt.

Derartige Ansätze sind wichtig, jedoch bergen gerade die überregionalen Aktionen immer die Gefahr, dass sich diejenigen, die nicht berücksichtigt werden, benachteiligt fühlen oder aber die Würdigung (gerade im Kontext der „SportEhrenamtsCard") als sehr unpersönlich empfunden wird. Aus diesen Gründen ist es wichtig, dass das nötige Lob auch in kleinen Kreisen, durch kleine Gesten und persönlich durchgeführt wird. Ein Zertifikat, welches den Dank ausdrückt oder die Qualifizierung der jeweiligen Person hervorhebt, eine Reportage in den lokalen Printmedien oder aber eine persönliche Ausstattung in Form von Trainingsutensilien schafft Identifikation und die nötige Anerkennung. Letztendlich entsteht in den Momenten, in denen Jugendlichen eine spürbare Verantwortung übertragen wird, eine deutliche Potenzierung des Selbstwertes. Auch im Schulkontext wird dieses Phänomen beobachtet. Lehrer/innen wertschätzen das Engagement der Jugendlichen, welche es wiederum genießen, sich als Trainer/innen und Leitungsfiguren positionieren zu können. Über dieses Anreizprinzip wird die Motivation der Ehrenamtlichen gefördert.

2.5 Qualifizierung als Chance für das Ehrenamt – eine Zwischenbilanz

Wissenschaftliche Untersuchungen ergeben, dass die größte Herausforderung für die Zukunftsfähigkeit des Ehrenamts darin besteht, Jugendliche aufzuspüren, die interessiert sind, sich zu Übungsleiter/innen ausbilden zu lassen und später auch Aufgaben im Verein oder in der Schule zu übernehmen. So gesehen kann die Übernahme von sozialer Verantwortung in Form einer Leitungstätigkeit in Gruppen und Vereinen als ein wichtiger Schritt für die Integration im Sport gedeutet werden (vgl. Gebken und Vosgerau 2009). Die bisherigen Ausführungen haben gezeigt, dass der organisierte Sport die Notwendigkeit erkennen muss, eine deutlichere Fokussierung ihrer Qualifizierungsangebote auf das Jugendalter zu legen und sich von ihren Hauptsitzen in Richtung der Sozialräume bewegen muss, um neue Zielgruppen zu erschließen. Die Maßnahmen im Bereich Qualifizierung, die im Rahmen von Projektinitiativen wie *Fußball ohne Abseits*, *Soziale Integration von Mädchen durch Fußball* oder *Mädchen mittendrin* umgesetzt wurden und von den großen Sportverbänden und/oder Ministerien in Auftrag gegeben und gefördert wurden, sind ein Beleg hierfür.

Dabei ist auch das derzeitige Lizenzierungssystem infrage zu stellen. Sicherlich kennzeichnet eine Übungsleiterlizenz ein gewisses Gütekriterium und ist sowohl als Kontrollinstanz als auch für den Selbstwert der Trainer/innen unerlässlich. Eine fehlende Lizenz sollte jedoch kein Ausschlusskriterium für eine Schul-Verein-Kooperation darstellen. In vielen Kooperationsprogrammen ist eine Übungsleiterlizenz noch immer Vorraussetzung für die finanzielle Förderung von Sportangeboten in der Schule. Stattdessen sollte es unterhalb der üblichen Qualifizierungsverfahren und Lizenzen alternative Wege geben, um Eignungen anzuerkennen und neuen Zielgruppen Einstiegschancen für ein ehrenamtliches Engagement zu bieten. Sicherlich sollte es immer noch eine persönliche Überprüfung von Übungsleiter/innen und Trainer/innen geben, die eine Eignung bestätigt. Es könnten jedoch unterschiedliche Gremien und Instanzen im Verein oder der Schule über eine ehrenamtliche Tätigkeit entscheiden und diese intern kontrollieren. Wenn diese ‚Prüfer' eine Eignung feststellen und als Mittelsmänner die Aufsichtspflicht übernehmen, sind somit auch Jugendliche unter 18 Jahren befugt, auch ohne gültige Lizenz eine Sportgruppe zu trainieren und die Verantwortung zu übernehmen. Dies gilt auch für den Schulkontext. Bietet der Sozialraum jungen Erwachsenen, die gewillt sind, sich sportspezifisch und sozial im Spannungsfeld Schule/Verein als verantwortliche Personen zu engagieren, so sollte weder die finanzielle Unterstützung noch eine fehlende offizielle Anerkennung einen Hinderungsgrund darstellen.

In einem Zwischenfazit lassen sich die bisherigen Erkenntnisse zur Qualifizierung von Jugendlichen folgendermaßen thesenartig zusammenfassen:

- Die derzeitigen Qualifizierungssysteme sind zu verschult und wenig praxisnah.
- Trainer/innenausbildungen sind zu selten im Sozialraum vor Ort.
- Die Zielgruppe der Menschen mit Migrationshintergrund wird derzeit kaum erreicht.
- Es fehlt die vereinsexterne Ausrichtung der Ausbildungen für Tätigkeiten, zum Beispiel in Schulen.
- Es fehlt die begleitende Betreuung nach der Ausbildung beim Einstieg in die Lehrtätigkeit.
- Jugendlichen wird als Übungsleiter/innen noch zu wenig vertraut.

2.6 Qualifizierung von Jugendlichen im bundesweiten Kontext

Wird die Qualifizierung von Jugendlichen sowohl als großes gesellschaftliches Potential als auch als Unabdingbarkeit in Bezug auf eine qualitativ hochwertige und sozial unerlässliche Komponente registriert, ist es wichtig, diese Thematik im Gesamtkontext der Bundesrepublik zu betrachten.

Innerhalb der einzelnen Bundesländer lassen sich sehr spezifische Ansätze zu dieser Problematik erkennen. Jedes Bundesland widmet sich dieser Aufgabe auf ganz unterschiedliche Art und Weise. Als Vorreiter ist sicherlich die Schulsportmentoren-Ausbildung in Baden-Württemberg zu nennen. Unter anderem wird hier sportspezifisch versucht, Jugendliche für eine Übungsleiterrolle im Sport zu begeistern und zu qualifizieren. Molt (2010) beschreibt die Aufgaben, Rechte und Pflichten dieser Helfer/innen im Schulsport sehr detailliert und bringt deren Tätigkeitsfelder als Aufsichtsperson, Übungsleiter/innen und unterstützende Instanz zum Ausdruck. Lediglich die Hinführung und Überleitung der Ausgebildeten ins operative Geschäft bleibt hier unberücksichtigt.

Eine weitere zentrale Ausbildungsmöglichkeit ist der nahezu bundesweite Ansatz zum Erwerb einer Jugendleitercard, kurz *Juleica*. Diese lockt mit den Schlagworten „Qualität, Legitimation und Anerkennung" und ermöglicht interessierten Jugendlichen einen umfassenden, allerdings eher oberflächlichen, unspezifischen Einblick in die Übungsleiterrolle. Darüber hinaus wird im Bildungsbericht Ruhrgebiet festgestellt, dass nur 2 % der Juleica-Inhaber/innen einen Migrationshintergrund besitzen.

3 Der Qualifizierungsansatz des Projektes Fußball ohne Abseits

Unter Betrachtung der bisher aufgezeigten Möglichkeiten und Perspektiven der Qualifizierungsmöglichkeiten für das Ehrenamt soll im Folgenden der Qualifizierungsansatz aus Sicht des Projektes genauer diskutiert werden. Schmidt (2008, S. 460) beschreibt den Sport allgemein als ein Instrument mit dem Potential, die Integration in einer Gesellschaft besonders zu fördern. Wird diese These auf die Befähigung Jugendlicher zur Übernahme von Verantwortung als Übungsleiter/innen spezifiziert, so lassen sich die gleichen, wichtigen Potentiale erkennen. Trainer/innen aus dem bekannten Sozialraum wirken als Identifikationsfiguren und sind Vorbilder für die Jugendlichen.

Das Projekt *Fußball ohne Abseits* hat es sich zur Aufgabe gemacht, junge Erwachsene und Jugendliche fußballspezifisch als Übungsleiter/innen für andere Kinder und Jugendliche zu qualifizieren und sie beim Einstieg zu unterstützen. Gerade Migrantenfamilien verlangen darüber hinaus gleichgeschlechtliche Trainer/innen und Vorbilder (vgl. Mutz und Nobis 2010). Wenn es das Projekt schaffen will, in Gebieten mit hohen Migrantenanteilen und sozialer Benachteiligung ein nachhaltiges Fußballangebot für Mädchen zu schaffen, so braucht es begeisterte, weibliche Jugendliche, sowohl mit als auch ohne Migrationshintergrund, für die Gruppenleitung.

3.1 Die Fußballassistentinnenausbildung

Der Projektbaustein Qualifizierung stellt sich im Detail den grob aufgezeigten Problemen der Personalentwicklung im Ehrenamt, genauer der Übungsleiterrolle, die unter Berücksichtigung der Studien von Wopp (2006) sowie von Breuer und Wicker (2010) im vorderen Teil des Beitrags aufgezeigt wurden. Die Projektidee hat es sich unter dem Begriff „Fußballassistentinnenausbildung" zur Aufgabe gemacht, eine interne Qualifizierung von weiblichen Jugendlichen zu gewährleisten, welche im Anschluss die Bausteine „Mädchenfußball-AG" und „Mädchenfußballturniere" unterstützt. Die Idee des Einsatzes von „Schülern als Experten" (Gebken und Kuhlmann 2011) ist hier charakteristisch für die Ausrichtung der Projektidee. Weibliche Jugendliche im Schulalter werden zu Experten in Bezug auf (Schul-)Fußball ausgebildet. Sie nehmen in Mädchenfußball-Arbeitsgemeinschaften eine Übungsleiterrolle wahr und organisieren für diese Arbeitsgemeinschaften in Eigenregie mit ihren Freundinnen Fußballturniere, die als Highlight im Schulalltag der Grundschulmädchen gelten. Diese Jugendlichen sind eine riesige Chance für das freiwillige Engagement. Sie bilden die Klientel, die aus dem Sozialraum stammt und sich hier engagiert. Nicht selten sind sie die Idole der Kinder und forcieren ungeahnte Synergieeffekte und Nachahmer.

3.2 Rahmenbedingungen

Eine Fußballassistentinnenausbildung umfasst nach Möglichkeit 8–20 Teilnehmerinnen, die aus dem Sozialraum des jeweiligen Projektstandortes stammen. Sie werden an weiterführenden Schulen (Haupt-, Real-, Berufs-, Gesamtschule oder Gymnasium) zumeist durch die verantwortlichen Sportlehrer/innen angeworben. Hierbei ist es nicht wichtig, ob sie eine Fußballbiografie aufweisen können oder aber Vereinsspielerinnen sind. Lediglich eine gewisse Fußballaffinität und die Begeisterung für die Arbeit mit kleineren Kindern sollten gegeben sein.

Der Ort des Lehrgangs findet sich an einer kooperierenden Projektgrundschule. Hier wird neben einer Turnhalle ein Seminarraum benötigt, der für die theoretischen Anteile der Ausbildung dient. Geleitet wird der Lehrgang von lizenzierten Trainer/innen, die eine pädagogische Hochschulausbildung aufweisen können.

Tab. 1 Der Zeitplan einer Fußballassistentinnenausbildung. (Kuhlmann 2009)

Tag 1	Tag 2	Tag 3
8 Uhr:	*8 Uhr:*	*8 Uhr:*
Organisation, Programmeinführung und Kennenlernspiele	Übungsstunde „Stationslernen" vorbereiten	Ideen, Anregungen für das abwechslungsreiche Fußballspielen mit Kindern. Vorbereiten von Übungsstunden und Turnieren
	Stationen entwickeln, aufbauen und testen	Regelkunde
9.00 Uhr:	*8.45 Uhr:*	*8.45 Uhr:*
Lebens- und Bewegungswelt von Kindern	Durchführung von zwei Übungsstunden „Stationslernen" mit einer Grundschulklasse mit Videoaufzeichnung	Durchführen von Fußballspielen mit Grundschulklassen
Integration von Kindern mit Migrationshintergrund		Turnierorganisation, Schiedsen
10 Uhr:	*11 Uhr:*	*11 Uhr:*
„Was zeichnet eine gute Übungsstunde aus?"	Durchführung von zwei Übungsstunden „Stationslernen" mit einer Grundschulklasse	Durchführen von Fußballspielen mit einer weiteren Grundschulklasse
		Turnierabläufe, Coaching
12 Uhr:	*12 Uhr:*	*12 Uhr:*
Aufsichtspflicht	Reflexion der Unterrichtsstunde mit Hilfe des Filmmaterials	Reflexion der beiden Unterrichtsstunden mithilfe von Mindmaps, Tafelbild und Flipchart
13 Uhr:	*13 Uhr:*	*13 Uhr:*
Mittagspause	Mittagspause	Mittagspause
14 Uhr:	*14 Uhr:*	*14 Uhr:*
Spielformen des Fußballs erproben und variieren	Spielformen und Turniervarianten für das Kinder- und Jugendtraining	Mitarbeit in Schule und Verein
16 Uhr:	*16 Uhr:*	*15 Uhr:*
Fußballtechniken im Training mit Kindern und Jugendlichen	Bewegungs- und Trainingslehre	Neue Spielformen und Abschlussspiel
	Verletzungen	
17 Uhr:	*17 Uhr:*	*16.30 Uhr:*
Ende	Ende	Ende der Ausbildung, Ausgabe der Zertifikate

3.3 Ablauf

Der Lehrgang zur Fußballassistentin umfasst insgesamt drei Tage (30 Unterrichtseinheiten), die aufeinanderfolgend absolviert werden (siehe Tab. 1). Das Kernstück der Ausbildung sind die Vormittage des zweiten und dritten Tages. Hier wird von den Nachwuchstrainerinnen der normale Sportunterricht an der Grundschule übernommen. Diese Lehrproben zu den Themenfeldern „Stationslernen zu den Grundfertigkeiten" und „Champions-League-Turnier" werden in enger Zusammenarbeit mit der Lehrgangsleitung intensiv vorbereitet, diskutiert, durchgeführt und später reflektiert. Um den Teilnehmerinnen eine adäquate Vorbereitung für die Lehrproben geben zu können, stehen drei Praxistheoriephasen zu den Themen „Kriterien einer guten Übungsstunde", „Aufsichtspflicht" und „Verletzungen" im Lehrgangsplan. Hier erarbeiten die Jugendlichen das erste Handwerkszeug einer guten Übungsleiterin. Bei den Kriterien für eine gute Trainingseinheit werden in einer Gruppenarbeit die Themen einer geeigneten Struktur für eine Übungsstunde, geeignete Vermittlungsmethoden und Kompetenzen gelehrt und gelernt.

Darüber hinaus bekommen die Teilnehmerinnen einen Einblick in die Lebenswelt von Jugendlichen mit und ohne Migrationshintergrund. Bei der Behandlung der Aufsichtspflicht werden exemplarisch Fälle konstruiert und gelöst, die die Arbeitsweisen von Trainerinnen beeinflussen. „Was habe ich zu tun, wenn ich mich verspäte?", „Darf ich jemanden einfach nach Hause schicken, wenn sie stört?" oder „Was muss ich machen, wenn ein Kind nach dem Training nicht abgeholt wird?" sind unter anderem Fragen, die diskutiert werden.

Die Jugendlichen lernen auch, wie wichtig die richtige Erstversorgung im Verletzungsfall ist. Es wird eine Abfolge erarbeitet, welche der Trainerin aufzeigen soll, wie eine adäquate Reaktion und Abfolge im Fall einer Verletzung aussehen könnte: „Beenden – Beruhigen – Beurteilen – Behandeln – Benachrichtigen."

Der Lehrgangsplan sieht vor, dass die Nachwuchstrainerinnen am zweiten und dritten Tag den Vormittagsunterricht an der jeweiligen Grundschule übernehmen. Der erste Vormittag steht unter der Thematik „Erlernen der Grundfertigkeiten des Fußballspiels". Hier einigen sich die Jugendlichen auf fünf bis sechs Fähigkeiten, die sie in Form eines Stationstrainings mit den Grundschüler/innen einüben möchten. Sie entwerfen diese Stationen (Dribbeln, Passen, Torschuss, Zweikampf, Kopfball, etc.) selbst, proben diese und führen sie im realen Unterricht durch. Darüber hinaus übernehmen sie die typischen Aufgaben einer Lehrkraft in Form der Begrüßung der Schüler/innen, der Gruppeneinteilung, einer Reflexion und der Verabschiedung der Lerngruppe. Die Lehrprobe am Vormittag des dritten Tages rückt die angehenden Fußballassistentinnen mehr in die Trainer- und Schiedsrichterrolle. In der Turnierform „Champions League" (siehe Abb. 1) trainieren und coachen

Abb. 1 Beispiel für die Turnierform „Champions League" (Eigene Darstellung)

sie einzelne Kleingruppen und fungieren auch als Schiedsrichterinnen auf den drei Feldern.

Ergänzend zu den Lehrproben und den Theorieblöcken „Verletzungen", „Aufsichtspflicht" und „Kriterien guten Unterrichts" reflektieren die Fußballassistentinnen während der Ausbildung in regelmäßigen Abständen ihre Verhaltensweisen durch Gespräche zwischen den Lehrenden und Lernenden oder aber durch Bildmaterial oder Eigenbeobachtungen.

Um die Jugendlichen nach der Ausbildung direkt für das Ehrenamt zu begeistern, wird am Ende über die Einsatzmöglichkeiten in Schule und Verein informiert. Durch den Aspekt, dass die Fußballassistentinnenausbildung immer als Teil des Gesamtprojekts *Fußball ohne Abseits* zu sehen ist, gibt es für die Nachhaltigkeit des Lehrgangs projektintern mehrere Möglichkeiten. Die Jugendlichen begleiten von nun an die Mädchenfußball-AGs als (Co-)Trainerinnen, sie helfen und unterstützen bei Mädchenfußballturnieren als Organisationsleitung, Schiedsrichterinnen und Trainerinnen und sie arbeiten in gleicher Form bei Mädchenfußballcamps in den Schulferien mit.

Darüber hinaus können die Mädchen ihr Aufgabenfeld auch in den Kooperationsvereinen finden. Dabei können sie das Gelernte als Übungsleiterin in leitender oder unterstützender Funktion umsetzen. Die Fußballassistentinnenausbildung endet mit der Zertifikatsübergabe und einer Abschlussevaluation. Jede Teilnehmerin erhält eine personifizierte Urkunde, welche die Inhalte der Ausbildung beschreibt und das Logo des DFB trägt. Die Projekterfahrungen zeigen, dass gerade diese Szenerie die Fußballassistentinnen in ihrer Selbstkompetenz und ihrem Selbstkonzept stärkt.

4 Resümee und Ausblick

Wird der Projektbaustein „Fußballassistentinnenausbildung" in Relation zu den perspektivischen Problemen des Ehrenamts auf Ebene der Personalentwicklung gesetzt, so lassen sich enorme Potentiale dieser Projektinitiative erkennen. Weibliche Übungsleiterinnen, gerade mit Migrationshintergrund, sind in den Vereinen deutlich unterrepräsentiert. Bislang ist es problematisch, diese innerhalb der jeweiligen Sozialräume zu gewinnen und zu qualifizieren. Das Projekt *Fußball ohne Abseits* schafft es, genau diese Mädchen und Frauen zu erreichen und intern zu qualifizieren. Die Projektevaluationen zeigen, dass sich diese Trainerinnen gerne im Netzwerk Projekt, Schule und Verein ehrenamtlich engagieren, wobei hier nicht in Automatismen gedacht werden sollte. Vielmehr zeigen die Erfahrungen von *Fußball ohne Abseits*, dass geduldig vorgegangen werden muss. Über eine nicht verpflichtende Assistenzrolle stärken die jungen Trainerinnen ihr Selbstbewusstsein und beginnen, sich für das pädagogische Themenfeld zu interessieren. Die Mithilfe bei Turnieren und Camps verstärkt diese Erlebnisse und das Selbstkonzept. Eigene Entscheidungen werden reflektiert, bewertet und schaffen ein Selbstvertrauen und fließen in die Persönlichkeitsentwicklung ein. Mit der Zeit gewinnen die Nachwuchstrainerinnen an Sicherheit und so finden einige Mädchen und Frauen den Weg zu einer eigenständigen Trainerposition.

Sozialraumorientierte Qualifizierungsangebote können perspektivisch dem Rückgang des Ehrenamts entgegenwirken. Sie bringen mehr Jugendliche in Übungsleiterpositionen und gewährleisten einen qualitativ gut ausgebildeten Nachwuchs. Sie stellen eine große Chance dar, die sich die deutsche Vereinswelt nicht entgehen lassen sollte.

Literatur

Baur, J., & Braun, S. (2003). *Integrationsleistungen von Sportvereinen als Freiwilligenorganisationen.* Aachen: Meyer & Meyer.
Braun, S. (2008). Vom „alten" zum „neuen" Ehrenamt. Anmerkungen zum freiwilligen Engagement im vereins- und verbandsorganisierten Sport. In *BBE-Newsletter* 13/2008.
Braun, S. (2011a). *Ehrenamtliches und freiwilliges Engagement im Sport. Sportbezogene Sonderauswertung der Freiwilligensurveys 1999, 2004 und 2009.* Köln: Sport Verlag Strauß.

Braun, S. (2011b). Bildungspotentiale der Zivilgesellschaft. Gesellschaftspolitische Perspektiven einer bildungsbezogenen Engagementpolitik von Sportverbänden und -vereinen. In N. Neuber & M. Krüger (Hrsg.), *Bildung im Sport. Beiträge zu einer zeitgemäßen Bildungsdebatte* (S. 105–120). Wiesbaden: VS Verlag für Sozialwissenschaften.

Braun, S. (2012). *Ehrenamtliches und freiwilliges Engagement im Sport – Herausforderungen für die Fußballvereine*. http://www.dfb.de/uploads/media/Ehrenamtliches-freiwilliges-Engagement-im-Sport.pdf. Zugegriffen: 19. Dez. 2012.

Breuer, C., & Wicker, P. (2010). *Sportentwicklungsbericht 2009/2010. Analyse zur Situation der Sportvereine in Deutschland*. http://www.bisp.de/nn_35594/SharedDocs/Downloads/Publikationen/Rote__Reihe__Inhaltsverz__Kurzfass/2010__SEB__Kurz__Dt,templateId=raw,property=publicationFile.pdf/2010_SEB_Kurz_Dt.pdf. Zugegriffen: 11. Juni 2012.

Gebken, U., & Kuhlmann, B. (2011). Schüler als Experten. *Sportpädagogik, 35*(5), 2–7.

Gebken, U., & Vosgerau, J. (2009). Soziale Integration. *Sportpädagogik, 33*(5), 5–11.

Kuhlmann, B. (2009). Von der Schülerin zur Trainerin. *Sportpädagogik, 33*(5), 24–28.

Molt, M. (2010). *Aufgaben, Rollen und rechtliche Pflichten in der Schülermentorenausbildung und -tätigkeit*. http://www.schule-bw.de/schularten/realschule/seneu/sportmentoren/recht_2010_01.pdf. Zugegriffen: 21. Juni 2012.

Mutz, M., & Nobis, T. (2010). *Freiwilliges Engagement von Migrantinnen und Migranten in Sportvereinen – Ergebnisse aus der Evaluation des Programms „Integration durch Sport"*. http://www.b-b-e.de/fileadmin/inhalte/aktuelles/2010/11/nl23_nobis.pdf. Zugegriffen: 16. Juni 2012.

Schmidt, W. (2008). *Zweiter Deutscher Kinder- und Jugendsportbericht, Schwerpunkt Kindheit*. Schondorf. Verlag: Hofmann.

Wopp, C. (2006). Vereinsanalyse, In Deutscher Fußball-Bund (Hrsg.), *Außerordentlicher DFB Bundestag 2006. Abschlussbericht der DFB-Kommission Verbandsstruktur*. http://www.dfb.de/uploads/media/Abschlussbericht2006.pdf. Zugegriffen: 13. Juni 2012.

,Die' Mädchen und ,der' Fußball – die Mädchenfußball-AG als Zugang und Teilhabemöglichkeit

Katharina Althoff und Ellen Koettelwesch

1 Einleitung

Alex ist zehn Jahre alt und spielt in der freien Zeit am liebsten Fußball. In ihrem Verein ist sie bei den D-Juniorinnen und bestreitet in diesem Jahr ihre erste richtige Saison. Zum Fußball zu gehen ist für Alex ganz normal, denn ihre ganze Familie ist fußballbegeistert, begleitet sie zum Training und zu den Spielen. Eine solche Unterstützung erfährt jedoch nicht jedes Kind. Bestehende Ungleichheiten, die beispielsweise wirtschaftlich oder kulturell bedingt sind, können Zugänge zu wertvollen Gütern, hier dem Sport, bestimmen. Kinder unterscheiden sich hinsichtlich des familiären Hintergrundes, der gesellschaftlichen Stellung, der ethnischen Zugehörigkeit voneinander. Durch sie werden Lebens- und Bildungschancen beeinflusst (vgl. Schmidt 2008a, S. 44 f.).

Welche Rolle das Geschlecht des Kindes in diesem Zusammenhang spielt, wird kontrovers diskutiert. Beeinflusst gegenwärtig die Kategorie Geschlecht die Lebens- und Bildungschancen eines Individuums in seinem sozialen Umfeld? Die Antwort ist kontextgebunden. Nach wie vor gibt es Settings, in denen es tatsächlich einen Unterschied macht, ob ein männliches oder weibliches Individuum sich diesem nähert. Einen solchen Kontext bildet der Sport, genauer der Fußball. Ist es das Gleiche, wenn ein Mädchen oder ein Junge Fußball spielen möchte? Was bedeutet es, als Mädchen oder Junge Fußball zu spielen? Sind Unterschiede erkennbar und lassen sich diese mit der Geschlechtszugehörigkeit begründen oder sind weitere

---

K. Althoff (✉) · E. Koettelwesch
Institut für Sport- und Bewegungswissenschaften, Universität Duisburg-Essen, Gladbecker Straße 182,
45141 Essen, Deutschland
E-Mail: katharina.althoff@uni-due.de

E. Koettelwesch
E-Mail: ellen.koettelwesch@uni-due.de

Merkmale entscheidend? Auf den ersten Blick ist Fußball nicht nur eine Sportart, die sich großer Beliebtheit erfreut, sie kann auch ohne viel Aufwand betrieben werden. Es bedarf nur eines Balles, zweier Tore und eines freien Platzes und schon könnten alle mitspielen. Ob jedoch wirklich alle Mädchen und junge Frauen in dieser Sportart ohne viel Aufwand überall mitspielen können, gilt es im Folgenden zu analysieren.

Dazu wird zunächst das kindliche Sportengagement dargestellt. Dieses findet an unterschiedlichen Orten mit unterschiedlichen Zielsetzungen und Teilhabemöglichkeiten statt. Weiter sind Diversitäten hinsichtlich der Beweggründe des Sporttreibens erfassbar. Im weiteren Verlauf wird das Geschlecht als gesellschaftliche Konstruktion näher beleuchtet und aufgezeigt, welche Auswirkungen diese Konstruktionsmechanismen auf den Sport, auf den Schulsport in der Grundschule und insbesondere auf den Fußball haben. Tragen tradierte Geschlechterklischees zu einer Chancenungleichheit bezüglich der Partizipation am Fußballsport bei? Abschließend soll diskutiert werden, welche Konsequenzen die vorangegangenen Überlegungen für die Inszenierung schulischer Fußball-Arbeitsgemeinschaften haben. Ist es notwendig, dass Mädchen einen geschlechtshomogenen Raum für das Fußballspielen bekommen?

2 Kindliches Sportengagement

Bewegung, Spiel und Sport spielen eine maßgebliche Rolle für die physische, psychische und soziale Entwicklung von Kindern. Eine regelmäßige sportliche Betätigung der Kinder gilt es zu unterstützen, denn sie kann Wohlbefinden und Gesundheit stärken. Über die positiven physischen Effekte einer sportlichen Aktivität hinaus, werden Chancen im Hinblick auf eine gelingende Identitätsentwicklung formuliert (vgl. Lampert et al. 2007, S. 634). Im sportlichen und sozialen Miteinander können Kinder selbstbewusst handeln, sich zugehörig fühlen und lernen, mit Erfolgen und Misserfolgen umzugehen. Soziale Anerkennung gibt jedem einzelnen Kind jenes zentrale Gefühl von Zugehörigkeit. Bestätigung durch andere hilft, das Selbstwertgefühl zu stabilisieren. Der individuelle Umgang mit Leistung und Erfolg, mit Mängeln und Grenzen, kann in gesicherter Gemeinschaft erprobt werden (vgl. Schmidt 2008b, S. 382). Die Potentiale, die in diesem Kontext formuliert werden, verwirklichen sich jedoch nicht von selbst. Die Rahmenbedingungen von Bewegung, Spiel und Sport gilt es zu analysieren und zu gestalten.

Neben dem Sport in der Schule finden sich Kinder in ihrer Freizeit zusammen, um sich im informellen Rahmen oder in einem Sportverein gemeinsam zu bewegen. Die Ergebnisse der KiGGS-Studie (Kinder- und Jugendgesundheitssurvey des Robert Koch Instituts) verdeutlichen, dass ca. drei Viertel der Mädchen und Jungen im Alter von drei bis zehn Jahren mindestens einmal pro Woche im oder außerhalb des Sportvereins sportlich aktiv sind (vgl. Lampert et al. 2007, S. 635 f.). Obwohl ein Großteil der Kinder gerne Sport treibt, erreichen nur 23,3 % der Jungen und 18,2 % der Mädchen das empfohlene tägliche Aktivitätsniveau von 60 min moderater Intensität. Viele Mädchen und Jungen widmen sich bewegungsarmen Tätigkeiten. Das Deutsche Jugendinstitut weist beispielsweise auf die zunehmende Beliebtheit des Internets hin. Im Alter von neun bis zehn Jahren nutzen fast 90 % der Kinder das Internet (vgl. DJI 2012). Der kindliche Bewegungsmangel kann sich auf den gesamten Lebenslauf auswirken. Die Gewohnheiten, die in der Kindheit erworben werden, gelten häufig ein Leben lang. Völker stellt Tracking-Befunde dar, wonach körperliche Inaktivität im Kindesalter bis ins Erwachsenenalter nachwirkt. Ein inaktiver Lebensstil in der Kindheit scheint sich demnach auf das spätere Aktivitätsmuster auszuwirken (vgl. Völker 2008, S. 106). Daher ist es Aufgabe der Bezugspersonen (Eltern, Pädagogen etc.), Kinder in ihren sportlichen Aktivitäten zu unterstützen und Bewegungsmöglichkeiten aufzuzeigen.

2.1 Orte des Sporttreibens

Im Folgenden werden neben den sportlichen Schauplätzen – Schule, Sportverein, informelle Lernorte – die sportlich aktiven Mädchen und Jungen differenziert betrachtet. Dabei wird der Blick u. a. auf die Kategorie Geschlecht gerichtet. Zusammenhänge zwischen dem ethnischen und sozialen Hintergrund und dem Sportengagement werden zudem erörtert. Wie u. a. von Kleindienst-Cachay (vgl. 2009, S. 72) aufgeführt, besteht eine hohe Interferenz zwischen den Merkmalen Geschlecht, Ethnie und Milieu. Kinder aus niedrigen sozialen Schichten treiben weniger Sport, migrantische Kinder sind häufig in niedrigeren sozialen Schichten zu finden. Ferner gilt es, die Motive des Sporttreibens von Mädchen und Jungen zu analysieren und miteinander zu vergleichen. Im Kindesalter sind Mädchen und Jungen an unterschiedlichen Schauplätzen sportlich aktiv. Dazu zählen neben informellen Räumen auch institutionelle Orte wie Sportverein und Schule.

- *Selbst organisierter Sport*

Selbst organisiertes Sporttreiben umfasst ein weites und weiches Sportverständnis. Wir meinen hier zeitlich flexible, nicht räumlich gebundene sportliche Aktivitäten. Neben Schule und Sportverein sind diese in der Freizeit eine wichtige Aktivitätsquelle von Kindern (vgl. Woll et al. 2008, S. 182). Dazu zählt, dass Kinder gemeinsam Rad fahren und schwimmen, inlineskaten oder z. B. die Trendsportart Par-

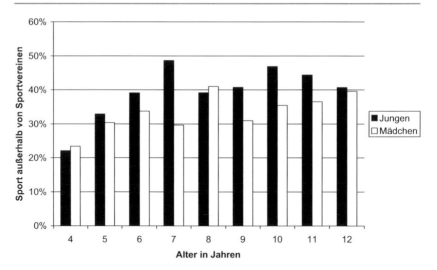

Abb. 1 Sportengagement außerhalb von Sportvereinen (n = 2.715). (Woll et al. 2008, S. 182)

kour ausprobieren. Differenziert nach Sportarten ist das Radfahren bei Mädchen (59,0 %) und Jungen (58,1 %) besonders beliebt. Schwimmen nimmt bei Jungen den dritten Platz (27,3 %) und bei Mädchen den zweiten Platz (31,4 %) ein. Fußball wird von Jungen an zweiter Stelle genannt. 36,2 % der Jungen spielen im informellen Rahmen Fußball, während es nur 9,2 % der Mädchen ausüben (Woll et al. 2008, S. 183). Zu ähnlichen Ergebnissen gelangen ältere Untersuchungen von Nissen (1992, S. 146), die beschreiben, dass Jungen sich eher großräumig bewegen und Fußball- und Bolzplätze für ihre Aktivitäten nutzen. Mädchen nehmen dagegen weniger Raum ein, sind örtlich gebunden und nutzen kultivierte (Spiel-) Räume. Mädchen beteiligen sich beispielsweise auf Berliner Spielplätzen beim Fußball- und Basketballspiel nur zu 1,6 % bzw. 4,9 % (vgl. Pfister 1991, S. 171 f.). Die Intensität, mit der informeller Sport betrieben wird, differiert stark voneinander. Im Grundschulalter sind zwischen 40 und 50 % der Jungen und zwischen 30 und 40 % der Mädchen selbstorganisiert sportlich aktiv (siehe Abb. 1).

Der genaue Blick auf die Häufigkeit der Sportausübung zeigt, dass Jungen im Alter von sieben bis zehn Jahren auch hier die Mädchen überbieten. Jungen diesen Alters sind regelmäßig (fast täglich: 12,9 % bzw. drei- bis fünfmal wöchentlich: 15,3 %) zu 28,2 % sportlich aktiv. Bei den Mädchen ist der regelmäßige selbst organisierte Sport (fast täglich: 7,5 %, drei- bis fünfmal wöchentlich: 7,4 %) mit insgesamt 14,9 %

Tab. 1 Zahl der Mitglieder im Deutschen Fußball-Bund. (DFB 2000, S. 2; DFB 2012, S. 2)

	2000	2012	Veränderung in %
Männer	3.598.994	3.815.389	+ 6 %
Junioren (15–18)	490.373	526.019	+ 7 %
Junioren (bis 14)	1.339.145	1.381.505	+ 3 %
Frauen	617.882	734.903	+ 19 %
Mädchen (bis 16)	208.905	342.312	+ 64 %
insgesamt	6.255.299	6.800.128	+ 9 %

weniger üblich. Es wird deutlich, dass Jungen sich sowohl großräumiger als auch häufiger in Sportsettings außerhalb von Vereinen bewegen als Mädchen (vgl. Woll et al. 2008, S. 182 f.).

- *Sportverein*

Im Sportverein sportlich aktiv zu sein, kann für eine verbindliche und regelmäßige Sportteilhabe stehen. Kurz und Tietjens (2000, S. 395) meinen, dass das Zugehörigkeitsgefühl im organisierten Sport eine gute Voraussetzung für eine regelmäßige Teilhabe bietet. Kinder, die im Sportverein aktiv sind, sind meist auch darüber hinaus sportlich aktiver (vgl. Lampert et al. 2007, S. 636). Basierend auf den Ergebnissen der KiGGS-Studie, bzw. des Motorik-Moduls MoMo, sind im Alter von vier bis zwölf Jahren 60,8 % der Jungen und 51,4 % der Mädchen Mitglied in einem Sportverein. Dieser hochsignifikante Unterschied zwischen den Geschlechtern fällt demnach zugunsten der Jungen aus (vgl. Woll et al. 2008, S. 180).

Die differenzierte Betrachtung der Vereinsportarten verdeutlicht die facettenreichen Präferenzen der Mädchen. Während Jungen zum Großteil an Fußball interessiert sind, sind Mädchen in vielen unterschiedlichen Sportarten vertreten, wie z. B. Reiten, Tennis, Schwimmen und Tanzen. Allerdings ist eine wachsende Bedeutung der Sportspiele bei den Mädchen zu verzeichnen (vgl. Schmidt 2008b, S. 376, 383). Analog dazu stellen die Mitgliederstatistiken des DOSB (2009) ein ansteigendes Interesse junger Frauen an Ballsportarten und Selbstverteidigungsangeboten dar. Die Mitgliederzahlen des Deutschen Fußball-Bundes zeigen ebenfalls in den letzten zwölf Jahren einen Anstieg an Fußball spielenden Mädchen und Frauen um 30 %, wohingegen die Anzahl der Jungen und Männer um 5 % gestiegen ist. Der mit Abstand größte Zuwachs ist mit 64 % in der Gruppe der Mädchen bis 16 Jahren zu finden (siehe Tab. 1).

Mädchen partizipieren an Sportspielen in Sportvereinen, jedoch zu einem geringeren Anteil als Jungen. Süßenbach (2004, S. 73) ordnet der Spiel- und Sportkultur eine geschlechtsspezifische Prägung zu.

Neben der Kategorie Geschlecht spielt der kulturelle Hintergrund eine Rolle für das Sportvereinsengagement. Es fällt auf, dass Mädchen mit Migrationshintergrund im Sportverein unterrepräsentiert sind. Sie weisen die geringste Vereinsquote auf (vgl. Schmidt 2008a, S. 57). Unter Berücksichtigung der Daten des Kindersport-Sozialberichts des Ruhrgebiets nach Schmidt (2006, S. 111) sind 26,3 % der Mädchen mit Migrationshintergrund bzw. Ausländer im Sportverein repräsentiert, während es bei den Jungen 61,6 % sind. Entsprechend klären Burrmann et al. (2011, S. 255) auf, dass die Geschlechterunterschiede bei Jugendlichen mit Migrationshintergrund gravierender ausfallen als bei deutschen Heranwachsenden. Daran anknüpfend beschreiben Kleindienst-Cachay, Cachay und Bahlke (2012, S. 120) in ihrer Regionalstudie mit Fokus auf die NRW-Städte Duisburg und Bielefeld, dass in zwei Dritteln aller Sportvereine keine Mitglieder mit Migrationshintergrund organisiert sind. Es wird in diesem Zusammenhang von einer „Verinselung" der Migrantinnen und Migranten in der Sportvereinslandschaft gesprochen. Unter Berücksichtigung der Kategorie Geschlecht zeigt sich, dass durchschnittlich ein Verhältnis von 70 zu 30 % zuungunsten der weiblichen Migrantinnen zu verzeichnen ist. Dabei ist eine hohe Streuung erkennbar. Neben Vereinen, die keine weiblichen Mitglieder mit Migrationshintergrund haben, gibt es solche mit einem Anteil von 95 % weiblicher Mitglieder mit Migrationshintergrund. Dies ist jedoch in besonderem Maß mit dem Sportartenangebot der Vereine verknüpft. Insgesamt sind Migrantinnen und Migranten auffallend stark an Fußball interessiert und sind in dieser Sportart am häufigsten vertreten. Dies kann mit der weltweit hohen Popularität des Fußballs erklärt werden (Kleindienst-Cachay et al. 2012, S. 125 ff.).

Mit Berücksichtigung der Forschungsergebnisse von Mutz (2009, S. 111 f.), die sich auf Jugendliche im Alter von 15 Jahren beziehen, erschließt sich die Rolle des Sprachgebrauchs innerhalb der Familie in Bezug auf das Sportvereinsengagement. Es sind Interaktionseffekte dahingehend zu erkennen, dass der Anteil junger Migrantinnen im Sportverein bei 38 % liegt, sofern in ihrer Familie überwiegend Deutsch gesprochen wird. Dominiert eine andere Sprache die Alltagskommunikation, so liegt der Anteil bei 20 %. Infolgedessen bestehen Zusammenhänge zwischen kulturellen Mustern und einer vereinsbezogenen Sportteilhabe. „Orientiert sich die Familie an den sprachlichen bzw. kulturellen Standards der Aufnahmegesellschaft, beeinflusst das die Sportbeteiligung der Mädchen wesentlich" (Mutz 2009, S. 112). Ferner klärt Mutz (2009, S. 113) auf, dass Unterschiede in der Sportvereinsteilhabe zwischen Mädchen mit und ohne Migrationshintergrund nicht unreflektiert als kulturelles Phänomen gedeutet werden dürfen. Die sozioökonomischen Lebensbedingungen der Mädchen sind zudem zu berücksichtigen. Eine privilegierte soziale Herkunft geht mit einer hohen Sportvereinsteilhabe einher. Bei Mädchen und Jungen ohne Migrationshintergrund aus sehr kapitalreichen Familien ist die Teilnahme am Sportverein (Jungen: 59 %, Mädchen: 55 %) annähernd gleich. Eine hohe Kapitalausstattung des Elternhauses verringert auch bei Mädchen und Jungen mit Migrationshintergrund die Geschlechterdifferenzen, wenn auch in geringerem Maße. „Die Schere zwischen den Geschlechtern verringert sich von 33 Prozentpunkten in der Gruppe mit sehr geringem Kapitalvolumen auf 15 Prozentpunkte in der Gruppe mit der günstigsten Kapitalausstattung"(Mutz 2009, S. 113).

Es lässt sich zusammenfassen, dass Mädchen aus einem strukturell und kulturell integrierten Elternhaus eher am vereinsgebundenen Sport partizipieren. Dagegen ist für Mädchen aus sozial benachteiligten Familien der Zugang zum Sportverein erschwert. Um diese Zielgruppe zu erreichen, erscheint es notwendig, dass Sportvereine niederschwellige Sportangebote ermöglichen.

- *Schulsport*

Der Schulsport gewährt die sportliche Aktivität in der Schule und teilt sich in Sportunterricht und außerunterrichtlichen Schulsport, wie z. B. Schulsportfeste und Arbeitsgemeinschaften (AGs), auf. Schulsportlehrpläne bieten Orientierung und Freiräume in der Entwicklung eines bewegungsorientierten Schulsportprofils. Sowohl in der Inhaltsauswahl des Sportunterrichts als auch in den außerunterrichtlichen Angebotsformen sind Entscheidungsspielräume gewollt, so dass die Einzelschule auf Veränderungen in der Sportkultur und auf lokale Merkmale adäquat reagieren kann. Übergeordnetes Ziel ist die Verwirklichung des Doppelauftrags, der die Erziehung zum Sport mit der Erziehung durch Sport vereint (vgl. MSW 2008, S. 135). Die pädagogischen Potentiale des Sports gilt es zu verwirklichen.

- *Sportunterricht*

Basierend auf der aktuellen Ausbildungsordnung für Grundschulen in NRW liegt die Gesamtunterrichtszeit im Fach Sport bei drei Wochenstunden (BASS 2012). Die Ergebnisse der Sprint-Studie zeigen, dass Mädchen und Jungen in der vierten Klasse dem Sportunterricht eine hohe Wertschätzung zuschreiben und sich im Sportunterricht wohlfühlen. Für Mädchen und Jungen der vierten Klasse hat der Sportunterricht eine höhere Relevanz als der Vereinssport. Sie verfügen über eine hohe Lern- und Leistungsbereitschaft. Das Bild dreht sich in den folgenden Schulstufen (vgl. DSB 2006, S. 117). Mit zunehmendem Alter der Schüler/innen lässt sich ein Bedeutungsverlust und Verlust des Wohlbefindens verzeichnen, der bei den Mädchen stärker ausgebildet ist als bei den Jungen (DSB 2006, S. 134). Schüler/innen der vierten Klasse sind sich größtenteils einig, dass die Inhalte des

Sportunterrichts mit ihren Interessen weitestgehend übereinstimmen. Darüber hinaus fordern sie die Implementierung großer Sportspiele in den Sportunterricht an Grundschulen. Im Ganzen schätzen sie den Sportunterricht positiv ein. Dies mag überraschen vor dem Hintergrund, dass der Anteil fachfremder Lehrkräfte bei 49 % liegt (DSB 2006, S. 100). Aus Sicht der Sportlehrer/innen zeigt sich, dass große Gruppen im Vergleich zur Hallengröße als ein qualitätsmindernder Faktor des Sportunterrichts bewertet werden (DSB 2006, S. 245). In außerunterrichtlichen Angeboten, z. B. Schul-AGs, trifft diese Herausforderung nicht zu. Es wird vorwiegend in kleineren Gruppen, mit einer inhaltlichen Fokussierung und gemeinsamen Zielsetzung gearbeitet.

- *Außerunterrichtlicher Schulsport*

Außerunterrichtlicher Schulsport wird als wichtiges Bindeglied zwischen Schulsport und außerschulischem Sport verstanden (vgl. DSB 2006, S. 252). Dem Zusammenspiel von Schule und Sportvereinen kommt dabei eine bedeutsame Rolle zu. Im Folgenden richtet sich der Blick insbesondere auf die Teilhabe und Durchführung von Sport-AGs. Die Ergebnisse der Sprint- und der KiGGS-Studie zeigen auf, dass ca. ein Zehntel der Schüler/innen aller Schulformen an außerunterrichtlichen Sportangeboten, z. B. schulischen AGs, teilnehmen (DSB 2006, S. 264; vgl. Woll et al. 2008, S. 180). In Grundschulen liegen die Zahlen bei über 20 %. Aufgrund des forcierten Ausbaus der Ganztagsgrundschule dürfte ihr Anteil gegenwärtig höher ausfallen. Kleindienst-Cachay et al. (2012, S. 141) zeigen in ihrer Regionalstudie auf, dass 28,6 % der Schüler/innen an Grundschulen an AGs mit sportivem Schwerpunkt teilnehmen. Mit Blick auf die Inhalte lässt sich feststellen, dass fast die Hälfte aller Nennungen Fußball als favorisierte Sportart solcher AGs anführt. Die Kinder, die an den Sport-AGs teilnehmen, haben – entsprechend dem Anteil an der Schülerschaft – zu ca. 45 % einen Migrationshintergrund (vgl. Kleindienst-Cachay et al. 2012, S. 142 f.). Mit Blick auf die Geschlechterverhältnisse gilt, dass unter den Teilnehmer/innen mit Migrationshintergrund an Grundschulen 33,8 % weiblich und 66,2 % männlich sind. Eine höhere Anzahl weiblicher Migrantinnen hätte erwartet werden können, denn die Angebote an der Schule, als einem geschützten und pädagogisch legitimierten Raum, könnten ja gerade jenen Mädchen mit Migrationshintergrund Gelegenheit zum Sporttreiben bieten, die in anderen Sportsettings keinen Sport ausüben können, dürfen oder wollen (vgl. Kleindienst-Cachay et al. 2012, S. 145 f.). In Anlehnung daran stellen Kleindienst-Cachay et al. (vgl. 2012, S. 146) jedoch nüchtern fest, dass mehr als die Hälfte der untersuchten Schulen kein spezielles Sportangebot für Mädchen darbietet. An Grundschulen liegt der Wert mit 61 % sogar über dem Durchschnitt aller Schulformen.

Da solche adressatenbezogenen Angebote insbesondere für Mädchen mit Migrationshintergrund anziehend und wertvoll sein können, gilt es die Weichen hierfür zu stellen.

> Offenbar wird erwartet, dass sich die Mädchen selbstverständlich in geschlechtsheterogenen Gruppen im Sport integrieren. Da dies für Mädchen mit Mhg. noch weniger in Frage kommen dürfte als für Mädchen ohne Mhg., ist in den Schulen ein Umdenken dringend zu empfehlen. [...] Dass mädchenspezifische Angebote in hohem Maße speziell von Mädchen mit Mhg. genutzt werden, zeigen unsere Daten [...]. (Kleindienst-Cachay et al. 2012, S. 146)

Dass geschlechtsspezifische Angebote insbesondere von Mädchen mit Migrationshintergrund wahrgenommen werden, zeigt auch die Evaluation des Projektes *Soziale Integration von Mädchen durch Fußball*. Der durchschnittliche Anteil an Mädchen mit Migrationshintergrund liegt in den Mädchenfußball-AGs bei 73,9 % und damit oberhalb des schulischen Durchschnitts von 66,2 %. Fast 80 % der AG-Teilnehmerinnen sind nicht Mitglied in einem Sportverein, 57 % der Mädchen sprechen in der Familie eine andere Sprache als Deutsch (vgl. Gebken und Vosgerau 2012, S. 32, S. 99).

2.2 Motive des Sporttreibens

Unabhängig vom sportlichen Setting (Schule, Sportverein, selbst organisierter Sport) gibt es Faktoren, die eine aktive Sportteilhabe begünstigen. Die Beweggründe für eine sportliche Partizipation differieren zwischen den Geschlechtern. Schmidt (2008b, S. 381) benennt Gründe, die für eine Bindung an den Sportverein sprechen (siehe Tab. 2).

Dem Großteil der Mädchen sind die positive Atmosphäre und der Spaß wichtig, während weniger als ein Drittel der Mädchen wie eine Leistungssportlerin trainieren möchten (vgl. Schmidt 2008b, S. 381). Kuhn, Medick und Dudek (2000, S. 67 ff.) haben die Bewegungsaktivitäten von Kindern in der dritten bis sechsten Jahrgangsstufe, die sie in selbst gemalten Bildern dargestellt haben, den gängigen Sinnperspektiven zugeordnet. Signifikante Unterschiede bestehen bei den Perspektiven Spiel/Spielen und Wettkampf als deutliche Präferenz der Jungen, sowie Geselligkeit/Gemeinschaft und Ausdruck/Gestaltung als Wünsche der Mädchen.

Richtet sich der Fokus auf die Sportspiele, so wird nach Süßenbach (2004, S. 105) deutlich, dass Spaß an Training und Wettkampf für jugendliche Mädchen der entscheidende Grund für ihr Sportspielengagement ist. Die eindeutigsten Er-

Tab. 2 Bindung an den Sportverein, Antworten gern/sehr gern zusammengefasst (eigene Darstellung)

	Jungen	Mädchen
Wegen Atmosphäre, positive Stimmung:	68,6 %	78,8 %
Mannschaftszugehörigkeit:	72,8 %	58,8 %
Wie ein Leistungssportler trainieren:	54,7 %	28,6 %

folgserlebnisse verspüren Mädchen, wenn sie ihr Bestes geben, etwas Lernen, was Spaß macht, wofür sie in der Gruppe viel geübt haben (Süßenbach 2004, S. 110). Bei den Jungen überwiegt darüber hinaus die Tendenz, das Gefühl zu haben, leistungsmäßig herauszuragen, die meisten Tore/Punkte zu erzielen und/oder zu den besten Spielern zu gehören. Diese Aspekte lassen sich verstärkt bei Jungen mit Migrationshintergrund feststellen (vgl. Schmidt 2008a, S. 57). Süßenbach spricht in diesem Zusammenhang von einer Motiv-Vielfalt der Mädchen, die sich jedoch in einer sozialen Ausrichtung des Sportengagements zuspitzt. Sportspielspezifische Charakteristika wie Schnelligkeit und Vielseitigkeit werden zudem von den Mädchen genannt. Der Aspekt der Entspannung scheint keine Rolle zu spielen. Das Gewinnen in der Gemeinschaft ist darüber hinaus bedeutsam und steht über dem Aspekt erfolgreicher Einzelleistungen (vgl. Süßenbach 2004, S. 104 f., 110, 122). Kugelmann (2007) stellt hinsichtlich der Fußballteilhabe fest, dass Mädchen sich verbessern wollen und etwas leisten möchten, dass damit aber weitere Interessen einhergehen.

> Mädchen wollen durchaus etwas leisten, sich verbessern und mit anderen vergleichen. Doch sie wollen anscheinend daneben auch andere Interessen befriedigen, – mit Freundinnen zusammen sein und sich unterhalten, gemeinsam lachen und etwas unternehmen – was weniger mit Sport, sehr viel jedoch mit Gemeinschaft zu tun hat. (Kugelmann 2007, S. 41)

Betrachtet man die Motive und Zugangsweisen der Mädchen für das Fußballspielen detaillierter, lässt sich konstatieren, dass es „die" Fußball spielenden Mädchen nicht gibt. Kugelmann und Sinnig (2004b, S. 141 ff.) unterteilen die Mädchen in zwei Hauptgruppen: die erfahrenen und die unerfahrenen Spielerinnen. Aber auch diese beiden Gruppen sind in sich nicht homogen, sondern von vielfältigen individuellen Vorerfahrungen und Motiven geprägt. Die Erfahrenen werden in Spielerinnen mit Erfolgsorientierung und Spielerinnen mit Spiel-Spaß-Motiv unterschieden. Die Unerfahrenen teilen sich in drei Gruppen: Spielerinnen mit Leistungsorientierung, Spielerinnen mit Spiel-Spaß-Motiv und Spielerinnen, die den Fußball ablehnen. Die Zugangsweise zum Fußball wird demnach nicht nur durch den Grad der Vorerfahrung, sondern insbesondere durch persönliche Beweggründe und Ziele geprägt.

2.3 Zwischenfazit

Im Kindesalter sind Mädchen und Jungen in unterschiedlichen Settings und Sportarten, mit unterschiedlicher Intensität und Häufigkeit und aufgrund variierender Motive sportlich aktiv. Teilweise bleiben dabei sportspezifische Charakteristika, präzise Angaben zum Ausmaß und Variabilität der sportlichen Aktivität unberücksichtigt. Die empirischen Befunde geben jedoch einen Einblick in die sportliche Partizipation von Mädchen und Jungen – insbesondere im Grundschulalter. In der Schule zeigt sich, dass neben dem verpflichtenden Sportunterricht, außerunterrichtliche Angebote in Form von Sport-AGs vielfältige Potentiale enthalten. Sie ergänzen nicht nur den Sportunterricht, sondern bieten einen Rahmen, in dem Mädchen und Jungen individuell gefördert werden können. Dies kann gelingen, wenn Sportangebote auf die Voraussetzungen und Wünsche der Kinder ausgerichtet sind. Es kann in kleinen Gruppen mit vielfältigen Differenzierungsmöglichkeiten gearbeitet werden.

Die allgemeine Analyse des kindlichen Sportengagements macht eine sportabstinente Gruppe sichtbar. Ein Zehntel der Kinder im Alter von drei bis zehn Jahren geben an, nie sportlich aktiv zu sein (vgl. Lampert et al. 2007, S. 636). Es fällt auf, dass insbesondere Mädchen mit niedrigem Sozialstatus und Migrationshintergrund die größten Aktivitätsdefizite aufweisen. Während Mädchen mit niedrigem Sozialstatus zu 40,2 % weniger als einmal in der Woche sportlich aktiv sind, sind es nur 12,1 % der Mädchen mit hohem Sozialstatus. Ein ähnliches Bild zeichnet sich bei den Mädchen mit Migrationshintergrund ab. Fast die Hälfte der Mädchen mit Migrationshintergrund (48,3 %) ist seltener als einmal wöchentlich sportlich aktiv. Ohne Migrationshintergrund sind ca. 21 % der Mädchen sportlich inaktiv (Lampert et al. 2007, S. 638).

Im Hinblick auf die Sportteilhabe spielt neben dem familiären, ethnischen und sozioökonomischen Hintergrund das Geschlecht eine Rolle. Dabei ist deutlich, dass Unterschiede nicht nur zwischen den Geschlechtern ermittelt werden können. Innerhalb der Geschlechtergruppe ist Pluralität, z. B. hinsichtlich der Motive und Interessen, zu verzeichnen. Variationen innerhalb der Geschlechtergruppen gilt es zu berücksichtigen. Dennoch ist das Geschlecht eine Kenngröße im sportlichen Kontext. Herausforderungen, die damit einhergehen, werden im Folgenden durchleuchtet; eine kritisch-konstruktive Perspektive wird auf das Geschlecht gelegt.

3 Die Konstruktion von Geschlecht

„Zweifellos gehört es zu unseren Grunderfahrungen, dass wir Unterschiede zwischen Mädchen und Jungen, zwischen Frauen und Männern erkennen" (Faulstich-Wieland 1995, S. 70). Mädchen und Jungen werden nicht nur als gegensätzlich, sondern auch als ergänzend und aufeinander bezogen wahrgenommen. Wir treffen Unterscheidungen zwischen den Geschlechtern und meinen zu wissen, was mit der Kategorie Geschlecht gemeint ist. Dabei ist Geschlecht nicht einfach ein Merkmal einer Person, sondern ein Erkennungszeichen in einer Gruppe; ein Ordnungsfaktor der Gesellschaft. Ein reflektierter Blick auf das gegenwärtige Verständnis und die Konstruktionsmechanismen von Geschlecht ist – auch im sportlichen Kontext – hilfreich. Eine rein biologische Sichtweise auf das Geschlecht (sex) weicht einem sozialen, kulturell eingeordneten Verständnis. Das Geschlecht und damit entsprechendes Handeln und Denken ist demnach nicht biologisch determiniert, sondern sozial konstruiert (gender) und somit gestaltbar. Noch vor hundert Jahren wurde dem weiblichen Geschlecht die Fähigkeit zu abstrakten kognitiven Leistungen abgesprochen; Mädchen und Frauen wurden systematisch von höherer Bildung ausgeschlossen. Neue Studien bestätigen die Angleichung der Kompetenzen beim gleichen Zugang zu Bildung. Verhalten geschlechtstypisch zu interpretieren und somit Informationen über Personen schnell zu verarbeiten, findet bisweilen Einklang in unserer Gesellschaft. In geschlechtstypischen Kategorien zu denken meint u. a. dem weiblichen Geschlecht eine stärkere interpersonale Orientierung und ein größeres emotionales Verständnis zuzusprechen. Als männlich angemessene Eigenschaften werden u. a. Entschlossenheit und Sachlichkeit beurteilt (vgl. Steins 2003, S. 21). Stereotype Denkweisen bieten vermeintliche Erwartungssicherheiten und können Denkprozesse scheinbar erleichtern, werden jedoch individuellen Eigenarten der Menschen kaum gerecht. Bereiche außerhalb einer binären Geschlechterordnung bleiben in der Regel unberücksichtigt.

Das Geschlecht wird gegenwärtig als eine soziale Konstruktion verstanden, die im Alltagshandeln, insbesondere in der Interaktion hergestellt wird (doing gender) und sich auch anders konstruieren ließe (undoing gender) (vgl. Popp 1999, S. 31). Im Laufe ihrer Sozialisation lernen Mädchen und Jungen, dass an ihr Geschlecht bestimmte Erwartungen und Handlungsweisen geknüpft sind. Eine Einordnung in die Geschlechterhierarchie findet statt.

> Die Wahrnehmung der Kategorie Geschlecht ist also von Anfang an untrennbar verwoben mit den jeweiligen psychologischen und sozialen Attributen, die innerhalb eines sozialen Kontextes Männern und Frauen zugeschrieben werden, so dass diese Konstruktionen als wirklich und wahr erlebt werden. (Steins 2003, S. 116)

Maccoby (2000, S. 183 f.) weist darauf hin, dass erwachsene Menschen, insbesondere Eltern, als Sozialisierungsinstanz einen erheblichen Einfluss auf ihre Töchter und Söhne ausüben. In vielerlei Hinsicht werden Mädchen und Jungen von Bezugspersonen ähnlich behandelt. Dennoch werden Tendenzen der Geschlechtertrennung im Umgang von Eltern mit ihren Kindern deutlich, auch wenn diese geringfügig ausfallen. Dies zeigt sich beispielsweise darin, dass Eltern häufig negativ reagieren, „wenn sich ein Kind für Aktivitäten interessiert, die ihrer Meinung nach nicht geschlechtskonform sind" (Maccoby 2000, S. 183). Mädchen und Jungen beobachten darüber hinaus, wie sich Männer und Frauen verhalten und wie die Geschlechter in den Medien dargestellt werden; was sich auf ihre Geschlechtsrollenidentität auswirkt. In der Diskussion um die Konstruktion von Geschlecht wird deutlich, dass es um jene sozialen Prozesse geht, in denen Geschlecht als sozial folgenreiche Unterscheidung hervorgebracht und reproduziert wird. Ein solches (Ver-) Handlungsfeld geschlechtsspezifischer Differenzen und Identitäten bildet der Sport. Im Sport kann ein Verhalten der binären Geschlechterordnung entsprechend beobachtet und geschlechtstypisch interpretiert werden. Er bildet einen Kontext, in dem Geschlechterdifferenzen relevant und bewusst sind. Dabei ist zu berücksichtigen, dass bestehende Geschlechterdifferenzen nicht beständig sind. Sobiech (2010, S. 564) klärt über die Variabilität und Dynamik der Geschlechterverhältnisse auf. Diese sind im kulturellen und sozialen Rahmen veränderlich.

3.1 Geschlechterkonstruktionen im Sport

Zwar gibt es Mädchen, die schneller laufen oder weiter werfen können als gleichaltrige Jungen. Diese Mädchen stellen jedoch eine Minderheit dar. Unterschiede in den sportlichen Leistungsbereichen werden durch die sportliche Sozialisation maßgeblich beeinflusst. Mädchen und Jungen sind bis zu einem Alter von zehn bis zwölf Jahren in etwa gleich groß und schwer. In ihrer körperlichen Entwicklung unterscheiden sich Grundschülerinnen und Grundschüler kaum voneinander, die Hormonausstattung ist nahezu identisch. Gieß-Stüber et al. (2008, S. 67) und Bös und Schneider (2006, S. 64) sprechen von unbedeutsamen Unterschieden in der sportmotorischen Leistungsfähigkeit. Differenzen, die in der Sportteilhabe und in vereinzelten motorischen Fähigkeiten (z. B. Wurffähigkeit) erkennbar sind, lassen sich sozialisationsbedingt erklären. Ausschlaggebend dafür ist neben der Herausbildung von Interessen, der Art und dem Ausmaß der sportlichen Aktivität, das Verständnis der Sportarten.

Ganz offensichtlich spielen bereits im Kindesalter soziale Konstruktionen von ‚weiblichem' oder ‚männlichem' Sport eine so zentrale Rolle, dass sie Auswirkungen auf Teilbereiche der motorischen Leistungsfähigkeit von Mädchen und Jungen haben. (Gieß-Stüber et al. 2008, S. 67)

Siegler, DeLoache und Eisenberg (2005, S. 161) sowie Steins (2003, S. 85) betonen, dass Jungen stärker zu athletischeren und motorischen intensiveren Aktivitäten stimuliert werden als Mädchen. Kinder lernen, wie sie ihren Körper im Sport einsetzen und präsentieren.

Unterschiede zwischen Mädchen und Jungen sowie innerhalb der Geschlechtergruppe können mit dem Umfang und der Intensität des sportlichen Trainings begründet werden.

[…]Eine der dafür maßgebenden Ursachen besteht fraglos darin, dass zu dieser Zeit einem erheblichen Teil der Kinder bereits eine mitunter mehrjährige, über den Schulsport hinausgehende freizeitsportliche Betätigung bzw. Trainingstätigkeit in einer Sportart zuteil geworden ist. (Meinel und Schnabel 2007, S. 305 ff.)

In diesem Zusammenhang meint Süßenbach (2004, S. 65), dass die gesellschaftlich anerkannte Geschlechterordnung die Entwicklung von Sportarten und die Bewertung dieser beeinflusst. Nach wie vor bestehen – auch im Hinblick auf bestimmte Sportarten – Meinungen darüber, wie geschlechtsadäquates Verhalten aussieht. Dies kann „einerseits Reduktion von Unsicherheit und andererseits Einschränkung potenzieller Vielfältigkeit, individueller Entwicklung und Verhaltensweisen" bedeuten (Süßenbach 2004, S. 65). Erwartungen und ggfs. Zwänge, die mit einer Geschlechtsrolle verbunden sind, wirken meist nicht offen, sondern verdeckt und subtil. Sie können durch die Familie, Lehrer/innen, Übungsleiter/innen, die Peergroup und weitere Bezugspersonen oder durch mediale Inszenierungsformen vermittelt werden. Diese finden sich an sportlichen Schauplätzen, bei bestimmten Bewegungserfahrungen, beim Umgang mit Siegen und Niederlagen, dem Einsatz des Körpers, der Kraft und des Durchsetzungsvermögens wieder (vgl. Kugelmann 2000, S. 118). Es wird deutlich, dass sich Mädchen und Jungen im Grundschulalter körperlich kaum voneinander unterscheiden. Sie erfahren jedoch eine variierende (sportliche) Sozialisation. Welche Auswirkungen dies auf den Schulsport in der Grundschule hat, soll folgend betrachtet werden.

3.2 Geschlechterkonstruktionen im (Grund-) Schulsport

Im Zuge der Koedukationsdebatte im Schulsport fällt auf, dass sich der Blick wesentlich auf den Sekundarbereich und speziell auf den Sportunterricht richtet. Der

Primarbereich wird dagegen vernachlässigt, ebenso die Diskussion um außerunterrichtliche Sportangebote. In der Sprint-Studie (DSB 2006, S. 102) wird die Frage nach Koedukation und den Folgen in der vierten Jahrgangsstufe gar nicht gestellt. Es wird davon ausgegangen, dass im Klassenverband unterrichtet wird und das gemeinsame oder getrennte Unterrichten und deren Auswirkungen keine Rolle zu spielen scheinen.

Wird gegenwärtig von geschlechtersensiblem Unterrichten gesprochen, ist damit gemeint „aufmerksam für geschlechtsbezogene Zuschreibungen zu sein, diese im eigenen Handeln zu vermeiden und bei Bedarf aufzugreifen" (Frohn und Süßenbach 2012, S. 4). Auch wenn Mädchen und Jungen im Schulsport der Grundschule vermeintlich gleich behandelt werden, die gleichen körperlichen Voraussetzungen mitbringen und beide den Schulsport positiv bewerten, bleibt fraglich, ob damit per se Chancengleichheit und Entfaltungsmöglichkeiten in allen sportlichen Bewegungsfeldern – jenseits von Geschlechterstereotypen – gewährleistet sind. Eine Geschlechtergerechtigkeit ist dann erreicht, wenn neben der Vermeidung der Reproduktion tradierter Stereotype von Mädchen und Jungen die Erweiterung von Handlungsoptionen aller Beteiligten gewährleistet ist (vgl. Sobiech 2010, S. 555 f.). Frohn (2004, S.165 ff.) zeigt auf, dass die sportpädagogische Koedukationsdebatte in der Primarstufe beginnt. Einige allgemein bekannte Phänomene der Koedukationsforschung sind bereits im Sportunterricht der Grundschule zu beobachten. In sogenannten „freien Phasen", d. h. wenn Schülerinnen und Schüler frei wählen können, was sie mit wem machen, nutzen Mädchen vielfältigere Geräte, wählen kooperativere Spielformen oder betätigen sich gar nicht sportlich, sondern reden „nur" miteinander. Die Jungen verwenden dagegen insgesamt weniger Materialien, bevorzugen bereits in der Grundschule Bälle und messen sich häufiger in Wettbewerben. Weiterhin beobachtete sie das Phänomen des pädagogischen Androzentrismus. Sportlehrkräfte wenden sich häufiger den Jungen zu und stimmen die Inhalte eher auf deren Bedürfnisse und Wünsche ab. Darüber hinaus werden Mädchen als sportlich weniger leistungsfähig angesehen, sowohl von den Jungen als auch von den Mädchen selbst. Sind sich Lehrkräfte dieser Geschlechterproblematik nicht bewusst, erfolgt der Sportunterricht demnach häufig für Mädchen benachteiligend und kann selbstwertmindernde Erfahrungen zur Folge haben (vgl. Gieß-Stüber 2001, S. 308). Frohn und Süßenbach (2012, S. 2) meinen in diesem Zusammenhang:

> Der Sportunterricht aller Jahrgangsstufen weist Strukturen und Interaktionen auf, die der Individualität der Schülerinnen und Schüler nicht gerecht werden, Entwicklungschancen beeinträchtigen und letztendlich zu Ungleichheiten und Hierarchien zwischen den Geschlechtergruppen führen.

Besonders deutlich fallen diese Benachteiligungen in Sportarten aus, in denen Jungen aufgrund ihrer Sportsozialisation mehr Erfahrungen besitzen. Der Fußball stellt ein solches Handlungsfeld dar. Im Folgenden wird der Blick darauf gerichtet, ob im Fußball Mädchen und Jungen – unabhängig von Geschlechtsrollenklischees – spielerische Erfahrungen sammeln können oder ob und wie im Fußball geschlechtstypisches Verhalten reproduziert und verstärkt wird.

3.3 Geschlechterkonstruktionen im Fußball

Fußball ist eine beliebte und weltweit verbreitete Sportart. Sie wird nicht nur aktiv im Verein oder selbstorganisiert betrieben, sondern auch in Stadien oder im Fernsehen verfolgt. Fußball besitzt einen hohen Stellenwert in unserer Gesellschaft. Würde Fußball ein soziales Geschlecht besitzen, so wäre es männlich. Dies zeigt sich schon in der Bezeichnung der Sportart. „Männer spielen Fußball, Frauen spielen Frauenfußball" (Meyer 2005, S. 79). Der Blick auf den Internetauftritt des Deutschen Fußball-Bundes (www.dfb.de) zeigt eine Unterteilung in „Nationalmannschaft" und „Frauen-Nationalmannschaft". Ebenso unterscheidet der Weltfußballverband FIFA (www.fifa.com) auf internationaler Ebene zwischen „FIFA World Cup" und „FIFA Women's World Cup". „Fußball" ist der geschlechtsspezifisch-männliche Begriff dieser Sportart. Diesem Sachverhalt ist es geschuldet, dass neu gegründete Frauen-Fußballvereine eine ausdrückliche Geschlechtszuweisung in ihrem Namen tragen, wie beispielsweise der „1. Frauen-Fußball-Club Frankfurt". Andere Sportarten sind dagegen in ihrer Begrifflichkeit zunächst neutral und bekommen erst durch ihre weitere Bezeichnung eine geschlechtsspezifische Prägung, z. B. Damen- und Herrentennis (vgl. Müller 2007, S. 114). Die Terminologie zeigt: Fußball ist nicht geschlechtsneutral, sondern männlich konnotiert. Der Wettkampfcharakter, die Entschlusskraft, Schnelligkeit und Härte im Spiel werden eher dem männlichen Geschlecht zugeordnet. Unsere Darstellungen zeigen, dass Fußball spielende Jungen in unterschiedlichen Settings die Realität bestimmen. Selten lassen sich Fußball spielende Mädchen auf Bolzplätzen beobachten. Kugelmann (2000, S. 119) bezeichnet diese öffentlichen Fußballfelder als „kulturelle Produkte einer verbreiteten männerdominierten Sportart". Damit ist der geschlechtsspezifische Raum Ausdruck der bestehenden Geschlechterdichotomie und trägt dazu bei, tradierte Geschlechterverhältnisse weiterzuvermitteln. Unweigerlich wird Jungen ein Interesse für Fußball zugesprochen, das sich in ihren Aktivitäten und dem Wunsch nach mehr Fußball widerspiegelt, aber vermutlich nicht der gesamten Geschlechtergruppe entspricht (vgl. DSB 2006, S. 124). Für Jungen ist es scheinbar selbstverständlich diese Sportart auszuüben und sie werden von ihrem Umfeld dabei gefördert. Eine Fußballkarriere lässt sich widerspruchslos mit dem Aufbau der männlichen Identität verbinden und stärkt diese. Maccoby (2000) verdeutlicht die Begeisterung der Jungen mittleren Alters für Fußball.

> Diese Interessen finden nicht nur in eigener sportlicher Betätigung ihren Ausdruck, sondern auch in der Begeisterung, mit der Jungen Sportprogramme im Fernsehen verfolgen, Fotos von Baseball- oder Fußballspielern tauschen, sich über Themen aus dem Sportbereich unterhalten […]. (Maccoby 2000, S. 62)

Bei Mädchen zeigt sich ein anderes Bild. Lange Zeit war das Fußballspielen für Mädchen und Frauen verboten und der Deutsche Fußball-Bund (DFB) drohte mit Strafen bei Zuwiderhandlungen. Erst im März 1970 hob der DFB sein offizielles Verbot auf. Seitdem ist ein enormer Anstieg Fußball spielender Frauen und Mädchen zu verzeichnen (vgl. Hoffmann und Nendza 2006, S. 30, 48 ff.). Jedoch werden Fußball spielende Mädchen „[…] von ihrer sozialen Umwelt meist nicht ermutigt, Karrierestreben im Fußballsport zu entwickeln oder gar zu zeigen" (Kugelmann und Weigelt-Schlesinger 2009, S. 66). Die Entwicklung der weiblichen Identität von Fußballspielerinnen wird zuweilen erschwert. Sie finden sich in widersprüchlichen Situationen wieder, wie der Darstellung ihrer Weiblichkeit und dem Ausleben fußballspezifischer, d. h. gemeinhin männlicher Handlungsweisen (Kugelmann und Weigelt-Schlesinger 2009, S. 66).

Dennoch müssen Geschlechterdifferenzen, die sich im Fußball erkennen lassen, nicht konstant sein. Der Fußball bildet ein Handlungsfeld, in dem einerseits Stigmatisierungen unreflektiert einfließen können. Andererseits bietet der Fußball die Möglichkeit, Geschlechterunterschiede zu verändern, Potentiale zu erkennen und Zugänge zu bieten.

> Sport ist aber nicht nur ein soziales Feld, in dem Gender produziert sondern auch verändert werden kann. Gerade durch die Beteiligung von Frauen in männlich dominierten Sportarten wird Widerstand gegen die Geschlechterordnung geleistet und die Konstruktion von Geschlecht wird deutlich. (Süßenbach 2004, S. 66)

Der Fußball bietet demnach die Möglichkeit, klassische Rollenklischees abzubauen. Gelingt es den Mädchen, sich trotz familiärer Einwände im Fußballsport zu behaupten, kann dies dazu beitragen, tradierte Geschlechterstereotypisierungen aufzubrechen (vgl. Süßenbach 2004, S. 103; Kugelmann und Weigelt-Schlesinger 2009, S. 74).

3.4 Zwischenfazit

Unterschiede zwischen Mädchen und Jungen, zwischen Weiblichem und Männlichem, herauszustellen, scheint ein gesellschaftliches Strukturmerkmal zu sein. Dabei zeigt sich – insbesondere im Kindesalter –, dass Differenzen zwischen Mädchen und Jungen oftmals sehr gering ausfallen.

> Obwohl geschlechtsspezifische Differenzen in verschiedenen Bereichen nachgewiesen werden konnten, ist zu betonen, dass die Variation innerhalb beider Geschlechter groß ist und dass Männer und Frauen gleichermaßen sowohl in der Nähe des oberen als auch des unteren Endes einer statistischen Verteilung eines gegebenen charakteristischen Merkmals platziert sind. Und obwohl die meisten Menschen phänotypisch entweder als eindeutig männlich oder weiblich erscheinen, stellt jeder Mensch ein komplexes Mosaik männlicher und weiblicher Charakteristika dar. (Bös und Schneider 2006, S. 63)

In sportbezogenen Handlungsfeldern werden soziale Konstruktionen des Geschlechts offenbart und können verstärkt werden. Dies kann im Schulsport bereits in der Grundschule beobachtet werden. Es zeigt sich beispielsweise darin, wie Mädchen und Jungen ihren körperlichen Habitus ausbilden und darin bestärkt werden, sich sportlich zu präsentieren. Fußball nimmt in diesem Zusammenhang eine Sonderrolle ein. Als männlich dominierte Sportart kann sie dazu beitragen, tradierte Stereotype des Weiblichen und Männlichen zu reproduzieren. Darüber hinaus kann der Fußball die Möglichkeit bieten, das soziale Geschlecht zu vernachlässigen, bzw. Geschlechterdifferenzen zu überwinden.

Die ausführliche Beteiligung von Mädchen an einer männlich dominierten Sportart ist diesbezüglich ein erster Schritt. Geschlechterordnungen und -konstruktionen gilt es im fußballerischen Kontext zu erkennen und zu hinterfragen. Unsere Analysen zeigen ein steigendes Interesse von Mädchen an Ballsportarten, speziell an Fußball. Ein Anstieg im Fußballvereinsengagement ist in den letzten Jahren zu erkennen. Dennoch sind Mädchen, insbesondere solche aus sozial schwachen Familienstrukturen und mit Migrationshintergrund im Fußball unterrepräsentiert. Um ihnen die Möglichkeit zu eröffnen, sich diesem Bewegungsfeld zu nähern, bieten sich Mädchenfußball-AGs in der Schule an. Wie eine solche Gestaltung konkret aussehen kann, zeigt der folgende Abschnitt.

4 Die Mädchenfußball-AG

Wenn die Mädchen in die Halle kommen, nehmen sie sich einen Ball, spielen allein oder in der Gruppe, bewegen sich im Raum, schießen und bolzen. Szenen wie diese spiegeln das Bild der Mädchenfußball-AGs des Projektes *Soziale Integrati-*

on von Mädchen durch Fußball wider. Mithilfe des Projektes werden bundesweit Fußball-AGs für Mädchen in Grundschulen aus sozial marginalisierten Stadtteilen initiiert. Für die jungen Spielerinnen öffnet sich dadurch ein neues Bewegungsfeld, in dem sie sich ausprobieren und den Fußballsport für sich entdecken können. Ihr Geschlecht sowie ihr kultureller und sozialer Hintergrund scheinen in diesem Moment keine Rolle zu spielen. Die vorangegangenen Darstellungen zum kindlichen Sportengagement zeigen, dass Mädchen mit niedrigem Sozialstatus und Mädchen mit Migrationshintergrund im organisierten Sport unterrepräsentiert sind und die höchsten Aktivitätsdefizite aufweisen. Um diesen Mädchen den Zugang zum Sport zu ermöglichen bzw. zu erleichtern, haben sich die Mädchenfußball-AGs als probates Angebot erwiesen. So liegt beispielsweise der Anteil an Mädchen mit Migrationshintergrund in den AGs über dem schulischen Durchschnitt. Damit dieses gelingen kann, bietet sich das Spielen in geschlechtshomogenen Gruppen an. Die Mädchen sollen die Möglichkeit bekommen in einem „geschützten Raum" erste Erfahrungen zu sammeln (Gebken und Vosgerau 2011, S. 189 f.). Kugelmann (2000, S. 122) betont, dass es sich für Mädchen und Jungen empfiehlt allein zu bleiben, „[...] wenn die Isolation notwendig ist, um eigene Identität zu stärken, z. B. wenn es um Körperprobleme und Gefühle geht; unter sich sollten besonders die Mädchen immer dann bleiben, wenn die Dominanz der Jungen wichtige Lernprozesse stört oder verhindert". Weiterhin sind Chancen dahingehend formuliert, dass sich Mädchen im geschlechtshomogenen Fußballspielen mehr zutrauen. Sie können – fernab spielstarker Jungen – für sich und das Team erste Erfolge erfahren. Sie werden nicht mehr direkt an der Spielweise der Jungen gemessen und können unbefangen den Sport für sich entdecken (vgl. Gieß-Stüber 1993, S. 183 f.). Befragt man die Mädchen in den Fußball-AGs, so wird die Notwendigkeit geschlechtshomogener Angebote noch viel deutlicher. Laut einer Fragebogenevaluation von 259 Projektteilnehmerinnen des niedersächsischen Projektes *Soziale Integration von Mädchen durch Fußball* lehnen 94 % der AG-Teilnehmerinnen die Teilnahme von Jungen ab (Vosgerau 2011, S. 61). Wie bereits dargestellt, ist der Fußball eine männlich konnotierte Sportart, in der sich die Jungen den Mädchen gegenüber überlegen fühlen können (vgl. Kugelmann 2007, S. 48). Als „Spielkönner" übertragen sie die Zielsetzungen des wettkampforientierten Sports auf andere Settings wie beispielsweise den Sportunterricht. Sie möchten möglichst jedes Spiel gewinnen und haben meist kein Verständnis für spielschwächere Spielerinnen und Spieler (Schmidt 2004, S. 15). Andererseits gibt es auch unter den Mädchen „erfahrene Spielerinnen mit Erfolgsorientierung", die im Verein oder in ihrer Freizeit Fußball spielen. Diese Spielerinnen verfügen über ein hohes Maß an technischen und taktischen Fähigkeiten und erhalten dadurch Anerkennung und Respekt von den Jungen. Sie sind in der Lage, sich gegen fußballerfahrene Jungen durchzusetzen und motiviert, herausfordernde Situationen anzunehmen, um ihre Spielleistungen zu verbessern. Kugelmann und Sinning (2004a, S. 7) empfehlen, dass sie auch mit und gegen Jungenmannschaften spielen, um ihr Durchsetzungsvermögen und ihren Kampfgeist zu verbessern. Nach Einschätzungen der Leiter/innen des oben genannten Projektes besitzen jedoch nur sehr wenige Mädchen bei Eintritt in die AG fußballspezifische Vorerfahrungen (vgl. Gebken und Vosgerau 2012, S. 101). Um diese Mädchen langfristig für den Fußball zu begeistern, ist es daher unabdingbar, ihnen ihren eigenen Zugang zu dieser Sportart und ihre eigene Art des Spielens zu ermöglichen (vgl. Zipprich 2002, S. 84). Diese eigene Art des Spielens gilt es zu erkennen und aufzuschlüsseln. Die einzelnen AG-Teilnehmerinnen bilden den Fokus der didaktischen Arbeit. Unter ihnen gibt es nach Kugelmann und Sinnig (2004b, S. 141 ff.) diejenigen mit Leistungsorientierung und diejenigen mit Spiel-Spaß-Motiv. Die Gruppe der Mädchen mit Abwehr gegenüber dem Fußball wird an dieser Stelle nicht näher betrachtet, da davon auszugehen ist, dass die Mädchen die AGs freiwillig besuchen und demnach eine gewisse Affinität gegenüber dem Fußball besitzen. Durch die spezifische Zielgruppe der AG wird eine Form äußerer Differenzierung verwirklicht. Aufgrund der unterschiedlichen persönlichen Motive, Bedürfnisse und Interessen der AG-Teilnehmerinnen lässt sich jedoch kein einheitliches Vermittlungskonzept aufstellen. Vielmehr ist es wichtig, vielfältige Angebote zu machen und im Sinne der inneren Differenzierung die Mädchen individuell zu fördern. Das heißt, dass die unterschiedlichen Voraussetzungen der Mädchen berücksichtigt werden. Die didaktisch-methodische Ausrichtung in der Fußball-AG sollte entsprechend ihren Vorerfahrungen, ihrer Leistungsbereitschaft und -fähigkeit, ihrer Begabungen und Intentionen stattfinden.

Weiterhin ist für den Erfolg einer Fußballgruppe in der Schule eine qualifizierte AG-Leitung unabdingbar. Sie muss nicht nur die AG verantwortungsvoll und zuverlässig organisieren, sondern auch Freude am Sport sowie fußballerische Fertigkeiten vermitteln können. Außerdem muss sie über pädagogische, soziale und interkulturelle Kompetenzen verfügen. Die bisherigen Projekterfahrungen zeigen, dass die Bedeutung weiblicher Übungsleiterinnen als sehr hoch eingeschätzt wird. Sie dienen als Vertrauenspersonen und Vorbilder (vgl. Gebken und Vosgerau 2012, S. 105 ff.). Bei den Mädchen können dadurch klassische Geschlechterstereotypisierungen abgebaut werden. Ebenso wie die Mädchen, befürworten auch die Eltern die Geschlechtertrennung und den Einsatz weiblicher Trainerinnen. Dieses erleichtert bei vielen, insbesondere muslimischen, Eltern die Zustimmung für das Fußballspielen ihrer Töchter. Einige bezeichnen dieses sogar als notwendige Voraussetzung (Gebken und Vosgerau 2012, S. 117).

Zusammenfassend lässt sich sagen, dass Mädchen mit geringen fußballerischen Vorerfahrungen von geschlechtshomogenen AGs profitieren. Diese sollten idealerweise von weiblichen Trainerinnen geleitet werden. Mit der Zeit, wenn die Mädchen ihre Techniken und Taktiken verbessert haben, wächst oftmals das Interesse daran, sich außerhalb der AG mit den Jungen auf dem Schulhof zu messen (vgl. Gebken und Vosgerau 2011, S. 189 f.). Zunächst liegt der Fokus jedoch darauf, erste Zugänge und Teilhabemöglichkeiten zu schaffen und zu verwirklichen. Gelingt dies, gilt es weiter zu untersuchen, was es bedarf, damit alle mitspielen können.

5 Zusammenfassung

In Anlehnung an die Ausgangsfrage, ob Fußball ein kulturelles Gut darstellt, an dem alle Kinder – unabhängig ihres Geschlechtes – partizipieren (können), zeigen unsere Analysen, dass dies nicht per se gegeben ist. Der Blick auf das Sportengagement von Mädchen und Jungen verdeutlicht, dass sich Kinder vielfältig im informellen und institutionellen Raum bewegen. Es kristalisiert sich jedoch eine Gruppe sportlich inaktiver Kinder heraus. Dazu zählen Mädchen aus einem sozial niedrigen Milieu, die oftmals über einen Migrationshintergrund verfügen. Gründe für die Sportabstinenz der beschriebenen Gruppe können in einer fehlenden elterlichen Unterstützung, in fehlenden Anregungen, fehlenden Rollenvorbildern und fehlenden zielgruppenspezifischen Angeboten liegen. Damit die Mädchen, die im schulischen und außerschulischen Sport benachteiligt sind, den Zugang zur sportlichen Aktivität finden, bedarf es geeigneter Angebote.

Einen ersten wertvollen Schritt bilden Schulsport-AGs. Grundschülerinnen messen schulsportlichen Angeboten einen hohen Stellenwert bei und können sich im vertrauten Rahmen wohlfühlen. In geschlechtshomogenen Kleingruppen können sie sich ausprobieren, Freude an der Bewegung und am Spiel erfahren und sich Neuem widmen. Inhaltlich sind diese Arbeitsgemeinschaften im Rahmen des Projektes *Soziale Integration von Mädchen durch Fußball* auf das Fußballspielen ausgerichtet. Die meisten Mädchen der dargestellten Zielgruppe haben darin wenige Vorerfahrungen. Sie unterscheiden sich jedoch u. a. hinsichtlich ihrer Motive und ihrer Leistungsbereitschaft. Die Mädchengruppe ist in sich nicht homogen, sondern vielfältig. Daher bedarf es nicht einer Didaktik, die speziell auf Mädchen ausgerichtet ist. Vielmehr sind Differenzierungsmaßnahmen erforderlich, die die jeweiligen Fähigkeiten und Intentionen der Kinder berücksichtigen. Die Mädchen können Spaß am gemeinsamen Spiel erleben, sich in der Gruppe etwas zutrauen und Fortschritte verzeichnen. Fußball zu spielen, bietet für die Spielerinnen zudem die Möglichkeit, sich in einem geschlechtstypisch männlich geprägten Feld zu bewegen. Es kann dabei zu Widerständen kommen, da das Fußballspielen von Mädchen als geschlechtsinadäquates Verhalten gedeutet werden kann. Bestehende

Ungleichheiten können jedoch überwunden, Geschlechterstereotypisierungen erkannt und ggfs. aufgebrochen werden.

Ausblickend bleibt offen, welche Gelingensbedingungen und Hemmnisse, welche Sichtweisen und Herausforderungen im pädagogischen Handlungsfeld zu erwarten sind. Anforderungen an Übungsleiter/innen und pädagogisch Verantwortliche werden zwar im Vorhinein formuliert, offenbaren sich jedoch erst im praktischen Handeln. Es kann jedoch – durch die Mädchenfußball-AGs – gelingen, dass Mädchen sich ein Bewegungsfeld erschließen, das vielfältige Potentiale birgt. Welche Bedeutung das Geschlecht und der sozio-kulturelle Hintergrund in diesem Zusammenhang für die Einzelne spielen, bleibt offen. Unsere Hoffnung ist daran geknüpft, dass Mädchen über diesen ersten Projektbaustein – Freude an der Bewegung, am Fußball erleben – einen persönlichen Sinn im Sporttreiben erfahren und es zur Gewohnheit werden lassen, die sie in dieser oder ähnlicher Form ihr Leben lang begleitet. Gelingt dies dauerhaft, so ist eine beständige Sportteilhabe möglich. Im Laufe ihrer Entwicklung können sie selbst soziale Verantwortung übernehmen und als Jugendliche anderen jungen Mädchen den Weg in den Fußball eröffnen.

Literatur

Bereinigte Amtliche Sammlung der Schulvorschriften NRW (BASS). (2012). *Ausbildungsordnung Grundschule*. Frechen: Ritterbach Verlag.

Bös, K., & Schneider, F. (2006). Differentielle Aspekte motorischer Entwicklung in Abhängigkeit vom Geschlecht. In I. Hartmann-Tews & D. Alfermann (Hrsg.), *Handbuch Sport und Geschlecht* (S. 56–67). Schorndorf: Hofmann.

Burrmann, U., Mutz, M., & Zender, U. (2011). Integration von Jugendlichen mit Migrationshintergrund in Sport und Gesellschaft. In Bundesinstitut für Sportwissenschaft (Hrsg.), *BISp Jahrbuch Forschungsförderung 2009/10* (S. 253–258). Bonn.

Deutscher Fußball-Bund (DFB). (2000). *Mitglieder-Statistik 2000*. http://www.dfb.de/fileadmin/Assets/pdf/mitgliederstatistik_2000.pdf. Zugegriffen: 28. Sept. 2012.

Deutscher Fußball-Bund (DFB). (2012). *Mitglieder-Statistik 2012*. http://www.dfb.de/uploads/media/DFB-Mitglieder-Statistik-2012.pdf. Zugegriffen: 28. Sept. 2012.

Deutsches Jugendinstitut (DJI).(2012). *MediKuS 2011/12*. http://www.dji-fachtagung.de/medikus/MediKuS_Ergebnisse.pdf. Zugegriffen: 20. Okt. 2012.

Deutscher Olympischer Sportbund (DOSB).(2009). *Frauen im Sport – Zahlen & Fakten*. http://www.dosb.de/uploads/media/Zahlen_und_Fakten_Frauen_gewinnen.pdf. Zugegriffen: 28. Sept. 2012.

Deutscher Sportbund (DSB). (Hrsg.) (2006). *DSB-Sprint-Studie-Sportunterricht in Deutschland. Eine Untersuchung zur Situation des Schulsports in Deutschland*. Aachen: Meyer und Meyer.

Faulstich-Wieland, H. (1995). *Geschlecht und Erziehung: Grundlagen des pädagogischen Umgangs mit Mädchen und Jungen*. Darmstadt: Wissenschaftliche Buchgesellschaft.

Frohn, J. (2004). Reflexive Koedukation auch im Sportunterricht der Grundschule? *Sportunterricht, 53*(6), 163–168.

Frohn, J., & Süßenbach, J. (2012). Geschlechtersensibler Schulsport. *Sportpädagogik, 36*(6), 2–7.

Gebken, U., & Vosgerau, J. (2011). Und sie wollen kicken! Soziale Integration durch Mädchenfußball. In S. Braun & T. Nobis (Hrsg.), *Migration, Integration und Sport. Zivilgesellschaft vor Ort* (S. 183–197). Wiesbaden: VS Verlag für Sozialwissenschaften.

Gebken, U., & Vosgerau, S. (2012). *Soziale Integration von Mädchen durch Fußball – Evaluationsbericht zum Stand der bundesweiten Projekt-Implementierung.* Universität Oldenburg.

Gieß-Stüber, P. (1993). „Teilzeit-Trennung" als mädchenparteiliche Maßnahme. Bericht über einen Unterrichtsversuch in einer Gesamtschule. In N. Schulz & H. Allmer (Hrsg.), *Schulsport heute – Aspekte einer zeitgemäßen Konzeption* (S. 166–186). Sankt Augustin: Academia Verlag.

Gieß-Stüber, P. (2001). Koedukation. In H. Haag & H. Altenberger (Hrsg.), *Handbuch Sportpädagogik* (S. 307–313). Schorndorf: Hofmann.

Gieß-Stüber, P., Neuber, N., Gramespacher, E., & Salomon, S. (2008). Mädchen und Jungen im Sport. In W. Schmidt & R. Zimmer (Hrsg.), *Zweiter Deutscher Kinder- und Jugendsportbericht. Schwerpunkt Kindheit* (S. 63–83). Schorndorf: Hofmann.

Hoffmann, E., & Nendza, J. (2006). *Verlacht, verboten und gefeiert. Zur Geschichte des Frauenfußballs in Deutschland* (2. Aufl.). Weilerswist: Landpresse.

Kleindienst-Cachay, C. (2009). Chancen und Probleme muslimischer Mädchen und Frauen in organisierten, wettbewerbsmäßig betriebenen Sport. In E. Gramespacher (Hrsg.), *Bewegungskulturen von Mädchen – Bewegungsarbeit mit Mädchen* (S. 70–84). Immenhausen: Prolog-Verlag.

Kleindienst-Cachay, C., Cachay, K., & Bahlke, S. (2012). *Inklusion und Integration. Eine empirische Studie zur Integration von Migrantinnen und Migranten im organisierten Sport.* Schorndorf: Hofmann.

Kugelmann, C. (2000). Koedukation der Geschlechtertrennung im Schulsport der Zukunft? In H. Aschebrock (Hrsg.), *Erziehender Schulsport. Pädagogische Grundlagen der Curriculumrevision in Nordrhein-Westfalen.* Bönen: Verlag für Schule und Weiterbildung Kettler.

Kugelmann, C. (2007). Fußball - eine Chance für Mädchen und Frauen. In G. Gdawietz (Hrsg.), *Die Zukunft des Fußballs ist weiblich* (S. 33–51). Aachen: Meyer & Meyer.

Kugelmann, C., & Sinning, S. (2004a). Mädchen spielen Fußball. *Sportpädagogik, 28*(3), 4–9.

Kugelmann, C., & Sinning, S. (2004b). Wie lernen Mädchen Fußball-Spielen? Überlegungen zu einer adressatenbezogenen Sportspieldidaktik. In C. Kugelmann (Hrsg.), *Geschlechterforschung im Sport. Differenz und/oder Gleichheit. Beiträge aus der DVS-Kommission „Frauenforschung in der Sportwissenschaft"* (S. 135–152). Hamburg: Czwalina.

Kugelmann, C., & Weigelt-Schlesinger, Y. (2009). Fußballsozialisation – eine Chance für Mädchen. In M. Ponkwitt & F. Bergmann (Hrsg.), *Geschlechter – Bewegungen – Sport* (S. 65–78). Leverkusen-Oplanden: Budrich UniPress.

Kuhn, P., Medick, B., & Dudek, W. (2000). Kinderwünsche für eine bewegte Schule. In E. Balz & P. Neumann (Hrsg.), *Anspruch und Wirklichkeit des Sports in Schule und Verein. Jahrestagung der dvs-Sektion Sportpädagogik vom 3.-5.6.1999 in Regensburg* (S. 67–73). Hamburg: Czwalina.

Kurz, D., & Tietjens, M. (2000). Das Sport- und Vereinsengagement der Jugendlichen. Ergebnisse einer repräsentativen Studie in Brandenburg und NRW. *Sportwissenschaft, 30*(4), 384–407.

Lampert, T., Mensink, G. B. M., Romahn, N., & Woll, A. (2007). Körperlich-sportliche Aktivität von Kindern und Jugendlichen in Deutschland. *Bundesgesundheitsblatt, 50*(5-6), 634–642.

Maccoby, E. E. (2000). *Psychologie der Geschlechter. Sexuelle Identität in den verschiedenen Lebensphasen.* Stuttgart: Klett-Cotta.

Meinel, K., & Schnabel, G. (2007). *Bewegungslehre, Sportmotorik. Abriss einer Theorie der sportlichen Motorik unter pädagogischem Aspekt* (11. Aufl.). Aachen: Meyer & Meyer.

Meyer, C. T. (2005). *Was hindert Mädchen am Fußballspielen?* Saarbrücken: VDM Verlag Müller.

Ministerium für Schule und Weiterbildung des Landes Nordrhein-Westfalen (MSW). (Hrsg.) (2008). *Richtlinien und Lehrpläne für die Grundschule in Nordrhein-Westfalen.* Frechen: Ritterbach Verlag.

Müller, M. (2007). Das Geschlecht des Fußballs – zur ‚Polarisierung der Geschlechtscharaktere' im Fußball. *Sport und Gesellschaft: Zeitschrift für Sportsoziologie, Sportphilosophie, Sportökonomie, Sportgeschichte, 4*(2), 113–141.

Mutz, M. (2009). Sportbegeisterte Jungen, sportabstinente Mädchen? *Sport und Gesellschaft: Zeitschrift für Sportsoziologie, Sportphilosophie, Sportökonomie, Sportgeschichte, 6*(2), 95–121.

Nissen, U. (1992). Raum und Zeit in der Nachmittagsgestaltung von Kindern. In J. Deutsches (Hrsg.), *Was tun Kinder am Nachmittag? Ergebnisse einer empirischen Studie zur mittleren Kindheit* (S. 127–170). München: DJI Verlag.

Pfister, G. (1991). Mädchenspiele – zum Zusammenhang von Raumaneignung, Körperlichkeit und Bewegungskultur. *Sportunterricht, 40*(5), 165–175.

Popp, U. (1999). Was ist Geschlecht? Ein Versuch, drei Antworten zu finden. *Pädagogik, 51*(5), 30–33.

Schmidt, W. (2004). *Fußball. Spielen, erleben, verstehen.* Schorndorf: Hofmann.

Schmidt, W. (2006). *Kindersport-Sozialbericht des Ruhrgebiets. Sonderband: Sozialstrukturelle Daten.* Unveröffentlichtes Manuskript. Universität Duisburg-Essen.

Schmidt, W. (2008a). Sozialstrukturelle Ungleichheiten in Gesundheit und Bildung – Chancen des Sports. In W. Schmidt, R. Zimmer & K. Völker (Hrsg.), *Zweiter Deutscher Kinder- und Jugendsportbericht. Schwerpunkt Kindheit* (S. 43–61). Schorndorf: Hofmann.

Schmidt, W. (2008b). Zur Bedeutung des Sportvereins im Kindesalter. In W. Schmidt, R. Zimmer & K. Völker (Hrsg.), *Zweiter Deutscher Kinder- und Jugendsportbericht. Schwerpunkt Kindheit* (S. 373–390). Schorndorf: Hofmann.

Siegler, R., DeLoache, J., & Eisenberg, N. (2005). *Entwicklungspsychologie im Kindes- und Jugendalter.* München: Spektrum.

Sobiech, G. (2010). Gender als Schlüsselqualifikation von (Sport-) Lehrkräften. In N. Fessler, A. Hummel, & G. Stibbe (Hrsg.), *Handbuch Schulsport* (S. 554–568). Schorndorf: Hofmann.

Steins, G. (2003). *Identitätsentwicklung. Die Entwicklung von Mädchen zu Frauen und Jungen zu Männern.* Lengerich: Pabst Science Publishers.

Süßenbach, J. (2004). *Mädchen im Sportspiel. Analysen zur Identitätsentwicklung im Jugendalter.* Hamburg: Czwalina.

Völker, K. (2008). Wie Bewegung und Sport zur Gesundheit beitragen – Tracking-Pfade von Bewegung und Sport zur Gesundheit. In W. Schmidt, R. Zimmer, & K. Völker (Hrsg.), *Zweiter Deutscher Kinder- und Jugendsportbericht. Schwerpunkt Kindheit* (S. 89–106). Schorndorf: Hofmann.

Vosgerau, J. (2011). *Soziale Integration von Mädchen mit Migrationshintergrund durch Fußball. Abschlussbericht.* Universität Osnabrück.

Woll, A., Jekauc, D., Mees, F., & Bös, K. (2008). Sportengagements und sportmotorische Aktivität von Kindern. In W. Schmidt, R. Zimmer, & K. Völker (Hrsg.), *Zweiter Deutscher Kinder- und Jugendsportbericht. Schwerpunkt Kindheit* (S. 177–191). Schorndorf: Hofmann.

Zipprich, C. (2002). „Endlich stören die Mädchen die Jungen nicht mehr" - Interviews mit Lehrkräften zur Geschlechtertrennung. In C. Kugelmann & C. Zipprich (Hrsg.), *Mädchen und Jungen im Sportunterricht. Beiträge zum geschlechtssensiblen Unterrichten* (S. 73–85). Hamburg: Czwalina.

Zwischen Theorie und Praxis – Chancen und Grenzen der Kooperation zwischen Schulen und Vereinen

Lea Segel

1 Einleitung

Die Kooperation von Schulen und Sportvereinen (SV) hat durch den forcierten Ausbau der Ganztagsschulen (GTS), die inzwischen bereits 44 % der deutschen Grundschüler/innen besuchen (vgl. Ständige Kultusministerkonferenz 2012, S. 11), eine wachsende Bedeutung erhalten. Das Ganztagsangebot soll den Schüler/innen ein ausgewogenes Nebeneinander von Konzentration und körperlicher Betätigung, von Gemeinsamkeit und Individualität ermöglichen (vgl. BMBF 2012). Um das erweiterte Angebot zu garantieren, basieren die meisten Ganztagskonzepte in hohem Maße auf der Kooperation mit außerschulischen Partner/innen (vgl. Deinet 2010, S. 57). Bewegung, Spiel und Sport spielen als Ganztagselemente in Projekten, AGs und Pausenelementen bereits eine bedeutende Rolle (vgl. Laging 2009, S. 19). Der Ausbau der GTS ermöglicht den Sportvereinen, als außerschulischer Bildungsträger neue und eigene Räume zu besetzen (vgl. Naul 2011, S. 32). Die Kooperation kann Schulen und Vereinen zugutekommen, indem sie ein vielfältigeres Angebot in der Nachmittagsbetreuung der GTS und Mitgliederzuwächse für die Sportvereine bedingen kann. Mit der Ausweitung der schulischen Lern- bzw. Unterrichtszeit geht allerdings auch eine Reduzierung der Freizeit für optionale außerschulische Bewegungsaktivitäten einher. Aus diesem Grund scheint es nicht nur wünschenswert, sondern auch notwendig, schulische und außerschulische Angebote besser zu verknüpfen, aufeinander abzustimmen und sie sozialräumlich auszugestalten. Das langfristige Ziel des Auf- und Ausbaus von kommunalen Bildungslandschaften (vgl. Seibel 2007, S. 12) wurde durch das Investitionsprogramm der Bundesregie-

---

L. Segel (✉)
Soziale Arbeit, Alice-Salomon-Hochschule Berlin, Alice-Salomon-Platz 5,
12627 Berlin, Deutschland
E-Mail: lea.segel@lernzentrum-berlin.de

rung IZBB von 2003 bis 2009 mit rund 4 Mrd. € gefördert (vgl. Sozialpädagogisches Institut NRW 2007, S. 7 f.).

Allerdings bleibt dabei oft unklar, wie derartige Kooperationen praktisch umgesetzt werden sollen. Eine Begleitstudie des Investitionsprogramms nennt als Rahmenbedingungen für gelungene Kooperationen zwischen GTS und außerschulischen Partner/innen lediglich verbindliche und nachhaltige Kooperationsstrukturen, Kooperationsverträge, eine gemeinsame Konzeptentwicklung und gemeinsame Fort- und Weiterbildungsangebote (vgl. Sozialpädagogisches Institut NRW 2007, S. 14). Darüber hinaus werden in Rahmenvereinbarungen, die mittlerweile in allen Bundesländern zwischen Schulen und freien Trägern oder sonstigen Organisationen geschlossen wurden (vgl. Sozialpädagogisches Institut NRW 2007, S. 41), weitere Handlungsanweisungen gegeben. Bildungspolitischen Vorgaben und theoretische Rahmenkonzepte werden jedoch oftmals durch praktische Erfahrungen konterkariert. So zeigen beispielsweise die Ergebnisse der Projekte von *Fußball ohne Abseits* (vgl. Gebken und Vosgerau 2012, S. 123), dass unterschiedliche Funktionsweisen, Betriebszeiten und Qualitätsstandards von Schulen und Vereinen, kommunikative Probleme, labile Vereinsstrukturen, die Personalsituation in Vereinen und Schulen sowie wahrgenommene Konkurrenzsituationen oftmals einer reibungslosen Kooperation im Weg stehen. Die Erfahrung von *Fußball ohne Abseits* zeigt dabei auch, dass Kooperationen zwischen Schulen und Sportvereinen gerade in sozial und ökonomisch problematischen Settings besonderer Impulse und Unterstützungsleistungen bedürfen.

Im Folgenden soll vor dem Hintergrund der Erfahrungen des Projektes *Fußball ohne Abseits* der Frage nachgegangen werden, wie eine erfolgreiche Kooperation zwischen Ganztagsschule und Sportvereinen gestaltet werden kann. Dabei wird davon ausgegangen, dass eine Kooperation nur dann zustande kommt, wenn sie für alle Beteiligten von Nutzen ist (vgl. Vogel 2010, S. 162). Bislang überwiegt innerhalb der Vereinslandschaft noch immer die Skepsis gegenüber Kooperationen, die zum Teil sogar als existentielle Gefahr für die Vereine wahrgenommen werden (vgl. Breuer und Feiler 2012, S. 11 f.). Zunächst werden Entwicklungs- und Forschungsstand der GTS rekapituliert. Anschließend werden theoretische Kooperationskonzepte aus Berlin, Hamburg und NRW mit den praktischen Erfahrungswerten von Akteuren aus dem Feld verglichen und gemeinsame Schlüsselfaktoren für eine erfolgreiche Kooperation identifiziert.[1] Als Schlüsselfaktoren werden diejenigen

---

[1] Die Untersuchung basiert einerseits auf relevanten Forschungen und der Analyse der Rahmenvereinbarungen zwischen Landesregierungen und den jeweiligen Landessportbünden (LSB), und andererseits auf qualitativen Experteninterviews von Praktikern aus den Bereichen Schule und Verein. Die Analyse konzentriert sich auf den Vergleich der Stadtstaaten Berlin (BE) und Hamburg (HH) mit dem Flächenland Nordrhein Westfalen (NRW), die unterschiedliche Rahmenvereinbarung mit den jeweiligen LSB beschlossen haben. Die Experteninterviews werden in Anlehnung an die Methode von Meuser und Nagel ausgewertet und in thematisch passende Kategorien eingeordnet (vgl. Segel, 2013, S. 23f.).

Einflüsse bezeichnet, die die Kooperation beider Institutionen positiv beeinflussen und sowohl durch die theoretische als auch die empirischen Auseinandersetzung bestätigt werden. Abschließend wird die Schulsozialarbeit (SSA) als ein möglicher Lösungsansatz und Bindeglied zwischen Schule und Verein diskutiert, die eine sozialräumliche Einbindung der Sozialen Arbeit, des Quartiersmanagements und anderer sozialer Träger gestalten könnte (vgl. Gebken und Vosgerau 2012, S. 132 f.).

2 Stand der Forschung

Die Ganztagsgrundschule (GTGS) hat einen ganzheitlichen Bildungsanspruch und die Aufgabe, den Schüler/innen die Eingewöhnung in eine organisierte Form des Lernens, sowie ein solides Fundament für das Lernen an weiterführenden Schulen zu bieten (vgl. Standop 2008, S. 527). Der Begriff Ganztagsschule hat seit der Veröffentlichung der ersten PISA-Ergebnisse 2001 in der Bildungsdebatte Hochkonjunktur (vgl. Otto und Rauschenbach 2008, S. 9 f.). Grob lassen sie sich in die offene und die gebundene Ganztagsschule unterteilen, die sich im Wesentlichen durch die verbindlichen Betreuungszeiten und Unterrichtsstrukturen unterscheiden (vgl. Standop 2008, S. 532 f.). Allerdings zeigt sich, dass die verschiedenen Organisationsformen der Schulen nicht trennscharf kategorisiert werden können, weil die einzelnen Bundesländer mit den gleichen Begriffen unterschiedliche Konzepte bezeichnen, die die Schulen wiederum individuell und lokal spezifisch umsetzen (vgl. Züchner und Fischer 2011, S. 15). Weil die meisten relevanten Forschungen keine Unterteilung der einzelnen Ganztagsschulformen vornehmen, ist ein systematischer Vergleich oder eine Bewertung der unterschiedlichen Organisationsformen hinsichtlich der Zuträglichkeit von außerschulischen Kooperationen nicht möglich. Folgend werden deshalb unter GTGS sowohl offene als auch gebundene Ganztagsgrundschulen verstanden.

Der Ausbau der GTS und außerschulische Kooperationen werden in unterschiedlicher Weise wissenschaftlich begleitet. Hervorzuheben sind die längsschnittliche, quantitativ-standardisierte Studie zur Entwicklung von Ganztagsschulen (StEG), die im Panteldesign verfassten Sportentwicklungsberichte (SEB), die Evaluationsstudie der BeSS-Angebote (Bewegung, Spiel und Sport) an offenen Ganztagsgrundschulen in NRW, der Forschungsbericht des Deutschen Jugendinstituts (DJI) zu Schulkooperationen und die Studie zur Entwicklung von Bewegung, Spiel und Sport an der Ganztagsschule. Die Kooperation zwischen Schule und Sportverein steht in aktuellen Forschungen selten im Mittelpunkt des Forschungsinteresses, stellt aber durchaus ein erforschtes Randgebiet dar. So geben die oben genannten Forschungen teilweise Hinweise darauf, welche Faktoren für eine gelungene Kooperation wichtig sind. Die Erhebung des SEB 2009/10 zeigt, dass die

Kooperation zwischen Schule und Verein stark vom Selbstverständnis der Vereine abhängt (vgl. Breuer und Wicker 2010, S. 2). Vereine, die ihren Schwerpunkt auf die Jugendarbeit legen, engagieren sich verstärkt im Angebot der GTS. Auch verfügen kooperierende Vereine häufiger als nicht-kooperierende über festangestellte Mitarbeiter/innen (vgl. Breuer und Wicker 2008, S. 2). Im SEB 2007/08 zeigt sich, dass die gemeinsame Angebotserstellung mit Schulen in Hinblick auf die Mitglieder/innengewinnung positive Entwicklungsperspektiven für den Verein bietet. Auch jugendliche Leistungssportler/innen können so an Vereine gebunden werden, was vor allem durch die Möglichkeit der Sichtung während der Veranstaltungen im Ganztagsbetrieb begründet wird. Daneben werden die Gesamtperspektive des Vereins und die Entwicklungsperspektiven durch Kooperationen gestärkt, wodurch die gemeinsame Angebotserstellung als Chance und nicht als Risiko für die Sportvereine gewertet wird (vgl. Breuer und Wicker 2008, S. 5 ff.). Noch immer werden die Chancen von einer Mehrheit der Sportvereine nicht erkannt. Laut SEB 2011/12 sehen 29 % der Vereine die Entwicklung der GTS als Chance, aber 36 % als Gefahr. Darüber hinaus beziehen 35 % keine klare Position, wobei keine Begründung für die Gefahreneinschätzung gegeben wird (vgl. Breuer und Feiler 2012, S. 11 f.). Die Ergebnisse verdeutlichen, dass die Kooperationschancen für die Vereine stärker kommuniziert werden müssen, um das Bewusstsein für die Kooperationsvorteile zu schärfen und an das Engagement zu appellieren. Neben den Vereinen entstehen auch bei den Schulen neue Chancen durch die Kooperation mit außerschulischen Partner/innen. Vor allem die Ausdehnung des pädagogischen Repertoires vom Lernort Schule zum Lebensort Schule durch die Erweiterung der Kompetenzen und Aufgaben bietet große Chancen zur Weiterentwicklung. (vgl. Kaul 2006, S. 20).

Als Erfolgsfaktoren für eine Kooperation werden im SEB 2011/12 u. a. qualifizierte Trainer (43,8 %),[2] beidseitiges Interesse und Motivation (35,1 %), Absprachen/Abstimmung (21,5 %), attraktive und passende Angebote (17,8 %), Zeit (15,8 %), Infrastruktur (15,7 %), finanzielle Unterstützung (13,4 %), Erreichbarkeit (13,4 %), aktive Unterstützung durch die Schulen (12,4 %) und geeignete Ansprechpartner/innen (12,1 %) genannt (vgl. Breuer und Feiler 2012, S. 15 f.). Dagegen stellen die Ergebnisse einer Online-Befragung von hessischen GTS und SV zu Gelingensbedingungen aus dem Jahr 2010 den Aspekt der Kommunikation mit großem Abstand als wichtigsten Faktor dar und machen darauf aufmerksam, dass Harmonie zwischen den Akteuren ein wichtiger Bestandteil einer gelungenen Kooperation ist (vgl. Schulz-Algie 2010, S. 204).

Als weiteres zentrales Element von Kooperationen betont die Studie StEG Fort- und Weiterbildungsmöglichkeiten, wobei gemeinsame Fortbildungen besonders interessant sind, weil sie als Annäherung der verschiedenen Systeme gewertet wer-

---

[2] Anteil an Vereinen in % (N = 67.708) (vgl. Breuer und Feiler 2012, S. 35).

den können. Das geschieht aber lediglich bei 13 % der Kooperationspartnern. Die Längsschnittuntersuchung zeigt auch zu früheren und späteren Zeitpunkten diesbezüglich keine Veränderung (vgl. Arnoldt 2011, S. 321). Neben Faktoren für eine gelungene Kooperation zwischen GTS und SV gibt es auch hemmende Faktoren. So ist die Kooperation vom organisierten Sport mit GTS relativ neu, sodass die Organisation und Anforderungen der Kurse wenig erprobt sind und zu verschiedenen Problemen führen können. Die Kurse werden häufig von Honorarkräften mit einem geringen Stundenanteil durchgeführt, wodurch relativ viele Personen beschäftigt sind. Dies erschwert die Organisation, die Zusammenarbeit untereinander und mit den Lehrer/innen. Darüber hinaus sind die Übungsleiter/innen in den Schulen mit anderen Gruppen als in den Vereinen konfrontiert und dafür häufig nicht pädagogisch ausgebildet (vgl. BMFSFJ 2005, S. 232). Hier besteht ein hoher Fortbildungs- und Beratungsbedarf, der nur selten gedeckt wird. Auch den Schulen fehlen häufig Kooperationserfahrungen mit außerschulischen Partner/innen. Unklare oder überhöhte Erwartung an die Kooperationspartner/innen, sowie eine unkoordinierte pädagogische Zielsetzung innerhalb der Schule können zusätzliche Schwierigkeiten sein. Dazu kommt eine überwiegend fachliche Ausbildung der Lehrkräfte mit geringen sozialpädagogischen Anteilen, welche in der Ganztagsschulbetreuung jedoch einen höheren Stellenwert einnehmen. Ein weiteres zu beobachtendes Phänomen ist, dass die Kooperationspartner/innen von Lehrkräften immer wieder nicht auf gleicher Augenhöhe behandelt werden, was als ein Grundpfeiler für eine gelungene Kooperation als notwendig zu erachten ist (vgl. Kaul 2006, S. 20 f.).

3 Kooperationskonzepte

Mittlerweile haben alle 16 Bundesländer Rahmenkooperationsvereinbarungen mit freien Trägern oder sonstigen Organisationen abgeschlossen. Im Bereich Sport wurden im Laufe der Ganztagsschulentwicklung Rahmenvereinbarungen zwischen den zuständigen Schulministerien und Landessportbünden (LSB) abgeschlossen (vgl. Naul 2006, S. 3). Bei genauerer Betrachtung weisen diese Vereinbarungen insbesondere hinsichtlich des Spielraums für die konkrete Ausgestaltung auf kommunaler Ebene große Unterschiede auf (vgl. Sozialpädagogisches Institut NRW 2007, S. 41). Beispielhaft werden folgend die Vereinbarungen aus Berlin, Hamburg und Nordrhein-Westfalen verglichen. (Tab. 1).

Alle drei Bundesländer besitzen ein Bildungsprogramm, welches sich unter anderem mit den Kooperationspartner/innen der Schulen auseinandersetzt. Beispielsweise befürwortet das Programm des Berliner Senats die Kooperation zwi-

Tab. 1 Merkmale des Ganztagsgrundschulbetriebs in Berlin, Hamburg und Nordrhein-Westfalen (Stand 2011)

Land	Grundschulen	Schüler/innen	Ganztagsschuldichte	Quelle
B	370	136.078	100 %	(vgl. SenBJW 2012, S. 33 f.)
HH	216	60.141	im Aufbau	(vgl. BeSJB 2012, S. 8)
NRW	3.086	652.445	87 %	(vgl. MSW 2012, S. 8 ff.)

schen GTGS und SV eindeutig, da Bewegung neben den vorgesehenen Sportstunden ein wichtiger Bestandteil des Ganztagskonzepts sei (vgl. Ramseger et al. 2009, S. 38 f.). Der Erfolg einer Ganztagsschule sei demnach abhängig von der Identifikation, der Qualifikation und dem Engagement der beteiligten Erwachsenen. Das übliche Einzelkämpfertum einer traditionellen Halbtagsschule müsse überwunden werden und Teamgeist, Kooperation und Vernetzung stärker im Vordergrund stehen, so Ramseger. Neben pragmatischen Erwägungen entspricht es dem Leitbild eines offenen und vernetzten Lernortes, Kooperationen mit außerschulischen Partner/innen einzugehen. Entsprechend finden sich solche Forderungen auch in den Konzepten von Ganztagsgrundschulen im Berliner Bildungsprogramm (vgl. Ramseger et al. 2009, S. 50). In Hamburg hat die Behörde für Schule, Jugend und Berufsbildung (BeSJB) ähnlich wie im Berliner Bildungsprogramm Empfehlungen für eine erfolgreiche Kooperation verfasst, wobei auch diese Empfehlungen nicht nur für die Kooperation mit Sportvereinen, sondern wie bei der Berliner Beschreibung für alle Kooperationspartner/innen gelten. Allerdings ist zu bemerken, dass diese Empfehlungen bereits 2000 verfasst wurden und damit deutlich vor der rezenten Entwicklung der Ganztagsgrundschulen liegen. Im Unterschied zu den Stadtstaaten Berlin und Hamburg wurden vom LSB Nordrhein Westfalen flächendeckend Koordinierungsstellen eingerichtet, um die Initiierung und Koordinierung der Angebote zu unterstützen. Zusätzlich werden Qualifizierungsangebote für Mitarbeiter/innen der Sportorganisationen angeboten (vgl. Kesberg und Rolle 2010, S. 52).

Neben den Kooperationsempfehlungen der verschiedenen Bildungsprogramme haben auch die Landessportbünde eine Auseinandersetzung mit der Kooperation von Schule und Sportverein gefördert. So hat zum Beispiel der LSB Berlin (2011) ein Praxishandbuch veröffentlicht, in dem u. a. Tipps und Praxisempfehlungen für eine gelungene Kooperation beschrieben werden. Darin werden eine partnerschaftliche und vertrauensvolle Zusammenarbeit zwischen Sportvereinen und GTS angestrebt. Dafür sollen die wechselseitigen Interessen und Erwartungen abgestimmt, darauf aufbauend ein gemeinsames Konzept erarbeitet und eine verbindliche Vereinbarung zur Zusammenarbeit beschlossen werden. Ein wichtiger Faktor für eine gelungene Zusammenarbeit ist nach Ansicht des LSB Berlin die Klärung der vereinsinternen und schulinternen Voraussetzungen. Hierzu zählen die organisatorischen, finanziellen und personellen Ressourcen, die Kooperationsbereitschaft, die Möglichkeiten der Angebotsformen, die Bereitschaft zur Mitwirkung in schulischen und außerschulischen Gremien, eine angemessene Berücksichtigung des Sports im Schulprogramm und die Kapazität der Sportstätten. Darüber hinaus seien die Bereitstellung von Spiel- und Sportmaterialien, der Entwurf einer Rahmenkonzeption, die Qualifikation der Lehrer/innen und Übungsleiter/innen und der Einsatz von ehrenamtlichen Helfer/innen zu klären (vgl. LSB Berlin 2011, S. 24). Um eine gemeinsame Kooperation zu erlangen, zählt die Aussage „Kommunikation ist alles" als Grundpfeiler. Hierfür sind auf beiden Seiten kompetente Ansprechpartner/innen aus den Bereichen Schulleitung, Sportlehrer/innen, Elternvertreter/innen sowie Vereinsvorstände, Abteilungsleiter/innen und Übungsleiter/innen gefragt. Diese Ansprechpartner/innen sind letztendlich für die Kooperationsvereinbarung zuständig, die nach den oben beschriebenen Gelingensbedingungen umgesetzt werden sollen (vgl. LSB Berlin 2011, S. 25).

Eine Kooperationsvereinbarung besteht in allen genannten Bundesländern mit den jeweiligen Landessportbünden. Die Inhalte der Rahmenvereinbarungen unterscheiden sich nur teilweise voneinander. Allen Vereinbarungen steht ein Leitbild voran, in dem beide Institutionen ein für unverzichtbar gehaltenes, vielfältiges Bewegungs- und Sportangebot in der Ganztagsbetreuung verankern wollen. Die Umsetzung wird in Berlin und Nordrhein-Westfalen eher den Schulträgern, Schulen und kooperierenden Sportorganisationen überlassen, da die Beschreibungen viel Raum für eigene Interpretation lassen. So kommen z. B. für die Durchführung der Sportangebote in Berlin „in der Regel Personen in Betracht, die beim Träger der […] Angebote tätig sind und gemäß den Richtlinien […] qualifiziert und geeignet sind, bzw. vergleichbare Qualifikationen nachweisen" (SenBJS 2004, S. 3). Daneben ist auch „die Mitwirkung der Mitarbeiterinnen und Mitarbeiter […] in schulischen Gremien bzw. die Mitwirkung der Schule in Gremien des Trägers vor Ort zu regeln" (SenBJS 2004, S. 3). Im Gegensatz zum Berliner und Hamburger Modell, wurden in NRW vor Ort sogenannte Koordinierungsstellen eingerichtet, die der Unterstützung der Kooperationspartner/innen dienen sollen. Hier verpflichten sich die Kooperationspartner/innen zu einer gemeinsamen Qualitäts- und Evaluationsentwicklung sowie einer gemeinsamen Auswertung der Ergebnisse (vgl. Landesregierung NRW 2011, S. 6 f.). Daneben wird in NRW die Entwicklung eines Gesamtkonzepts von außerschulischen und schulischen Sportangeboten sowie gemeinsame Gremienarbeit empfohlen (vgl. Landesregierung NRW 2011, S. 1 ff.).

Die finanziellen Aspekte sollen in einem Kooperationsvertrag zwischen der GTGS und dem SV geregelt werden, hier sind sowohl in Berlin als auch in NRW keine Honorare festgelegt. Beispielhaft für den Spielraum in der Praxis sind die

Berliner Honorarsätze: Die Erfahrung zeigt, dass die meisten Mitarbeiter/innen der SV die Übungsleiterlizenz C besitzen und einen Honorarsatz von 13 € für eine Doppelstunde (90 Min) erhalten (vgl. Dollase 2012, S. 2). Im Gegensatz dazu sind in der Hamburger Rahmenvereinbarung die Regelungen für die Durchführung so konkretisiert, dass für die ausführenden Institutionen wenig Spielraum für eigene Interpretationen bleibt. Aber auch hier ist zu erwähnen, dass die Finanzierungsverantwortung zwar stärker betont wird, aber auch hier keine Honorarsätze festgelegt sind. Die Qualifikation der Anleiter/innen, Dauer und Rhythmus der Angebote, Anmeldung und Anwesenheit der Schüler/innen, Sportstätten und Geräte, Kommunikation und Informationsaustausch der Kooperationspartner/innen, Koordination und Qualitätssicherung werden daneben in der Rahmenvereinbarung genau bestimmt (vgl. Behörde f. B&S 2006, S. 2 f.). Diese genaue Festlegung schafft für alle Beteiligten die gleichen Voraussetzungen, was für eine flächendeckende, gleichberechtigte Durchführung durchaus von Vorteil sein kann. Auf der anderen Seite erzeugt diese Engführung weniger Spielraum für eigene Kooperationswege zwischen den gleichberechtigten Partnern Schule und Verein.

Es wird deutlich, dass eine gelungene Kooperation nicht nur von einer grundsätzlichen Bereitschaft der kooperierenden Akteure und der Identifikation mit dem Vorhaben abhängt, sondern auch von strukturellen Faktoren beeinflusst wird. Hier scheinen verbindliche Zielvorgaben und Aufgabenbeschreibungen, Kontinuität und eine stabile Kooperationsbeziehung wichtige Faktoren zu sein. Sie werden durch eine klare Rollenverteilung, ein einheitliches Regelwerk, Transparenz und Informationsaustausch sowie eine Koordinierung und Steuerung der Kooperation bestimmt (vgl. Kaul 2006, S. 21 f.). Darüber hinaus sind Qualitätskriterien aufzustellen und einzuhalten (vgl. BeSJB 2000, S. 21), die durch Qualifizierungsangebote für Projektbeteiligte gefördert werden können (vgl. Kesberg und Rolle 2010, S. 52).

4 Praktische Erfahrungen

Die aus Forschung und Rahmenkonzepten abgeleiteten Faktoren einer gelungenen Kooperation sollen nun mit den praktischen Erfahrungen von Akteuren kontrastiert werden, die mithilfe von leitfadengestützten Experteninterviews gewonnen wurden (vgl. Meuser und Nagel 2010, S. 460 f.), eine Methode, die sich im Zusammenhang mit Expertenbefragungen bewährt hat (vgl. Meuser und Nagel 2011, S. 58). Die Auswertung erfolgt in Anlehnung an Meuser und Nagel (vgl. 2010, S. 466 f.) in den Schritten Transkription, Paraphrasierung, Codierung, thematischer Vergleich, Konzeptualisierung und Generalisierung.

Als Expert/innen werden im Folgenden Projektmitarbeiter/innen auf schulischer wie auf Sportvereinsseite definiert, die durch eine institutionalisierte Kompetenz besonderes Wissen über die Projektkooperation besitzen. Da die Forschung mit Bezug auf das Projekt *Fußball ohne Abseits* durchgeführt wurde, basiert die durchgeführte Recherche auf Organisationsstrukturen, Kompetenzverteilungen und Entscheidungswegen von Mädchenfußball-AGs in Grundschulen. Zudem beschränkte sich die Auswahl der Gesprächspartner auf Berliner Projekte. Interviewt wurden sechs Expert/innen aus unterschiedlichen Institutionen und Positionen, um eine möglichst breite Meinungsvielfalt abzubilden. Hierbei handelt es sich um einen Sportlehrer, der seit langer Zeit Mädchenfußball-AGs an seiner Schule leitet und seit ca. sechs Jahren mit einem Verein kooperiert, einem Vereinspräsidenten und Leiter einer vereinsinternen Mädchen- und Frauenfußballabteilung, der Kooperationen mit verschiedenen Schulen eingegangen ist, einen 1. Vorsitzenden und Schul-AG-Leiter eines 2009 entstandenen Frauenfußballvereins, einen Mädchenfußballtrainer, der seit 2009 für seinen Heimatverein Mädchenfußball-AGs an Schulen durchführt, eine Vereinsmanagerin, die insbesondere das Projektmanagement des Mädchensports an Schulen für ihren Verein organisiert, und einen Schulsozialarbeiter, der seit drei Jahren die Kooperation mit dem ansässigen Fußballverein an seiner Schule fördert.

In den Interviews werden, wie zu erwarten, viele verschiedene Aspekte einer gelungenen Kooperation angesprochen. Bei der Auswertung ist zu betonen, dass es nicht um die vollständige Darstellung der Einzelinterviews geht. Vielmehr werden die Facetten, die für die Generierung der Kooperationsfaktoren wichtig sind, dargestellt, zusammengeführt und in passenden Kategorien beschrieben. Es ist zu berücksichtigen, dass die einzelnen Statements der Expert/innen nicht immer trennscharf Kategorien zugeordnet werden können und teilweise in mehreren Kategorien ein Rolle spielen, obwohl sie für die Auswertung eindeutig zugeordnet sind. Die entstandenen Kategorien Kommunikation, Finanzierung, Professionalisierung, Motivation, Infrastruktur, Umsetzung und Rahmenvereinbarung werden nachfolgend erörtert.

4.1 Kategorie Kommunikation

Kommunikation wird, neben der Finanzierung, als wichtigster Bestandteil einer gelungenen Kooperation gesehen, wobei die Bewertung der eigenen Kooperation in dieser Kategorie von den Expert/innen unterschiedlich ausfällt. Zur Kategorie Kommunikation gehören die Unterkategorien Ansprechpartner, Vernetzung, Kontaktaufnahme und Transparenz. Einig sind sich alle Experten darüber, dass es wichtig ist, eine festgelegte verlässliche Ansprechperson zu haben, mit der zu Beginn der Kooperation alles genau geregelt wird. Teilweise wird es als Vorteil gesehen, wenn die Schulpartner/innen selbst im Verein aktiv sind. Die Erfahrung zeigt, dass die Kommunikation dadurch gefördert wird und Absprachen einfacher getroffen werden können. Andererseits wird zu bedenken gegeben, dass die Ansprechpersonen für die Organisation und nicht für die Durchführung zuständig sein müssen. Dabei ist vor allem wichtig, dass diese Personen wissen, welche Informationen für wen relevant sind. Ein regelmäßiger Austausch der Kooperationspartner/innen wird prinzipiell für sinnvoll gehalten, in der Praxis findet dieser jedoch aufgrund von Zeitmangel und ehrenamtlichem Engagement nicht in allen Kooperationen statt. Die Idee, Fachkonferenzen gemeinsam zu besuchen, wird ebenfalls unterschiedlich eingeschätzt. Einige Gesprächspartner/innen sehen darin eine gute Möglichkeit, die Kooperation zu intensivieren. Andere lehnen dies aus unterschiedlichen Gründen ab. Zeitprobleme, ehrenamtliches Engagement, sich unwohl fühlen im Schulkontext oder eine falsche Professionszugehörigkeit werden hier als Beispiele genannt.

> Ich denk, das bringt nichts. Ich sehe das alles mit der Brille eines Trainers, oder eines Papas. Die haben das gelernt, die sollen das auch machen. (1. Vereinsvorsitzender: I3/Z.158)

Eine weitere getestete Idee eines Befragten ist es, den Vereinskoordinator/innen in der Schule ein Ablagefach einzurichten, indem alle Informationen der Schule gesammelt werden können, um so den Informationsaustausch zu fördern.

Die Beziehungsebene zwischen den Kooperationspartner/innen wird als wichtig empfunden. Hierbei scheint die Art der Kommunikation im Vordergrund zu stehen.

> Die Grundkommunikation mit der Schule sollte immer seriös sein. Damit die erkennen, dass man immer da ist, immer zuverlässig ist, an alles denkt […]. (Mädchenfußballtrainer: I5/Z.57)

Der Wunsch einer Expertin ist es, einen runden Tisch mit allen Kooperationspartner/innen einer Schule einzurichten. Es könnte das Schulklima, weitere Kooperationen und den Bekanntheitsgrad sinnvoll fördern.

> (…) ein Verein, der so als Satellit an der Schule andockt und keiner kennt ihn, ist aus meiner Sicht einfach nur eine Beschäftigungsmaßnahme für die Kinder. (Vereinsmanagerin: I6/Z.127)

Die Aufgabe der Organisation eines solchen Treffens sieht sie klar bei den Schulen. Durch diese Art von rundem Tisch könnte ein Austausch und Vernetzung stattfinden und der Bildungsauftrag der Kooperationspartner/innen verdeutlicht werden.

Eine stärkere Vernetzung zwischen den anbietenden Vereinen in den verschiedenen Bezirken wird ebenfalls von einigen der Expert/innen gewünscht.

4.2 Kategorie Finanzierung

Durch einen Zusammenschluss der Vereine wird die mögliche Chance geäußert, mehr Druck gegenüber dem Staat für finanzielle Hilfen machen zu können.

> Wenn man als größere Gruppe ein anderes Standing hat, dann kann man auch sagen: So Leute wir machen das, aber wir brauchen von eurer Seite staatliche Hilfe. (Mädchenfußballtrainer: I5/Z.140)

Die genannte staatliche Hilfe ist ein weiterer wichtiger Punkt. Hier wünscht sich ein Experte mehr Transparenz in der Kommunikation zwischen Staat und Verein, da die staatlichen Fördermöglichkeiten teilweise unbekannt seien. Hierauf folgt die Forderung nach einer faireren Verteilung der staatlichen Mittel, da Vereine mit Mitgliedern aus dem Senat vermeintliche Vorteile bei der Geldakquise haben und schneller an Informationen über Fördertöpfe kommen.

> Gestern in einer Sitzung habe ich auch angesprochen dass bestimmte Förderprogramme bei den Vereinen gar nicht ankommen, weil die Politik so schlecht nach außen kommuniziert. Teilweise ist da dann auch Vetternwirtschaft dabei. (Vereinspräsident: I1/Z.118)

Grundsätzlich steht fest, dass sich jeder Verein finanzieren muss und dies einer der wichtigsten Bestandteile ist, um das Angebot machen zu können.

> Es ist immer eine Geldfrage. AG-Leitung, Ausstattung, Turnierorganisation bezahlen – das ist leider immer mit Geld verbunden. (Vereinspräsident: I1/Z.148)

Es ist existenziell für den Verein, dass es Vereinsmitglieder/innen gibt, die sich mit der Beantragung von Fördergeldern und den verschiedenen Finanzierungsarten auskennen, so ein Experte. Neben der Beantragung von Fördergeldern kann die AG auch durch eine Co-Finanzierung der Schule gestützt werden. Diese Finanzierungsart fällt bei den einzelnen Kooperationen sehr unterschiedlich aus und hängt nicht zuletzt vom Engagement und Haushaltsplan der Schule ab. Des Weiteren sind Förderungen durch den LSB, dem BFV oder Stiftungen möglich. Darüber hinaus haben die Vereine die Möglichkeit durch eigene Fördervereine, dem Bezirksamt, den eigenen Mitgliedsbeiträgen und Fundraising die Finanzierung der AG-Angebote zu stützen. In einem der befragten Vereine kümmert sich eine festangestellte Mitarbeiterin professionell und erfolgreich um das Fundraising. Dies ist aber nur möglich, wenn der Verein finanziell und personell schon über eine solide Basis verfügt. Andere Vereine fühlen sich dagegen mit ihrem Engagement (finanziell) alleingelassen und bemängeln den Unterschied zwischen politischen Beteuerungen und der realen Unterstützung.

> In Deutschland wird so oft über die gesellschaftliche Entwicklung diskutiert und da muss man auch ein bisschen Geld in die Hand nehmen. Das ist nun mal so. (Vereinspräsident: I1/Z.95)

Darüber hinaus wird eine fundierte Arbeitsgrundlage gefordert, die durch einheitliche Gesetze, Verordnungen und Regelwerke der Senatsverwaltung entstehen sollte.

> Ich kann keine Gruppe mit Co-Trainer aufbauen, weil ich ihn nicht bezahlen kann. Das geht nicht. Das Geld reicht ja gerade mal für mich selbst. Der Staat, die entsprechende Senatsverwaltung oder auch die Regierung müssen Grundlagen schaffen per Gesetz, per Verordnungen, und Regelwerke, die dazu führen, dass das Ganze eine fundierte Grundlage hat. Womit man dann arbeiten kann. (Mädchenfußballtrainer: I5/Z.108)

Mit dem Wunsch nach Regelwerken und gesellschaftlicher Teilhabe geht auch eine finanzielle Planungssicherheit einher. Dadurch könnten langfristige Perspektiven entstehen, da die ständige Ausweitung von Pilotprojekten an dieser Stelle wenig Sinn macht, so eine befragte Expertin. So können Fachkräfte nicht auf Dauer gehalten werden, was eine hohe Fluktuation zur Folge hat.

> Mein Wunschkonzert wäre, wenn man Schule bis 16.00 Uhr haben will und auch freie Träger bis 16.00 Uhr haben will, dass man dann den freien Trägern auch eine finanzielle Ausstattung gibt für ihre Arbeit. Und dann kann man auch etwas verlangen. Dann kann man auch verlangen, dass die immer in die Schulen kommen. (Vereinsmanagerin: I6/Z.270)

4.3 Kategorie Professionalisierung

Zur Professionalisierung gehören die Unterkategorien Kontinuität, GTS-Entwicklung, Ehrenamt und Evaluation/Qualitätsmanagement. Zunächst besteht die grundsätzliche Frage, ob eine Professionalisierung erwünscht ist. Durch die Interviews kann dahingehend keine eindeutige Meinung abgebildet werden, da die GTS-Entwicklung in Kombination mit dem vorrangig ehrenamtlichen Engagement der Vereine Schwierigkeiten für eine zügige Professionalisierung bieten. Darüber hinaus muss die grundsätzliche Frage gestellt werden, ob dieser Bereich professionalisiert werden muss. Eine Expertin beobachtet die langsame Professionalisierung der Kooperationen. Durch ständige Schulreformen und widersprechenden Strukturen der Kooperationspartner/innen dauert sie ihrer Meinung nach verhältnismäßig lange. Weiter glaubt sie, dass die Einstellung einer Person, die gezielt für die Kooperation zuständig ist, die Professionalisierung vorantreiben könnte. Denn die Priorität der Schulen liegt durch chronische Unterbesetzung und hohen Krankenstand weniger bei der Förderung der Kooperationen, als vielmehr bei der Erfüllung ihres Lehrplans. Daraus folgt, dass viele der AG-Angebote nicht von der Schule, sondern vom Hort organisiert werden, wobei dabei zu betonen ist, dass jede Kooperation einzeln bewertet werden muss, da sie sich in Institution, Fördermitteln und Kindern unterscheidet.

> Ich finde, dass jede Schule ein eigenes Königreich ist. (Vereinsmanagerin: I6/Z.53)

Kontinuität auf allen Ebenen, da sind sich alle Interviewpartner/innen einig, ist ein sehr wichtiger Faktor einer gelungenen Kooperation. Zum einen wirkt sie überzeugend, und zum anderen nimmt die Belastung durch die Routine in den Abläufen, bleibenden Ansprechpartner/innen und die Zusammenarbeit bei langfristigen Kooperationen ab. Durch die erhöhte ehrenamtliche Arbeit ist diese Kontinuität aber schwierig zu gewährleisten. Die Diskussion um das Ehrenamt wird in allen Interviews angesprochen. Hier werden mehr Anerkennung und eine bessere Entlohnung gefordert.

> Die Menschen engagieren sich im Verein und in der Schule und haben damit eine hohe soziale Verantwortung und das wird von der Politik runtergespielt. Da wird das Ehrenamt noch sehr hoch gehalten, weil es eben auch billig ist. (Vereinspräsident: I1/Z.88)

Durch die Entwicklung der GTS könnte in diesem Bereich ein neues Berufsbild etabliert werden. Eine Expertin stellt das Ehrenamt in diesem Bereich grundsätzlich infrage.

> Deshalb ist die Frage, ob wir in der Zukunft nur noch auf Ehrenamt setzen, oder setzen wir darauf, dass wir eigentlich eine professionelle Arbeit wollen. Das sind ja Kinder, die in ihrer Schulzeit Sport treiben. Das heißt, eigentlich brauchen wir pädagogisch ausgebildete Fachkräfte, weil es ja Schule ist. Die Eltern erwarten, dass da eine Person steht, die eigentlich auch wirklich was davon versteht. Und zwar nicht nur einfach Fußball, sondern das sollen auch Pädagogen sein. Wenn ich aber eine pädagogische Sportfachkraft haben möchte, dann muss ich die eigentlich bezahlen. (Vereinsmanagerin: I6/Z.252)

In diesem Zusammenhang ist festzustellen, dass Evaluationen und regelmäßige Feedbackgespräche häufig bei den Kooperationen bestehen, wo es eine übergeordnete finanziell abgesicherte Koordination gibt. Inwieweit diese Methode der Qualitätssicherung gewährleistet sein sollte, muss diskutiert werden.

4.4 Kategorie Motivation

Die Kategorie Motivation setzt sich aus den Unterkategorien Engagement, Vertrauen, Wertschätzung und Nutzen zusammen. Generell ist die persönliche Motivation ein wichtiger Faktor. So gibt es die Einschätzung, dass die Kooperation bei hoher Motivation aller Beteiligten besser läuft. Durch die ehrenamtlichen Tätigkeiten der Vereine ist dort die Motivation und das Engagement oftmals gegeben, während das Engagement der Schule teilweise von den Expert/innen als zu gering empfunden wird. Anzumerken ist, dass die Kooperationen immer stark von den jeweilig involvierten Personen abhängt.

> Das kommt wie in jedem Restaurant darauf an, wie die Leute sind, die das machen. (1. Vereinsvorsitzender: I3/Z.49)

Neben dem fehlenden Engagement der Schulen läuft die Kommunikation zwischen den Institutionen scheinbar nicht immer auf Augenhöhe, obwohl sie als wichtig empfunden wird.

> Na ja man ist nicht auf Augenhöhe, weil man sich nicht so ernst genommen fühlt, wenn sowieso bei allen Verabredungen klar ist, dass wir uns an deren Zeitplan anschmiegen, dass wir das Geld mitbringen, dass wir uns um das Geld kümmern. (Vereinsmanagerin: I6/Z.341)

Die Strategien im Umgang mit diesem Problem sind unterschiedlich. In einem Fall wird es akzeptiert, in einem anderen wird versucht, möglichst seriös aufzutreten und sich der Kommunikation der Lehrer/innen anzupassen. In einem dritten Fall wird versucht, den Kontakt zu den Lehrer/innen und der Schule zu vermeiden und eine andere Kontaktperson, wie z. B. der Hausmeister, gesucht. Deutlich wird in jedem Fall, dass sich der Verein der Schule anpassen muss, obwohl er dieser letztendlich das eigentliche Angebot unterbreitet. Hier fehlt bislang augenscheinlich teilweise die Wertschätzung der Schulen, obwohl sie durchaus Nutzen aus der Kooperation ziehen. Grundsätzlich findet durch die Angebote eine Personalentlastung an Schulen statt, so der befragte Schulsozialarbeiter. Er merkt an, dass es zu diesen Zeiten kleinere Gruppen gibt, wodurch nicht zuletzt der Geräuschpegel sinkt und der Wohlfühlfaktor für die meisten Beteiligten steigt. Darüber hinaus lernen die Kinder den Teamgedanken, den Umgang mit Regeln, Spaß und Erfolg durch Sport sowie Verlässlichkeit, Verantwortung und Regelmäßigkeit kennen. Andere befragte Expert/innen geben an, dass die Schulen die Möglichkeit erhalten, Freundschaftsspiele mit externen Gegner/innen veranstalten zu können und Eltern in Gesprächen Vorschläge für die Freizeitgestaltung im Kiez geben können.

> Wir haben einige Kooperationen mit unterschiedlichen Vereinen hier im Kiez und das ist natürlich gut. Wir sehen gerade bei den Elterngesprächen immer wieder, dass die Eltern eigentlich gerne etwas mit ihren Kindern machen würden, aber eigentlich keine Ahnung haben was es alles gibt. (Lehrer: I2/Z.85)

Neben den beschriebenen Faktoren ist das Vertrauen ein wichtiger Punkt für eine gelungene Kooperation. Nicht zuletzt, um gegebenenfalls die Schulmaterialien nutzen zu dürfen, was jedoch nur in Ausnahmefällen zu funktionieren scheint.

4.5 Kategorie Infrastruktur

Die Kategorie Infrastruktur unterteilt sich in die Unterkategorien Hallenzeiten und materielle Ausstattung. Beide Bereiche sind essentiell für die Schul-AGs. Die Schule hat, im Gegensatz zum Verein, Anrecht auf die Hallenzeiten während der Schulzeit. Für die Vereine hingegen stellen die Hallenzeiten ein großes Problem dar. Hier wäre es aus Sicht der Befragten wünschenswert, wenn der Verein den Schul-AGs anbieten könnte, auch in der Halle vor Ort sein Training nach der Schule zu absolvieren. Es wäre für Eltern und Kinder wohnortsnah und ein weiteres Angebot im Kiez. Dazu ein Experte, der Schul-AGs leitet:

> Was nützt der Aufbau der Basis durch die Schul-AGs und dann bekomme ich keine Trainingszeiten, um die Mädchen im Verein zu trainieren. Da wird doch die ehrenamtliche Arbeit zunichtegemacht. (Mädchenfußballtrainer: I5/Z.219)

Auch bei der materiellen Ausstattung gibt es teilweise Probleme, so die Expert/innen. Die Ausstattung könne zwar von der Schule gestellt werden, aus verschiedenen Gründen, wie der schlechten Qualität des Materials, der aufwendigen Beschaffung, oder auch einem fehlenden Vertrauensverhältnis, passiert dies jedoch häufig nicht. Von den Vereinen wird dies wiederum teilweise als fehlendes Engagement gedeutet. Häufig wird das Material von den Vereinen selbst organisiert und bezahlt.

4.6 Kategorie Rahmenvereinbarung

Die Kategorie Umsetzung ist in die Unterkategorien Aufgabenverteilung, Kooperationsbedingungen und Durchführung unterteilt. Je nach Selbstverständnis der Ansprechpartner/innen werden die Aufgaben in der jeweiligen Institution aufgeteilt und durchgeführt. Mögliche Aufgaben, die aber nicht in allen Kooperationen in gleichem Maß anfallen und erledigt werden, sind:

- Kontakte aufbauen, Netzwerke pflegen, einen Erfahrungsaustausch vorantreiben.
- Hallenzeiten, kontinuierliches Training organisieren und Turniere begleiten.
- Die Zeiten zwischen Kindern, Lehrer/innen und Trainer/innen absprechen sowie Schulbesuche, Kinder- und Elterngespräche.
- Mädchen Fußball nahebringen und Werbung für den Verein machen.
- Kommunikation mit dem Bezirk und dem Sportverband.

Die Tätigkeitsbereiche könnten in gleichen Teilen von beiden Institutionen erfüllt werden, mehrheitlich werden sie aber vom Verein erfüllt. Die befragten Vereinsmitglieder richten sich hier ausnahmslos nach den Schulen. Bestehende Probleme wie Kosten, Zeit und Kontinuität, werden selten schriftlich fixiert und/oder geklärt.

4.7 Kategorie Rahmenvereinbarung

Die Kategorie Rahmenvereinbarung ist in die Unterkategorien schriftliche Vereinbarungen und Konzept unterteilt. Mit schriftlichen Vereinbarungen ist in diesem Fall eine Rahmenvereinbarung gemeint, die von beiden Kooperationspartner/innen unterschrieben wird. Zu diesem Thema sind die Expert/innen sich einig. Alle Kooperationen, die eine schriftliche Vereinbarung miteinander geschlossen haben, taten dies, um entweder bei einer DFB-Aktion Material zu bekommen oder Gelder zu beantragen. In den Gesprächen wird deutlich, dass die Vereinbarung für die eigene Kooperation nicht wichtig ist, sondern dass dabei die mündlichen Absprachen und der zwischenmenschliche Kontakt zwischen den Kooperationspartner/innen ausschlaggebend sind.

> Es ist überflüssig, weil die Absprachen zwischen mir und der anderen Person gemacht werden und wenn wir das absprechen, dann wird das auch so durchgeführt. (…)Für die Öffentlichkeitsarbeit ist das auch nicht ganz uninteressant. Also das auch nochmal im Aushang zu veröffentlichen, um auch die Fundiertheit zu zeigen ist dann nicht ganz verkehrt. Aber bei mir liegt es auch in der Schublade. (Schulsozialarbeiter: I4/Z.212)

Ähnliche Aussagen gibt es bezüglich eines Konzepts. Für die Beantragung von Geldern ist das Verfassen eines Konzepts sinnvoll, während es danach eher vernachlässigt wird. Die Experteninterviews zeigen also deutlich, dass schriftliche Vereinbarungen, die in der Theorie immer wieder gefordert werden, keine große Relevanz in der Praxis haben.

5 Unterschiede zwischen Theorie und Praxis – Ein Vergleich

Vergleicht man die beschriebenen theoretischen Konzepte mit den praktischen Erfahrungen der Expert/innen, lassen sich sowohl Gemeinsamkeiten als auch Unterschiede herausfiltern, aus der einige Schlüsselfaktoren einer gelungenen Kooperation abgeleitet werden können (siehe Abb. 1) und die nachfolgend erläutert werden.

Der Vergleich zeigt, dass eine vertrauensvolle und transparente Kommunikation zwischen den Kooperationspartner/innen für eine gelungene Kooperation besonders wichtig ist. Festgelegte, verlässliche Ansprechpartner/innen, die sich regelmäßig austauschen und verbindliche, transparente Absprachen treffen, sind elementar für eine Kooperation zwischen Schule und Verein. Darüber hinaus ist eine Vernetzung durch eine gemeinsame Gremienarbeit förderlich und wünschenswert.

Die Finanzierung stellt in der Auswertung der Interviews einen wesentlichen Faktor dar. Sportentwicklungsberichte und andere beschriebene Forschungen räumen diesem Punkt ebenfalls einen gewissen Stellenwert ein, während auf Landesebene nicht näher darauf eingegangen wird und er in Kooperationsvereinbarungen sehr unterschiedlich stark betont wird. Durch die Erhebung steht fest, dass die Klärung der Finanzierung unerlässlich für eine Kooperation ist. Befragte Expert/innen wünschen sich klar definierte Rahmenbedingungen von staatlicher Seite. Eine klare, für alle Beteiligten transparente Regelung könnte hier für die gemeinsame Entwicklung von Kooperationsangeboten förderlich sein. Wohlwollende Formulierungen eines gemeinsamen Miteinanders wie bspw. im Berliner Bildungsprogramm sind wichtig, können aber nicht darüber hinweghelfen, dass die Finanzierung gewährleistet sein muss. Hierbei ist beidseitiges Engagement gefordert. Zurzeit haben nicht alle GTS die notwendigen Finanzmittel um außerschulische Kooperationspartner/innen zu finanzieren, wodurch viele Schulen nach wie vor die Vereine in der Pflicht sehen, die Finanzierung der Angebote selbst zu tragen. Um langfristig Qualität zu gewährleisten, müssen die Leistungen der Sportvereine aber honoriert werden. Ein klares Regelwerk für eine finanzielle Planungssicherheit der Landesregierungen ist hier wünschenswert, denn der staatliche Auftrag der Ganztagsbildung nimmt die Länder und Schulträger in die Pflicht (vgl. Schulz-Algie 2010, S. 206).

Demgegenüber wird die Fixierung der Kooperationsgrundlagen durch Rahmenvereinbarungen in der Theorie im Gegensatz zu den empirischen Angaben deutlicher hervorgehoben, wobei die befragten Expert/innen einräumen, dass die schriftliche Fixierung für die Geldakquise notwendig ist. Auch wenn schriftliche Vereinbarungen für die praktische Arbeit wenig Relevanz haben, sind sie für den Schlüsselfaktor Finanzierung unumgänglich. Es stellt sich allerdings die Frage, ob ausgefeilte Rahmenvereinbarungen zwischen den eigentlichen Kooperations-

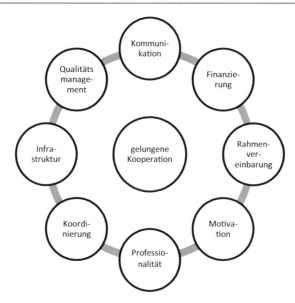

Abb. 1 Schlüsselfaktoren einer gelungenen Kooperation zwischen Schule und Verein (eigene Darstellung)

partner/innen existieren müssen oder ob nicht vielmehr die Vereinbarungen auf Landes- und Kreisebene als Grundpfeiler für den Aufbau von Förderprogrammen adäquat gefüllt werden müssen. Es sind die Kreissportbünde, Fachverbände, Schulämter und Kommunen gefragt, die durch Zusammenarbeit eine Vision von lokalen partnerschaftlichen Kooperationen am Lernort Schule umsetzen könnten (vgl. Schulz-Algie 2010, S. 209 f.).

Wichtig ist in jedem Fall, dass die Kooperationspartner bereit sind, Zeit und Engagement zu investieren. Darüber hinaus ist es bedeutend, dass beide Seiten einen Nutzen für die eigene Institution erkennen können. Die genannten Punkte werden als Motivation zusammengefasst. Es fällt auf, dass viele Sportvereine den Nutzen der Spieler/innenakquise und Talentsichtung in den Vordergrund stellen. In einer Forschung der Initiative *Sportverein plus Schule* wird festgehalten, dass immer mehr Übungsleiter/innen die Bildungsziele ihrer Arbeit erkennen und formulieren (vgl. Schulz-Algie 2010, S. 205). Diese Erfahrung wird durch die befragten Expert/innen bestätigt. Es zeigt sich, dass die Punkte Wertschätzung, respektvolles Verhalten bzw. „gleiche Augenhöhe", sowie Vertrauen und Anerkennung sowohl Bestandteile der persönlichen Motivation, als auch Zeichen eines professionellen Umgangs miteinander sind und in ihrer Bedeutung hervorgehoben werden müssen.

Die Professionalisierung ist in zweierlei Hinsicht zu betrachten. Es sollte klar sein, dass Bildung mehr als Schule ist, sodass die Schule sich als formaler Bildungsakteur und der Sportverein als non-formaler Bildungsakteur in der Ganztagsbildung verstehen, dementsprechend handeln und sich auf Augenhöhe begegnen (vgl. Schulz-Algie 2010, S. 205). Die gegenseitige Anerkennung trägt zu einer harmonischen Zusammenarbeit bei, die von Akzeptanz, Respekt und Achtung geprägt sein sollte. Die aufgezählten Größen sind unumgänglich für die Professionalität. Um diese zu gewährleisten und zu fördern ist die Qualifikation der Mitarbeiter/innen nicht unwichtig. Für Vereine gestaltet es sich auf Dauer schwierig, qualifizierte Mitarbeiter/innen auf der Basis des Ehrenamts zu finden und zu halten. Hierbei spielt die Finanzierung eine nicht unerhebliche Rolle. Es ist zu betonen, dass das Schulsystem aufgrund des Ganztagsschulausbaus unter Veränderungsdruck steht und auf außerschulische Kooperationspartner angewiesen ist, sodass sich die Frage anschließt, inwieweit die Durchführung der AGs als Schulveranstaltungen notwendigerweise professionalisiert werden muss (vgl. Pack und Bockhorst 2011, S. 164 f.).

Neben den beschriebenen Punkten ist die gegebene Infrastruktur ein existenzieller Faktor für eine gelungene Kooperation. Hallenzeiten und materielle Ausstattung müssen geklärt werden und auch die personellen Voraussetzungen sollten vor der Kooperation erläutert werden. Während in der Theorie festgestellte Mitarbeiter/innen in diesem Zusammenhang nur als förderlich beschrieben werden, sprechen sich die Expert/innen gezielt mehrheitlich für Festangestellte und weniger für ehrenamtlich Beschäftigte aus. Wie dies in der Praxis umgesetzt wird, ist zum einen eine finanzielle Frage, und zum anderen wiederum eine Frage der Professionalisierung.

Augenscheinlich ist auch die Art des Qualitätsmanagements von dem Grad der Professionalisierung abhängig. In der Theorie wird dem Qualitätsmanagement, worunter auch die Evaluation zählt, eine hohe Bedeutung beigemessen, während es in der Expert/innenbefragung eine wesentlich geringere Wichtigkeit erhält. In der Befragung sprechen nur einige Expert/innen von regelmäßigen Feedbackgesprächen. Es stellt sich die Frage, ob dieser Faktor aufgrund von zeitlichen Engpässen oder aufgrund einer anderen Prioritätensetzung einen geringen Stellenwert in der Praxis hat. Es zeigt sich, dass die Expert/innen mit festangestellten Koordinator/innen mehr über Qualitätskriterien und Feedbackgespräche gesprochen haben als die rein ehrenamtliche organisierten Koordinator/innen. Aufgrund der Aussagen der Expert/innen ist es wahrscheinlich, dass es weniger um fehlende Anerkennung des Qualitätsmanagements, als vielmehr um fehlende Zeit für die Durchführung eines Qualitätsmanagements in der eigenen Tätigkeit geht. Da aber eine gelingende Kooperation nicht nur von der subjektiven Kooperationsbereitschaft der Akteure, sondern auch von den strukturellen Faktoren und der Handlungsebene abhängig ist, sind Qualitätsstandards auf der strukturellen und der Handlungsebene unbedingt zu entwickeln (vgl. Holtappels 2003, S. 18). Nach wie vor sind die AGs Schulveranstaltungen, in denen gewisse Standards und Qualitätsmerkmale einheitlich vereinbart und eingehalten werden sollten. Es muss ein gemeinsames Ziel sein Qualitätsentwicklung und -sicherung kooperativ zu verfolgen und zu optimieren (vgl. Holtappels 2003, S. 20).

Auch die gemeinsame Fort- und Weiterbildung wurde in der Theorie mehrmals aufgegriffen, während sie in den Experteninterviews nicht erwähnt wurde. Es ist natürlich wünschenswert, gemeinsam Fachveranstaltungen zu besuchen, um fachliche Auseinandersetzungen, Teamgeist, informelle Gespräche etc. zu fördern. Dennoch ist es nach Auswertung der Experteninterviews nicht anzunehmen, dass bei der derzeitigen beruflichen Lage der beteiligten Mitarbeiter/innen Zeit und Raum für gemeinsame Weiterbildungen gefunden wird. Vielmehr stellt sich die Frage, ob dieser Punkt als Teil der Professionalisierung anzusehen und zu diskutieren ist. Hierbei könnte es eine Zusatzqualifikation zur Durchführung der Sportangebote auf beiden Seiten der Kooperation geben und/oder durch die Etablierung und Finanzierung eines zuständigen Berufszweigs die Ressourcen für gemeinsame Weiterbildungen geschaffen werden.

Fest steht, dass die beschriebenen Probleme unter anderem in der knappen Finanzierung, welche oft mit einem hohen ehrenamtlichen Engagement der Vereine einhergeht, gesehen werden. Ehrenamtlich Tätige können in der Regel weniger Zeit für die Kooperation aufwenden als festangestellte Mitarbeiter/innen. Darüber hinaus kann von ihnen kaum die gleiche Art professionellen Verhaltens verlangt werden. Ein weiteres häufiges Problem scheint fehlendes oder geringes Engagement der Schule zu sein – aus unterschiedlichen, nachvollziehbaren Gründen. Es stellt sich grundsätzlich die Frage, ob die Projektförderung bzw. die Förderung begrenzt auf die Honorare durch Landessportbünde und Schulämter für die Durchführung von Schul-AGs geeignet ist, da Projektförderungen nicht dienlich sind, um langfristige Qualitätsmerkmale der Schule zu formen. Vielmehr ist zu diskutieren ob nicht alle Schulen strukturell in die Lage versetzt werden sollten, Bildungsangebote in Kooperation mit außerschulischen Partner/innen im Ganztagsbereich selbst finanzieren zu können.

Um die bestehenden Probleme in Angriff zu nehmen, muss über die Professionalisierung der Koordination nachgedacht werden. Hierfür könnte ein neuer Berufszweig etabliert werden. Doch scheint dieser Schritt fernab von den Realitäten in der Bildungslandschaft zu liegen, sodass über weitere Alternativen nachgedacht werden muss. Gebken und Vosgerau (vgl. 2012, S. 132 f.) schlagen in ihrem Evaluationsbericht die Schulsozialarbeit als Brücke zwischen Schule und Verein vor, wobei Schulsozialarbeit ein weit dehnbarer Begriff ist. So gibt es das Verständnis, das alle Formen der Kooperation zwischen Schule und Jugendhilfe, oder auch „die gesamte Palette an Angeboten der sozialpädagogischen Fachkräfte an Schulen" (Kreft und Mielenz 2005, S. 475), Schulsozialarbeit sei. Hierfür müssen das berufliche Selbstverständnis sowie die Zuständigkeit diskutiert werden.

Gebken und Vosgerau (vgl. 2012, S. 62) halten die Arbeit der Schulsozialarbeiter/innen darüber hinaus für vielversprechend, um die nötige Elternarbeit zu unterstützen. Hierbei könnte die SSA als Vermittler zwischen Eltern und Verein die Sportbeteiligung von Mädchen fördern. Des Weiteren kann die Zusammenarbeit mit der SSA die Netzwerkarbeit fördern, da sie häufig Kontakt zu anderen Institutionen unterhält. Die Kontakt- und Netzwerkpflege ist außerdem wichtig für die Finanzierung bzw. Geldakquise und somit für den Fortbestand der Projekte (vgl. Gebken und Vosgerau 2012, S. 192). Inwieweit die SSA diese Aufgaben übernehmen kann, so soll abschließend argumentiert werden, hängt dabei von der Konzeption der Schulsozialarbeit und der Ausdifferenzierung der Tätigkeit vor Ort ab.

6 Die Schulsozialarbeit als Bindeglied zwischen Schule und Verein?

Die bundesweite Ausweitung von Ganztagsschulen erfordert die Entwicklung eines Gesamtsystems von Bildung, Erziehung und Betreuung. Hierbei ist die qualitative Absicherung durch die Schulsozialarbeit existenziell. Der Grundstein für diese Arbeit muss schon an den Hochschulen gelegt werden. Laut einer Umfrage des Kooperationsverbunds Schulsozialarbeit[3] muss aber davon ausgegangen werden, dass schulbezogene Seminare an Hochschulen sowie eine gezielte Ausbildung von Schulsozialarbeiter/innen eher die Ausnahme, als die Regel sind. Der Kooperationsverbund Schulsozialarbeit (2009) definiert als SSA ein professionelles, sozialpädagogisches Angebot, das eigenständig und dauerhaft im Schulalltag verankert sein sollte. „Schulsozialarbeit dient den allgemeinen Zielen und Aufgaben der Jugendhilfe nach § 1 SGB VIII und setzt sie unter den spezifischen Bedingungen und Anforderungen des schulischen Lebensraums um […]" (vgl. Kooperationsverbund Schulsozialarbeit 2009, S. 35). Die Schulsozialarbeit solle dazu beitragen, Schule als Lebensraum zu gestalten und den Kindern die Möglichkeit bieten sollte im Lebensraum Schule vielfältige Beziehungen zum sozialen Umfeld zu entwickeln. Hierfür

---

[3] Der Kooperationsverbund Schulsozialarbeit wurde 2001 gegründet, um den Austausch von Wissenschaft, Praxis und Trägern zu fördern. Mitglieder sind Expert/innen aus der Arbeiterwohlfahrt- Bundesverband, der Evangelischen Jugendsozialarbeit, der Gewerkschaft Erziehung und Wissenschaft, der Internationale Bund, der Katholischer Verband für Mädchen- und Frauensozialarbeit Deutschland und weitere Einzelpersönlichkeiten.

benötigen die Fachkräfte die Fähigkeit, gegenüber den Kooperationspartner/innen kompetent und selbstbewusst aufzutreten. Darüber hinaus muss die Schwerpunktsetzung der Schulsozialarbeiter/innen mit der Schule vereinbart werden, denn die Arbeitsbereiche sind von den spezifischen Schulsituationen abhängig (vgl. Kooperationsverbund Schulsozialarbeit 2009, S. 35 ff.). Unter anderem wird die Mitwirkung an Schulprogrammen und Schulentwicklung beschrieben (vgl. Kooperationsverbund Schulsozialarbeit 2009, S. 37 ff.), zu der die Kooperation mit außerschulischen Trägern gezählt werden kann.

Ob die SSA damit grundsätzlich für die Koordination von Schule und Sportvereinen zuständig ist, kann somit nicht eindeutig beantwortet werden. Vielmehr liegt es an der Schwerpunktsetzung der SSA. Zu betonen ist aber, dass die Schulsozialarbeiter/innen zuständige Personen, Organisationsstrukturen und Verwaltungsabläufe der Schule und Jugendhilfe kennen und wissen, an wen sie sich in Fragen der Projektfinanzierung wenden können (vgl. Kooperationsverbund Schulsozialarbeit 2009, S. 43). Dieses Wissen könnte in der Koordination der Schul-AGs von großem Nutzen sein. Daneben ist aber darauf zu verweisen, dass sich pädagogisch tätiges Personal an Schulen, im Gegensatz zu Lehrkräften, häufig kaum als Teil der Schulgemeinschaft empfindet und sich nicht besonders stark eingebunden fühlt (vgl. Dieckmann et al. 2007, S. 184). Demgegenüber steht aber fest, dass die Koordination von Schul-AGs durch die SSA eines gewissen Maßes an Einflussnahme und einer entsprechenden Stellung in der Schule bedarf.

Die Expertenbefragung zeigt, dass sich die Interviewpartner/innen nicht einig sind, ob die SSA die Brückenfunktion zwischen Schule und Verein einnehmen, bzw. die Kooperation unterstützen sollte. Die Erhebung spiegelt eine breite Meinungsvielfalt zu diesem Thema wieder. Es wird darüber gesprochen, dass eine Brückenfunktion ungeeignet ist, da es die Koordination zwischen Verein und Schule unnötig verkompliziert.

> Ich stell mir das jetzt mal bildlich vor. Ich bestelle ein Essen und der Koch ist schon nicht mehr da, sondern ich soll mit der Tresenhilfe darüber reden. (…) Ich muss mit den Lehrern sprechen, die mir die Klassen besorgen. Wenn etwas nicht funktioniert, muss ich doch direkt mit ihm reden können. (…) Wenn ich mit der Tresenhilfe rede, bekommt der Koch das nicht mit. (1. Vereinsvorsitzender: I3/Z.151)

Im Gegensatz zu diesem Statement steht die Aussage eines befragten Schulsozialarbeiters, der die beschriebene Aufgabe nicht nur als sinnvoll erachtet, sondern als Kernaufgabe der SSA benennt. Seiner Erfahrung nach ist die Kooperation durch die Koordination der SSA verbessert und professionalisiert worden.

> … das hat sich schon mit meiner Position verändert. Ich hab eben die Ressource und auch die zeitlichen Möglichkeiten, das alles zu koordinieren. Ich kann die Termine

wahrnehmen und Absprachen treffen. (…) Ich kann das planen und erachte es auch für wichtig das zu machen. (Schulsozialarbeiter: I4/Z.112)

Ein anderer Experte hält die SSA grundsätzlich für stark beansprucht. Eine zusätzliche Koordinierungsaufgabe könnte seiner Meinung nach zu einer Überlastung führen. Er hält eine werbende und vermittelnde Rolle der SSA für sinnvoll, wodurch der Bekanntheitsgrad des Angebots gesteigert würde. Daneben pflegen die Schulsozialarbeiter/innen den Elternkontakt und könnten auch hier die Akzeptanz des Mädchenfußballs durch vermittelnde Gespräche verbessern. Der befragte Schulsozialarbeiter betont dazu:

Ich würde bekräftigen, dass Schulsozialarbeiter überlastet sind. Dann ist es aber Aufgabe des Schulsozialarbeiters, seine Schwerpunkte zu akzentuieren. In Rücksprache mit der Schulleitung und dem Träger kann man da sagen, welche Schwerpunkte man für wichtig hält und seine Kompetenzen drin hat. Man kann das sehr wohl selbst entscheiden. Es muss dann nur von der Schulleitung abgesegnet werden. (Schulsozialarbeiter: I4/Z.143)

Eine andere Expertin beschreibt, dass es in jeder Schule ein Management für die Kooperation mit freien Trägern geben sollte. Das könnte die Kooperation professionalisieren und für alle Beteiligten vereinfachen. Die SSA könnte diese Funktion übernehmen.

Das würde helfen, wenn die Schulsozialarbeiter wirklich ein Standing in der Schule haben. Das ist aber oft nicht so. Oft werden die so ein bisschen als Konkurrenz wahrgenommen. Oder störende Kinder werden zum Schulsozialarbeiter gegeben. Wenn die Schulsozialarbeiter als Problemlöser wahrgenommen werden, tuts das nicht. (Vereinsmanagerin: I6/Z.300)

Die Befragung der Expert/innen zu diesem Thema zeigt ein breites Meinungsbild, was sich durch verschiedene Faktoren begründen lässt. Es wird deutlich, dass ein ehrenamtlich beschäftigter Vereinsmitarbeiter eine andere Meinung zum Auftrag der SSA hat als ein festangestellter Schulsozialarbeiter in freier Trägerschaft. Klar ist, dass durch die Entwicklung der GTS eine wachsende Perspektive für schulbezogene Unterstützungssysteme entsteht, die meist in Form von Schulsozialarbeit umgesetzt wird (vgl. Richter 2007, S. 158). Aufgrund der länderbezogenen Bildungspolitik kann das aber nicht generalisiert werden. Ein Blick nach Berlin zeigt, dass die Entwicklung der SSA in der Stadt in einem engen Zusammenhang mit der Entwicklung des Schulentwicklungsprogramms steht. Die Förderung von SSA geht vor allem mit Reformen der Gesamtschule einher. Der Aufbau schulbezogener Sozialarbeit an Grundschulen ist sporadisch und zum Teil unkoordiniert verlaufen (vgl. Bassarak 2008, S. 124 f.). So ist festzustellen, dass es nur an 30 von ca. 450 Berliner Grundschulen[4] regelfinanzierte Schulstationen mit jeweils mindestens einem/r ausgebildeten Sozialpädagog/in/Sozialarbeiter/in mit einem gängigen Aufgabenprofil der SSA gibt (vgl. Bassarak 2008, S. 131).

Zusammenfassend ist deshalb festzustellen, dass die Schulsozialarbeit als Brücke zwischen Schule und Verein funktionieren kann. Aufgrund des Aufgabenprofils der SSA scheint es durchaus schlüssig, dass sie koordinierende und unterstützende Aufgaben übernimmt. Aufgrund der derzeitigen Situation an Schulen, kann es aber keine grundsätzliche Entscheidung für die SSA als Koordination geben. Vielmehr müssen individuelle Lösungen gefunden werden. Dabei kann es nicht die Lösung sein, den Erzieher/innen diese Aufgabe stellvertretend aufzuzwingen. Klar ist, dass professionelle Kooperationen zwischen Schulen und Vereinen nicht nebenbei erledigt werden können, wenn hinreichende Ressourcen und Qualitätsstandards eingehalten werden sollen (vgl. Durdel 2009, S. 163). Hier müssen die jeweiligen Landesregierungen ihre Rahmenbedingungen im Zusammenhang mit der Ganztagsschulentwicklung überprüfen und ggf. nachbessern.

Insgesamt zeigt sich, dass die Öffnung der Schulen zu außerschulischen Partnern und der Ausbau des Ganztagsgedanken sowie die Steuerung der Kooperationen zwischen Schule und Verein ein langwieriger Prozess ist, den viele Beteiligte erst erlernen müssen. Leider geht das zurzeit konkret zulasten des Personals der Angebotsdurchführung. Eine Verstetigung der Kooperationsbeziehungen, einhergehend mit Ressourcensicherheit und einer rechtlicher Weichenstellung sollte das Ziel sein, um eine qualitative Entwicklung der Kooperation zwischen Schule und Verein zu fördern.

Literatur

Arnoldt, B. (2011). Kooperation zwischen Ganztagsschule und außerschulischen Partnern. In N. Fischer, G. Holtappels, E. Klieme, T. Rauschenbach, L. Stecher, & I. Züchner (Hrsg.), *Ganztagsschule: Entwicklung, Qualität, Wirkungen. Längsschnittliche Befunde der Studie zur Entwicklung von Ganztagsschulen (StEG)* (S. 312–329). Weinheim: Juventa.

Bassarak, H. (2008). *Aufgaben und Konzepte der Schulsozialarbeit/Jugendsozialarbeit an Schulen im neuen sozial- und bildungspolitischen Rahmen.* Düsseldorf: Hans-Böckler-Stiftung.

Behörde für Bildung und Sport. (2006). *Rahmenvereinbarung zwischen der Hamburger Sportjugend sowie dem Hamburger Sportbund und der Behörde für Bildung und Sport über die Sportliche Ganztagsförderung.* http://www.hamburg.de/contentblob/72896/data/sport-rahmenvereinbarung.pdf. Zugegriffen: 18. März 2013.

---

[4] Stand 2008.

Behörde für Schule, Jugend und Berufsbildung. (Hrsg.) (2000). *Schule und Stadtteil – Teil 1. Konzepte zur Entwicklung von Schule und Stadtteil*. http://www.hamburg.de/contentblob/69672/data/bbs-hr-schule-und-stadtteil-1-02-01.pdf. Zugegriffen: 29. Nov. 2012.

Breuer, C., & Wicker, P. (2008). *Sportentwicklungsbericht 2007/08- Analyse zur Situation der Sportvereine in Deutschland. Teilbericht: Sportvereine und Ganztagsschulen.* http://www.dosb.de/fileadmin/fm-dosb/arbeitsfelder/wiss-ges/Dateien/2010/Siegel-SEB-Ganztagsschulen_2007_08.pdf. Zugegriffen: 28. Okt. 2012.

Breuer, C., & Wicker, P. (2010). *Sportentwicklungsbericht 2009/10- Analyse zur Situation der Sportvereine in Deutschland. Teilbericht: Schule und Sportverein.* http://www.dosb.de/fileadmin/fm-dosb/arbeitsfelder/wiss-ges/Dateien/2010/Siegel-Schule_und_Sportverein_SEB09.pdf. Zugegriffen: 28. Okt. 2012.

Breuer, C. & Feiler, S. (2012). *Sportentwicklungsbericht 2011/12- Analyse zur Situation der Sportvereine in Deutschland. Sportvereine in Deutschland.* http://www.dosb.de/fileadmin/fm-dosb/arbeitsfelder/wiss-ges/Dateien/2009/SIEGEL-Bundesbericht_SEB_Welle_4.pdf. Zugegriffen: 28. Okt. 2012.

Bundesministerium für Bildung und Forschung. (2012). *IZBB – Programm: Eine zukunftsweisende Schule.* http://www.ganztagsschulen.org/de/1547.php. Zugegriffen: 30. Dez. 2012.

Bundesministerium für Familie, Senioren, Frauen und Jugend (BMFSJ). (2005). Bildungsangebote im Schulalltag. In BMFSJ (Hrsg.), *12. Kinder und Jugendbericht* (S. 232–336). http://www.bmfsfj.de/doku/Publikationen/kjb/data/download/c-2.pdf. Zugegriffen: 12. Nov. 2012.

Deinet, U. (2010). Ganztagsschule im Kontext der Sozialraumorientierung. In P. Böcker & R. Laging (Hrsg.), *Bewegung, Spiel und Sport in der Ganztagsschule. Schulentwicklung, Sozialraumorientierung und Kooperationen* (S. 57–73). Hohengehren: Schneider Verlag.

Dieckmann, K., Höhmann, K., & Tillmann, K. (2007). Schulorganisation, Organisationskultur und Schulklima an ganztägigen Schulen. In H.-G. Holtappels, E. Klieme, T. Rauschenbach, & L. Stecher (Hrsg.), *Ganztagsschule in Deutschland. Ergebnisse der Ausgangserhebung der „Studie zur Entwicklung von Ganztagsschulen" (StEG)* (S. 164–185). Weinheim: Juventa.

Dollase, T. (2012). *Stellungnahme der SJ Berlin und des LSB für die 13. Sitzung des Ausschusses für Sport im Abgeordnetenhaus Berlin.* http://www.parlament-berlin.de/ados/17/Sport/vorgang/sp17-0012-v-Stellungnahme_LSB.pdf. Zugegriffen: 29. Nov. 2012.

Durdel, A. (2009). Unterstützungssysteme für Ganztagsschulen. In I. Kamski, H.-G. Holtappels, & T. Schnetzer (Hrsg.), *Qualität von Ganztagsschule. Konzepte und Orientierungen für die Praxis* (S. 163–169). Münster: Waxmann.

Gebken, U., & Vosgerau, S. (2012). *Soziale Integration von Mädchen durch Fußball. Evaluationsbericht zum Stand der bundesweiten Projekt-Implementierung.* Oldenburg.

Holtappels, G. (2003). *Ganztagsschule als Herausforderung: Kooperation von Jugendarbeit und Schule. Vortrag auf der Fachtagung der Landesservicestelle Jugendhilfe/Schule zum Thema „Kooperation in der Ganztagsschule".* http://bsj-marburg.de/fileadmin/pdf_fachbeitraege/Holtappels_Ganztagsschule.pdf. Zugegriffen: 20. Feb. 2013.

Kaul, S. (2006). *Kriterien guter Kooperation von Schule und außerschulischen Mitarbeitern an der Ganztagsschule. Expertise im Kontext des BLK-Verbundprojektes „Lernen für den Ganztag".* http://www.ganztag-blk.de/cms/upload/pdf/rlp/Kaul_Kooperation.pdf. Zugegriffen: 12. Nov. 2012.

Kesberg, E., & Rolle, J. (2010). *Bundesweite Erfassung und Auswertung rechtlicher und konzeptioneller Grundlagen sowie des Mittelabflusses im Rahmen des Investitionsprogramm*

„Zukunft Bildung und Betreuung" 2003–2009 (IZBB). http://www.ganztagsschulen.org/_downloads/NW_Laenderinfo__28.10.2010.pdf. Zugegriffen: 02. Dez. 2012.

Kooperationsverbund Schulsozialarbeit. (2009). Berufsbild und Anforderungsprofil der Schulsozialarbeit. In N. Pötter & G. Segel (Hrsg.), *Profession Schulsozialarbeit. Beiträge zu Qualifikation und Praxis der sozialpädagogischen Arbeit an Schulen* (S. 33–45). Wiesbaden: VS-Verlag für Sozialwissenschaften.

Kreft, D., & Mielenz, I. (Hrsg.) (2005). *Wörterbuch Soziale Arbeit. Aufgaben, Praxisfelder, Begriffe und Methoden der Sozialarbeit und Sozialpädagogik*. Weinheim: Juventa.

Laging, R. (2009). Integrative Kooperationspotenziale. Schule-Verein. In Staatliches Schulamt Marburg Biedenkopf (Hrsg.), *Dokumentation. Viertes Gesprächsforum „Kooperation Schule und Sportverein und ganztägig arbeitenden Schulen"* (S. 18–31). http://www.hessen.ganztaegig-lernen.de/sites/default/files/Hessen/HEDokumente/Materlialien/Veranstaltungen/2009_10_07/2009_10_07_Dokumentation_4._Gespraechsforum.pdf. Zugegriffen: 06. Mai 2013.

Landesregierung NRW. (2011). *Rahmenvereinbarung zwischen dem Landessportbund/der Sportjugend, dem Ministerium für Schule und Weiterbildung und dem Ministerium für Familie, Kinder, Jugend, Kultur und Sport des Landes NRW über Bewegung, Spiel und Sport in Ganztagsschulen und Ganztagsangeboten.* http://www.mfkjks.nrw.de/web/media_get.php?mediaid=18450&fileid=55549&sprachid=1. Zugegriffen: 18. März 2013.

Landessportbund Berlin. (2011). *Sport macht Schule. Kooperation von Schulen und Sportorganisationen. Ein Praxishandbuch über Chancen und Förderung der Zusammenarbeit von Schulen, Jugendhilfe und Sportorganisationen in Berlin*. http://www.gsj-berlin.de/pictures/Sport_macht_Schule_web.pdf. Zugegriffen: 28. Nov. 2012.

Meuser, M., & Nagel, U. (2010). Experteninterviews – wissenssoziologische Voraussetzungen und methodische Durchführung. In B. Friebertshäuser, A. Langer, & A. Prengel (Hrsg.), *Handbuch qualitative Forschungsmethoden in der Erziehungswissenschaft* (S. 457–471). Weinheim: Juventa.

Meuser, M., & Nagel, U. (2011). Experteninterview. In R. Bohnsack, W. Marotzki, & M. Meuser (Hrsg.), *Hauptbegriffe Qualitativer Sozialforschung* (S. 57–58). Opladen: Verlag Barbara Budrich.

Naul, R. (2006). *Sozialpädagogische und sportpädagogische Profession im Ganztag: Qualitätskriterien und Fortbildungsbausteine für Angebote mit Bewegung, Spiel und Sport. Expertise für das BLK-Verbunfdprojekt „Lernen für den Ganztag"*. http://www.ganztag-blk.de/cms/upload/pdf/nrw/Naul_Qualitaetskriterien_Bess.pdf. Zugegriffen: 28. Nov. 2012.

Nitsche, F. (2009). Nur begrenzt tauglich: Kooperation Schule-Verein im „Ganztag". In Sportkreis Marburg (Hrsg.), *Dokumentation viertes Gesprächsforum „Kooperation Schule und Sportverein in ganztägig arbeitenden Schulen"* (S. 76–77). http://www.hessen.gaenztaegig-lernen.de/sites/default/files/Hessen/HEDokumente/Materlialien/Veranstaltungen/2009_10_07/2009_10_07_Dokumentation_4._Gespraechsforum.pdf. Zugegriffen: 21. Aug. 2012.

Otto, H.-U., & Rauschenbach, T. (Hrsg.) (2008). *Die andere Seite der Bildung. Zum Verhältnis von formellen und informellen Bildungsprozessen*. Wiesbaden: VS Verlag für Sozialwissenschaften.

Pack, R.-P., & Bockhorst, R. (2011). Bewegung, Spiel und Sport in Ganztagsschulen als Impulsgeber für die Entwicklung von kommunalen Bildungslandschaften. In R. Naul (Hrsg.), *Bewegung, Spiel und Sport in der Ganztagsschule. Bilanz und Perspektiven* (S. 164–181). Aachen: Meyer & Meyer Verlag.

Ramseger, J., Preissing, C., & Pesch, L. (2009). *Berliner Bildungsprogramm für die offene Ganztagsgrundschule. Gestaltungsprinzipien, Aufgabenfelder und Entwicklungsziele.* http://www.berlin.de/imperia/md/content/sen-bildung/berlin_macht_ganztags_schule/buch_offene_ganztagsgrundschule.pdf?start&ts=1289822225&file=buch_offene_ganztagsgrundschule.pdf. Zugegriffen: 06. Mai 2013.

Richter, A. (2007). Schulbezogene Kooperationsformen und sozialräumliche Orientierungen als Forschungsfelder der Schul- und Sozialpädagogik -Entwicklungen und Ergebnisse auf dem Weg zur Ganztagsbildung. In F. Bettmer, S. Maykus, F. Prüß, & A. Richter (Hrsg.), *Ganztagsschule als Forschungsfeld. Theoretische Klärungen, Forschungsdesigns und Konsequenzen für die Praxisentwicklung* (S. 153–186). Wiesbaden: VS Verlag für Sozialwissenschaften.

Schulz-Algie, S. (2010). Kooperation zwischen Schule und Sportverein – Gelingensbedingungen für eine erfolgreiche Zusammenarbeit. In P. Böcker & R. Laging (Hrsg.), *Bewegung, Spiel und Sport in der Ganztagsschule. Schulentwicklung, Sozialraumorientierung und Kooperationen* (S. 201–211). Hohengehren: Schneider Verlag.

Segel, L. (2013). *Ganztagsgrundschule und Verein – Kooperation gestalten?!.* Unveröffentlichte Masterarbeit an der Alice-Salomon Hochschule Berlin.

Seibel, B. (Hrsg.) (2007). *Bewegung, Spiel und Sport in der Ganztagsschule. Dokumentation eines Symposiums an der Südbadischen Sportschule Steinbach.* Schorndorf: Hofmann.

Senatsverwaltung für Bildung, Jugend und Sport. (2004). *Rahmenvereinbarung zwischen der Senatsverwaltung für Bildung, Jugend und Sport des Landes Berlin und dem Landessportbund Berlin e. V., der Landessportjugend über die Zusammenarbeit von Schulen und Sportorganisationen in der Ganztagsbetreuung von Schülerinnen und Schülern.* http://www.berlin.de/imperia/md/content/bacharlottenburg-wilmersdorf/verwaltung/jugend/schulen/rahmenvereinbarung.pdf?start&ts=1138108157&file=rahmenvereinbarung.pdf. Zugegriffen: 18. März 2013.

Sozialpädagogisches Institut NRW. (2007). *Partner machen Schule. Bildung gemeinsam gestalten.* http://www.spi.nrw.de/material/izbb-brosch.pdf. Zugegriffen: 28. Nov. 2012.

Ständige Kultusministerkonferenz. (2012). *Allgemein bildende Schulen in Ganztagsform in den Ländern in der Bundesrepublik Deutschland. Statistik 2006 bis 2010.* http://www.kmk.org/fileadmin/pdf/Statistik/GTS_2010_Bericht_neu.pdf. Zugegriffen: 30. Okt. 2012.

Standop, J. (2008). Grundschulen in ganztägiger Form. In T. Coelen & H.-U. Otto (Hrsg.), *Grundbegriffe Ganztagbildung. Das Handbuch* (S. 527–537). Wiesbaden: VS Verlag für Sozialwissenschaften.

Vogel, S. (2010). Sportvereine in Ganztagsangeboten – eine Bestandsaufnahme aus Sachsen. In P. Böcker & R. Laging (Hrsg.), *Bewegung, Spiel und Sport in der Ganztagsschule. Schulentwicklung, Sozialraumorientierung und Kooperation* (S. 159–169). Baltmannsweiler: Schneider Verlag.

Züchner, I., & Arnoldt, B. (2011). Schulische und außerschulische Freizeit- und Bildungsaktivitäten. Teilhabe und Wechselwirkungen. In N. Fischer, H.-G. Holtappels, E. Klieme, & T. Rauschenbach (Hrsg.), *Ganztagsschule: Entwicklung, Qualität Wirkungen. Längsschnittliche Befunde der Studie zur Entwicklung von Ganztagsschulen (StEG)* (S. 267–290). Weinheim: Juventa.

Teil III
Aus der Praxis

Fußball ohne Abseits – Ausgewählte Ergebnisse der DFB-Evaluationsstudie

Söhnke Vosgerau

1 Einige Vorbemerkungen zur Evaluation von Integrationsprojekten

Den aktuellen Stand der Integration in Deutschland zu erforschen und mögliche Wege, Felder und Maßnahmen der Integration von Migrantinnen und Migranten zu evaluieren, ist ein ebenso dringendes wie problematisches Anliegen. Migration und migrationsbedingte Formen der Vergesellschaftung fanden in Deutschland lange Zeit ohne bzw. trotz des Fehlens gesellschaftlicher Akzeptanz und einer affirmativen Integrationspolitik, aber auch ohne ein besonderes Interesse der Wissenschaften, statt. Obwohl der „deutsche Weg in die Einwanderungsgesellschaft" nach Ansicht des Migrationsexperten Klaus Bade in der Rückschau durchaus als „pragmatischer Erfolgsfall" (Bade 2007, S. 44) gelten kann, entwickelte sich um die Jahrtausendwende im Zuge der Diskussion um die Novellierung des Staatsbürgerschaftsrechts und die Konturen eines neuen Zuwanderungsgesetzes, ein zunehmend polemischer und populistischer Diskurs um Zuwanderung und Integration, der vielerlei Schreckens- und Zerrbilder an die Wand zeichnete und zugleich auf eine vorhandene Lücke in der Forschung, auf fehlende wissenschaftliche und politische Konzepte, Maßstäbe und Verfahren, um Integration empirisch zu fassen, hinwies. Angesichts der „nachholenden Integrationspolitik" (Bade 2007, S. 43) ergab sich ein dringender „Bedarf an statistischen Daten […], die Zuwanderungs- und Integrationsprozesse und deren Folgewirkungen abbilden (Sachverständigenrat für Zuwanderung und Integration, zit. nach Sorg 2009, S. 6). Im *Nationalen Integrationsplan* (NIP) (2007) verpflichtete sich die Bundesregierung deshalb u. a.

S. Vosgerau (✉)
Institut „Integration durch Sport und Bildung", Carl-von-Ossietzky
Universität Oldenburg, Marie-Curie-Straße 1,
26129 Oldenburg, Deutschland
E-Mail: arndt.soehnke.vosgerau@uni-oldenburg.de

zur Entwicklung eines Sets von Integrationsindikatoren. Die Darstellung des Ist-Zustandes sollte als Grundlage für eine sachliche Debatte dienen und aufzeigen, „wo Integrationsmaßnahmen greifen und Fortschritte zu verzeichnen sind, aber auch, wo noch Handlungsbedarf besteht." (BBMFI 2011, S. 4). Das recht allgemein formulierte Ziel der Integrationspolitik bestehe darin, „die Partizipation von Personen mit Migrationshintergrund in Deutschland zu ermöglichen. Dabei ist das Grundverständnis leitend, dass Integration gleichberechtigte Teilhabe und Chancengleichheit in allen gesellschaftlichen Bereichen bedeutet. […] Eine gut begründete Integrationspolitik orientiert sich an wissenschaftlichen Analysen empirischer Daten" (BBMFI 2011, S. 20). Der inzwischen vorliegende *Zweite Integrationsindikatorenbericht* versucht anhand von 64 Indikatoren aus „zentralen gesellschaftlichen Handlungsfeldern der Integration" (BBMFI 2011, S. 9), unter anderem der Teilhabe- und Engagementquote von Personen mit Migrationshintergrund im organisierten Sport, eine Einschätzung der „Entwicklung der gesellschaftlichen Integration in Deutschland" (BBMFI 2011, S. 9) zu geben versucht.

Durch ein differenziertes Integrationsmonitoring können demnach einerseits Chancen, Defizite und Diskriminierungen, Felder und Maßnahmen der Integrationspolitik aufgezeigt werden, die Grundlage für eine „wirkungsorientierte kommunale Integrationssteuerung" (Sorg 2009, S. 9) sein können. Auf der Grundlage abgesicherter, vergleichbarer und langfristig angelegter Erhebungsverfahren kann so die Notwendigkeit politischen und zivilgesellschaftlichen Handelns in bestimmten Gesellschaftsbereichen sowie die Wirksamkeit von Programmen zur Integrationsförderung herausgestellt und überprüft werden. Andererseits kann die wachsende Integrationsforschung und die notwendige Evaluation von integrativen Programmen sicherlich zur Versachlichung des Integrationsdiskurses beitragen und so dem „neuem Schub des Integrationspessimismus" (Thränhardt 2010, S. 20) und politischem Populismus den Wind aus den Segeln nehmen. So erkannte beispielsweise der Sachverständigenrat deutscher Stiftungen für Integration und Migration (SVR) in seinem „Integrationsbarometer 2012" eine zunehmend „pragmatisch-positives Integrationsklima" trotz des „anhaltenden Handlungsbedarfs" in zentralen Bereichen des gesellschaftlichen Lebens (SVR 2012, S. 25 ff.).

Allerdings belegt die kritische Diskussion um die Einführung eines deutschlandweiten „kommunalen Integrationsmonitorings" oder die Kritik an der Studie „Ungenutzte Potenziale" des Berlin-Instituts für Bevölkerung und Entwicklung (2009), dass die Operationalisierung von Integration, äußerst voraussetzungsvoll bleibt. Mehr Forschung bedeutet demnach nicht zwangsläufig ein Mehr an Handlungswissen, sondern kann in der Praxis im Zweifelsfall sogar Stereotype, Unterscheidungen und Hierarchisierungen verstärken. Der gewichtigste Grund hierfür ist, dass sich bislang in Deutschland weder in der Politik noch in der Wissenschaft ein einheitlicher Integrationsbegriff durchgesetzt hat. Das Wirrwarr von konfligierenden wissenschaftlichen, politischen und Alltagsverständnissen, lässt den Integrationsbegriff deshalb nicht nur beliebig erscheinen, es führt auch dazu, dass scheinbar „jeder, der sich in der Integrationsdebatte zu Wort meldet, irgendwo und irgendwie recht hat" (Sezer 2010). Aus theoretischer Sicht stehen die unterschiedlichen Integrationskonzepte teilweise in fundamentaler Opposition zueinander, was die Aussagekraft der auf ihrer Grundlage erhobenen empirischen Daten und Wertungen auf ihre internen Prämissen reduziert. So muss ein Urteil über die Integration bzw. Desintegration einer bestimmten Bevölkerungsgruppe (deren Definition wiederum entscheidend für das Ergebnis ist) zwangsläufig sehr unterschiedlich ausfallen, je nachdem welches Integrationsverständnis zugrunde gelegt wird. Ein assimilativer Integrationsbegriff, wie er in Deutschland prominent von Hartmut Esser (2000) vertreten wird, der eine höchstmögliche Anpassung von Migrantinnen und Migranten an die „Aufnahmegesellschaft" verlangt und demnach den „Erfolg" des Integrationsprozesses von einem idealisierten Endzustand (der strukturellen, kulturellen und sozialen Assimilation) her definiert, gibt eine grundsätzlich andere Forschungsperspektive vor, als ein dynamisches Integrationsverständnis, das Integration bzw. Desintegration als prinzipiell unabgeschlossene Prozesse versteht.

Hieran schließen sich die insbesondere von Praktikern im Feld häufig wiederholten Fragen an, ‚wer' eigentlich durch ‚was' ‚wohin' integriert werden soll und auf welcher normativen und demokratisch-legitimierten Grundlage dies geschehen soll. Wird Integration lediglich als weitreichende chancengleiche Partizipation an Ressourcen und Teilbereichen der Gesellschaft (z. B. Bildungswesen, Arbeitsmarkt etc.) verstanden oder meint Integration auch Kultur, Lebensstil etc.? Ist Integration freiwillig oder gibt es eine Pflicht zur Integration? Betrifft Integration lediglich eine definierte Gruppe von Zuwanderern oder ist darunter ein gesamtgesellschaftlicher Prozess zu verstehen? Orientieren sich die Maßstäbe und Integrationsindikatoren eher an den Selbstbeschreibungen, Wünschen und Aussagen der betroffenen Menschen oder an den Fremdzuschreibungen durch Wissenschaft, Politik oder medialen, öffentlichen Diskurs? Diese Fragen beschäftigen nicht nur die Integrationspolitik, sondern betreffen auch ihre wissenschaftliche Fundierung, die deutlich machen muss, welche Vorannahmen und sozialen Konstruktionsverfahren der Unterscheidung zwischen ‚erfolgreich Integrierten' und ‚Desintegrierten' zugrunde gelegt werden.

Eine umfangreiche Kritik des Integrationsbegriffs und seines verwandten Begriffsinstrumentariums scheint insbesondere dort nötig, wo Forschung den Anspruch erhebt, anwendungsorientiert zu sein, in die Gesellschaft zurückwirken und Empfehlungen für die Praxis abgeben möchte (Geisen 2007, S. 32). Hinter der Definition von Zielgruppen und der wissenschaftlichen Heuristik verbirgt sich immer auch die Frage der (politischen) Repräsentation. Einerseits werden Begriffe und Differenzierungen dringend gebraucht, aus sozialwissenschaftlicher Sicht, um der sozialen Wirklichkeit gerecht zu werden, aus der Perspektive der diversitätsbewussten Sozialen Arbeit, um adäquate und zielgruppenspezifische Angebote und Ziele formulieren zu können. Andererseits sind es diese Setzungen, die erneut „diskriminieren" (im eigentlichen Wortsinn von „unterscheiden") und damit Gefahr laufen, ihren ursprünglichen Intentionen und Zielen entgegen zu stehen, indem sie Unterscheidungen und soziale Ungleichheit reproduzieren. Im schlechtesten Fall trennen sie mehr, als sie integrieren. Darüber hinaus verändern auch komplexe analytische Begriffe ihre Bedeutung, wenn sie in den alltäglichen Sprachgebrauch eingehen. Die Einführung der Behelfskonstruktion des „Migrationshintergrunds" in die offizielle Bevölkerungsstatistik, hinter der sich eine nicht unerhebliche Gruppe von fast 16 Mio. in Deutschland lebenden Menschen verbirgt, kann hier als prominentes Beispiel gelten. Durch den zunächst plausiblen Versuch, Integrationsbedarfe von der Frage der Nationalität zu entkoppeln, ist so ein neuer Begriff geprägt worden, der wiederum kaum geeignet scheint, der großen Heterogenität dieser Gruppe zu entsprechen. Menschen mit Migrationshintergrund unterscheiden sich untereinander hinsichtlich ihrer Lebensrealitäten, ihrer Orientierungen oder Vorlieben mindestens ebenso wie Menschen ohne Migrationshintergrund (vgl. SINUS-Sociovison 2007). Trotzdem wird ein Migrationshintergrund oft als (mono-)kausale Erklärung herangezogen. Die heuristische Kategorie „Migrationshintergrund" sollte jedoch nicht mit der Ursache verwechselt werden.

Forschungen zu Integration, und insbesondere solche, die sich auf statistische und quantitative Verfahren verlassen, bergen daher auch immer die Gefahr, den vielfältigen existierenden sozialen Realitäten, Lebensentwürfen und Identitäten nicht gerecht zu werden und die intersektionalen Formen sozialer Benachteiligung zu vernachlässigen. Gerade bei der Beurteilung prekärer Lebenslagen laufen solche Untersuchungen schnell Gefahr, pauschalisierende und kulturalisierende Urteile zu fällen, eine Ethnisierung sozialer Problemlagen zu bewirken, die andere Faktoren, beispielsweise die soziale Selektivität des Bildungssystems oder mangelnde rechtliche Gleichstellung unberücksichtigt lassen, und so die Verantwortung für die diagnostizierten ‚Integrationsprobleme' den Betroffenen in die eigenen Schuhe schiebt. Als Grundlage integrationspolitischer Steuerungsmaßnahmen konstruieren sie Integration als ein Zwangskorsett, das weder individuell noch gesellschaftspolitisch wünschenswert ist. Insofern verwundert es nicht, dass inzwischen viele Kritiker Integration und Integrationspolitik als disziplinierende Machtinstrumente ablehnen und ein großes Unbehagen gegenüber der Integrationsforschung bekunden (vgl. Ha 2007; Geisen 2010). Integration umfassend und abschließend evaluieren zu wollen, scheint von vornherein fragwürdig.

Trotz dieser hier nur grob skizzierten Schwierigkeiten bleibt unwidersprochen, dass eine erfolgreiche Praxis Evaluation braucht, um erfolgreich zu bleiben, „völlig unabhängig vom Praxisfeld, also auch in der Sozialen Arbeit mit Eingewanderten und ihren Kindern" (Bibouche 2011, S. 235) Zudem macht sowohl die Förderstruktur als auch der zeitlich befristete Projektcharakter vieler Maßnahmen im Bereich der Integrationsförderung Evaluation notwendig. Die Frage ist demnach nicht, ‚ob', sondern vielmehr ‚wie' Evaluationen durchgeführt werden sollten und was aus ihnen gefolgert werden kann. Die vorangegangenen Bemerkungen sind deshalb kein Argument gegen Evaluation, sondern ein Plädoyer für qualitative Verfahren und eine transparente und faire Vorgehensweise bei der Beurteilung von Projekten und Interventionen, die auch die Grenzen der Reichweite und Aussagekraft ihrer Ergebnisse aufzeigt. Evaluationen haben nach Stockmann (2004) fünf zentrale Zielsetzungen, die jedoch unterschiedlich stark gewichtet sein können: Sie besitzen Erkenntnis-, Optimierungs-, Kontroll-, Entscheidungs- und Legitimationsfunktionen. Evaluationen müssen also in erster Linie zeigen, ob bestimmte Programme, Projekte, Maßnahmen, Interventionen *ihren eigenen* Zielvorstellungen gerecht werden. Sie sollten Anschluss zum Dialog bieten und dazu dienen, Ansätze, Methoden und Wege fortlaufend zu verbessern. Sie geben ein Feedback an die Auftraggeber und Beteiligten und stellen eine informierte Grundlage für zukünftige Projektentscheidungen dar. Die Evaluation von Wirkungen und Ergebnissen von integrativen Projekten und Programmen lassen sich nur bedingt verallgemeinern. Sie bleiben gebunden an die spezifischen Felder und konzeptionellen Ansätze der Projekte und Maßnahmen. Sie können jedoch als Fallbeispiele herangezogen werden und sich so in einen größeren Untersuchungsrahmen einfügen.

Im Lichte dieser Vorüberlegungen sind auch die hier präsentierten Ergebnisse und Erfahrungen nicht als repräsentative oder beliebig verallgemeinerbare Aussagen zu verstehen, sondern müssen eng in ihrem örtlichen und zeitlichen Entstehungs- und Wirkungszusammenhang und den beteiligten Akteuren beurteilt werden. Auch können sie nur bedingt Aussagen zur Integrationsfähigkeit und Integrationsleistungen des (organisierten) Sports machen, die wiederholt angemahnt worden sind (vgl. Kleindienst-Cachay et al. 2012). Sie geben in erster Linie Auskunft über den Stand der Implementierung des Projektkonzepts an den anvisierten Standorten, die Struktur, Durchführbarkeit und Wirkungen der Projektbausteine und ihre Annahme durch die Zielgruppen. Zudem wird versucht, Handlungsempfehlungen für die Weiterentwicklung der Projekte zu kondensieren. Die Ergebnisse spiegeln dabei in erster Linie die Erfahrungen und Ansichten der vor Ort tätigen Praktiker wider, die als Experten in ihrem Feld ernst genommen werden. Nichtsdestotrotz gewährleistet die Gegenüberstellung konzeptionell und umfänglich ähnlicher aber strukturell unabhängiger Projekte, ein gewisses Maß an Vergleichbarkeit, das zugleich als Matrix für ähnliche konzipierte Projekte dienen kann. So sind die hier präsentierten Ergebnisse durchaus geeignet, Anregungen zu geben, wie eine zielgruppenspezifische, sozialräumlich orientierte Integrationsarbeit im Sport konkret aussehen könnte und welchen Chancen und Problemen die Praktikerinnen und Praktiker vor Ort dabei begegnen können. Nebenbei können die Ergebnisse auch dazu beitragen, einen realistischen Blick auf die Integrations- und Entwicklungspotenziale des Sports zu werfen.

Aus der Perspektive von *Fußball ohne Abseits* bedeutet Integration zunächst ganz allgemein die chancengleiche Teilhabe an der Gesellschaft, an Bildung sowie selbstverständlich auch an Spiel, Sport und Bewegung. Konkret vollzieht sich Integration jedoch durch Handeln, durch das Lösen von Alltagsproblemen, die Erweiterung und Anwendung eines gesellschaftlichen Wissensvorrates, das Zusammenbringen und Vernetzen unterschiedlicher Menschen und Institutionen, das Werben um Anerkennung oder dem Abbau von strukturellen Hindernissen. Integration wird dabei nicht als das Resultat eines Prozesses, sondern selbst als ein mehrdimensionaler, interaktiver Prozess verstanden, der in seinen Bemühungen nie zum Abschluss kommt. Solch ein dynamisches, nicht-deterministisches Integrationsverständnis „verleiht der Diskussion eine optimistische Note, die für die Praxis wichtig ist, denn wenn Integration ein nicht endender Prozess ist, besteht die Hoffnung, steuernd einwirken und die notwendigen Schritte in die richtige Richtung machen zu können." (vgl. Bibouche 2011, S. 239). Für Integration gibt es daher keine einheitlichen Verfahren. Normativ ist das Integrationsverständnis des Projektes jedoch insoweit, als der anerkannte Wert eines „Sports für alle", von Spiel, Sport und Bewegung für die physische, psychische und soziale Entwicklung insbesondere von Kindern und Jugendlichen zum Leitmotiv dafür wird, möglichst vielen Heranwachsenden unabhängig von Geschlecht, sozialer und kultureller Herkunft, Bildung oder Religion, ein erfüllendes und langfristiges Sportengagement zu ermöglichen. Wie dieses Ziel innerhalb des bestehenden Systems des Schulsports und des organisierten Sports erreicht werden kann, ist dabei jedoch nicht zwangsläufig vorgegeben. Zur Ermöglichung und Gestaltung von Bewegungs- und Bildungsbiografien, erscheint im Rahmen des Projektes die soziale Einbettung des Sports in unterschiedliche Lernsettings, Bewegungs- und Sozialräume von besonderer Bedeutung. Integration erfordert hier ein produktives Hinterfragen des Bestehenden, ein Einlassen auf Schwierigkeiten und Probleme und die Anerkennung sozialer und kultureller Vielfalt und unterschiedlicher Körperpraxen. Integration in und durch den Sport setzt daher auch unterschiedlichen Ebenen, der Menschen (Aktivierung) und der Strukturen (Ermöglichung) an, um Partizipation, individuelle Entwicklung und Empowerment möglich zu machen.

2 Hintergrund und Design der Evaluationsstudie

Den Hintergrund für die Durchführung der Studie stellten die positiven Reaktionen auf das Modellprojekt des Deutschen Fußball-Bundes (DFB) und der Aufbau von weiteren kommunalen und regionalen Projekten u. a. in Oldenburg, Niedersachen, Bremen, Nordrhein-.Westfalen, Hessen und dem Saarland dar. So schien es notwendig und wünschenswert, die durch das bundesweite Modellprojekt gewonnen Erfahrungen transparent zu machen, sie produktiv in den Prozess einzubringen und projektübergreifende Ergebnisse und Gelingensbedingungen zu gewinnen. Insofern adressiert die Studie neben der wissenschaftlichen Öffentlichkeit insbesondere die in den verschiedenen regionalen Projekten aktiv beteiligten Personen und Institutionen, wie Projekt- oder AG-Leitungen, Träger, Verbände, Schulen und Vereine und sport- und schulpolitischen Entscheidungsträger sowie an der Umsetzung von Integrationsprojekten interessierte Personen.

Der vorliegende Beitrag präsentiert ausgewählte Ergebnisse der Evaluation, die 2011 vom An-Institut Integration durch Sport und Bildung der Universität Oldenburg für den DFB durchgeführt wurde (Gebken und Vosgerau 2012), und mit der versucht wurde, erstmals eine vorläufige Gesamtübersicht über laufende und abgeschlossene Projekte zu geben, die mit Bezug auf das konzeptionelle Gerüst des Modellprojekts initiiert wurden. Bei der Studie handelt es sich um eine formative Evaluation bzw. Prozessevaluation laufender Projekte – eine abschließende Bewertung der einzelnen Standorte war demnach weder möglich noch beabsichtigt. Die gewonnenen Zwischenergebnisse sollten wiederum als Handlungsempfehlungen in die Projektarbeit eingebracht werden. Von ihrer methodischen wie institutionellen Anlage ist die Studie eine Mischform aus interner und externer Evaluation. Methodisch, weil ihre in erster Linie qualitativen Forschungsmethoden sich nur in einem interaktiven Forschungsprozess realisieren ließen und auf der engen Kooperation mit den aktiv am Projekt beteiligten Akteuren beruhen. Institutionell, da das Institut bereits zuvor an der Konzeption und Beratung einzelner Projekte beteiligt war. Zugleich sind die untersuchten Projekte jedoch unabhängig und haben unterschiedliche Projektträger und -Partner, so dass die Kontrollfunktion lediglich indirekt eine Rolle spielt. Erklärte Ziele der Evaluation waren:

- Umfang und Wirkungen der verschiedenen Bausteine des Projektes einzuschätzen,
- relevante Strukturen und Prozesse des Projektes zu identifizieren,
- Gemeinsamkeiten und Unterschiede zwischen den unterschiedlichen Projektes bei der Beurteilung der Chancen und Schwierigkeiten des Konzeptes und seiner Implementierung zu eruieren,

- gemeinsame Handlungs- und Lösungsstrategien zusammenzutragen und
- inhaltliche Empfehlungen für die zukünftige Umsetzung weitere Projekte oder anderer Maßnahmen im Rahmen der Integrationsarbeit und Sportförderung der Verbände zu geben.

Die Evaluation orientierte sich dabei an folgenden Leitfragen:

- Erreichen die Bausteine des Projektes die definierte Zielgruppe und inwieweit werden Ansatz und Inhalte des Projektes der Zielgruppe gerecht?
- Welche Chancen und Probleme zeigen sich bei der Umsetzung der verschiedenen Projektbausteine? Was muss verändert oder verbessert werden?
- Inwieweit können Kooperation zwischen Schulen und Vereinen initiiert werden, die eine Brücke zum organisierten Sport bauen? Welche Hürden existieren für den Transfer von der Schul-AG zum Vereinstraining?

Das empirische Design der Studie wurde in mehreren Stufen angelegt und beinhaltete 1.) die statistische Auswertung eines *standardisierten Fragebogens* aller beteiligten Schulen und Vereine, und Erhebung der Teilnehmerzahlen an den AGs, Turnieren und Qualifizierungsmaßnahmen und der Angebote der Kooperationsvereine. Der Fragebogen beinhaltete Angaben zu Anzahl und Hintergrund der Teilnehmerinnen, der beteiligten Übungsleiter/innen und Assistentinnen. Zudem wurden Profile der beteiligten Vereine (Anzahl der Mitglieder, Jugend- und Mädchenmannschaften, aktive AG-Teilnehmerinnen) und Schulen (u. a. Anzahl der Schüler/innen und Klassenzüge, Anteil von Schüler/innen mit Migrationshintergrund, beteiligte Klassen) erstellt. Diese Daten wurden jeweils für die Projekte hinsichtlich der zwei aufeinanderfolgenden Halbjahre des Schuljahrs 2010/2011 ausgewertet.

2.) wurden *Leitfrageninterviews* mit den verantwortlichen Projektkoordinator/innen geführt. Ziel war es, die Projekte vornehmlich aus der makroorganisatorischen Perspektive der Gesamtleitung und weniger aus der Mikroperspektive der Teilnehmerinnen oder der beteiligten Vereine zu beleuchten. Vorab wurde dafür ein Interviewleitfaden entwickelt, der sich an der allgemeinen Fragestellung und den Zielsetzungen des Projektes orientierte behandelte die Komplexe Konzept, Hintergrund und Organisationsstruktur des Projektes, Aufgaben und Einschätzung der verschiedenen Projektbeteiligten im Projekt, Öffentlichkeits- und Netzwerkarbeit, Umsetzung der verschiedenen Bausteine des Projektes, Kooperation zwischen Schule und Verein und Nachhaltigkeit. Die Wirkungen des Projektes hinsichtlich der oben genannten inhaltlichen Komplexe und Aufgabenbereiche wurden anhand der Indikatoren Konzeption, Originalität, Durchführbarkeit, Relevanz, Resonanz, Akzeptanz, Nachhaltigkeit und Optimierung operationalisiert und verglichen.

3.) wurde aufgrund der Schlüsselposition im Projekt eine *Abfrage zu den Besetzungen der AG-Leitungen* versendet. Darin wurden die aktuell (Stand: November 2011) tätigen AG-Leiter/innen in einem anonymen Verfahren charakterisiert.
4.) stützt sich die Evaluation die Auswertung *weiterer Quellen* wie die Zwischenberichte der beteiligten Projekte, begleitend zu einigen Standorten ausgefertigte studentische Bachelor- und Masterarbeiten und insbesondere auf eine im Rahmen des niedersächsischen Projektes im ersten Schulhalbjahr durchgeführte Stichprobenumfrage, die unter 259 AG-Teilnehmerinnen durchgeführt wurde (vgl. Vosgerau 2011).

3 Die Projekte

Die Evaluation konzentriert sich im Wesentlichen auf die Auswertung von vier Projekten, die hinsichtlich ihrer Konzeption, Laufzeit sowie ihrer personellen und finanziellen Kapazitäten vergleichbar sind. Diese sollen hier zunächst kurz vorgestellt werden.

3.1 *Bremen:* Laureus Kicking Girls

Die Initialzündung für das Bremer Projekt gab ein umstrittener Vorfall aus dem Bremer Amateurfußball. Eine 15-jährige Spielerin des neu gegründeten Mädchenteams des KSV Vatansspor wurde aufgrund ihres Kopftuches vom Schiedsrichter des Feldes verwiesen (vgl. Gebken und Yurtgüven 2009). Der Fall sorgte für Aufruhr in der Bremer Vereinswelt und erreichte sogar die türkische Presse (vgl. Labbert 2008; Gebken und Vosgerau 2011, S. 187). Der Vorfall trug indirekt dazu bei, dass die FIFA inzwischen das Tragen von Sportkopftüchern offiziell gestattet. Die Förderung der *Laureus Sports for Good Stiftung* ermöglichte schließlich den Start des Bremer Projektes im August 2009.[1] Der Verein KSV Vatansport ist heute einer der sechs Kooperationsvereine im Projekt *Kicking Girls*, Partner des Projektes sind der Bremer Fußballverband und der Senator für Bildung und Wissenschaft (Abb. 1).

Das Projekt wird mit den konzeptionellen Bausteinen von *Fußball ohne Abseits* an sieben Schulen in den Stadtteilen Marßel, Blockdiek, Huchting, Gröpelingen, Tenever, Alt-Vegesack und Lüssum durchgeführt. Rund 90 Mädchen sind in jedem Schulhalbjahr in den AGs aktiv, jährlich finden Projektturniere und Assistentin-

---

[1] Nach einer Laufzeit von drei Jahren werden die Bremer Standorte inzwischen im *Laureus-Kicking-Girls*-Bundesprojekt weitergeführt.

Abb. 1 Logo der Laureus Kicking Girls (© Laureus Sports for Good Foundation Germany)

nenausbildungen statt. Das Bremer Projekt erhielt eine breite Präsenz in den lokalen und überregionalen Medien.[2] Die Grundschule Pastorenweg gewann 2012 den DFB-Integrationspreis in der Kategorie Schule, bereits 2010 hatte die Grundschule Landskronastraße im Stadtteil Marßel den 2. Platz belegt.

3.2 *Hessen:* Bunter Mädchenfußball

Bunter Mädchenfußball ist ein Projekt des Hessischen Innenministeriums (HMdI) und der Agentur Ekip (Interkulturelles Kompetenz Team) und startete im September 2009 mit einer Laufzeit von drei Jahren (Abb. 2). Der Hessische Fußball-Verband (HFV) ist darüber hinaus bei der Durchführung des Qualifizierungsmoduls eingebunden. Das Konzept und Ziele von *Bunter Mädchenfußball* orientieren sich dabei am DFB-Modellprojekt. Zielgruppe sind insbesondere Mädchen mit Migrationshintergrund, die „schrittweise an den Vereinssport herangeführt" werden sollen. Dazu sollen im „Doppelpass zwischen Schule und Verein" mit Beginn der dritten Klasse Mädchenfußball-AGs in marginalisierten Stadtvierteln aufgebaut werden, wobei „die Entwicklung der allgemeinen Beweglichkeit zunächst im Vordergrund steht. Im zweiten Projektjahr wird das Angebot durch eine zusätzliche Trainingseinheit in einem Partnerverein ergänzt. Den nahtlosen Übergang von der Schulsport-AG zum leistungsorientierten Wettkampfsport unterstützen Spaßturniere, die das Selbstbewusstsein und den Ehrgeiz der Mädchen stärken. Der Erwerb des DFB-Schnupperabzeichens ist als zusätzlicher Motivationsbaustein gedacht" (EKIP 2010). Darüber hinaus sollen weibliche Jugendliche in einem speziell konzipierten Lehrgang zu Teamleiterinnen ausgebildet und zu einem Engagement im Verein motiviert warden.

---

[2] Zugriff am 16. Januar 2012 unter http://www.fussball-ohne-abseits.de/presse/385.php; http://www.youtube.com/watch?v=kSXHU0pbdEg; http://www.welt.de/sport/article13789153/Anstoss-fuer-Verstaendigung-in-sozialen-Brennpunkten.html; http://www.fussball.de/nia-kuenzer-bei-den-laureus-kicking-girls/id_22554116/index; http://www.bremerfv.de/index.php?id=106&tx_ttnews[tt_news]=4428&cHash=75ff4b7dbb601772101dd411024c2d78&type=98.

Abb. 2 Logo des Projektes Bunter Mädchenfußball Hessen (© EKIP)

In Frankfurt, Gießen, Kassel, Offenbach, Rüsselsheim und Stadtallendorf wurden neun AGs aufgebaut, in denen rund 130 Mädchen pro Schulhalbjahr Fußball spielen. Sechs Vereine kooperieren mit den Projektschulen. Seit Beginn des Jahres 2011 wird das AG-Training an vier Standorten durch eine gemeinsame Trainingseinheit im Verein ergänzt, für die das Projekt die Übungsleitung stellt und die für die Teilnehmerinnen zunächst kostenfrei bleibt. In Stadtallendorf wurde auf Eigeninitiative engagierter Eltern die erste U12-Mädchenmannschaft im Kooperationsverein gegründet. Auch das hessische Projekt bekam eine breite Präsenz in der regionalen Presse.[3]

3.3 *Nordrhein-Westfalen:* Mädchen mittendrin

Auf Initiative des Ministeriums für Familie, Kinder, Jugend, Kultur und Sport des Landes Nordrhein-Westfalen[4] (MFKJKS) wurde im September 2009 das Projekt *Mädchen mittendrin – Mehr Chancen für Mädchen durch Fußball* ins Leben gerufen (Abb. 3). Die Initiative nahm maßgeblich Bezug auf die Projektidee des bundesweiten Modellprojekts *Fußball ohne Abseits*. Neben den Universitäten Osnabrück und Duisburg-Essen in der Projektleitung, sind sowohl der Westdeutsche Fußball- und Leichtathletikverband (WFLV) als auch die Landesverbände, der Fußball- und

---

[3] Zugriff am 10. Januar 2012 unter http://www.op-marburg.de/Lokales/Ostkreis/Auf-den-Spuren-von-Nia-Kuenzer; http://www.mittelhessen.de/_em_cms/_globals/print.php?em_ssc=MSwwLDEsMCwxLDAsMSww&em_cnt=88573&em_loc=598&em_ref=/hessen_und_welt/hessentag/&em_ivw=hessenwelt; http://www.giessener-anzeiger.de/sport/lokalsport/fussball/9440365_1.htm.

[4] Bis 2010: Ministerium für Inneres und Sport.

Abb. 3 Logo des Projektes Mädchen Mittendrin

Leichtathletik-Verband Westfalen (FLVW), der Fußball-Verband Niederrhein (FVN) und der Fußball-Verband Mittelrhein (FVM) beteiligt (Abb. 3).

Die Standorte des Projekts befinden sich in den zwölf bevölkerungsreichsten Städten Nordrhein-Westfalens. An jedem Standort sollten sukzessiv drei Grundschulen und mindestens ein Partnerverein für das Projekt gewonnen werden. Anfang 2011 waren 35 Grundschulen und 13 Vereine am Projekt beteiligt, zwischen 500 und 600 Mädchen spielten im Projekt wöchentliche Fußball. *Mädchen mittendrin* ist damit eines der umfangreichsten sozialen Projekte im Bereich Mädchenfußball in Deutschland. Durch das Projekt wurden sowohl Freundschaftsspiele und Turniere unterschiedlicher Größenordnung veranstaltet. Bei insgesamt 20 im Schuljahr 2010/2011 veranstalteten Turnieren waren rund 2460 Mädchen am Ball. Als besonderer Erfolg dürfen die Assistentinnenausbildungen gelten. Diese wurden dezentral als dreitägige Kompaktveranstaltungen konzipiert und an fast allen Standorten durchgeführt. Durch die bislang zwölf durchgeführten Fußballassistentinnenausbildungen konnten insgesamt 127 jugendliche Mädchen von weiterführenden Schulen in der Betreuung von Kindern und Jugendlichen qualifiziert werden. Fast ein Drittel der ausgebildeten Assistentinnen engagierten sich danach in Schule oder Verein.

Das Projekt fand auf lokaler und überregionaler Ebene die Beachtung durch verschiedene Medien.[5] Auch lieferte es Beiträge zur Publikation „Wir sind dabei

---

[5] „Mädchen ran ans Leder", in Siegener Zeitung vom 28.10.2010; Zugriff am 04. Januar 2012 unter http://integrationsmotorfussball.wordpress.com/; http://mediacenter.dw-world.de/german/audio/#!/164692/Fu%C3%9Fball_ohne_Abseits; http://www.mfkjks.nrw.de/sport/frauenfussballkonferenz.

Abb. 4 Logo des Projektes Golden Goal – Zusammen-Treffen (© Hessischer FV)

– Mädchen und Frauen mit Zuwanderungsgeschichte im Sport" (IM NRW 2009) und zur Frauenfußballkonferenz NRW 2011, die vom MFKJKS und dem WFLV in Kooperation mit dem Landessportbund NRW veranstaltet wurde. Der Kölner Kooperationsverein SV Gremberg-Humboldt belegte beim DFB Integrationspreis 2010 den 2. Platz in der Kategorie „Verein", der Aachener Verein Rothe Erde 2011 den 3. Platz. Die Laufzeit von *Mädchen mittendrin* wurde inzwischen verlängert und das Projekt um Standorte Recklinghausen, Gütersloh, Herford, Paderborn, Hagen, Bottrop, Mülheim, Düren und Bonn erweitert.

3.4 *Saarland:* Golden Goal – ZusammenTreffen

Auch das Projekt *Golden Goal – ZusammenTreffen* entstand in der Folge des DFB-Modellprojekts, das mit dem Standort Sulzbach schon seit 2006 im Saarland vertreten war. Nach einer ausführlichen Berichterstattung über die Fußballassistentinnenausbildung in Sulzbach im Saarländischen Rundfunk und in der Presse[6], entschlossen sich das Saarländische *Ministerium für Bildung* und das *Ministerium für Arbeit, Familie, Prävention, Soziales und Sport* gemeinsam mit dem Saarländischen Fußball-Verband zur Umsetzung eines eigenen Projektes ab 2009 (Abb. 4).

An den Standorten Dillingen, Homburg, Neunkirchen, Saarbrücken, St. Ingbert und Völklingen spielen in zehn Grundschulen und fünf Kooperationsvereinen fast 140 Mädchen Fußball. 2011 wurde ein zentrales Projektturnier an der Hermann-Neuberger Sportschule des Landessportbundes in Saarbrücken durchgeführt. Neben verschiedenen Zeitungsartikeln berichtete im September 2009 das ZDF im Rahmen der Integrationswoche über das Projekt.

---

[6] „Einmaliges Sport-Projekt hilft bei der Integration" (Saarbrücker Zeitung vom 30.11.2008), Zugriff am 06. Dezember 2011 unter http://www.fussball-ohne-abseits.de/presse/84.php.

3.5 Weitere Projekte

Darüber hinaus existiert mittlerweile bundesweit eine Vielzahl von Projekten, die auf der Konzeption von *Fußball ohne Abseits* aufbauen. Dazu gehören unter anderem die Projekte *Soziale Integration von Mädchen durch Fußball* (2008–2011) sowie *Spielend mittendrin* (seit 2012) in Niedersachsen, *MICK – Mädchen kicken mit* (Oldenburg, seit 2007, siehe Artikel in diesem Band), *Kick it in Osna* in Osnabrück (seit 2008), *Kick it* in Göttingen (seit 2007), *Mädchen kicken cooler* in Schleswig-Holstein (seit 2009), *Kicking Girls Hamburg* (seit 2011), *Kick for Girls* in Freiburg (seit 2011), *Alle kicken mit!* in Berlin (seit 2012), *Kick it* Würzburg (seit 2012). Schätzungen ergeben, dass die Projektidee inzwischen an mehr als 200 Standorten bundesweit umgesetzt wird und wöchentlich über 3500 Mädchen in den AGs mitspielen (Abb. 5).

4 Projektübergreifende Ergebnisse

Im Folgenden werden ausgewählte Ergebnisse der Evaluation für den DFB vorgestellt. Während die quantitativen Merkmale zumeist jeweils getrennt für die einzelnen Projekte dargestellt werden, sind die qualitativen Ergebnisse der Experteninterviews überwiegend projektübergreifend zusammengeführt worden. Der Aufbau folgt dabei der Projektstruktur mit ihren Bausteinen Fußball-Arbeitsgemeinschaften, Turniere und Assistentinnenausbildung. Der Baustein Camps wird nicht berücksichtigt, da er zum Erhebungszeitraum noch in keinem der Projekte durchgeführt wurde. Hinzu kommen die Punkte Standortwahl und Organisationsstruktur, AG-Leitung, Didaktik und die Kooperation zwischen Schulen und Vereinen.

4.1 Standortwahl und Originalität

Ziel der Projekte ist es, Mädchen für den Fußball in der Schule und Verein zu gewinnen, die von konventionellen Sportangeboten nur unzureichend erreicht werden, bzw. in deren Lebensumfeld bislang kaum adäquate Angebote existieren. Hiervon sind Mädchen mit Migrationshintergrund im besonderen Maße betroffen (vgl. Cachay et al. 2012, S. 35 ff.) Die Projekte sollten daher ausschließlich an solchen Standorten angesiedelt werden, die deutliche Zeichen sozialer Exklusion und ein sozialräumlicher Segregation und eine damit oft einhergehende schlechte Angebotsstruktur im Sport- und Freizeitbereich aufweisen.

Fußball ohne Abseits – Ausgewählte Evaluationsergebnisse

Abb. 5 Städte mit Projektstandorten. (Stand: Januar 2013, eigene Darstellung)

Grundsätzlich orientierte sich die Auswahl der Projektstandorte durchweg an den durch das Bund-Länder-Programm *Soziale Stadt* definierten Förderbereichen, ohne jedoch direkt mit dem Programm verknüpft zu sein. Im Jahr 2010 wies *Soziale Stadt* deutschlandweit 603 Gebiete mit besonderem Entwicklungsbedarf aus. Dies sind vorwiegend Stadtteile, aber auch einige ländliche Regionen, in denen das Zusammenleben der Bewohner/innen durch „komplexe Problemlagen, beispielsweise im Hinblick auf Sozial- und Wirtschaftsstruktur, Arbeitsplatzangebot, Ausstattung mit sozialer und stadtteilkultureller Infrastruktur, baulichen Zustand, Qualität von Wohnungen, Wohnumfeld, Umwelt" belastet ist.[7] Unter prekären Lebenssituationen leiden insbesondere Kinder und Jugendliche, die einem hohen Armutsrisiko ausgesetzt sind und geringe Bildungschancen und Chancen für soziale Mobilität haben. Hinzu kommt eine soziodemografische Komponente: In vielen dieser Gebiete ist der Anteil von Bewohner/innen mit Migrationshintergrund besonders hoch, so dass sich zum Teil soziale, ökonomische und kulturelle Exklusionsentwicklungen verdichten. Diesen sich gegenseitig verstärkenden Entwicklungen wird im Programm durch die Entwicklung integrierter Handlungskonzepte und gezielter Interventionen entgegengewirkt.

Durch die Orientierung der Projekte an der Gebietsauswahl von *Soziale Stadt*, wird der Zielsetzung geeigneter Implementierungsgebiete Rechnung getragen. Zugleich wird dadurch auch eine Lücke geschlossen, denn von den 1241 durch das Programm *Soziale Stadt* zwischen den Jahren 1995 und 2011 Projekten entfielen lediglich 53 auf das Handlungsfeld „Sport und Freizeit"[8] Nur neun lokale Projekte definierten als exklusive Zielgruppe „weibliche Kinder oder Jugendliche". Eine vergleichbare Fördermaßnahme im Bereich Mädchenfußball und Integration findet sich nicht darunter. Ein Grund hierfür mag sein, dass die Sportförderung eher als Aufgabe der jeweiligen Sportfachverbände angesehen wird. Zudem werden durch das Programm zumeist lokal begrenzte Einzelprojekte unterstützt. Obwohl sich die Standortwahl der Projekte an den Fördergebieten von *Soziale Stadt* orientieren, sind demnach kaum Überschneidungen zum Programm vorhanden. Allerdings wurden in der Vergangenheit durch das Programm in nahezu allen Fördergebieten Quartiersmanager, Integrationsbeauftragte oder andere lokale Ansprechpartner installiert, die als Experten und Multiplikatoren vor Ort in Anspruch genommen werden und insbesondere bei der Auswahl von Schulen und Vereinen behilflich sein konnten (Abb. 6).

---

[7] Vgl.Zugriff am 20. September 2012 unter www.sozialestadt.de/gebiete.
[8] Vergleichsgrundlage stellt hier die offizielle und laufend aktualisierte Projektdatenbank von *Soziale Stadt*. Zugriff am 14. November 2011 unter http://www.sozialestadt.de/praxisdatenbank/.

Fußball ohne Abseits – Ausgewählte Evaluationsergebnisse

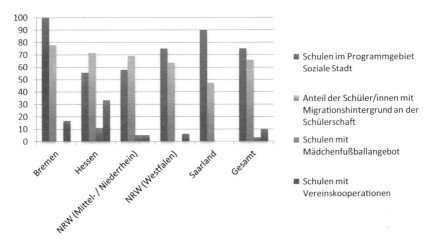

Abb. 6 Situation der Projektschulen im Schuljahr 2010/2011 ($n = 60$) (Eigene Darstellung)

Insgesamt liegen 71 % der Projektschulen in den ausgewiesenen Gebieten der *Sozialen Stadt*. In einigen Gebieten wurde aufgrund von bereits bestehenden Projekten von der Praxis abgewichen und auf Empfehlung der Träger, der kommunalen Behörden und der Stadtteilmanager alternative Standorte einbezogen.

In den ausgewählten Stadtbezirken wurden sukzessiv bis zu vier Grundschulen für das Projekt gewonnen. Dabei wurden insbesondere Schulen mit einem hohen Anteil an Schüler/innen mit Migrationshintergrund angesprochen. Derzeit sind 60 vierjährige Grundschulen in 25 Städten in den vier Projekten beteiligt. Der durchschnittliche Anteil von Kindern mit Migrationshintergrund an der Schülerschaft beträgt 66,2 %, wobei dieser Wert zwischen den Schulen stark variieren kann. Lediglich in jeder zehnten Schule bestanden schon vor Projektbeginn Kooperationen mit lokalen Sportvereinen. Nur in zwei Schulen fanden vor der Implementierung des Projektes ähnliche Angebote für Mädchen statt.

4.2 Baustein Mädchenfußball-AGs

Die Einrichtung von Fußball-AGs für Mädchen stellt den ersten Baustein der Projekte dar. Studien zum Sportverhalten von Kindern und Jugendlichen legen nahe, dass außerhalb des regulären Sportunterrichts angebotene, freiwillige Sport-AGs zum Erreichen bildungsferner Zielgruppen grundsätzlich geeignet sind (vgl. Frohn 2007). AGs werden von Grund- und Hauptschülern zumeist besser angenommen als von Realschülern oder Gymnasiasten und sprechen auch sportferne Zielgruppen, wie Mädchen mit Migrationshintergrund, an (vgl. Kleindienst-Cachay et al. 2012, S. 141 ff.; Mutz und Burrmann 2009). Der Wert außerunterrichtlicher Sportangebote besteht zudem in seiner kompensatorischen und komplementären Funktion zum Schulsport. Wie in der SPRINT-Studie zur Situation des Schulsports in Deutschland festgestellt wurde, fehlen für den Sportunterricht in der Primarstufe in vielen Grundschulen noch immer qualifizierte Fachkräfte, was „zur Folge hat, dass Kinder in den ersten vier Schuljahren nie oder nur selten von einer ausgebildeten Fachkraft unterrichtet werden" (Brettschneider 2006, S. 7). Diese Situation scheint schon deshalb nicht vertretbar, da im Sportunterricht der ersten Schuljahre „wesentliche Grundlagen für die Einstellungen der Kinder zum (Schul-) Sport und für die Teilnahme am außerschulischen Sport gelegt" (Brettschneider 2006, S. 7) werden. Außerdem spielt der Sport gerade für die Ausbildung „weiterer Kompetenzen jenseits des unmittelbar Körperlichen oder Motorischen eine wichtige Rolle" (Brettschneider, S. 7). Die Fußball-AGs des Projekts, als mädchen- und fußballspezifische Bewegungsangebote verfolgen deshalb auch das Ziel, den regulären Sportunterricht zu ergänzen. Von ihnen werden sowohl positive Wirkungen für die *Erziehung zum Sport* als auch *durch den Sport* erwartet.

- *Implementierung und Durchführung der AGs in den Schulen*

Der Baustein Mädchenfußball-AGs an Grundschulen wird von allen Projektleiter/innen übereinstimmend als „das Herzstück" des Projektes angesehen. Die funktionierende AG ist die treibende Kraft der miteinander verzahnten Bausteine des Projektkonzepts und somit die Voraussetzung zur Verwirklichung der weiterführenden Projektziele. Die AGs ermöglichen mit ihrem niederschwelligen Angebot erst den Zugriff auf die Zielgruppe und eröffnen den Teilnehmerinnen den Zugang zum Sport. Durch die AGs besteht die Möglichkeit, die Teilnehmerinnen über einen längeren Zeitraum in ihrer persönlichen wie sportlichen Entwicklung zu begleiten. Von herausragender Bedeutung ist hierbei die Besetzung der AG mit einem/r qualifizierten Übungsleiter/in, die auf die Unterstützung der Schulleitung angewiesen ist. Die Verlässlichkeit der Schulen bei der Kooperation wird dabei von allen Projektleiter/innen als überwiegend positiv und unproblematisch beurteilt. Die Kooperationsvereine sind zumeist lediglich in der AG-Leitung eingebunden. Wichtig ist dabei insbesondere, die Verlässlichkeit des Angebots sicherzustellen. Ein wiederholter Ausfall der AG wirkt hingegen schnell demotivierend auf die Teilnehmerinnen. Gerade in der Anfangszeit ist die Organisation und Betreuung der AGs sehr zeitintensiv und nimmt einen Großteil der Projektarbeit ein. Wichtige organisatorische Eckpunkte zur erfolgreichen Implementierung einer Mädchenfußball-AG an der Grundschule sind neben der kompetenten Besetzung der AG-Leitung und Genehmigung durch die Schulleitung, die Bereitstellung von Hallenzeiten und Unterrichtsmaterialen, die organisatorische Einbettung in die Schuladministration (Elternbriefe, Anmeldungen, Schlüsselgewalt), die wiederholte Bewerbung der AGs am Beginn des Schulhalbjahres in der Schule (durch Projektleitung, Sport- oder Klassenlehrer/innen und/oder AG-Leitung) und Schnuppertrainings, die Benennung eines lokalen Ansprechpartners an der Schule für die Belange der AG (z. B. Sportfachberater/in, Sportlehrer/in, Schulsozialarbeiter/in, Referendar/in, OGS-Leitung o. ä.) und die Einbindung der AG in den Rahmenzeitplan der Schule (insbesondere Koordinierung mit Ganztagsbetreuung).

Die Implementierung der Mädchenfußball-AGs an den Grundschulen verlief trotz des hohen Organisationsaufwandes in allen Projekten überwiegend unproblematisch. Die AGs wurden dabei entweder in das Ganztagangebot der Schulen implementiert oder wurden als offenes Nachmittagsangebot im Anschluss an den Schulunterricht angeboten. Die AGs umfassen Trainingseinheiten zwischen 45 und 90 min (eine bzw. zwei Schulstunden). In einem regulären Schuljahr findet das AG-Angebot durchschnittlich an zwanzig wöchentlichen Terminen pro Schulhalbjahr statt.

- *Inhaltliche Ziele der AGs*

Ein festgelegtes gemeinsames didaktisches Curriculum zur Durchführung der AGs existiert bislang nicht. Vielmehr liegt die inhaltliche Ausrichtung und Prioritätensetzung in den Händen der AG-Leitung. Als notwendige Voraussetzung für den Erfolg der Mädchenfußball-AGs wird jedoch die ausgewogene Gewichtung von pädagogischen und sportbezogenen Zielen angesehen. Zu den *pädagogischen Zielen* der AGs gehört es, stärkere und schwächere Schülerinnen zu berücksichtigen, eine Kultur des sportlichen Miteinanders und der Fairness zu entwickeln, Konfliktlösungskompetenzen zu vermitteln, indem gemeinsame Regeln und Konsequenzen erarbeitet werden, die Unterschiede der Selbst- und Fremdwahrnehmung von individueller Körperlichkeit und Persönlichkeit zu erkennen, sich selbst auszuprobieren und zu verbessern (Selbstwirksamkeitskonzept), Unterstützung bei der Persönlichkeitsentwicklung zu geben und das individuelle Selbstvertrauen zu stärken. Zu den *sportbezogene Zielen* der AGs gehört es, durch abwechslungsreiche Übungen und Spiele (auch ohne Fußballbezug) Spaß an Bewegung zu vermitteln, den Spaß am Ball zu entwickeln bzw. die Angst vor dem Ball zu verlieren und die Grundtechniken und Regeln des Fußballspiels kennenzulernen. Zu den *methodischen Ansätzen* der AGs gehört, die Spielfreude der Kinder zu nutzen und zu fördern, eine ressourcenorientierte und geschlechtssensible Vermittlung, den Teilnehmerinnen die Möglichkeiten bieten, ihre eigenen Wünsche und ihre Kreativität einzubringen, eine ganzheitliche Bewegungsförderung anzubieten und mit unterschiedlichen Spielmaterialen zu experimentieren sowie durch Rituale und feste Regeln einen Teamzusammenhalt zu schaffen und den Kindern Orientierung und Verlässlichkeit zu bieten.

- *Teilnehmerinnenresonanz der AGs*

In allen Projekten werden die Mädchenfußball-AGs gut angenommen. Die Bewerbung des AG-Angebots durch die Klassen- bzw. Sportlehrer/innen verlief unproblematisch. Das große Interesse an den AGs zeigte sich schon bei den Auftaktveranstaltungen, zu denen oft wesentlich mehr Mädchen als erwartet erschienen. Zu Beginn eines jeden Halbjahres findet zumeist ein erstes Schnuppertraining statt, nach dem sich die Mädchen für die AG entscheiden und verbindlich anmelden können. Zwischen 90 und 95 % der anfänglich angemeldeten Mädchen bleiben auch am Ball.

Im ersten Halbjahr des Schuljahres 2010/2011 wurden in Bremen, NRW, Hessen und dem Saarland insgesamt 55, im zweiten Halbjahr 60 AGs angeboten. Spitzenreiter ist dabei die Region Mittelrhein- Niederrhein mit 22 AGs im zweiten Schulhalbjahr. An einigen Standorten bildeten aus organisatorischen (zumeist: fehlende AG-Leitung oder nicht vorhandene Hallenkapazitäten) zwei benachbarte Schulen eine gemeinsame AG-Klasse. Im ersten Schulhalbjahr waren in allen vier Projekten insgesamt 827, im zweiten Halbjahr insgesamt 901 Mädchen am Ball. Durchschnittlich spielten 15 Schülerinnen in einer AG Fußball. Unter Zugrundelegung unterschiedlicher Szenarien kann davon ausgegangen werden, dass die Projektangebote nach Beendigung einer zweieinhalbjährigen Laufzeit zwischen 2050 und 3095 Grundschülerinnen erreicht haben.[9]

- *Altersgerechtes und jahrgangsübergreifendes Angebot*

Die Projekte setzen gezielt auf außerunterrichtliche Angebote für Mädchen im Grundschulalter, da einerseits der „Bewegung im frühkindlichen Entwicklungs- und Bildungsprozess eine bedeutende Rolle" (DOSB 2009, S. 7) zukommt, andererseits positive Impulse in diesem Alter entscheidend für spätere Einstellungen zum Sport und die Teilnahme am außerschulischen Sport sind (vgl. Brettschneider 2006, S. 7). Die AGs in den Projekten sind ausschließlich in vierjährigen Grund-

---

[9] Die Prognose geht dabei von einer konstant bleibenden Anzahl von AGs aus. Die institutionelle Fluktuation beträgt in der vierjährigen Grundschule ca. 25 %. Nach dem pessimistischen Szenario scheiden darüber hinaus 60 % der Teilnehmerinnen nach einem AG-Halbjahr wieder aus. Das optimistische Szenario rechnet lediglich mit 20 % freiwilliger Fluktuation.

schulen, mit einer Schülerschaft im Alter zwischen sechs und zehn Jahren, implementiert. Grundsätzlich wird die Empfehlung gegeben, das freiwillige und außerunterrichtliche AG-Angebot möglichst als „offen für alle Altersgruppen" zu bewerben. Welche Schülerinnen und Jahrgänge einer Schule an den Fußball-AGs teilnehmen dürfen, liegt jedoch letztendlich im Ermessen der Schulen in Absprache mit den AG-Leitungen. Eine Einbindung aller Jahrgänge scheitert dabei oft schon an den Kapazitäten der Schule oder an den Kompetenzen der Projektleitung. Das in der Praxis populärste Modell (41 % aller AGs) stellt eine jahrgangsübergreifende AG der Stufen 3 und 4 dar, gefolgt vom schulübergreifendem offenen Angebot für alle (der Jahrgänge 1 bis 4) und dem modifizierten schulübergreifenden Modell mit der Ausnahme der Schulanfänger. Der Altersschwerpunkt liegt demnach bei den dritten und vierten Grundschuljahrgängen. An den AG-Angeboten sind 29 % erste Klassen, 51 % zweite Klassen, 88 % dritte Klassen und 86 % vierte Klassen beteiligt.

- *Beteiligung von Mädchen mit Migrationshintergrund*

Zielgruppe des Projektes sind insbesondere Mädchen mit Migrationshintergrund, die im organisierten Sport deutlich unterrepräsentiert sind. Wie bereits beschrieben, wurden die Projekte vornehmlich in solchen Grundschulen und Stadtgebieten implementiert, die einen hohen Anteil von Menschen mit Migrationshintergrund aufweisen. Der durchschnittliche Anteil der Schüler/innen mit Migrationshintergrund an den beteiligten Grundschulen in allen vier Projekten lag bei 66,2 %, wobei der Anteil in Bremen mit 77 % am höchsten lag, gefolgt von Hessen (71,5 %), den Regionen Mittel- und Niederrhein (69,2 %) und Westfalen (63,2 %) und dem Saarland (49 %). Allerdings sind zwischen den Schulen große Unterschiede zu verzeichnen. In einigen Projektgrundschulen hatten mehr als 90 % der Schüler/innen einen Migrationshintergrund. Darüber hinaus stießen die Mädchenfußball-AGs in allen Standorten auf ein überproportional großes Interesse bei den Mädchen mit Migrationshintergrund, so dass ihr Anteil unter den AG-Teilnehmerinnen in allen Projekten zwischen einem und 12,9 Prozentpunkten höher lag, als im Schuldurchschnitt. In Hessen hatten 84,2 % der teilnehmenden Schülerinnen einen Migrationshintergrund, in Bremen 79,6 %, in den NRW-Regionen Mittel- und Niederrhein 74,6 % und Westfalen 70,2 % und im Saarland 56,7 %. Im Gesamtdurchschnitt aller Projekte hatten im Schuljahr 2010/2011 rund 73,9 % aller AG-Teilnehmerinnen einen Migrationshintergrund (Abb. 7).

- *Vorerfahrungen im organisierten Sport und im Fußball*

Nur ein kleiner Teil der AG-Teilnehmerinnen verfügt bei Eintritt in die AG über Vorerfahrungen im organisierten Sport oder mit der Sportart Fußball. So waren bei

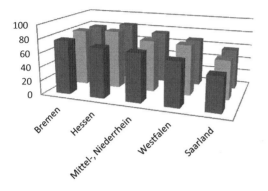

Abb. 7 Teilnehmerinnen mit Migrationshintergrund an den Projekt-AGs im Schuljahr 2010/2011 (Eigene Darstellung)

einer Stichprobe im Niedersächsischen Projekt lediglich 20,8 % der AG-Teilnehmerinnen aktuell Mitglied eines Sportvereins. Bei den Mädchen mit Migrationshintergrund waren es sogar nur 16,1 %. 15,1 % der Mädchen (15,5 % der Mädchen mit Migrationshintergrund) gaben an, früher einmal in einem Verein aktiv gewesen zu sein. Fast 60 % der AG-Teilnehmerinnen (68,4 % der Mädchen mit Migrationshintergrund) waren überhaupt nicht im Sportverein aktiv (Abb. 8).

Die Stichprobe bestätigt, dass die Beteiligungsraten von Mädchen mit Migrationshintergrund deutlich unter dem Durchschnitt liegen. Auch sind die Projektleiter eher skeptisch, ob die Angaben der Schülerinnen zur Mitgliedschaft im Sportverein wirklich stimmen. Sie stehen zum Teil im Widerspruch zu den Aussagen einiger Schulleiter, die besagen, dass es maximal 10 Sportvereinsmitglieder in ihrer Schule gebe (Vineta Grundschule Berlin, Montessorischule Stade oder Heiligenwegschule in Osnabrück). So geht z. B. die 2. World Vision Kinderstudie davon aus, dass insgesamt sind 62 % der Kinder beider Geschlechter im Alter von sechs bis elf Jahren Mitglied in einem Sportverein sind, Kinder mit Migrationshintergrund jedoch nur zu 54 % (vgl. Hurrelmann und Andresen 2010, S. 105 ff.). Allerdings wurde eine Gewichtung der Daten nach sozialen Kriterien nicht vorgenommen, die in anderen Studien bestätigen konnte (vgl. Schmidt 2008), dass gerade Kinder und Jugendliche aus sozialen Brennpunkten, deren Familien über geringes soziales, kulturelles und ökonomisches Kapital verfügen, signifikant weniger sportlich aktiv sind. Grundsätzlich gelingt es den Projekten, auch solche Mädchen anzusprechen, die keine oder nur geringe Vorerfahrungen im organisierten Sport haben.

Die definierte Zielgruppe wurde demnach in allen evaluierten Projekten im Rahmen der Mädchenfußball-AGs erreicht. Die Merkmale weibliches Geschlecht

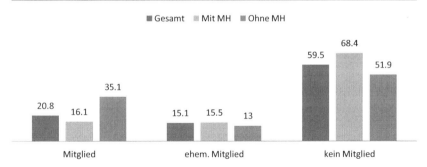

Abb. 8 Vereinszugehörigkeit der AG-Teilnehmerinnen am Projekt mit und ohne Migrationshintergrund ($n = 259$) des Projektes *Soziale Integration von Mädchen durch Fußball* in Niedersachsen. Zu Hundert fehlende Werte ohne Angabe. (Vosgerau 2011)

und Migrationshintergrund stellen im Rahmen der Projektangebote keine Ausschlusskriterien dar. Im Gegenteil scheint gerade der Fußball gut geeignet, um die Zielgruppe anzusprechen. Das Potential, durch den Fußball soziale Integration zu fördern, ist demnach bei Mädchen mit Migrationshintergrund ebenso groß wie bei den Jungen. Die geringe Sportbeteiligung von Mädchen mit Migrationshintergrund im Vereinsfußball sollte daher nicht länger ausschließlich bei vermeintlichen persönlichen Motiven, sondern verstärkt bei den strukturellen Möglichkeitsbedingungen in den Sozialräumen gesucht werden.

- *Niederschwelligkeit*

Ein idealtypischer Vergleich der durch die Mädchenfußball-AGs realisierten Angebote mit dem Schulsport und regulären Vereinsangeboten kann die spezifischen Unterschiede und möglichen Hürden des sportlichen Engagements verdeutlichen. Mit Bezug auf ein erweitertes analytisches Differenzierungsmodell niederschwelliger Angebote in der Sozialen Arbeit (vgl. Mayrhofer 2009) lassen sich verschiedene zeitliche, räumliche, formale, inhaltliche, soziale und kulturelle Dimensionen von Niederschwelligkeit der AG-Angebote analytisch unterscheiden, die dazu geeignet sind, soziale und kulturelle Distanzen zu verkleinern und mehr Mädchen, die von sozialer Exklusion betroffen sind, für den Sport zu gewinnen (Abb. 9).

Die erfolgreiche Implementierung von Mädchenfußball-AGs in allen Projekten und die durchweg positiven Teilnehmerinnenzahlen in allen Standorten verdeutlichen, dass außerunterrichtliche Mädchenfußball-AGs in Schulen eine sehr gute Einstiegsmöglichkeit in den Sport darstellen. Dies bestätigt Untersuchungen, wonach Jugendliche aus sozial benachteiligten Stadtgebieten, durch schulische

		Schulsport	Vereinsangebot	AG-Angebot
Formale Dimension	Implementierung	schulisch	außerschulisch	außerunterrichtlich
	Teilnahme	verpflichtend	freiw. Mitgliedschaft	freiwillig
	Kosten	kostenlos	Mitgliedsbeitrag	kostenlos
	Ziel	Entwicklung	Bindung	Heranführung
	Ort	Schule	Vereinsgelände	Schulumfeld
	Umfang	fortlaufend	dauerhaft	begrenzt
	Zeit	Vor- und Nachmittags	Nachmittag, Wochenenden	früher Nachmittag
	Verantwortung	Schule	Verein	Kooperation
Inhaltliche Dimension	Inhalt	Sportartenübergreifender Bewegungsunterricht	Sportartenbezogenes Training	Sportartenbezogener Bewegungsunterricht
	Norm	curriculumorientiert	leistungsorientiert	interessenorientiert
	Bildungssetting	formal	non-formal	non-formal
Soziale Dimension	Alter	Jahrgangsstufe	Jugendstaffel	jahrgangsübergreifend
	Gruppen	koedukativ	geschlechtshomogen oder koedukativ	geschlechtshomogen
	Leitung	Lehrer/innen ohne sportfachlichen Schwerpunkt	Trainer/innen mit sportfachlichem Schwerpunkt	Übungsleiter/innen mit sportfachlichem Schwerpunkt
	Externe Unterstützung	nicht notwendig	notwendig	wünschenswert

Abb. 9 Verschiedene Dimensionen von Niederschwelligkeit in Schulsport, Vereinssport und AGs (eigene Darstellung)

Arbeitsgemeinschaften leichter erreicht werden können als durch Vereinsangebote. Andererseits verstehen sich die AGs weiterhin als heranführende Angebote, die Wege in den organisierten Sport öffnen sollen. Dies erscheint auch notwendig, um keine neuen Exklusionsformen zu etablieren und die Perspektiven einer Integration in den Sport aufrecht zu erhalten.

4.3 Schlüsselposition AG-Leitung

Die AG-Leiter/innen nehmen eine Schlüsselposition im Projekt ein. Sie setzen die Projektbausteine vor Ort um und tragen sowohl in organisatorischer wie pädagogischer Hinsicht große Verantwortung. Zum Aufgabenbereich der AG-Leitung gehören die Organisation, Kommunikation und Durchführung der Fußball-AGs, die altersgerechte Vermittlung von Bewegungsangeboten und fußballspezifischen Techniken, die Begleitung der AGs zu Turnieren, Freundschaftsspielen etc. und der Aufbau eines Vertrauensverhältnisses zu Kindern und Eltern. Zudem besetzt die AG-Leitung im Idealfall die Schnittstelle zwischen Schule und Verein und kann so die sozialräumliche Einbettung der AGs unterstützen. Die erfolgreiche (methodische) Umsetzung der Zielsetzung der Projekte ist demnach im besonderen Maße von den Kompetenzen der AG-Leitung abhängig.

Die Akquise einer qualifizierten AG-Leitung ist nach Einschätzung aller Projektleiter/innen die langwierigste und schwierigste Aufgabe im Gesamtprojekt, die einen großen Arbeitsaufwand und kontinuierliche Begleitung erfordert. Die Suche nach einer geeigneten AG-Leitung wird dabei als gemeinsame Aufgabe der Projektleitung und der Vereine definiert und ist wichtiger Bestandteil der Kooperation zwischen Verein und Schule. Nicht alle Kooperationsvereine sind jedoch in der Lage, eine AG-Betreuung aus dem Vereinsumfeld zu organisieren. In diesem Fall müssen sich Projektleitung, Verein und Schule um eine alternative Lösung bemühen. Von den 56 in den vier Projekten tätigen Übungsleiter/innen stammen nur knapp die Hälfte (44,6%) aus dem Vereinsumfeld (z. B. Trainer/innen, aktive Spieler/innen etc.). Bei der Betreuung der AGs setzt sich somit die ohnehin problematische Situation des ehrenamtlichen Engagements in den Vereinen fort. Schon im regulären Vereinsbetrieb fehlen häufig qualifizierte Übungsleiter/innen, so dass ein Engagement in der Schule oft nicht mit den vorhandenen personellen Ressourcen zu realisieren ist. Zudem fehlen insbesondere qualifizierte Frauen im Verein bzw. die Erfahrung mit Mädchengruppen. Darüber hinaus erweist sich auch die Implementierung der AG-Angebote am frühen Nachmittag als Hindernis für Berufstätige, die sich ehrenamtlich engagieren möchten. Aber auch Schüler und Studenten berichten von Problemen, ihre Stundenpläne mit den AG-Zeiten zu synchronisieren.

Ein Viertel der AGs werden durch Mitarbeiter der Projektschule betreut. Hierzu zählen neben Lehrkräften auch Mitarbeiter der Schulsozialarbeit oder der Ganztags- bzw. Nachmittagsbetreuung. Bei der Akquise von AG-Leitungen in der Schule kommt erschwerend hinzu, dass der Sportunterricht in vielen Grundschulen fachfremd unterrichtet wird. Qualifizierte Sportlehrer/innen sind daher oft bereits stark in den schulischen Unterricht eingebunden und verfügen kaum über zeitliche Ressourcen zur Betreuung weiterer Angebote. Der hohe Anteil weiblicher Pädagoginnen an Grundschulen erschwert zusätzlich die Suche nach einer AG-Leitung mit Fußballerfahrung. Die Bedeutung einer weiblichen Übungsleiterin als Vertrauensperson und sportlichem Vorbild für die Mädchen wird jedoch insgesamt als sehr hoch eingeschätzt. Besonders positiv ist daher, dass fast 80% der in allen regionalen Projekten tätigen Übungsleiter/innen weiblich sind (Abb. 10).

Die Besetzung der AG-Leitungen ist demnach insgesamt ebenso heterogen wie ihr Anforderungsprofil. Zwar lassen sich theoretische Qualitätskriterien einer Idealbesetzung der AG-Leitung entwickeln, diese lassen sich jedoch in der Praxis nur selten verwirklichen bzw. treten sogar teilweise in Konkurrenz zueinander. Betont wird beispielsweise der Vorrang pädagogischer, sozialer und interkultureller Kom-

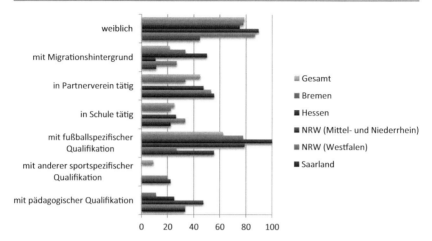

Abb. 10 Zusammensetzung der AG-Leitung (in %, n = 56) (eigene Darstellung)

petenzen der AG-Leitung gegenüber detailliertem Trainingswissen. Andererseits personifiziert eine AG-Leitung aus dem Verein die Kooperation mit der Schule und kann den Transfer zwischen AG und Verein maßgeblich beeinflussen und begleiten. So funktioniert der Übergang zum Verein an Standorten mit Vereinstrainer/innen in der Regel deutlich besser. Fußballerfahrung oder Fußballaffinität sind wichtige Merkmale, um den Sport authentisch zu vermitteln. Die Umsetzung einer auf heterogene Mädchengruppen und Fußballanfängerinnen ausgerichteten Bewegungsbetreuung, die zugleich inklusive und sportfachliche Anteile hat, erfordert jedoch Kompetenzen, die auch für erfahrene Fußballtrainer/innen (vor dem Hintergrund einer zumeist auf dem Leistungsprinzip basierenden Trainingsschule in den Vereinen) eine neue Erfahrung darstellen kann. Eine Übungsleiterlizenz ist deshalb zwar insbesondere für die Anerkennung der Tätigkeit im Verantwortungsbereich der Schule wünschenswert, aber keine zwingende Voraussetzung. Über eine durch Ausbildung oder Studium erworbene pädagogische Qualifikation verfügen 33,9 % der tätigen AG-Leiter/innen, 62,5 % verfügen über fußballspezifische Qualifikationen und weitere 9 % über anderweitige sportfachliche Qualifikationen.

Ein an den pädagogischen Zielen der Projekte ausgerichtetes Qualitätsmanagement der AG-Leitung einerseits und eine dem hohen Grad an Verantwortung angemessene Wertschätzung und Unterstützung (z. B. in Form angemessener Aufwandsentschädigungen und Vernetzungs- und Weiterbildungsmöglichkeiten) der tätigen AG-Leiter/innen andererseits, sind Garanten für den nachhaltigen Erfolg der Projekte.

4.4 Geschlechtersensible Fußballvermittlung

Durch den Einfluss der Gender-Mainstreaming-Debatte hat sich die (sport-)pädagogische Arbeit mit Mädchen in den letzten Jahren stark verändert (vgl. Diketmüller 2010). Wurden früher Mädchenarbeit und geschlechtshomogene Angebote für Mädchen in erster Linie durch geschlechtsspezifische Benachteiligungen gerechtfertigt, hat sich die Forschung heute von einem generalisierenden Benachteiligungsansatz und vor allem von einem statischen Geschlechterverständnis, das Jungen und Mädchen ihre jeweils eigenen festen Rollen zuweist und wenig Raum für heterogene Geschlechterrollen lässt, verabschiedet (vgl. Diketmüller 2010). Die Auswirkungen der Debatte und die Vor- und Nachteile geschlechtshomogener Gruppen im Sportunterricht wurden zu Recht kontrovers diskutiert. Fußball im Rahmen des regulären koedukativen Schulsportunterrichts lässt Mädchen jedoch oft nicht genügend Raum. Mit den außerunterrichtlichen Projektangeboten wird daher die Absicht verbunden, den Mädchen einen eigenen Raum zu schaffen, um Spaß am Fußball entwickeln und ihre eigenen Stärken ausspielen zu können. Insbesondere um die Sportbeteiligung von Mädchen mit Migrationshintergrund zu fördern müssen „Rahmenbedingungen geschaffen werden, die ein von Geschlechterstereotypen gelöstes Sporttreiben ermöglichen" (Diketmüller 2010, S. 5).

Gerade beim Fußballspiel in der Schule ist jedoch die Polarisierung der unterschiedlichen Voraussetzungen und Vorerfahrungen zwischen Mädchen und Jungen besonders stark ausgeprägt. Den Ausschlag geben hierfür weniger körperliche, als vielmehr soziale Unterschiede. Die Projekterfahrungen bestätigen die Ergebnisse anderer Studien, wonach bereits im Grundschulalter viele Jungen deutlich mehr Fußballerfahrungen und Bezüge zur Fußballkultur als Mädchen besitzen (vgl. Kugelmann und Sinning 2004; Kurz 2007) und weisen bereits eine wettkampforientierte Einstellung zum Spiel auf. Im gemeinsamen Spiel haben Mädchen wesentlich weniger Spielanteile als Jungen und nur wenige leistungsstärkere Spielerinnen können sich gegen ihre männlichen Mitschüler durchsetzen. Für viele Schülerinnen ist der koedukativ unterrichtete Fußball in der Schule daher eine äußerst unbeliebte Sportart (Gebken 2007, S. 14).

Geschlechtsbezogene Unterschiede werden nicht zuletzt im Fußball oft stark verallgemeinert und zumeist als „weibliche Defizite" thematisiert. Bei der Entwicklung einer Geschlechtssensibilität im Fußball sollte es jedoch angesichts der vorhandenen Unterschiede nicht darum gehen, diese zu verallgemeinern und festzuschreiben. Vielmehr sollten sich geschlechtssensible Angebote im Fußball dadurch bemessen lassen, inwieweit auf die heterogenen Voraussetzungen, Bedürfnisse, Erfahrungen und Interessen der Mädchen Rücksicht genommen wird, den Mädchen Freiräume zur Verfügung gestellt werden, um heterogene Selbstentwürfe zu entwickeln und sie sich von den Erwartungen und Bewertungen durch Dritte hinsichtlich ihrer individuellen Bewegungsgestaltung, aber auch in Bezug auf Weiblichkeitsvorstellungen und Geschlechterrollen, emanzipieren können. Hierfür scheint es wichtig, dass weibliche Identifikations- und Vorbildfiguren vorhanden sind.

Die Projekte haben sich für einen Ansatz entschieden, der außerunterrichtliche Angebote ausschließlich für Mädchen vorsieht. Dieser Ansatz gewährt insbesondere Anfängerinnen mehr Chancen, mit dem Ball und dem Sport auf Tuchfühlung zu gehen, ohne dabei unmittelbar den Bewertungen von außen ausgesetzt zu sein.

In den Projekten haben sich geschlechtshomogene Gruppen in vielerlei Hinsicht bewährt. Alle Projektleiter/innen befanden übereinstimmend den geschlechtshomogenen Rahmen als zentrale Voraussetzung für den Erfolg der AGs. Auch bei Teilnehmerinnen und Eltern finden sie große Zustimmung. Bei Befragungen von Schülerinnen im niedersächsischen Projekt beurteilten mehr als 90 % der Teilnehmerinnen das Spielen in Mädchengruppen als gut oder sehr gut. Neben dem geschlechtshomogenen Raum sind es insbesondere weibliche AG-Leitungen als fußballerische Vorbilder und Identifikationsfiguren, die für einen geschlechtssensiblen Rahmen der AGs wichtig sind. Insgesamt sind fast 80 % der in allen regionalen Projekten tätigen Übungsleiter/innen weiblich. Bei vielen Eltern, insbesondere mit religiösem Hintergrund, haben die Geschlechtertrennung bzw. eine weibliche Übungsleiterin einen akzeptanzgenerierenden Charakter für das Fußballspielen ihrer Töchter bzw. sind sogar Voraussetzung (Abb. 11).

Hinsichtlich der Besonderheiten in der Didaktik des AG-Unterrichts werden von den Übungsleiter/innen insbesondere einfache Lehr und Übungsarrangements zu empfohlen, die trotz der sportfachlichen Orientierung eine gesamtheitliche Bewegungsbetreuung gewährleisten und mit Materialen (z. B. Bällen), Regeln (z. B. Sitzfußball) und Rahmenbedingungen (z. B. Größe und Beschaffenheit des Spielfeldes) variieren. Auch sollte zunächst der soziale und gemeinschaftliche Charakter des Sporttreibens betont werden. 74 % der Mädchen gaben an, dass ihnen das gemeinsame Spiel mit Freundinnen (sehr) wichtig sei, bei den Mädchen mit Migrationshintergrund lag dieser Wert sogar noch etwas höher (vgl. Vosgerau 2011, S. 78).

Die positive Resonanz auf die Angebote der Projekte verdeutlicht das große Potential einer geschlechtersensiblen Vermittlung für Fußball in der Schule. Geschlechtshomogene Gruppen als ermöglichende Freiräume und weibliche Übungsleiterinnen als Vertrauenspersonen und Vorbilder scheinen demnach als wichtige Bausteine für die Entwicklung eines geschlechtssensiblen Fußballs, der den spezifischen Voraussetzungen, Bedürfnissen und Interessen von Mädchen am Sport mehr Platz einräumt. Unterschiede des Fußballspiels zwischen Mädchen und Jungen sollten aufgenommen, aber nicht stereotypisiert werden. Ein geschlechtssensi-

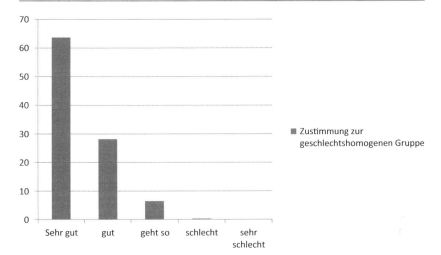

Abb. 11 Zustimmung der AG-Teilnehmerinnen in Niedersachsen zur geschlechtshomogenen Gruppenzusammensetzung in % ($n = 259$). (Vosgerau 2011)

bler Ansatz räumt einem heterogenen Geschlechterverständnis mehr Platz ein und kann helfen, statische Geschlechterbilder im Fußball aufzubrechen.

4.5 Turniere

Unterschiedliche Turnierformen sind ein konzeptioneller Baustein aller Projekte. Einerseits sollen sie den Spaß am Spiel und Wettkampferfahrung der Teilnehmerinnen fördern und die verschiedenen Projektebenen zusammenführen, andererseits schließen sie eine vielerorts vorhandene Lücke in der Angebotsstruktur der Fußballverbände- und Kreise bzw. Städte und Kommunen. Idealtypisch lassen sich vier verschiedene Turnierformen, von organisatorisch einfachen AG-internen Turnierformen bis zu aufwendigen, standortübergreifenden Projektturnieren, unterscheiden, die geeignet sind, um AG-Teilnehmerinnen Schritt für Schritt an die Wettkampfpraxis heranzuführen (Abb. 12).

Turniere haben für die teilnehmenden Mädchen und für den Erfolg der AG eine herausragende Bedeutung, sie dynamisieren die AG-Arbeit und erhöhen die Aufmerksamkeit für das Projekt, indem sie Schule, Verein, AG-Leitungen, Fußballassistentinnen, Eltern und andere Unterstützer zusammenbringen. Auch kleinere Turnierformen und Wettbewerbe können dabei eine große multiplikatorische Wirkung haben, wenn sie z. B. als Plattform genutzt werden, um für die Angebote des Kooperationsvereins Werbung zu machen. Auch für die Teilnehmerinnen ist

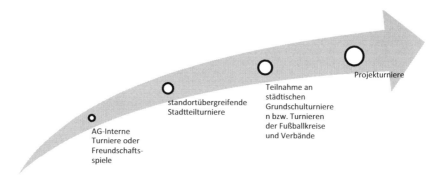

Abb. 12 Stufenmodell der im Projekt durchgeführten Turniere (eigene Darstellung)

die Größe des Turniers weniger bedeutend als der Umstand, sich mit anderen zu messen und ‚richtige' Fußballspiele bestreiten zu können.

Der Baustein Turniere wurde in den Projekten unterschiedlich umgesetzt. In Bremen findet ein jährliches Projektturnier („Laureus-Frühlings-Cup") statt. Hierzu werden alle Projektpartner eingeladen. Bei den zwei bislang veranstalteten Turnieren nahmen insgesamt 180 Mädchen teil. Darüber hinaus gibt es in Bremen ein zufriedenstellendes Angebot an Turnieren für Schulmannschaften, an denen die AGs individuell teilnehmen können. In Hessen werden alle vier Turnierformen durchgeführt. Als Höhepunkt des AG-Jahres findet ein jährliches Projektturnier in Verbindung mit dem landesweiten Hessentag statt. Im Saarland fand bisher ein Projektturnier mit allen beteiligten Schulen und ca. 70 Spielerinnen statt. Die Organisation kleinerer Turniere oder Freundschaftsspiele im Projekt gestaltete sich dagegen aufgrund der breiten Streuung der wenigen Standorte im Bundesland eher schwierig. In NRW wurden hier sowohl Freundschaftsspiele, kleinere Stadtteilturniere mit 25 Teilnehmerinnen und 5 Teams als auch Projektturniere mit bis zu 200 Teilnehmerinnen und 16 Teams organisiert, so dass eine große Mehrheit der AG-Teilnehmerinnen auch an einem der Wettbewerbe teilnehmen konnte. Bei insgesamt 20 im Schuljahr 2010/2011 veranstalteten Turnieren, zu denen teilweise auch nicht am Projekt beteiligte Schulteams eingeladen wurden, waren rund 2460 Mädchen am Ball.

Im Sinne der Nachhaltigkeit der Projekte scheint es empfehlenswert, die Organisation von relativ einfach zu organisierenden Stadtteilturnieren alsbald in die Verantwortung der Schulen, Vereine und AG-Leitungen zu legen. Die Inszenierung großer jährlicher Projektturniere ist dagegen insbesondere für die Sichtbarkeit des Projektes und die Einbindung der Projektpartner und Förderer wichtig.

4.6 Fußballassistentinnenausbildungen

Der Anteil weiblicher Mitglieder in den Vereinen des DFB ist in den letzten Jahren deutlich gestiegen, doch noch immer sind weibliche Übungsleiterinnen rar. Das Fehlen von kompetenten, weiblichen Übungsleiterinnen stellt auch für die Kooperationsvereine des Projektes und die Durchführung der Mädchenfußball-AGs ein dauerhaftes Problem dar. Insbesondere junge Frauen mit Migrationshintergrund könnten jedoch Schlüsselpositionen besetzen und als Vorbilder für die Kinder und vertrauenswürdige Ansprechpartner für die Eltern dazu beitragen, mehr Mädchen mit Migrationshintergrund für den Sport zu gewinnen. Auch die DFB-Vereinsanalyse empfiehlt ein „gezieltes Anwerben von Übungsleiterinnen und Übungsleitern mit Migrationshintergrund" (Wopp 2006, S. 274) für eine zukunftsfähige Personalentwicklung der Vereine.

Die Ausbildung von jugendlichen Mädchen zu Fußballassistentinnen für den außerunterrichtlichen Schulsport und Vereinssport, stellt den dritten gemeinsamen Baustein der Projekte dar. Im Rahmen eines niederschwelligen Qualifizierungslehrgangs sollen die Jugendlichen so an ein ehrenamtliches Engagement herangeführt werden und als jugendliche Experten und Vorbilder für jüngere Schülerinnen fungieren. Die niederschwelligen Ausbildungen im Rahmen des Projektes sollen Jugendliche ansprechen, die von den regulären Qualifizierungsangeboten der Verbände und Kreise bislang kaum erreicht werden. Zielgruppe sind Mädchen von weiterführenden Schulen mit Fußballaffinität und Motivation zur Übernahme von Verantwortung im Alter von 14 und 17 Jahren.

Die Ausbildungen sind hinsichtlich der konzeptionellen Vorleistungen, des organisatorischen Aufwands, Teilnehmerinnenakquise und Abstimmungsbedarfs der sicherlich aufwendigste Projektbaustein. Zugleich zeigen sich hier Unterschiede zwischen den Projekten. In Hessen wird der Lehrgang als Teamleiterausbildung in Zusammenarbeit mit dem Landessportbund Hessen (LSBH) und dem Hessischen Fußball-Verband (HFV) konzipiert. Der Basislehrgang soll dabei anwendungsbezogen und speziell auf die Zielgruppe zugeschnitten werden: Neben allgemeinen Fragen, wie Haftungsgrundsätzen und den Leitlinien eines alters- und entwicklungsgemäßen Trainings, sollen dabei auch Integrationsfragen eine Rolle spielen. Der Kurs soll dabei aus Theorie und Praxis (Selbstversuche in der Gruppe) bestehen, die von Referenten des HFV angeleitet werden. Der Lehrgang soll als viertägige Kompaktkurs mit Übernachtung beim LSBH in Frankfurt stattfinden und bleibt für die Teilnehmerinnen kostenfrei. Die Ausbildung soll mit ca. 40 h auf den C-Trainerschein Breitenfußball angerechnet werden können.

Im Saarland soll der geplante Ausbildungslehrgang insbesondere denjenigen Jugendlichen zugutekommen, die bereits im Projekt engagiert sind. Zudem sollen weitere Teilnehmerinnen aus dem Vereinsumfeld gewonnen werden. Neben theoretischen Anteilen, soll der Lehrgang, der von einem Verbandtrainer des Saar FV durchgeführt werden soll, insbesondere Lehrdemonstrationen mit Grundschülern beinhalten. Die Ausbildung von eigenen Assistentinnen durch das Projekt bleibt jedoch voraussichtlich eine Ausnahme, da mit der „Schulmentoren-Ausbildung" des Landessportverbands Saarland (LSVS) (noch in gemeinsamer Entwicklung mit dem Saar FV) ab 2012 ein vergleichbares Angebot geschaffen werden soll. Sowohl in Hessen als auch im Saarland stand die Umsetzung der Ausbildungsmodule bei Abschluss der Evaluation noch aus (Abb. 13).

Einen etwas anderen Weg gehen die Projekte in Bremen und NRW, die das Konzept der Fußballassistentinnenausbildung gemeinsam mit dem Niedersächsischen Projekt[10] entwickelt haben. Der wesentliche Unterschied besteht darin, dass die Projekte dezentrale Ausbildungen vor Ort an einer Grundschule anbieten, die an drei aufeinanderfolgenden Tagen ohne Übernachtung und während der regulären Unterrichtszeit stattfinden. Dies bedeutet einerseits kurze Wege und ein vertrautes Umfeld, andererseits ermöglicht es den Teilnehmerinnen, das bereits Erlernte in Lehrversuchen mit Grundschülern während der Ausbildung direkt umzusetzen. Die angehenden Fußballassistentinnen leiten dazu am zweiten und dritten Tag der Ausbildung selbstständig Sportstunden an. Zu den Inhalten des theoretischen Programms gehören u. a. das didaktisch-pädagogische und rechtliche Handwerkszeug und die Behandlung von Verletzungen (vgl. Kuhlmann 2009).

Die mobilen Mädchenfußballausbildungen in Bremen und NRW können als besonders erfolgreich betrachtet werden. Durch die bislang 13 durchgeführten Fußballassistentinnenausbildungen konnten insgesamt 143 Mädchen qualifiziert werden. In NRW engagierte sich beinahe ein Drittel der ausgebildeten Assistentinnen danach in Schule oder Verein. In Bremen engagierte sich ein Viertel der Teilnehmerinnen in den AGs (z. B. im Tandem mit der AG-Leitung). Darüber hinaus unterstützten die Assistentinnen, die Organisation der Projektturniere. Die Ergebnisse zeigen, dass insbesondere mobile Ausbildungen in den Projektgrundschulen vor Ort (und nicht in den zentralen Schulungszentren der Verbände), mit großen Praxisanteilen und Lehrdemonstrationen (mit AG-Teilnehmerinnen oder Grundschulklassen) dazu geeignet sind, jugendliche Mädchen anzusprechen, die von den regulären Qualifizierungsangeboten der Verbände und Vereine noch nicht erreicht werden. Aufgrund der Förderung des freiwilligen Engagements in den kooperierenden Schulen und Vereinen kann der Baustein Qualifizierung als ein wesentliches Element der Nachhaltigkeit des Projektes bezeichnet werden. Jedoch kann der Fortbestand der Ausbildungen weder von Schulen noch von Vereinen garantiert

---

[10] In Niedersachsen nahmen insgesamt 152 jugendliche Mädchen an den Ausbildungen teil (vgl. Vosgerau 2011, S. 71).

Art der Ausbildung	Bremen	Hessen	NRW	Saarland
Art der Ausbildung	Basislehrgang, dreitägig ohne Übernachtung, wochentags	Basislehrgang, viertägig mit Übernachtung, in den Schulferien	Basislehrgang, dreitägig ohne Übernachtung, wochentags	Basislehrgang, Viertägig an 4 Samstagen ohne Übernachtung
Beteiligung des Landesverbands	-	LSBH und HFV	-	LSVS und Saar FV
Ort	dezentral in Projekt-Grundschule	zentral beim LSBH (+ optionale Spezialisierung im Fußballkreis)	dezentral in Projekt-Grundschule	zentral beim LSVS
Anzahl der Schulstunden (45min)	ca. 30	ca. 40	ca. 30	ca. 30-40
Theorie und Praxis	Theorie und Lehrversuche mit Grundschülern	Theorie und Selbstversuche	Theorie und Lehrversuche mit Grundschülern	Theorie und Lehrversuche mit Grundschülern
Anrechenbarkeit Lizenzsystem	keine	ca. 40 Std. für Breitenfußball C-Trainerschein durch HFV	30 Std. für Basiswissen des DFB-Teamleiter durch FLVW	Anrechenbar auf Mentorenausbildung des LSVS
Durchgeführte Lehrgänge	1	-	12	-
Anzahl der Teilnehmerinnen	16	-	127	-
Teilnehmerinnen mit Migrationshintergrund	45 %	-	47,1 %	-
Assistentinnen aktiv in Schule	25%	-	14,2 %	-
Assistentinnen aktiv in Vereinen	0	-	18,1 %	-

Abb. 13 Modelle und Ergebnisse der durchgeführten Qualifizierungsmaßnahmen im Schuljahr 2010/2011 (eigene Darstellung)

werden, so dass hier zukünftig insbesondere die Verbände stärker gefragt sein werden, neue Qualifizierungsmodelle zu entwickeln.

4.7 Die Kooperation von Schulen und Vereinen

Die Initiierung von Kooperation von Schulen und Vereinen war ein grundlegendes Anliegen der Projekte. Von einer Kooperation zwischen Schulen und Fußballvereinen, die aufgrund des Ausbaus der Ganztagsbetreuung und des demografischen Wandels immer notwendiger wird, können beide Seiten profitieren. Die Schulen öffnen sich in ihre Sozialräume und tragen zur Entwicklung kommunaler Bildungslandschaften bei. Für die Vereine eröffnen sich neue Chancen der Erschließung neuer Zielgruppen (vgl. Wopp 2006, S. 25). Die lokalen Kooperationen zwischen Grundschulen und ortsansässigen Fußballvereinen stellen die Basis für die Organisation und Durchführung der Bausteine AGs und Turniere dar. Die Nachhaltigkeit des Projektes betrifft die Kooperation von Schulen und Vereinen gleich in zweierlei Hinsicht: Einerseits soll durch die Kooperation der Fortbestand der Schul-AG gesichert werden. Andererseits soll sie den Teilnehmerinnen eine Perspektive im organisierten Sport eröffnen, indem sie eine Brücke zum Verein baut, den Teilnehmerinnen den Einstieg in den Verein erleichtert und so eine langfristige Sportbeteiligung möglich macht.

Trotz der bundesweit existierenden Landeskooperationsprogramme oder Rahmenvereinbarungen wissen Schulen und Sportvereine insbesondere in marginalisierten Stadtteilen bislang oft nur wenig voneinander und kooperierten vor Projektbeginn nur sehr selten bzw. gar nicht miteinander. In Bremen und den Regionen Westfalen und Mittel- und Niederrhein bestanden jeweils eine Kooperation, im Saarland keine. Lediglich in Hessen existierten bereits vor Projektbeginn mehrere Kooperationen. So konnte Anzahl der Kooperationen zwischen Schulen und Sportvereinen durch das Projekt von sechs auf 55 erhöht werden. Bis auf wenige Ausnahmen (Bremen/Tenever, Kassel, Saarbrücken) konnten dabei an allen Standorten aufgeschlossene Kooperationsvereine gefunden werden. Insgesamt sind 28 Vereine an den vier Projekten beteiligt. Ein Verein kooperiert dabei jeweils mit bis zu vier Schulen und betreut bis zu sechs schulische Arbeitsgemeinschaften.

- *Ebenen der Kooperation zwischen Schulen und Vereinen*

Die Gestaltung von Schul-Vereins-Kooperationen ist allerdings eine Frage der Qualität. Die Zusammenarbeit muss aktiv gestaltet, Ressourcen mobilisiert und gemeinsame Ebenen des Austausches institutionalisiert werden. Die zentrale Schnittstelle der Zusammenarbeit ist dabei die AG-Leitung, die in fast der Hälfte der AGs (44,6 %) vom Partnerverein gestellt wird. Durch die AG-Leitung kann der Verein in der Schule Präsenz zeigen und einen persönlichen Kontakt zu Schulleitung, Kollegium, Schülerinnen und ihren Eltern aufbauen. Eine zweite Ebene ist die kooperative Durchführung von Turnieren, bei denen sich der Verein mit seinem Know-how, aber auch mit persönlichen und Materiellen Ressourcen einbringen kann. Turniere auf Vereinsgelände können als gemeinsame Events inszeniert werden, um Begegnungen zu schaffen und für die Vereinsangebote zu werben. Diese Ebene ist in den Projekten bislang sehr unterschiedlich gestaltet worden. Während an einigen Standorten bereits kleinere Turniere in Eigenregie von Vereinen und Schulen durchgeführt werden, ist die Zusammenarbeit an anderen Standorten noch ausbaufähig. Ferner arbeiten einige Schulen und Vereine auch bei der Organisation der Qualifizierungslehrgänge zusammen.

Darüber hinaus obliegt es jedoch den Vereinen und Schulen selbst, auf welche Weise sie sich in die weitere Zusammenarbeit einbringen. Hier sind eine gute Kommunikation, Eigeninitiative und Aufgeschlossenheit gefordert, um aus einer Kooperation auf dem Papier eine wirkliche Partnerschaft zu gestalten. Weitere, aber nur vereinzelnd praktizierte Möglichkeiten, um Kooperationen zu inszenieren, sind die Organisation von Freundschaftsspielen zwischen AG- und Vereinsmannschaften, die Beteiligung des Vereins bei Bewerbung und Eröffnung der AGs und an Schulveranstaltungen (Sommerfesten etc.), die Beteiligung der AGs an Vereinsveranstaltungen (z. B. Integrationsfesten) sowie die Veranstaltung von Elternnachmittagen oder Schnuppertrainings für die AG-Teilnehmerinnen.

- *Schwierigkeiten der Kooperation*

Für den bisherigen Verlauf der Kooperation in den Projekten gibt es auf beiden Seiten positive und negative Beispiele, wobei die Verlässlichkeit der Schulen ihre Projektaufgaben wahrzunehmen deutlich besser bewertet werden als die Verlässlichkeit der Vereine. Schwierigkeiten ergeben sich insbesondere durch
- unterschiedliche Funktionsweisen der Institutionen, insbesondere hinsichtlich der Strukturen, Arbeitsweisen und Ziele. Solange nicht genügend Verständnis und Geduld für die jeweils andere Seite aufgebracht wird, ist eine Kooperation von vornherein belastet.
- unterschiedliche Betriebszeiten, die eine direkte Kommunikation erschweren. Vereine finden zumeist erst am Nachmittag statt. Das Zeitfester der AG-Angebote im Anschluss an regulären Unterricht (beginnend zwischen ein und vier Uhr) ist für Ehrenamtliche mit einer Berufstätigkeit schwer vereinbar.
- verschiedene Qualitätsstandards: Schulen erheben aufgrund ihrer besonderen Verantwortung oftmals höhere und andere Qualitätsstandards an ihre Angebote als Vereine, was die Beteiligung Dritter an den schulischen Angeboten erschweren kann.
- kommunikative Probleme: Zum Teil gibt es noch Berührungsängste zwischen Schulen und Vereinen. Insbesondere Vereinsvertreter haben oftmals Schwierigkeiten bei Schulleitungen oder Sportkoordinatoren angemessen Gehör zu finden.
- labile Strukturen in den Vereinen: Aus schulischer Sicht sind für die Partnerschaft mit dem Verein direkte Ansprechpartner und klare Zuständigkeiten in den Vereinen wichtig. Häufig wechselndes Personal und labile Vereinsstrukturen lassen schnell Zweifel an ihrer Verlässlichkeit aufkommen.
- Personalsituation in Vereinen und Schulen: Vielen Vereinen und Schulen fehlt es an Personal, um größere Projekte umzusetzen. Die Zusammenarbeit ist daher oft stark vom Engagement einzelner Personen abhängig.
- Konkurrenz am Nachmittag: In manchen Schulen und Sportvereinen zeichnet sich angesichts der Ausweitung von Ganztagsschulen „eine Konkurrenzsituation ab, weil die Schulen am Nachmittag jene Sportanlagen nutzen müssen, die früher für die Vereine zur Verfügung standen. Hinzu kommt, dass jene Kinder,

die nachmittags in den Schulen sind, nicht mehr den Vereinen zur Verfügung stehen, und vielleicht von den Eltern der Kinder auch nicht mehr die Notwendigkeit gesehen wird, ihre Kinder in einem Verein anzumelden" (Wopp 2006, S. 24).

- *Der Transfer in die Sportvereine*

Die Gestaltung der Kooperation zwischen Schule und Verein bestimmt wesentlich auch den avisierten Übergang von der Schul-AG zum Verein mit, der sich nicht automatisch vollzieht, sondern auf günstige Voraussetzungen angewiesen ist. Mit der Ausnahme des Bremer Projekts, ist es in allen Projekten gelungen, Mädchen aus der AG für eine Mitgliedschaft im Verein zu gewinnen. An einigen Standorten konnten durch die Beteiligung der Mädchen am Vereinssport neue Mannschaften aufgebaut werden. Zwischen 7,5 und 10,3 % der AG-Teilnehmerinnen begeisterten sich später für ein Vereinsengagement. Diese Transferquote entspricht den Werten der Landeskooperationsprogramme, wobei jedoch herausgestellt werden muss, dass diese Kooperationen primär im Mittelschichtsmilieu und nicht in sozial prekären Stadtteilen und mit migrantischen Mädchen umgesetzt wurden (vgl. Fessler 1999).

Die Erfahrungen aus den Projekten bestätigen die Ergebnisse anderer Studien (vgl. Boos-Nünning und Karakasoglu 2005; Kleindienst-Cachay 2007), wonach sich die geringe Teilhabe von Mädchen mit Migrationshintergrund am organisierten Sport nicht vornehmlich durch fehlendes individuelles Interesse begründen lässt. So gaben bei der Teilnehmerinnen-Umfrage des Niedersächsischen Projekts 88,9 % der AG-Teilnehmerinnen mit Migrationshintergrund an, dass ihnen Sport sehr wichtig oder wichtig ist. Fußball wurde dabei mit knapp 60 % von allen Teilnehmerinnen als Lieblingssport genannt. 71,8 % der AG-Teilnehmerinnen mit Migrationshintergrund gaben an, sie hätten durch die AG Lust bekommen, im Verein zu spielen (vgl. Vosgerau 2011, S. 80). Vielmehr ergibt sich vor dem Hintergrund der insgesamt äußerst schwierigen lokalen Sozialstruktur, der familiären Situation, den Rahmenbedingungen der Vereine und der Qualität der Kooperation von Schulen und Vereinen eine Gemengelage struktureller Voraussetzungen und sozialer Hemmschwellen, die die Differenz zwischen dem Interesse am Sportverein und dem tatsächlichen Vereinsbeitritt erklärbar macht.

Wenig verwunderlich erscheint, dass die Transferquoten in großem Maße mit den Rahmenbedingungen für den Mädchenfußball in den Vereinen korrelieren. Damit eine Anschlussfähigkeit gegeben ist, müssen für Mädchen adäquate Vereinsstrukturen, insbesondere die entsprechenden Jugendmannschaften, Trainingszeiten, Übungsleiter/innen, aber auch getrennte Umkleiden- und Waschräume, vorhanden sein. Die Voraussetzung zur Teilnahme am Projekt war zwar, dass an den beteiligten Vereinen bereits Mädchenmannschaften existieren oder die Vereine zumindest die Bereitschaft zeigen, diese aufzubauen. Faktisch haben allerdings nur die Kooperationsvereine in Westfalen und im Saarland durchweg Mädchenfußball in ihrem Programm. In der Region Nieder- und Mittelrhein bieten nur fünf von sieben, in Bremen und in Hessen jeweils nur zwei der fünf Vereine Mädchenfußball an. Noch deutlicher gehen die Zahlen beim Anteil der Mädchenteams an den Jugendmannschaften im Verein auseinander. Den höchsten (Stellen-)Wert erreichen die Mädchenmannschaften demnach im Saarland, wo die sie mit 23,7 % einen relativ hohen Anteil am Angebot der Vereine ausmachen. In Westfalen sind 20,5 %, in Mittel- und Niederrhein 15,9 % aller Jugendmannschaften der Vereine Mädchenteams. In Hessen sind es nur 6,5 %. In Bremen scheinen die Rahmenbedingungen für den Mädchenfußball im Vereinskontext dagegen überhaupt noch nicht gegeben zu sein. Hier sind lediglich 2,4 % der Jugendmannschaften ausschließliche Angebote für Mädchen.

Insofern ist es nicht verwunderlich, dass in erster Linie diejenigen Vereine durch Mitgliederzuwächse aus dem Projekt profitieren konnten, die bereits vorher engagiert im Bereich Mädchenfußball gearbeitet haben. So verteilen sich die Zuwächse des Jahres 2010/2011 auf lediglich 16 der 28 Kooperationsvereine. Fast 80 % der Zuwächse verteilen sich dabei auf die Abteilungen der acht zuwachsstärksten Vereine. Diese acht stärksten Vereine wiederum bieten rund 42,2 % des Gesamtangebots im Bereich Mädchenfußball im gesamten Projekt an. Für viele Vereine, die noch keinen Mädchenfußball aufgebaut haben, stellt die anspruchsvolle Aufgabe der Integration von Mädchen mit Migrationshintergrund von der Schule in den Verein dagegen oftmals eine Überforderung dar (Abb. 14).

Einen Sonderfall stellt der Weg des Hessischen Projektes *Bunter Mädchenfußball* dar. Zum Konzept gehört es hier, aufgrund der strukturellen Defizite der beteiligten Vereine im Bereich des Mädchenfußballs zusätzlich zum AG-Angebot auch ein Vereinsangebot durch das Projekt zu organisieren und zu finanzieren. Anders als beim Bremer Projekt, in dem der Transfer von der AG zur Schule bislang vor allem an den äußerst schlechten Strukturbedingungen der Vereine gescheitert ist, konnten die AG-Teilnehmerinnen in Hessen durch diesen dritten Weg an fünf von sechs Standorten Mädchen zusätzlich bei den Vereinen trainieren.

Neben den vorhandenen Rahmenbedingungen in den Vereinen sind es insbesondere die Eltern der Mädchen, die für einen Vereinsbeitritt ihrer Kinder gewonnen werden müssen. Eine Vereinsmitgliedschaft erfordert von den Eltern ein wesentlich höheres Eigenengagement, z. B. für Transport, Ausstattung, Betreuung etc. als die AG in der Schule. Die Befragung in Niedersachsen hat ergeben, dass es kaum grundsätzliche Ablehnung der Eltern gegenüber dem Fußballspielen der

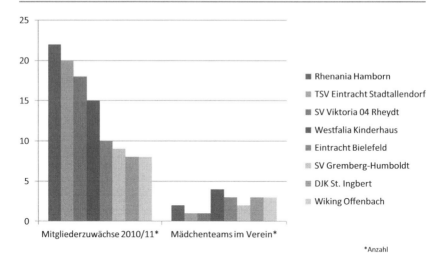

Abb. 14 Die acht Vereine mit den meisten Zugängen von AG-Teilnehmerinnen im Schuljahr 2010/2011 in Hessen, NRW und dem Saarland (eigene Darstellung)

Töchter gibt. Ganz im Gegenteil schätzen über 90 % der Mütter und Väter mit Migrationshintergrund den Sport in der Fußball-AG als sehr gut oder gut ein (vgl. Vosgerau 2011, S. 80), gerade auch weil er für sie im vertrauten schulischen Rahmen ohne jegliche finanzielle oder organisatorische Verpflichtungen bleibt. Im Umkehrschluss scheint der Grund für die geringe Beteiligung an den Vereinsangeboten deshalb weniger die grundsätzliche Ablehnung des Angebots, sondern die passive Haltung der Eltern zu sein. Eine aktive Elternarbeit scheint daher für den Projekterfolg unerlässlich.

4.8 Sozialraumorientierte Netzwerke

Für Durchführung und Nachhaltigkeit der Projektbausteine und ihrer Wirkungen ist eine Vernetzung des Projektes mit anderen Institutionen, Projekten und Partnern des Sozialraumes notwendig. Das Ziel dieser Netzwerkarbeit ist es, informelle Unterstützernetzwerke aufzubauen, Verantwortung für Aufgaben innerhalb der Projektbausteine zu streuen, Synergien mit bereits bestehende Projekten und Initiativen zu schaffen und dadurch die Popularität und Akzeptanz des Mädchenfußballs insbesondere in den migrantischen Communities zu stärken. Wichtige Netzwerkpartner in den Projekten sind:

- *Stadtteilmanagement*: hat eine zentrale Rolle als Multiplikator und bei der Unterstützung von Vereinskooperationen und Turnieren bei der Arbeit an vielen Standorten.
- *Kommunale Schulbehörden*: werden zumeist nur über den Stand des Projektes informiert, an einigen Standorten bringen sie sich aber auch aktiv ein.
- *Fußballkreise und -Verbände*: Die Integrations- bzw. Mädchenbeauftragten der Kreise und Verbände sind wichtige Ansprechpartner, um geeignete Kooperationsvereine auszusuchen und anzusprechen. Sie können das Projekt auf Staffeltagungen vorstellen und geben Unterstützung bei der Organisation von Turnieren und in der Öffentlichkeitsarbeit.
- *Kommunale Integrationsbeauftragte*: sollen zwischen dem Projekt und Stadt und Verwaltung kommunizieren helfen. Das Projekt kann in die jeweiligen Integrationskonzepte der Städte oder Stadtteile aufgenommen werden. Unterstützung auch bei lokalen Presseterminen und der Suche nach weiterführenden Fördermöglichkeiten der Standorte.
- *Migrantische Eigenorganisationen*: Von Migranten gegründete Sport- oder Kulturvereine haben zumeist eine engere Anbindung an die migrantischen Communities. Mit dem SV Rhenania Hamborn und dem KSV Vatansport sind in den Projekten zwei Vereine sehr erfolgreich.
- *Elternvereine der Schulen oder der Sportvereine*: können unterstützende Aufgaben bei Veranstaltungen wie den Turnieren übernehmen. Im Saarland ist beispielsweise ein türkischer Elternverein Unterstützer von Golden Goal.
- *Soziale Träger*: Die Kooperation mit anderen Trägern der Jugend- und Sozialarbeit verspricht Synergieeffekte. In Aachen funktioniert z. B. die Zusammenarbeit mit dem Verein *Offene Tür Aachen*. In Siegen besteht eine Kooperation mit dem Verein *SchuSS*, der wiederum mit verschiedenen Sportvereinen kooperiert.
- *Schulbezogene Sozialarbeit*: Die inzwischen an vielen Schulen etablierte Schulsozialarbeit ist an einigen Standorten schon durch die Leitung der AG in das Projekt eingebunden. In Zukunft sollte die Schulsozialarbeit insbesondere hinsichtlich der Elternarbeit weiter eingebunden werden. Auch zur Nachmittagsbetreuung und Hausaufgabenhilfe bestehen an einigen Standorten enge Beziehungen.
- *Bildungseinrichtungen*: Durch die Übertragung der Steuerungsaufgaben besteht in Bremen, Duisburg und Essen eine enge Angliederung an die Universitäten. Diese macht sich nicht nur durch die wissenschaftliche Begleitung bezahlt. Auch gelingt es, Studentinnen und Studenten für eine Unterstützung des Projektes zu gewinnen.

- *lokale Sponsoren und Unterstützer*: Insofern der Träger einem Sponsoring Dritter zustimmt, können an den Standorten lokale Sponsoren zur Unterstützung kleinerer Aktionen, beispielsweise der Turniere, gewonnen werden. In Bremen bringt die Kooperation mit Werder Bremen einen Imagegewinn für das Projekt und prominente Spieler/innen stehen als Paten zur Verfügung.

Die Vernetzungsarbeit der Projekte vor Ort kann überwiegend positiv beurteilt werden, bleibt jedoch vielerorts noch ausbaufähig. An vielen Standorten werden die Projekte von einem breiten Netzwerk von Institutionen ideell und personell unterstützt. Allerdings bleiben einige wenige Schlüsselpersonen vor Ort oftmals entscheidend, um das Projekt praktisch umzusetzen. Ohne die Unterstützung dieser Multiplikatoren und Netzwerker, die als lokale Insider fungieren und die Projekte kritisch begleiten können, käme die Implementierung vielerorts nur wesentlich langsamer voran. Zu beachten ist darüber hinaus, dass in vielen der Implementierungsgebieten der geringe Organisationsgrad und eine ‚schwache' Zivilgesellschaft gerade ein Ausweis der Förderungswürdigkeit sind. Organisatorisch, personell und finanziell belastbare Institutionen als Partner des Projektes sind generell in sozialen Brennpunkten schwerer zu finden. Kompetente und verlässliche Ansprechpartner rekrutieren sich daher vor allem aus der Infrastruktur der bestehenden lokalen Fördermaßnahmen.

5 Fazit

Die erfolgreich umgesetzten Bausteine der beschriebenen Projekte stellen ein integriertes Handlungskonzept dar, das sowohl auf der Ebene der Akteure wie der Strukturen ansetzt. Die guten Ergebnisse aus den vier Projekten verdeutlichen, dass sich die Projektidee insbesondere dort bewährt hat, wo alle Bausteine realisiert wurden und ineinandergegriffen haben. Das Projekt trägt damit auf verschiedenen Ebenen zur Integrationsarbeit im Sport bei: einmal durch die Entwicklung einer ganzheitlichen Strategie, die sowohl die soziale Öffnung der Angebote in Schulen und Vereinen vorantreibt, um den Anteil von Mädchen mit Migrationshintergrund am Sport zu erhöhen. Aber auch durch Qualifizierungsmaßnahmen und der Ausbildungen von jugendlichen Nachwuchstrainerinnen, die Brückenpositionen in den Sport interkulturell neu besetzen und damit die Rahmenbedingungen für den Mädchenfußball verändern. Die Verzahnung der verschiedenen Projektbausteine und der geschaffenen Strukturen sichert dabei die Vernetzung der Akteure auf den unterschiedlichen Ebenen. Die Projekte schaffen damit nicht nur isolierte

Fußball ohne Abseits – Ausgewählte Evaluationsergebnisse

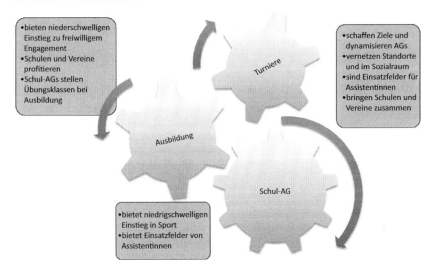

Abb. 15 Integriertes Handlungskonzept: die Verzahnung der Projektbausteine von *Fußball ohne Abseits* (eigene Darstellung)

Angebote, sondern Strukturen, die nachhaltig in den Sozialräumen wirken können (Abb. 15).

Die positive Resonanz auf die Projekte in Bremen, Hessen, Nordrhein-Westfalen und dem Saarland verdeutlicht, dass gerade der Fußball eine große Rolle bei der sozialen Integration von Mädchen spielen kann. Fußball scheint insbesondere für Mädchen mit Migrationshintergrund, die überproportional an den AG-Angeboten partizipieren, eine starke Anziehungskraft zu besitzen. Die Sportbeteiligung von Mädchen mit Migrationshintergrund am Fußball sollten daher nicht per se als problematisch aufgefasst werden. Es fehlen jedoch bislang vielerorts noch geeignete Angebote und Unterstützungsmechanismen, um sie für den Sport zu gewinnen.

Literatur

Bade, K. (2007). Leviten lesen, Migration und Integration in Deutschland. Abschiedsvorlesung vom 27.06.2007. *IMIS-Beiträge*, 31, 43–64.

Beauftragte der Bundesregierung für Migration, Flüchtlinge und Integration (BBMFI). (Hrsg.) (2011). Zweiter Integrationsindikatorenbericht. Köln, Berlin.

Berlin-Institut für Bevölkerung und Entwicklung. (2009). *Ungenutzte Potenziale. Zur Lage der Integration in Deutschland.* http://www.berlin-institut.org/fileadmin/user_upload/Zuwanderung/Integration_RZ_online.pdf. Zugegriffen: 15. Jan. 2013.

Bibouche, S. (2011). Integration evaluieren: Zwischen Pragmatismus und Illusion. In R. Leiprecht & S. Bibouche (Hrsg.), „Nichts ist praktischer als eine gute Theorie" Theorie, Forschung und Praxis im Kontext von politischer Kultur, Bildungsarbeit und Partizipation. in der Migrationsgesellschaft (S. 235–260).Oldenburg: BIS-Verlag der Carl von Ossietzky Universität Oldenburg.

Boos-Nunning, U., & Karakasoglu, Y. (2005). Viele Welten leben. Zur Lebenssituation von Mädchen und jungen Frauen mit Migrationshintergrund. Munster: Waxmann Verlag.

Bortz, J., & Döring, N. (2006). Forschungsmethoden und Ealuation für Human- und Sozialwissenschaftler (4., überarb. Aufl.). Heidelberg: Springer.

Braun, S., & Finke, S. (2010). Das Modellprojekt ‚spin – sport interkulturell': Zugangswege für Mädchen und junge Frauen mit Zuwanderungsgeschichte in Sportvereine. In S. Braun & T. Nobis (Hrsg.), Migration, Integration und Sport. Zivilgesellschaft vor Ort (S. 137–158). Wiesbaden: VS Verlag für Sozialwissenschaften.

Brettschneider, W. D. (2006). Sportunterricht in Deutschland. Kurzfassung der DSB-SPRINT-Studie. Eine Untersuchung zur Situation des Schulsports in Deutschland. http://www.dsj.de/downloads/Kurzfassung.pdf. Zugegriffen: 20. Dez. 2011.

Deutscher Olympischer Sportbund (DOSB). (Hrsg.) (2006). DSB-SPRINT-Studie. Eine Untersuchung zur Situation des Schulsports in Deutschland. Aachen: Meyer & Meyer.

Deutscher Olympischer Sportbund (DOSB). (Hrsg.) (2009). Memorandum zum Schulsport. Beschlossen von DSOB, DSLV und dvs. Frankfurt a. M.

Diketmüller, R. (2010). Mädchenarbeit und Empowerment. Mädchen im Turnsaal, 9, 6–9.

Innenministerium des Landes Nordrhein-Westfalen (IM NRW). (Hrsg.) (2009). Wir sind dabei. Mädchen und Frauen mit Zuwanderungsgeschichte im Sport. Düsseldorf.

Interkulturelles Kompetenz Team (EKIP). (2010). Projekt-Flyer. Bunter Mädchenfußball.

Esser, H. (2000). Soziologie – Spezielle Grundlagen. Bd. 2: Die Konstruktion der Gesellschaft. Frankfurt a. M.: Campus Verlag.

Fessler, N. (1999). Die institutionalisierte Zusammenarbeit von Schule und Sportverein. In N. Fessler, V. Scheid, G. Trosien, J. Simen, & F. Brückel (Hrsg.), Gemeinsam etwas bewegen! Sportverein und Schule in Kooperation (S. 49–67). Schorndorf: Hofmann.

Labbert, A. (2008). Der Kopftuch-Streit. Frauen-Fußball-Magazin, 5(2), 8–9.

Gebken, U. (2007). Soziale Integration durch Mädchenfußball. Erfahrungen und Ergebnisse in Oldenburg-Ohmstede. Oldenburg: Didaktisches Zentrum der Carl-von-Ossietzky Universitat Oldenburg.

Gebken, U., & Vosgerau, J. (2009). Soziale Integration. Sportpädagogik, 33(5), 5–11.

Gebken, U., & Vosgerau, J. (2011). Und sie wollen kicken! Soziale Integration durch Fußball. In S. Braun & T. Nobis (Hrsg.), Migration, Integration und Sport. Zivilgesellschaft vor Ort (S. 187–198). Wiesbaden: VS Verlag für Sozialwissenschaften.

Gebken, U., & Vosgerau, S. (2012). Soziale Integration von Mädchen durch Fußball. Evaluationsbericht zum Stand der bundesweiten Projekt-Implementierung. Oldenburg.

Gebken, U., & Yurtgüven, Ö. (2009). KSV Vatanspor- ein Migrantenverein ohne Anerkennung. In U. Gebken & N. Neuber (Hrsg.), Anerkennung als sportpädagogischer Begriff (S. 135–141). Hohengehren: Schneider Verlag.

Geisen, T. (2010). Vergesellschaftung statt Integration. Zur Kritik des Integrations-Paradigmas. In P. Mecheril (Hrsg.), Spannungsverhältnisse: Assimilationsdiskurse und interkulturell-pädagogische Forschung (S. 13–34). Münster: Waxmann.

Ha, K. N. (2007). Deutsche Integrationspolitik als koloniale Praxis. In K. N. Ha, N. L. al-Samarai, & S. Mysorekar (Hrsg.), re/visionen. Postkoloniale Perspektiven von People of Color

auf Rassismus, Kulturpolitik und Widerstand in Deutschland (S. 113–128). Unrast: Münster.
Hurrelmann, K., & Andresen, S. (2010). *Kinder in Deutschland 2010. 2. World Vision Kinderstudie.* Frankfurt a. M.: Fischer.
Kleindienst-Cachay, C. (2007). *Mädchen und Frauen mit Migrationshintergrund im organisierten Sport. Ergebnisse zur Sportsozialisation – Analyse ausgewählter Maßnahmen zur Integration in den Sport.* Hohengehren: Schneider Verlag.
Kleindienst-Cachay, C., Cachay, K., & Bahlke, S. (2012). *Inklusion und Integration. Eine empirische Studie zur Integration von Migrantinnen und Migranten im organisierten Sport.* Schorndorf: Hofmann.
Kugelmann, C., & Sinning, S. (2004). Wie lernen Mädchen Fußball spielen? Ein Exempel zur adressatenbezogenen Spotspieldidaktik. In C. Kugelmann, G. Pfister, & C. Zipprich (Hrsg.), *Geschlechterforschung im Sport. Differenz und/oder Gleichheit.* (S. 135–152). Hamburg: Czwalina.
Kuhlmann, B. (2009). Von der Schülerin zur Trainerin. *Sportpädagogik, 33*(5), 24–28.
Kurz, D. (2007). Fußball für Mädchen in der Schule. In G. Gdawietz & U. Kraus (Hrsg.), *Die Zukunft des Fußballs ist weiblich. Beiträge zum Frauen- und Mädchenfußball* (S. 108–126). Aachen: Meyer & Meyer.
Mayrhofer, H. (2009). Soziale Inklusion und Exklusion: Eine (system-) theoretische Unterscheidung als Beobachtungsangebot für die Soziale Arbeit. *Soziales Kapital. Wissenschaftliches Journal Österreichischer Fachhochschul-Studiengänge Soziale Arbeit, 2009*(2), 1–12.
Mutz, M., & Burrmann, U. (2009). Schulische Arbeitsgemeinschaften als Kontexte für Freizeitaktivitäten: Beteiligungschancen für sozial benachteiligte Jugendliche? *Zeitschrift für Soziologie der Erziehung und Sozialisation, 29*(2), 174–196.
Sachverständigenrat deutscher Stiftungen für Integration und Migration (SVR) (2012). *Integrationsbarometer 2012.* http://www.svr-migration.de/content/?page_id=3995
Schmidt, W. (2008). Sozialstrukturelle Ungleichheiten in Gesundheit und Bildung – Chancen des Sports. In W. Schmidt (Hrsg.), *Zweiter Kinder- und Jugendsportbericht* (S. 43–62). Schorndorf: Hofmann.
Sezer, K. (2010). *Was wird unter Integration verstanden? Über diffuse Begriffe und populistische Stimmungsmacherei.* http://www.migration-boell.de/web/integration/47_2674.asp. Zugegriffen: 02. Mai 2013.
SINUS-Sociovision (2007). *Die Milieus der Menschen mit Migrationshintergrund in Deutschland.* http://www.bmfsfj.de/RedaktionBMFSFJ/Abteilung4/Pdf-Anlagen/migranten-milieureport-2007-pdf,property=pdf,bereich=bmfsfj,sprache=de,rwb=true.pdf
Sorg, U. (2009). Kommunales Integrationsmonitoring. In Heinrich-Böll-Stiftung (Hrsg.), *Ethnic Monitoring. Datenerhebung mit oder über Minderheiten. Dossier.* http://www.migration-boell.de/downloads/diversity/Dossier_Ethnic_Monitoring.pdf.
Thränhardt, D. (2010). Integrationsrealität und Integrationsdiskurs. In *Aus Politik und Zeitgeschichte* 2010 (46).
Vosgerau, J. (2011). *Soziale Integration von Mädchen mit Migrationshintergrund durch Fußball.* Abschlussbericht des Niedersächsischen Projektes. Universität Osnabrück.
Wopp, C. (2006). *Forschungsprojekt. Analyse von Fußballvereinen in Deutschland.* Endbericht. Universität Osnabrück. http://www.sport.uni-osnabrueck.de/sportundgesellschaft/Pdfs/DFBVereinsanalysen.pdf. Zugegriffen: 04. April 2013.

Das Wunder von Oldenburg – Das Projekt MICK und die Entwicklung des Mädchen- und Frauenfußballs in der Stadt Oldenburg

Kerstin Pößiger und Söhnke Vosgerau

1 Die Entwicklung des Mädchenfußballs in Oldenburg

Noch vor zehn Jahren waren die E- Juniorinnen des FC Ohmstede die einzige Mädchenmannschaft in der Stadt Oldenburg, die in ihrer Spielklasse für den Spielbetrieb gemeldet war. Angesicht fehlender Gegnerinnen mussten sie ausschließlich gegen Jungenmannschaft antreten – für die wesentlich unerfahreneren Mädchen ein oftmals deprimierendes Erlebnis. Mit reichlich Großmut und Häme siegten die Jungs aus Eversten, Bloherfelde oder Ofenerdiek mit 10:0, 13:0 oder 15:0. Schließlich trat die vierte Mannschaft des VfL Oldenburg an. „Ach, heute gegen Mädchen", jubelten die Jungs schon vor dem Spiel. Es wurde ein Spiel auf ein Tor, doch die Mädchen rackerten, hatten Glück und gewannen 1:0. Während die Jungs beschämt vom Platz gingen, jubelten die Mädchen über einen der wenigen Höhepunkte ihrer Saison.

Dieser kurze Rückblick in das Jahr 2002 mutet heute wie eine ferne Erinnerung aus lange vergangener Zeit an. Zwar ist der Mädchenfußball sicherlich noch weit davon entfernt, mit dem Fußball der Jungen gleichzuziehen, die Situation in Oldenburg hat sich in den letzten zehn Jahren jedoch grundlegend verändert. Nicht nur spielen immer mehr Mädchen in der Stadt erfolgreich Fußball, der Mädchenfußball ist auch zum Ausdruck dafür geworden, dass durch Sport viel bewegt werden kann. Mitverantwortlich für diese Entwicklung sind das *Ohmsteder Modell* und das

---

K. Pößiger (✉) · S. Vosgerau
Institut „Integration durch Sport und Bildung",
Carl-von-Ossietzky Universität Oldenburg,
Marie-Curie-Straße 1, 26129 Oldenburg, Deutschland
E-Mail: kontakt@fussball-ohne-abseits.de

S. Vosgerau
E-Mail: arndt.soehnke.vosgerau@uni-oldenburg.de

seit 2007 von der Stadt Oldenburg geförderte Mädchenfußball- und Integrationsprojekt *MICK – Mädchen kicken mit*.

Leidenschaftliche Fußballerinnen gibt es in Oldenburg schon seit Langem. Sofort nach der Aufhebung des Spielverbotes für Frauenmannschaften im DFB gründeten sich die ersten Frauenmannschaften in der Stadt. 1974 stand beim Post SV Oldenburg die erste Mädchenmannschaft auf dem Platz, doch fehlten die passenden Gegnerinnen. Auch innerhalb der Frauenteams gab es große Alters- und Leistungsunterschiede, so dass Mädchen oft in Jungenmannschaften mitspielten, „was zum damaligen Zeitpunkt nicht immer unproblematisch war" (NFV 2013). Lange Zeit zeigten weder der Landesverband noch der lokale Fußballkreis besonderes Interesse an der Förderung des Mädchenfußballs und die „mangelnde Unterstützung der von Männern dominierten Vereine" stellte „immer wieder ein Anlass zur Auflösung von Frauen-Teams" (NFV 2011) dar. Trotzdem stieg die Nachfrage nach Mädchen- und Frauenfußball in den Vereinen bis Mitte der 1990er Jahre kontinuierlich an, 1995 wurde die Marke von 1000 gemeldeten Mannschaften im Niedersächsischen Fußball-Verband (NFV) gebrochen. Einen regelrechten Boom erlebte der Mädchenfußball jedoch erst Mitte der 2000er Jahre. So verzeichnete der NFV nach der FIFA-Weltmeisterschaft der Männer 2006 in Deutschland und dem Gewinn der Weltmeisterschaft durch die deutsche Frauen-Fußballnationalmannschaft 2007 einen sprunghaften Anstieg der Mädchenmannschaften, deren Anzahl sich 2008 mit 1400 gemeldeten Teams gegenüber dem Jahr 2005 sogar verdoppelte (vgl. NFV 2013).

Mittlerweile ist Fußball deutschlandweit zum beliebtesten Teamsport von Mädchen und Frauen geworden. Trotzdem steht der verhältnismäßig kleine Fußballkreis Oldenburg, was die Entwicklung des Mädchenfußballs angeht, selbst im landesweiten Vergleich vorbildlich da. Der Anteil aktiver Juniorinnen unter den Fußballerinnen und Fußballern der Stadt beträgt 5,3 %, gegenüber 3,3 % im Landesdurchschnitt. Die Zahl der weiblichen U15-Mannschaften stieg von 2002 bis 2011 von 7 auf 37 und ist damit beinahe dreimal so hoch wie in vergleichbaren Kreisen des NFV. Die große Anzahl an Mannschaften machte so erstmals einen Spielbetrieb auch für die Jüngsten möglich, ohne dass diese dafür weite Reisen in Kauf nehmen müssen. Der Kreis Stadt Oldenburg ist damit im Ranking des Niedersächsischen Fußball Verbandes (Fußballerinnen/1.000 Einwohner) landesweit führend im Mädchen- und Frauenfußball. Eine bemerkenswerte Entwicklung, denn in der Regel liegt der Organisationsgrad im Jugendsport in ländlichen Regionen 20 bis 30 % über dem in urbanen Räumen. Vielmehr verweist die positive Entwicklung des Kreises seit 2002 (siehe Abb. 1) auf eine stadt-, vereins- und schulübergreifende Dynamik, die eng mit der Etablierung des *Ohmsteder Modells* (siehe Beitrag in diesem Band) und dem Boom des Schulfußballs für Mädchen verbunden ist und eine echte Chance für die lokale Sportentwicklung darstellt. So hat das Projekt den Weg dafür geebnet, dass sich die Oldenburger Sportlandschaft interkulturell geöffnet

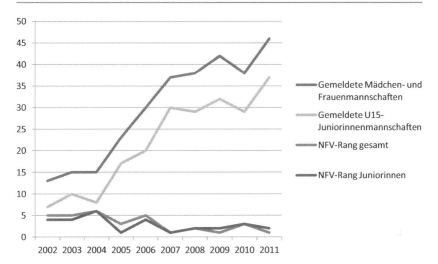

Abb. 1 Entwicklung des Frauen- und Mädchenfußballs im Kreis Oldenburg zwischen 01.01.2002 und 01.01.2011 (Eigene Abbildung nach NFV-Statistik 2013)

und deutlicher als bisher an demografischen Trends ausgerichtet hat. Inzwischen spielen immer mehr Mädchen aus Familien mit Migrationshintergrund begeistert Fußball in Schule und Verein.

2 Das Projekt MICK

MICK wird seit 2007 durch die Stadt Oldenburg gefördert und gemeinsam mit dem Institut Integration durch Sport und Bildung der Carl-von-Ossietzky Universität umgesetzt. Es folgt dem Ansatz, über die Kooperation zwischen Schulen und lokalen Sportvereinen in Grundschulen Mädchenfußball-AGs zu initiieren, Turniere zu veranstalten und Jugendliche zu Fußballassistentinnen auszubilden. *MICK* möchte gerade bislang benachteiligten Mädchen einen eigenen Raum schaffen, ihnen neue Chancen für Bewegung und Engagement eröffnen und dadurch zu ihrer sozialen Integration beitragen. Der Sport bietet die Möglichkeit, Einfluss auf die Entwicklung sozial benachteiligter Kinder und Jugendlicher zu nehmen, ihnen Anerkennung zu verschaffen, sie in eine Gruppe von Gleichaltrigen zu integrieren und sie aus dem gesellschaftlichen Abseits heraus zu holen. Die Erfahrungen aus dem Projekt verdeutlichen, dass es den betroffenen Mädchen zumeist nicht an der Begeisterung für den Fußball mangelt. Was dagegen fehlt, sind bedürfnisgerechte Angebote in der Nachbarschaft, adäquate Rahmenbedingungen und verlässliche Strukturen in den lokalen Vereinen, sowie Wettbewerbsmöglichkeiten und engagierte Frauen und Jugendliche, die ehrenamtliche Aufgaben übernehmen. Hinzu kommt die prekäre soziale und ökonomische Lage vieler Familien, die nicht selten mit einer mangelnden Wertschätzung für das sportliche Engagement insbesondere der Töchter einhergeht. Bereits jede/r sechste Einwohner/in Oldenburgs hat einen Migrationshintergrund, bei den Kindern im Grundschulalter liegt dieser Wert sogar noch höher.[1] Gemessen am Anteil von Haushalten, die SGB-II-Empfänger sind, lässt sich dabei eine überdurchschnittlich hohe Armutsbetroffenheit von Familien mit Zuwanderungsgeschichte feststellen. In Stadtvierteln wie Kreyenbrück, Bloherfelde oder Nadorst „fehlen entsprechende Sport- und Bewegungsangebote in ausreichendem Umfang" (Stadt Oldenburg 2009, S. 78). Für die Integrations- und Sportpolitik der Stadt bedeutet dies, dass für einen „nicht unerheblichen Teil der Bevölkerung mit Migrationshintergrund von einem hohen Handlungsbedarf ausgegangen werden" (Stadt Oldenburg 2010, S. 26) muss.

Erfreulich ist daher die Resonanz auf die Projektangebote von *MICK* in Oldenburg, die in den letzten Jahren stetig gestiegen ist. In den Grundschulen Babenend, Bloherfelde, Bümmerstede, Dietrichsfeld, Klingenbergstraße, Kreyenbrück, Krusenbusch, Ohmstede, Nadorst, Staakenweg (Klassenstufen 3 und 4) sowie in der IGS Flötenteich (Klasse 5 bis 7) sind in elf AGs wöchentlich ca. 140 Mädchen am Ball, teilweise angeleitet von im Projekt ausgebildeten jugendlichen Fußballassistentinnen. Im ersten Halbjahr des Schuljahrs 2012/2013 hatten 43,2 % der Teilnehmerinnen einen Migrationshintergrund. Das *MICK*-Projekt hat eine regelrechte Mädchenfußball-Welle ausgelöst, so dass von den 28 Oldenburger Grundschulen heute fast alle Fußball für Mädchen in ihrem AG- oder Ganztagsprogramm anbieten – mit nachhaltigen Auswirkungen auf die Vereinslandschaft. Beinahe ein Viertel der AG-Teilnehmerinnen hat den Weg in den organisierten Vereinsfußball und einen der Kooperationsvereine gefunden.

3 Die Gelingensfaktoren

- *Die Unterstützung durch die Stadt*

Die finanzielle Unterstützung durch die Stadt ermöglicht in den Schulen nicht nur die Anschaffung von Bällen, die Aufwandsentschädigung der AG-Leiterinnen und der eingesetzten Fußballassistentinnen, sondern sichert auch die stetige Weiterent-

---

[1] Um den Anteil der Kinder mit Migrationshintergrund an den Oldenburger Grundschulen zu erfassen, wurde im Sommer 2008 durch die Integrationsbeauftragte der Stadt Oldenburg eine Erhebung durchgeführt. An 15 der 25 untersuchten Schulen lag der Anteil von Kindern mit Migrationshintergrund dabei über 20 %. An vier Grundschulen hatte etwa die Hälfte aller Schüler und Schülerinnen einen Migrationshintergrund (vgl. Stadt Oldenburg 2010, S. 17).

wicklung des Projekts ab. Die Beteiligung mehrerer Schulen vereinfacht das Zustandekommen von Spielen, Wettkämpfen in der Woche zu AG- Zeiten und sorgt bei den größeren Turnieren im Sommer und Winter für einen festen Rahmen. *MICK* ist zu einer Aufgabe der Kommune geworden, die erkannt hat, dass „in der Zuwanderung und Heterogenität einer Stadtgesellschaft ein enormes Potential für Entwicklungs- und Innovationsprozesse liegt" und Integrationspolitik „somit nicht nur als Sozialpolitik zu betrachten, sondern als eine zukunftsorientierte Stadtentwicklungspolitik" (Stadt Oldenburg 2010, S. 6) zu begreifen ist. *MICK* ist deshalb einerseits Bestandteil des „Integrationskonzept" und Maßnahmenkatalogs Integration und fand andererseits auch Eingang in den „Sportentwicklungsbericht der Stadt Oldenburg", der prüfen ließ, „inwieweit die MICK zugrunde liegende Konzeption, auch auf andere Sportarten ausgeweitet werden kann" (Stadt Oldenburg 2009, S. 79). Das Engagement des Oberbürgermeisters unterstreicht den Stellenwert des Projektes. Ergebnisse und Wirkungen des Projekts werden regelmäßig in den Gremien der Stadt vorgetragen und erörtert. Die Frauenbeauftragte der Stadt informiert die zuständigen städtischen Ausschüsse, nutzt die Pressestelle der Kommune für die Öffentlichkeitsarbeit und sorgt für eine nicht nur ideelle Unterstützung unterschiedlicher Frauengruppen und Frauenverbände. Der politische Rückenwind hat dafür gesorgt, dass das Projekt eine größere Aufmerksamkeit bekam, sich stadtweit vernetzen konnte und so eine breite Unterstützerbasis auch außerhalb der Schulen und Vereine erreichen konnte.

- *Das* MICK-*Sommerturnier*

Seit dem Jahr 2003 veranstaltet das *MICK*-Projekt in jedem Jahr kurz vor den Sommerferien ein „Sommerturnier". Ziel dieses Fußball-Tags „nur für Mädchen" war einerseits, konkrete Ziele und Wettbewerbsmöglichkeiten für die Projekt-AGs zu schaffen, andererseits die beteiligten Akteure aus Schulen und Vereinen auch neben dem Platz zu vernetzen und so nachhaltig in die Sozialräume zu wirken. Am ersten Oldenburger Turnier dieser Art nahmen insgesamt fünf Grundschulen teil, heute spielen jedes Jahr rund 250 Schülerinnen aus 24 der 28 Oldenburger Grundschulen mit, so dass an diesem Tag mehr als 50 % aller Oldenburger Dritt- bzw. Viertklässlerinnen im Rahmen des Turniers mitspielen. Insgesamt sind es mehr als 2.500 Oldenburger Grundschülerinnen die im Rahmen der *MICK*-Turniere in den vergangenen zehn Jahren mitgespielt haben. Dieses Ergebnis macht deutlich, dass die Fokussierung auf den Jungenfußball in den Schulen in den letzten Jahren aufgebrochen werden konnte.

Im Vorfeld dieses Events wird inzwischen in nahezu allen Schulen in Mädchen-Fußball-AGs oder separaten „Mädchenfußball-Pausen", in denen nur die Schülerinnen auf dem Schulhof Fußball spielen, geübt. Die jedes Jahr neu ausgebildeten jugendlichen Fußballassistentinnen unterstützen bei der Organisation des Turniers, fungieren als Turnierleiterinnen, bereiten das Obst für die Spielerinnen vor, übernehmen die Begrüßung, das Aufwärmen und Spielleitung jedes der rund 100 Spiele an diesem Tag. Im Rahmen des Turniers zahlt sich die Kombination der verschiedenen Bausteine des Projektes aus, die auf unterschiedlichen Ebenen ansetzen. Es gelingt, die Lehrkräfte, Jugendliche, Grundschülerinnen, Eltern und die Mitschüler/innen gemeinsam zu mobilisieren und eine hohe emotionale Verbundenheit mit dem *MICK*-Projekt zu erzielen. Auch die AG-Leiter/innen beurteilen den Stellenwert der Turniere für die AGs in der internen Evaluation als „sehr hoch". Unterstützung findet dies auch durch eine engagierte Berichterstattung in der lokalen Presse und die kontinuierliche Präsenz der landes- und kommunalpolitischen Vertreter. Das projektübergreifende Turnier dynamisiert nicht nur die Arbeit in den AGs, sondern schafft auch eine stadtweite Aufmerksamkeit für das Anliegen des Projektes.

- *Die Beteiligung der Migrantenvereine*

Ein häufig bemängeltes Merkmal der Integrationsdebatte in Deutschland, aber auch vieler Integrationsprogramme ist, dass Menschen mit Migrationshintergrund darin oftmals weniger als selbstbestimmte Akteure, Gestalter und Vertreter ihrer eigenen Interessen und Wünsche ernst und beim Wort genommen werden (vgl. u. a. Bibouche 2011, S. 252). Vielmehr wird oft lediglich über sie gesprochen, bzw. fungieren sie lediglich als Adressaten von Programmen und Projekten. In dieses Bild passt auch die kontroverse Diskussion in der Sportlandschaft (und darüber hinaus) über die ca. 650 in Deutschland existierenden sogenannten „ethnischen Vereine" oder „Migrantenvereine" (vgl. Stahl 2011, S. 66). Für einige sind sie ein Beweis gelungener Selbstorganisation, Integrationsort und Bezugsquelle von sozialer Anerkennung und Identität, für andere jedoch ein Indikator von Segregationstendenzen und Unwillen zur Integration (vgl. Tödt und Vosgerau 2007). Obwohl die Wechselwirkungen von ethnischen Vereinen, ethnischen Communities und der Sportwelt durchaus ambivalent sind, lassen sich insbesondere aus Sicht der „beteiligten Migranten und deren lokale Gemeinschaften spezifische Integrations-, Repräsentations- und Solidarleistungen [beschreiben], durch die sie sich signifikant von deutschen Sportvereinen und Migrantenorganisationen unterscheiden" (Stahl 2011, S. 272). Dies gilt insbesondere auch bei der zielgruppenspezifischen Gewinnung von Mitgliedern und der Unterbreitung niederschwelliger Angebote (vgl. Stahl 2011, S. 272) Für einen wertschätzenden, sozialraum- und ressourcenorientierten Ansatz, der darauf abzielt, sowohl individuelle Teilhabe wie auch strukturelle Integration zu fördern, die Einbindung von Schlüsselakteuren vor Ort, wie den bestehenden migrantischen Selbstorganisationen, deshalb unabdingbar.

Durch das Projekt *MICK* haben der Türkische Sportverein Oldenburg und der kurdisch geprägte FC Medya als erste Migrantenvereine in Niedersachsen eigene Mädchenfußballabteilungen aufgebaut und nehmen inzwischen mit ihren multikulturell zusammengesetzten Mädchenteams am Punktspielbetrieb teil. Sehr erfolgreich und interessiert an dem Aufbau des Mädchenfußballs zeigte sich der TSV, der sich mit eigenen Übungsleiter/innen seit 2008 in der Grundschule Kreyenbrück engagiert, in der bereits 70 % der Schüler/innen einen Migrationshintergrund haben. Bereits seit der Spielsaison 2008/2009 spielt die Fußball-AG in der regulären Hallenpunktspielrunde des Fußballkreises Oldenburg mit. In den folgenden Schuljahren gelang es insbesondere durch die Mittlerfunktion der Übungsleiter, dass die Kreyenbrücker Schülerinnen kontinuierlich von der Fußball-AG in den Verein wechseln. Inzwischen nehmen vier Mädchenmannschaften in den Altersklassen E-, D-, C- und B-Juniorinnen am Verbandsspielbetrieb teil. Zugute kommt den Verantwortlichen dabei ihr enger Kontakt zu den Eltern und eine besondere Sensibilität gegenüber dem kulturellen Umfeld der Schülerinnen. Im Laufe der Zeit konnte so das Vertrauen vieler Eltern türkischer, arabischer, deutscher, iranischer und afrikanischer Herkunft im Stadtteil gewonnen werden. Finanzielle Probleme der Eltern bezüglich des Vereinsbeitrages und der Ausstattung der Mädchen mit Sportkleidung wurden von Seiten des Vereins pragmatisch gelöst: Das erste Jahr im Verein blieb beitragsfrei und ein Sponsor für Trikots, Trainingsanzüge und Fußballschuhe aus der türkischen Community konnte ebenfalls schnell gefunden werden. Im Jahre 2009 übernahm der FC Medya die Fußball-AG in der benachbarten Grundschule Klingenbergstraße. Seitdem gelingt es auch diesem Verein, die Mädchenfußball-AG in den Verein zu überführen und mit ihnen an den Punktspielen teilzunehmen.

4 Die Stolpersteine

- *Die Zusammenarbeit der Schulen mit dem organisierten Fußball und den Sportvereinen*

Trotz der großen Erfolge des Projektes und der positiven Entwicklung des Mädchenfußballs im Kreis Oldenburg, bleibt die „gelebte" Kooperation zwischen Vereinen, Schulen und Verband leider bislang die Ausnahme. Und auch die Zusammenarbeit mit dem Fußballkreis bleibt punktuell. Die Wirkungen des Projektes und der gelungene Aufbau des Mädchenfußballs in zwölf Oldenburger Vereinen finden bislang nicht überall die gebührende Aufmerksamkeit. Für viele Sportvereine ist die Kooperation mit den Schulen eine Aufgabe, die in der Alltagsroutine nachgeordnet bleibt. Eine institutionalisierte Kooperation, die sich durch gemeinsame

Konferenzen und Gespräche der Schulen und Vereine zeigen würde, bleibt die Ausnahme. Noch immer existieren große Vorbehalte zwischen beiden Institutionen, die zumeist nur durch das persönliche Engagement und die Integrität Einzelner überbrückt werden können. Der Übergang der fußballspielenden Mädchen in den Verein gelingt dort, wo sich AG-Leiter/innen im Verein persönlich engagieren, gut vernetzt sind und den Transfer begleiten können. Andererseits ist die Entwicklung in Oldenburg ein Gegenbeispiel zu Evaluationsergebnissen anderer Projekte, wonach ein Transfer von der Schul-AG in den Verein nur dann wahrscheinlich ist, wenn in dem Verein bereits Mädchen- oder Frauenfußballteams vorhanden sind. In Oldenburg dagegen, scheint der Mädchenfußball eine eigene Dynamik gewonnen zu haben, in der die Nachfrage zunehmend das Angebot bestimmt.

- *Die Schul-AG nimmt an der Punktspielrunde teil*

Als besonders nachhaltig hat sich in diesem Zusammenhang die Möglichkeit der Teilnahme der schulischen Fußball-AGs an den Hallenpunktspielen gezeigt. Die Begeisterung der Mädchen an diesen Spielen hat dazu geführt, dass zwei Vereine sich entschlossen, den Mädchenfußball in ihrer Fußballabteilung aufzubauen. Ohne gültige Spielerpässe und im Rahmen einer schulischen Veranstaltung dürfen die Schülerinnen (lediglich) im F- oder E- Juniorinnenbereich mitspielen. Dies machte einen Spielbetrieb mit Schul- und Vereinsteams möglich, der dem Mädchenfußball insgesamt einen weiteren Schub gegeben hat. Dennoch gibt es auch Proteste gegen diese Entwicklung, denn die Schul-AGs setzen sich altersheterogen zum Teil aus drei unterschiedlichen Jahrgängen zusammen und können nicht so einfach in die Verbandsstrukturen „einsortiert" werden. Die Beteiligung von älteren Mädchen führt zu Protesten der etablierten Mannschaften und vor allem der Eltern. Folge ist, dass nur die durch den Verband festgelegten Jahrgänge mitspielen dürfen und neu formierte AGs in den Spielrunden des Verbandes nur außer Konkurrenz oder gar nicht mitspielen dürfen.

- *Armut und Elternbeteiligung*

Dem *MICK*-Projekt gelingt es, vor allem Mädchen aus „kinderreichen" Familien anzusprechen. Durchschnittlich haben die mitspielenden Schülerinnen 2,1 Geschwisterkinder (vgl. Gebken et al. 2010). Die positive Resonanz der AGs ist insbesondere auf die Niederschwelligkeit des Angebotes und die Organisation unter dem Dach der Schule zurückzuführen. Eine finanzielle Beteiligung wird bis auf den Besitz der Sportschuhe nicht vorausgesetzt. Die Vereinswelt setzt dagegen die Zahlung des Vereinsbeitrages, eine Mobilität zum Training und zu den Spielen, gutes Zeitmanagement in der Familie und eine verlässliche Kommunikation voraus. Dies können sozial benachteiligte Familien, die in der Mehrzahl durch dieses Projekt angesprochen werden, oftmals nicht leisten. Selbst die Erstattung der Vereinsbeiträge aus dem Bildungs- und Teilhabepaket der Bundesregierung gelingt aufgrund einiger bürokratischer Hindernisse in Oldenburg nur in Einzelfällen. Die Teilhabe im Sportverein bleibt weiterhin voraussetzungsreich.

- *Der Übergang in die SEK I*

Es sind die Schülerinnen, die nach dem Übergang in die weiterführende Schule ein Weiterspielen in der Sekundarstufe I einfordern. Grundschulen und Sekundarschulen kooperieren hinsichtlich des AG-Angebots im Schulleben bisher nur partiell und zufällig miteinander. Eine Herausforderung bleibt, dass die Grundschülerinnen einer Schule in der Regel unterschiedliche weiterführende Schulen besuchen und eine Verzahnung der Angebote im Primar- und Sekundarbereich organisatorisch nicht möglich erscheint. Auch reagieren die Lehrkräfte an weiterführenden Schulen oft recht zurückhaltend, was die Einrichtung entsprechender Angebote angeht. Priorität haben die Jungen, die auch in den für beide Geschlechter geöffneten Fußball-AGs zumeist das Geschehen dominieren. So bleibt das Drängeln den Mädchen vorbehalten: „Wir wollen Fußball in einer AG für Mädchen spielen!"

5 Ausblick

Die Einbeziehung unterschiedlicher Partner in das Projekt hat sicherlich zu der eindrucksvollen Entwicklung des *MICK*-Projektes beigetragen. In Oldenburg ist *MICK* inzwischen für beides bekannt: seinen Beitrag zur Integration von Mädchen mit Migrationshintergrund in und durch den Sport und zur städtischen Sportentwicklung.

Über die Grundschule spielen in Oldenburg Mädchen aus allen sozialen Schichten gemeinsam Fußball. Dies wird und wurde von den Medien mit zahlreichen Fernsehberichten (u. a. in ARD, ZDF, SAT I und RTL), als auch in der lokalen, regionalen und weltweiten Presse (u. a. der New York Times, Longman 2011) aufgegriffen und auch durch die zahlreichen Preise (Sterne des Sports 2009, Niedersächsischer Integrationspreis 2009, Integrationspreis des Deutschen Fußball-Bundes und von Mercedes Benz 2011) verstärkt. Selbst der Britische Thronfolger Prinz Charles fand bei seinem Staatsbesuch im Frühjahr 2009 für die Projektidee und dessen Umsetzung anerkennende Worte.

Idee und Bausteine des Projektes werden inzwischen auf Projekte mit Jungen wie *JICK* (*Jungen kicken mit*) oder weitere Sportarten wie Basketball (*BIG – Basketball integriert Oldenburg*) übertragen. Selbst eine Übertragung der Idee auf ländliche Regionen zur Förderung von kleinen dörflichen Grundschulen mit Sportvereinen steht an und soll kurzfristig umgesetzt werden. In der Stadt Oldenburg soll der Übergang von der Grundschule zur Sekundarstufe I durch unterstützende Bildungsangebote gefördert werden. Fußball wird für die Bildung zum Türöffner. Aber auch die Verbesserung der Bolz- bzw. Spielflächen, damit die Bolzzeiten nur für Mädchen erweitert werden können, steht an. Der Ausbau der Ganztagsschule erfordert zusätzliche Bewegungsmöglichkeiten an den (Grund-)Schulen, die auch den fußballinteressierten Mädchen zur Verfügung stehen sollten. Anträge der Schulen sind gestellt, die Umsetzung steht noch aus. Das Projekt wird sich weiterhin auf mehreren Ebenen für eine Verbesserung der Integration benachteiligter Mädchen im und durch Fußball einsetzen.

Literatur

Bibouche, S. (2011). Integration evaluieren: zwischen Pragmatismus und Illusion. In R. Leiprecht & S. Bibouche (Hrsg.), ‚Nichts ist praktischer als eine gute Theorie' Theorie, Forschung und Praxis im Kontext von politischer Kultur, Bildungsarbeit und Partizipation in der Migrationsgesellschaft (S. 235–262). Oldenburg: BIS-Verlag.

Gebken, U., Pößiger, K., & Vosgerau, J. (2010). Evaluierung des Projektes MICK -Mädchen kicken mit in der Stadt Oldenburg. Universität Oldenburg.

Longman, J. (25. Juni 2011). For World Cup Host Germany: Diversity is the goal. *New York Times*.

Niedersächsischer Fußball-Verband (NFV). (2011). *Historie des Frauen- und Mädchenfußballs in Niedersachsen.* http://www.nfv-www.de/index.php?id=1034. Zugegriffen: 13. März 2013.

Niedersächsischer Fußball-Verband (NFV). (2013). *Mitgliederstatistik.* http://www.nfv-www.de/index.php?id=2210. Zugegriffen: 13. März 2013.

Stadt Oldenburg. (2009). *Sportentwicklungsplan für die Stadt Oldenburg.* http://www.oldenburg.de/fileadmin/oldenburg/Benutzer/PDF/31/Sportentwicklungsplan_mit_Deckblatt.pdf. Zugegriffen: 13. März 2013.

Stadt Oldenburg. (2010). *Vielfalt gemeinsam gestalten. Konzept zur Umsetzung einer zukunftsfähigen Integrationspolitik in der Stadt Oldenburg.* http://www.oldenburg.de/fileadmin/oldenburg/Benutzer/PDF/01/integration/Integrationskonzept_web.pdf. Zugegriffen: 13. März 2013.

Stahl, S. (2011). *Selbstorganisation von Migranten im deutschen Vereinssport. Eine soziologische Annäherung.* Potsdam: Universitätsverlag Potsdam.

Tödt, D., & Vosgerau, S. (2007). Ethnizität und Ethnische Repräsentation im Fußball. Am Beispiel Türkiyemspor Berlin. In S. Krankenhagen & B. Schmidt (Hrsg.), *Aus der Halbdistanz. Fußballbiographien und Fußballkulturen heute* (S. 115–137). Münster: Lit.

Arbeitsgemeinschaften sind anders!
– Merkmale und Differenzen zu Vereinsangeboten

Martin Goerlich

1 Einleitung

Immer mehr Mädchen mit Migrationshintergrund sind im Rahmen der Projekte von *Fußball ohne Abseits* am Ball. Im Gegensatz zu vielen städtischen Sportvereinen, die sich zunehmend über rückläufige Mitgliederzahlen sorgen müssen, ist das Interesse am außerunterrichtlichen Sport in schulischen Arbeitsgemeinschaften (AGs) hoch. Weil sportbezogene AGs auch viele Kinder und Jugendliche aus bildungsfernen und sozial schwachen Familien erreichen, wird ihr Beitrag für die Integration in den Sport zunehmend höher eingeschätzt. Was sind Gründe für die guten Erfahrungen mit schulischen Fußball-Arbeitsgemeinschaften? Was bewegt bzw. verhindert den Wechsel in eine Vereinsmannschaft? Diesen Fragen möchte ich mich aufgrund meiner jahrelangen Praxiserfahrungen im Schul- und Vereinssport stellen. Neben einigen Gemeinsamkeiten gibt es deutliche Differenzen zwischen Schul- und Vereinssport, die hier idealtypisch dargestellt werden sollen. Besonders das Anforderungs- und Aufgabenprofil der AG-Leitung in der Schule und im Verein soll im Folgenden dargestellt werden.

2 Unterschiedliche Voraussetzungen und Zugänge

Schulfußball-AGs, insbesondere für Mädchen, sind sensible Bewegungs- und Sozialräume. Verschiedene Faktoren nehmen dabei Einfluss auf den Verlauf und die Entwicklung schulischer Arbeitsgemeinschaften. Die Freude an der gemeinsamen

---

M. Goerlich (✉)
Institut „Integration durch Sport und Bildung",
Carl-von-Ossietzky Universität Oldenburg,
Marie-Curie-Straße 1, 26129 Oldenburg, Deutschland
E-Mail: m.goerlich@uni-oldenburg.de

Bewegung sollte sowohl in den AGs der Schulen als auch innerhalb der Vereinsteams im Mittelpunkt stehen. Die Ausgangslagen unterscheiden sich jedoch hinsichtlich der angesprochen Zielgruppe, den Leistungsanforderungen, der sportlich-didaktischen Ausrichtung des Trainings, der Motivation der Teilnehmerinnen und ihren sozialen Bezügen.

2.1 Heterogene und homogene Gruppen

Das Angebot einer Schulfußball-AG steht allen Mädchen einer Schule offen. Dabei fällt auf, dass wesentlich mehr weibliche Teilnehmerinnen mit Migrationshintergrund in den AGs aktiv werden als im benachbarten Stadtteilverein. Auch nehmen an der Schulfußball-AG Schülerinnen aus mehreren Jahrgangs- bzw. Altersgruppen teil, während im Verein aufgrund der Altersvorgaben im Wettkampfspielsystem der Fußballverbände Gruppen mit altershomogenen Zusammensetzungen dominieren. Einzelne Kreisverbände haben Sonderregelungen bezüglich des Alters eingeführt, jedoch werden diese nur regional begrenzt umgesetzt, beziehen sich auf Einzelfälle und bedürfen zusätzlicher aufwendige Anträge. Zudem finanziert der Verein seine Angebote und Leistungen aus den Mitgliedsbeiträgen. Dies schließt trotz der Leistungen im Rahmen des Teilhabe- und Bildungspaketes viele Kinder aus sozial benachteiligten Milieus, deren Eltern die Beiträge nicht zahlen können, aus. In einer Schul-AG können alle Schülerinnen mitspielen, unabhängig von der finanziellen Situation ihrer Eltern.

2.2 Motivation und Fluktuation

Die Gründe, sich auf eine Sportart einzulassen bzw. sie wieder aufzugeben sind divers und unterscheiden sich zwischen AGs und Vereinen. Besonders bei der Teilnahme an Mädchenfußball-AGs zeigt sich ein sehr heterogenes Bild der Motivlagen. Als häufigster Grund wird genannt, mit einer guten Freundin zusammen etwas erleben und spielen zu wollen. Auch die Suche nach kurzweiliger Freude, Spaß und Geselligkeit, verbunden mit einer regen Kommunikation, steht im Vordergrund. Das Streben nach Leistung und Erfolg ist dagegen zweitrangig. Das macht sich auch in der Praxis bemerkbar: Wenn eine Freundin die AG (beispielsweise krankheitsbedingt) verlässt, fehlt die andere Freundin oft ebenfalls, auch wenn Schul- und AG- Leitung eine verbindliche Teilnahme einfordern, um Fluktuation zu verhindern. Im Verein dominiert neben Spaß und Geselligkeit das Streben nach Auszeichnungen, Glücksgefühlen nach Siegen, (öffentlicher) Anerkennung und Prestige. Man möchte sich verbessern und durch den regelmäßigen Wettkampf prüfen. In einigen Fällen ist auch die besondere Verbundenheit mit einem Verein (und seinem Image) der Grund für einen Beitritt. Nicht selten spielen auch die Eltern durch die Projektion ihrer eigenen Wünsche/Ziele auf das Kind oder Geschwister, die schon dort spielen, eine entscheidende Rolle.

2.3 Leistungsstand und Leistungsaforderung

Die Dominanz der Leistungsorientierung ist der bedeutendste Unterschied zwischen Vereinsmannschaften und den AGs. In Grundschul-AGs gibt es nur wenige Teilnehmerinnen, die bereits Vorerfahrungen, Regelkenntnisse und motorische Fähigkeiten aus dem Sport mitbringen. Nur 6–10 % der AG-Teilnehmerinnen in den Projekten von *Fußball ohne Abseits* spielen regelmäßig Fußball oder sind bereits Mitglied in einem Verein. Das Spielen in einer Vereinsmannschaft ist für die meisten Kickerinnen noch unvorstellbar, denn während in den AGs oft ein zwangloses Klima des ‚Sich-gemeinsam-bewegen-Wollens' herrscht, geht es in den Vereinen meist schnell um den Leistungsvergleich, Konkurrenz um die Startplätze und Wettkampfzwänge. Wer erfolgreich ist, spielt mit und erhält bei den Punktspielen (längere) Einsatzzeiten. Das schreckt besonders Anfängerinnen ab. Die Wettkampfunabhängigkeit und Sorglosigkeit innerhalb einer Schulfußball-AG ziehen sie vor. Hier können sie sich entwickeln und durch das Üben ‚unter sich' druckfrei verbessern.

Dagegen liegt der Reiz der Vereinsmannschaften im regelmäßigen, wöchentlichen Wettkampf, der höheren Anerkennung im persönlichen Umfeld der Mädchen und den Aufstiegschancen durch die Sichtungsprogramme der Kreis- und Landesverbände. Wer gut ist, wird gefördert. Wer sehr gut ist, hat meistens schnell die Möglichkeit, noch weiter aufzusteigen. Diese Aussicht auf regelmäßigen Erfolg kann der Impuls für den von den Vereinen erhofften Beitritt sein. Auffällig wird dieser Unterschied besonders beim Verhalten der Übungsleiter/innen und Trainer/innen. Während in den AGs eher Rücksicht auf den Leistungsstand aller Schülerinnen genommen werden kann und der Zeitdruck reduziert wird, ist der Ton in den Wettkämpfen der Vereinsmannschaften oftmals rauer. Das Gefühl, gewinnen zu müssen, sorgt während des Trainings und der Wettkämpfe für (subtilen) Druck bei den Trainer/innen und der Mannschaft. Das führt in der Regel dazu, sich im Training an Leistungs- und Spitzensportkomponenten und Inhalten zu orientieren. Der Erfolg der Mannschaft dominiert, weniger Aufmerksamkeit erhält die Entwicklung der Gruppe und der Schülerinnen.

2.4 Vermittlungskonzepte

Die Zielsetzung bei der Arbeit in einer Fußball-AG ist es, aus der heterogenen Gruppe eine Einheit zu schaffen, ein Wir- Gefühl zu kreieren und Freude an der Bewegung zu vermitteln. Durch die Verwendung variabler Spielformen soll eine attraktive Inszenierung des Fußballs möglich werden. Konkret umgesetzt wird dies durch erlebnisorientiertes Üben mit einer hohen Flexibilität bei der Auslegung der Regeln und einem Mitbestimmungsrecht durch die Teilnehmerinnen. Hier ist eine Sensibilität für die situativen Bedingungen durch die Übungsleitung gefragt. Das Alter, Geschlecht und der Leistungsstand der Teilnehmerinnen spielen dabei eine untergeordnete Rolle, da es nicht primär um die Vergleichbarkeit von Fähigkeiten geht.

Die Ziele eines Vereinstrainers sind dagegen eher die Sicherstellung bzw. Entstehung einer homogenen Leistungsdichte innerhalb des Teams, verbunden mit dem Aufbau einer Vereins- und Mannschaftsidentität. Auf diese Weise sollen die Chancen verbessert werden, gute Wettkampfergebnisse zu erzielen. In den Vereinsmannschaften orientiert sich die Trainer/innen zumeist an einem direktiven bzw. autoritären Führungsstil. Die Übungen dienen allein der Verbesserung der Techniken und der Vorbereitung auf die kommenden Wettbewerbe. Sie unterliegen festen Regeln und Vorstellungen, auf deren Einhaltung durch die Übungsleiter/innen besonders geachtet wird. Zielgerichtete, sich wiederholende Spielformen dienen der Automatisierung von Bewegungsabläufen und Spielweisen.

2.5 Niedrigschwelligkeit

In Bezug auf die Niedrigschwelligkeit der Angebote sind ebenfalls deutliche Unterschiede zwischen beiden Sportsettings erkennbar. Wie im vorangegangenen Punkt schon beschrieben wurde, gewährt die Institution Schule nicht nur den Übungsleiter/innen, sondern auch den Spielerinnen ein besonderes Maß an Verlässlichkeit und Vertrautheit, die sich positiv auf Zuspruch und Akzeptanz von Mädchen mit Migrationshintergrund auszuwirken scheint. Die zumeist direkt angrenzende Sporthalle ist den Teilnehmerinnen bekannt und schnell zu erreichen. Es gibt in jedem Fall reine Mädchenkabinen und es stehen für die Betreuung der AGs häufiger weibliche Trainer und Lehrkräfte als in den Vereinen üblich, zur Verfügung.

In den Vereinen stellt sich die Situation anders dar. Viele Familien mit einer Zuwanderungsgeschichte stehen dem deutschen Vereins- und Verbandssystem, insbesondere bezüglich des Sportengagements ihrer Töchter, eher skeptisch und mit weniger Wissen gegenüber. Kabinen werden häufig von mehreren Mannschaften gleichzeitig genutzt und die Wege zu den Plätzen sind oft länger und den Kindern anfangs nicht vertraut. Auch die Verbindlichkeit und der rasch einsetzende Konkurrenzkampf können auf unsichere Spielerinnen abschreckend wirken und einem Vereinsbeitritt be- bzw. verhindern. Erwähnenswert ist zudem die finanzielle Komponente. Eine AG kostet die Eltern keinen Beitrag, während ein Vereinsbeitritt monatliche Aufwendungen und zusätzliche Kosten für Auswärtsfahrten, Kleidung und Schuhe zur Folge hat. Die AGs trainieren und spielen in der Regel in der Schulsporthalle. Das bedeutet, dass die Teilnehmerinnen nur Hallenschuhe und ihre normale Schulsportkleidung zur Ausübung benötigen. Im Vereinsspielbetrieb sind aufgrund der teils unterschiedlichen Beläge (Rasen, Kunstwiese, Halle und Sandplätze) sogar verschiedene Schuhmodelle erforderlich. Auch Schienbeinschoner und spezielle Outdoor- Sportbekleidung (Trainingsanzüge, Bandagen etc.) können in der AG fehlen, im Verein und besonders im Spielbetrieb sind sie jedoch vorgeschrieben.

3 Organisation

Bezüglich der Organisationsstrukturen differieren Schule und Verein sehr deutlich. Besonders die Rahmenbedingungen, unter denen Sport getrieben werden kann, sind verschieden.

3.1 Schutz- und Schonraum Schule

Die Tatsache, dass die Institution Schule allen Beteiligten der AGs einen gewissen Schutz und Absicherung bieten kann, ist nicht von der Hand zu weisen. Schulen sind in der Regel gut organisiert, es herrschen klare Arbeitsaufteilungen, Hierarchien, Absicherungen und Zuständigkeitsbereiche. Für AG-Leiter/innen bedeutet dieser Umstand eine deutliche Erleichterung ihrer Tätigkeit und für die Schülerinnen weniger Zeitaufwand durch das Angebot in ihrem direkten Umfeld. Die Bezeichnung ‚Schutzraum Schule' ist zutreffend, denn in der Regel können sich die Übungsleiter/innen auf die Arbeit in der wöchentlichen AG konzentrieren und erhalten Unterstützung bei den regelmäßigen Herausforderungen wie etwa bei der Versendung von Elternbriefen, der Organisation von Fahrten zu Turnieren, der Erstellung der Teilnehmerlisten, der Reservierung der Hallenzeiten und dem Umgang mit verhaltensauffälligen Spielerinnen. Besonders die Zusammenarbeit mit den Eltern ist im Vergleich zur Arbeit im Verein einfacher, denn die Institution Schule besitzt bei den Eltern einen Vertrauensbonus und als Behörde einen Autoritätscharakter. Gerade bei der Implementierung der Mädchenfußball-AGs hat sich gezeigt, dass dies in den Programmgebieten der *Sozialen Stadt* eher im schulischen Rahmen möglich sein kann. Die Klassenlehrer haben zu Eltern und Schülerinnen einen engeren Kontakt und eine nicht zu unterschätzende Autoritätsfunktion gegenüber den Eltern und können im Gegensatz zu Vereinsvertretern bestehende Skepsis leichter ansprechen und ausräumen.

3.2 Eigenverantwortung im Verein

In einigen am Projekt beteiligten Vereinen gibt es nicht eindeutig geregelte Zuständigkeitsbereiche und undurchsichtige hierarchische Konstellationen, die zu Irritationen und Unsicherheit seitens der Übungsleiter/innen führen. Von den Übungsleiter/innen im Fußball wird ein großes Maß an Verantwortung, Selbsthilfe und Eigeninitiative verlangt. Dem Vorteil der größeren Unabhängigkeit und der Chance, sich selbst mit einer Spielphilosophie verwirklichen zu können, steht ein erhöhter Arbeits- und teils auch finanzieller Aufwand gegenüber. In den meisten breitensportlich organisierten Vereinen und besonders in den Kinder- und Jugendmannschaften arbeiten die Trainer ehrenamtlich, außerordentliche Vergütungen für ihre Tätigkeiten sind eher die Ausnahme. Zu psychischen Belastungen kommt es innerhalb eines Vereins, wenn sich Konkurrenzkonstellationen zwischen den Trainer/innen aufbauen, Spieler/innen die Mannschaft verlassen, Druck seitens der Eltern vorhanden ist oder Leistungsanforderungen seitens des Vereins nicht erfüllt werden. Gerade für junge und unerfahrene Übungsleiter/innen sind solche Situationen schwer auszuhalten und führen nicht selten zu einer Aufgabe des Amtes. Trotz der großen Herausforderungen, die Eigenverantwortlichkeit mit sich bringt, bestehen in den Vereinsmannschaften für die Trainer/innen selbstverständlich auch erheblich größere Chancen, Selbstwirksamkeit zu erfahren und sich methodisch weiterzuentwickeln.

4 Anforderungsprofile für Übungsleitung und Vereinstrainer/innen

Die bereits dargestellten Unterschiede der Voraussetzungen und Rahmenbedingungen von AG- und Vereinsmannschaften wirken sich auch auf das charakteristische Anforderungsprofil von Vereinstrainer/innen und AG-Übungsleiterinnen aus.

Heterogenität und Niedrigschwelligkeit als Leitmotive der AG-Arbeit machen ein stets attraktives, motivierendes und durch Mitbestimmung gekennzeichnetes Programm erforderlich. Anderenfalls besteht schnell die Gefahr der Auflösung der AG-Gruppe. Von AG-Leiter/innen werden daher vermehrt animierende und soziale Fähigkeiten und Verhaltensweisen und weniger die fachlichen Kompetenzen eines lizenzierten Vereinstrainers verlangt. Kontaktfreudigkeit und Empathie stehen an erster Stelle. Wie schon erwähnt wurde, sammeln die meisten Kinder und Jugendlichen in den AGs ihre ersten Erfahrungen in den jeweiligen Sportarten. Unsicherheiten, ein geringes Selbstvertrauen oder Körpergefühl, Alltagsstress, Unzufriedenheit oder Konflikte aus dem Schulleben, die in die AGs transportiert werden, ein ausgeprägtes Gerechtigkeitsbedürfnis seitens der Teilnehmer/innen (z. B. beim Einteilen von Teams) aber auch der hohe Lärmpegel in den Sporthallen, fordern die pädagogischen und sozialen Kompetenzen der Betreuer/innen in jeder AG-Stunde aufs Neue heraus. Dies betrifft insbesondere auch Schulen in den sozialen Brennpunkten, in denen das Klima innerhalb der Schülerschaft oftmals schroffer, rauer, direkter und konfliktgeladener ist. Hier bedarf es fester Regeln und Rituale, einer vertrauensvollen Zuwendung und Anerkennung von Unterschieden, intensiver Erklärungs- und Rechtfertigungsbereitschaft, eines geübten Konfliktmanagements, und einiger Fantasie, um die Kinder und Jugendlichen in der AG zu halten. Die Bewältigung der Gradwanderung zwischen ‚Freundin' bzw. ‚Kumpeltyp' und der Funktion als Leiter/in ist eine zentrale Herausforderung an eine kompetente Übungsleitung.

Im Fußballverein stellen sich die Anforderungen an die Trainer/innen anders dar. In der Regel sind sie allein schon durch das Amt Respektspersonen, da hier die Möglichkeit eigenmächtiger Entscheidungen eher gegeben ist. Spieler/innen, auch wenn es sich um Leistungsträger/innen handelt, können aufgrund von Nichteinhaltung bestehender Regeln oder (scheinbar) nicht abgerufener Leistungsstärke, nicht mehr berücksichtigt werden. Auch im Vereinstraining sind gemeinsame Rituale und die sozialen Kompetenzen der Übungsleitung nicht unwichtig. Dennoch sind Kinder und Jugendliche schneller zu Anstrengungen bereit als in den Arbeitsgemeinschaften, da sich ihr Wirken an Punkten, Tabellenständen beziehungsweise an Stammplätze orientiert. Eine Steigerung der Leistungsfähigkeit ist das primäre Ziel des Trainings und somit die Anforderung, die an Übungsleiter/innen im Fußballclub gestellt wird. Daher besteht die zentrale Herausforderung eher im Umgang mit Drucksituationen. Diese können sowohl von den Trainer/innen selbst, vom Verein und aber insbesondere auch von Seiten der Eltern der Spieler/innen ausgehen.

5 Fazit und Ausblick

Eine abschließende Bewertung der Unterschiede zwischen der AG in der Bildungseinrichtung und der Fußballmannschaft im Verein ist nur begrenzt möglich. Zu heterogen sind die Voraussetzungen und Ausrichtungen beider Institutionen, um einen Anspruch auf Allgemeingültigkeit erheben zu können. Die Unterschiede sind in erster Linie von den handelnden Menschen (Trainer/innen, Spieler/innen, Eltern, Lehrerkräften und Vereinsverantwortlichen) abhängig und somit per se verschieden. Auch werden sich in meinen Ausführungen viele Leser, die wöchentlich mit viel Einsatz ehrenamtliche Tätigkeiten erbringen, nicht wiederfinden können. Viele Vereine leisten hervorragende (Jugend-)Arbeit und haben sowohl in sportlicher wie in pädagogischer Hinsicht kompetente und geschulte Trainer in ihren Reihen. Dagegen ist auch so manche Schule nicht gut organisiert und es fehlen Unterstützer, Förderer und Ansprechpartner, um entsprechende Arbeitsgemeinschaft für Kinder und Jugendliche zu ermöglichen. Unterschiede können daher nur idealtypisch dargestellt werden.

Auffällig ist jedoch, dass es in den schulischen Fußball-AGs besser zu gelingen scheint, alle Kinder anzusprechen und heterogene Trainingsgruppen zusammenzustellen. Dies betrifft insbesondere auch Mädchen mit einem Migrationshintergrund, die es bislang selten in die Vereine schaffen. Das vertraute Schulumfeld, die Nähe zum Wohnort, die geringere Skepsis bei den Eltern, die Niedrigschwelligkeit, die Schulfreundinnen und vor allem der geringere Leistungsdruck sind die vorrangigen Gründe dafür, dass diese Mädchen die Fußball-AG dem Verein in der Nachbarschaft vorziehen. Auch manchen Übungsleiter/innen fällt es in der Schule leichter, eine Übungsstunde zu leiten, da sie sich ebenfalls abgesichert und unterstützt fühlen. Niemand erwartet Erfolge im Sinne von erreichten Punkten und orientiert sich am Tabellenstand. Es geht um die gemeinsame Freude an der Bewegung. In den Arbeitsgemeinschaften zeigt sich anhand der Anzahl der wöchentlich (nicht) erscheinenden Teilnehmerinnen meist auch rasch, wer das Zeug zu einer guten Trainerin oder einem guten Trainer besitzt.

Im Verein wird allen Beteiligten mehr Einsatz und Organisation abverlangt. Dies betrifft die Kommunikation mit den Eltern, das Planen von Mannschafts- und Auswärtsfahrten, das Ringen um Trainingszeiten, das Werben um Sponsoren oder der Beschaffung von Equipment (Spielbögen, Leibchen, Schlüssel) für das Training und den Punktspielbetrieb. Zusammen mit dem zwangsläufig anfallenden Kostenaufwand, den wenigen weiblichen Übungsleitern, den infrastrukturellen Begebenheiten (Kabinensituation und weitere Anfahrtswege) und vor allem den gesteigerten Leistungsanforderungen, wirken sich diese Punkte noch immer nachteilig auf das Sportengagement von migrantischen Mädchen im Sportverein aus. Niedrigschwellige ‚Schnupperangebote' oder ‚Tage der offenen Tür' finden aufgrund des zeitlichen und organisatorischen Aufwands leider in einem zu geringen Maße statt. So bleibt der Schritt von der Schulfußball-AG in den Verein mit der Überwindung einiger Hürden verbunden.

Umgekehrt verhält es sich mit der Tätigkeit der Übungsleiter/innen. Die in einer Arbeitsgemeinschaft gesammelten Erfahrungen im Umgang mit Kindern und Jugendlichen lassen sich sehr gut auf den Verbandssport übertragen. Gerade die in einer schulischen AG in besonderem Maße verlangten Sozialkompetenzen sorgen auch in den Vereinsmannschaften für positive Reaktionen. Andersherum wird es dagegen schwieriger, da Verantwortliche aus dem Verein schneller Gefahr laufen, vereinssportliche Leistungsansprüche und Trainingselemente im gleichen Maße in die AGs zu transferieren. Das führt nicht selten zu Motivationsproblemen bei den Teilnehmerinnen und Irritationen bei Schulleitung und Eltern.

Doch es geht auch anders. An vielen Standorten in Deutschland haben beide Institutionen die Stärken des jeweils anderen erkannt und erfolgreiche Kooperationen gegründet. Die Fußball-AGs werden dabei als Vorstufe und nicht als Konkurrenz der Vereinsmannschaften angesehen und ihr animierender Charakter wird genutzt. Beispielsweise hat sich diese Zusammenarbeit für den Türkischen Sportverein Oldenburg bereits nach kurzer Zeit bezahlt gemacht. Die von Vereinsmitgliedern geleiteten Mädchenfußball-AGs wurden gegen Ende des jeweiligen Schuljahres auf einen Vereinsbeitritt hin angesprochen. Innerhalb von drei Jahren konnten auf diese Weise vier neue Vereinsmannschaften angemeldet werden. Dieser Weg sollte zukünftig weiter verfolgt werden, um besonders den migrantischen Mädchen die Partizipation am Sport zu ermöglichen.

Viele Wege zum Erfolg – Best-Practice-Beispiele aus den Projekten

Birte Bergener, Tim Cassel, Ulf Gebken, Martin Goerlich, Bastian Kuhlmann, Janina Langenbach und Hannes Teetz

1 Einleitung

Mit Bezug auf die Projektkonzeption von *Fußball ohne Abseits* und im Anschluss an das DFB-Modellprojekt *Soziale Integration von Mädchen durch Fußball* entstanden bundesweit eigenständige Projekte und Standorte, die von regionalen und kommunalen Trägern und Partnern umgesetzt wurden. Die Projekte verfolgten dabei heterogene Implementierungsstrategien, um den jeweils unterschiedlichen Voraussetzungen in den Stadtteilen Rechnung zu tragen.

An dieser Stelle sollen einige Standorte vorgestellt werden, die sich auf eigene Weise etabliert und weiterentwickelt haben. Als Best-Practice-Beispiele beschreiben sie jedoch auch die individuellen Schwierigkeiten der Umsetzung. Die Berichte zeigen, dass trotz der gemeinsamen Projektkonzeption ganz unterschiedliche Wege zum Erfolg führen können. Sie machen anhand von konkreten Beispielen deutlich,

---

B. Bergener (✉)
Bielefeld, Deutschland
E-Mail: birte_bergener@web.de

T. Cassel
Schleswig-Holsteinischer Fußballverband e.V., Winterbeker Weg 49,
24114 Kiel, Deutschland
E-Mail: t.cassel@shfv-kiel.de

U. Gebken · M. Goerlich · B. Kuhlmann · H. Teetz
Institut „Integration durch Sport und Bildung", Carl-von-Ossietzky Universität Oldenburg,
Marie-Curie-Straße 1, 26129 Oldenburg, Deutschland
E-Mail: ulf.gebken@uni-oldenburg.de

M. Goerlich
E-Mail: m.goerlich@uni-oldenburg.de

welche Faktoren und Akteure zur gelungenen Umsetzung vor Ort beigetragen haben und führen vor Augen, welche langfristigen Wirkungen und Perspektiven sich aus dem Projekt ergeben können.

2 Bunter Mädchenfußball in Offenbach und Kassel

Dem Fußball gelingt es, junge Menschen aus unterschiedlichen Schichten und Milieus zum Mitmachen zu animieren. Im Vereinssport erfahren sie Zugehörigkeit, Geborgenheit und ein ‚Wir-Gefühl', das sie in ihrem Handeln bestärkt. In den Standorten des Projekts *Bunter Mädchenfußball*, das in Zusammenarbeit des Hessischen Ministeriums des Innern und für Sport mit der Agentur EKIP entstanden ist, stammt mehr als zwei Drittel der Kinder aus Familien mit Migrationshintergrund. Das Zusammentreffen vieler unterschiedlicher Kulturen eröffnet Chancen, von- und miteinander zu lernen und sich gemeinsam zu entwickeln. Je früher Kinder erfahren, dass Vielfalt für alle bereichernd ist, desto weniger spielen Hautfarbe, Herkunft oder Religion eine Rolle. In dem Projekt werden gezielt Mädchen aus den Grundschulen angesprochen, da diese oft nicht die gleichen Zugangsmöglichkeiten zum Sport und gerade zum Fußball haben, wie Jungen in ihrem Alter. Die Zielgruppe umfasst Mädchen, die Spaß an Bewegung, dem Umgang mit dem Ball und dem Zusammensein mit anderen haben. Im Vordergrund steht dabei vor allem die Vermittlung von Spaß und Freude an der Bewegung – das fußballerische Vermögen rückt zunächst in den Hintergrund. Den Schülerinnen soll geholfen werden, mehr Selbstvertrauen aufzubauen und Anerkennung in der Schule und im Privaten zu erlangen.

Zu diesem Zweck wurden an den Standorten Kassel, Stadtallendorf, Gießen, Frankfurt, Offenbach und Rüsselsheim Mädchenfußball-AGs an Grundschulen eingeführt. Im Winter 2010 starteten insgesamt sieben Mädchenfußball-AGs, an denen ungefähr 100 Mädchen teilnahmen. Darüber hinaus wurden an jedem Standort Partnervereine gesucht, damit die Mädchen aktiv in den Vereinssport mit eingebunden werden konnten. Eine dritte Säule innerhalb des Projekts ist die Team-

---

B. Kuhlmann
E-Mail: bastiankuhlmann@t-online.de

H. Teetz
E-Mail: hannesteetz@googlemail.com

J. Langenbach
Institut für Sport und Bewegungswissenschaften, Universität Osnabrück, Jahnstr. 75, 49080 Osnabrück, Deutschland
E-Mail: janina.langenbach@uni-osnabrueck.de

leiterausbildung von Mädchen an weiterführenden Schulen. Diese sollen dann in die AGs und die Vereinsarbeit mit eingebunden werden. Aufgrund ihrer positiven Entwicklung sollen an dieser Stelle die Standorte in Offenbach und Kassel vorgestellt und aufgezeigt werden, wie sich das Projekt vor Ort weiterentwickelt hat.

Nachdem im Frühjahr 2010 in Offenbach die unter integrativen Aspekten eingeführte AG an der Mathildenschule sehr gut angenommen wurde, war der Oberbürgermeister so angetan von dem Projektansatz, sodass er das Sportamt beauftragte, das Projekt breitflächig in ganz Offenbach zu installieren. Für die Umsetzung des Projekts wurde ein Kooperationspartner aus der Wirtschaft gewonnen sowie die Leiterin von *Bunter Mädchenfußball* für die Koordination eingesetzt. So folgten in den nächsten Monaten zehn weitere Schulen, an denen die AGs fortan unter der städtischen Trägerschaft durchgeführt wurden. Inzwischen ist die Anzahl der Schulen auf 15 angewachsen und es nehmen rund 200 Mädchen an den AGs teil. Darüber hinaus wurde im 2011 eine Talentfördergruppe eingeführt, um das Potential der fußballbegeisterten Mädchen noch besser zu fördern. Als Partnerverein konnte Kickers Offenbach gewonnen werden. Inzwischen ist aus den Schul-Vereins-Kooperationen eine aktive U12-Mädchenmannschaft entstanden, die seit letzter Saison im offiziellen Spielbetrieb aktiv ist. In der kommenden Spielzeit sollen eine U10- und eine U14-Mannschaft hinzukommen. Um die Motivation der Acht- bis 14-Jährigen (3.–7. Klasse) weiter zu steigern und zusätzliche Spielerinnen gewinnen zu können, wurde im September 2010 mit großem Erfolg der erste Offenbacher Mädchenfußballtag im Sportzentrum Rosenhöhe durchgeführt und Jahr 2011 und 2012 wiederholt wurde.

Auch die Zusammenarbeit mit dem Kooperationspartner des Integrationsprojekts, Wiking Offenbach, funktioniert weiterhin sehr gut. Hier konnten innerhalb kurzer Zeit acht Mädchen in den laufenden Spielbetrieb integriert werden. In Offenbach zeigt sich deutlich, wie einfach eine Ankopplung der Schul-AGs an die Vereine gelingen kann, wenn vor Ort ein auch im Bereich Mädchenfußball sehr aktiver Kooperationsverein gewonnen werden kann. So veranstaltete Wiking Offenbach Probetrainingseinheiten und zeigte auch in den AGs wiederholt Präsenz. Durch das Projekt *Bunter Mädchenfußball* und die Erweiterung der Stadt Offenbach konnte eine Vielzahl an Mädchen für den Fußball gewonnen werden.

In Kassel war es in der Vorbereitungsphase vor Ort zunächst einmal schwierig, einen geeigneten Stadtteil zu finden, in dem die Voraussetzungen für das Gelingen des Projekts gegeben schienen. Natürlich gibt es in Kassel mehrere Stadtteile mit einem hohen Anteil von Bewohnern mit Migrationshintergrund, allerdings sollte auch eine gute Anbindung an einen Verein gegeben und nach Möglichkeit mehrere Grundschulen ansässig sein, damit eine größere Chance zur erfolgreichen Umsetzung besteht. Nach Absprache mit dem Sportamt fiel die Wahl auf den Stadtteil Bettenhausen, der die gewünschten Anforderungen aufweisen konnte. Nachdem

Gespräche mit zwei Schulen vor Ort geführt wurden, entschieden wir uns, eine AG mit beiden Schulen gemeinsam durchzuführen. Allerdings verspätete sich der Start, da zunächst keine Übungsleiterin zur Durchführung der AG gefunden werden konnten. Mit einiger Verzögerung konnte schließlich eine sehr engagierte Übungsleiterin gefunden werden, die auch im Besitz der DFB-Teamleiterlizenz ist. Diese Trainerin hat seit mehr als zwei Jahren den Standort in Kassel aufgebaut. Inzwischen finden zweimal in der Woche AGs statt und die Mädchen haben schon mehrere Freundschaftsspiele absolviert sowie als Mannschaft unter dem Namen „Bunter Mädchenfußball" an Turnieren und Hallenmeisterschaften teilgenommen. In den vergangenen letzten Monaten konnte darüber hinaus noch die Förderschule des Stadtteils für das Projekt gewonnen werden, sodass jetzt auch das Thema Inklusion durch das Projekt aufgegriffen wird.

Als wichtige Gelingensbedingungen der Projektstandorte in Offenbach und Kassel kristallisierten sich demnach die Offenheit der Schulen gegenüber dem Projekt, engagierte und geschulte Trainerinnen, Vereine mit Strukturen im Bereich Mädchenfußball bzw. mit der Bereitschaft solche aufzubauen und unterschiedliche Kooperationspartner (Sportamt, Schulsportleistungszentrum, Sponsoren etc.), um das Projekt in den einzelnen Standorten zu multiplizieren, heraus.

Birte Bergener (Projektkoordinatorin Bunter Mädchenfußball)

3 Flensburg – Zwischen Nord- und Ostsee kicken Mädchen cooler

Im nördlichsten Bundesland der Republik widmet sich der Schleswig-Holsteinische Fußballverband (SHFV) seit 2007 im Rahmen seines Projektes *Schleswig-Holstein kickt fair* intensiv dem Thema der Integration von Fußballerinnen und Fußballern mit Migrationshintergrund in die Vereinslandschaft zwischen den Meeren. Laut Mikrozensus hatten im Jahr 2010 12,6 % der Menschen einen Migrationshintergrund, bei den Sechs- bis 18-Jährigen liegt dieser bei 19,2 %, Tendenz steigend (vgl. Innenministerium des Landes Schleswig-Holstein 2010). Auf dem Verbandstag 2011 nahm der SHFV folgenden Passus in seine Satzung auf: „Der Verband bekennt sich zum Grundsatz des fairen, gewalt- und manipulationsfreien Handelns und der Entwicklung der Integration der hier beheimateten Menschen mit Migrationshintergrund" (SHFV 2011, S. 68). Mit Kerem Bayrak als Integrationsbeauftragten („Aktive Integrationsarbeit ist eine der wichtigsten Zukunftsaufgaben moderner Fußballverbände") ist dieses Thema institutionell im Vorstand des Verbandes verankert und die enge Zusammenarbeit mit den Integrationsbeauftragten der 13 Kreisfußballverbände garantiert eine flächendeckende Umsetzung einzelner

Maßnahmen, wie zum Beispiel den landesweiten Sparda-Bank Integrations-Cup im Herren- und Frauenbereich (mehr Infos auf www.shfv-kiel.de).

Wenngleich keine genauen Zahlen vorliegen, besteht der Eindruck, dass männliche Migranten als aktive Spieler in den Vereinen und Spielklassen des SHFV seit vielen Jahren überaus präsent und sportlich erfolgreich sind. Aktuell macht mit Christopher Avevor ein gebürtiger Kieler, dessen Vater aus Ghana stammt und der seine ersten fußballerischen Erfahrungen beim Eckernförder IF, einem Verein der dänischen Minderheit, sammelte, in der 2. Bundesliga beim FC St. Pauli Karriere. Offensichtlichen Nachholbedarf gibt es in den Organisationsbereichen des Fußballsports, also den Funktionen in den Vereinen, den Kreisfußballverbänden und einigen Bereichen des Landesverbandes. Hier sind männliche Migranten deutlich unterrepräsentiert. Das zeigt sich auch dadurch, dass sowohl in der AG Integration des Verbandes als auch in der Kommission Ehrenamt in den vergangenen Jahren Strategien zur Gewinnung von ehrenamtlichen Mitarbeitern mit Migrationshintergrund gesucht werden. Noch weniger präsent sind weibliche Migranten, nicht nur in den Sitzungszimmern der Verbandsgremien, sondern ganz wesentlich auch auf den Sportplätzen. Als durchweg Frauenfußball-affiner Verband wurde innerhalb des Vorstandes schnell die Notwendigkeit besonderer Anstrengungen im Bereich der Integration von Frauen und Mädchen mit Migrationshintergrund erkannt. „Wir gehen im SHFV davon aus, dass hier ein großes Potential an talentierten Sportlerinnen und später aktiven Funktionsträgern des Frauenfußballs liegt und regelrecht auf seine Entdeckung wartet", so Kerem Bayrak. Mit dieser Überzeugung und gefördert durch die Mitarbeit in der DFB-Kommission Integration war schnell der Kontakt zum bundesweiten Projekt *Fußball ohne Abseits* und dessen Initiator Ulf Gebken hergestellt, der dabei half, die finanziellen Voraussetzungen für ein eigenes Projekt in Schleswig-Holstein zu schaffen. Während der SHFV die Personalkosten trägt, erklärte sich das Land Schleswig-Holstein in Form seines Innenministeriums sowie seines Ministeriums für Justiz, Gleichstellung und Integration 2010 bereit, das Projekt zunächst bis 2013 finanziell zu fördern. In den Städten Kiel, Heide, Neumünster und Flensburg konnten die ersten Projektstandorte gegründet werden, jeweils in enger Zusammenarbeit von Fußballvereinen wie dem Heider SV, Inter Türkspor Kiel, Türkgör Neumünster und TSB Flensburg sowie benachbarten Schulen. Der Projektname entstammt dem kreativen Geist der Projektinitiatoren des Flensburger Standortes, Malle Ben Djebbi und Stergios Stavropoulos, und ist genauso klangvoll wie augenzwinkernd gemeint: *Mädchen kicken cooler.*

Generell war von Beginn an festzustellen, dass die Erfolgsaussichten der Projektarbeit im Engagement und der Kompetenz der Ansprechpartner vor Ort liegen. Stellvertretend für alle Projektmitstreiter vor Ort sollen hier die beiden Namensgeber und deren Aktivitäten in Flensburg genauer beschrieben werden. Als angehende Lehrer und passionierte Fußballer kannten sich Ben Djebbi und Stavropoulos nicht nur fachlich in der Thematik bestens aus[1], sondern waren im Stadtteil auch persönlich verankert. Über ihre Kontakte war mit der Comenius Schule Flensburg und dem benachbarten Verein TSB Flensburg schnell ein idealer Standort für das Projekt gefunden. Den beiden Initiatoren war bekannt, dass es hier schon migrantische Mädchen mit Fußballbegeisterung gab, die aber noch keinerlei Beziehung zum organisierten Fußball hatten. Mit der Unterstützung des Lehrers Jens Koll und des SHFV wurde eine wöchentliche Fußball-AG angeboten, an der zunächst sechs Mädchen teilnahmen. Die Teilnehmerzahl erhöhte sich im ersten Jahr schnell auf zwölf und schließlich 27 Spielerinnen, davon 22 mit Migrationshintergrund. Die Schule und der Verein befinden sich im Flensburger Stadtteil Neustadt, ein Viertel, in dem viele sozial schwache und bildungsferne Familien leben. Die Schule hat 400 Schülerinnen und Schüler aus 22 Nationen, 70 % haben einen Migrationshintergrund. Der große Zulauf der Fußball-AG von *Mädchen kicken cooler* ist vor allem damit zu erklären, dass die Eltern der Mädchen, die in vielen Fällen dem Fußballsport als Betätigung ihrer Töchter kritisch gegenüberstanden, durch den vertrauten Rahmen der Schule ihre Haltung änderten. Dazu hat ganz wesentlich auch der Umstand beigetragen, dass die beiden Trainer den Eltern bekannt waren und auf die kulturellen Besonderheiten oder Bedürfnisse der Mädchen und ihrer Eltern, wie die Wahl der Sportkleidung oder die Umkleidesituation, sensibel eingingen. 2011 richteten die Mädchen dann mithilfe ihrer Trainer ein erstes Turnier aus, an dem Mannschaften der anderen Projektstandorte und auch Vereinsmannschaften teilnahmen. Dieses Turnier war ein derart großer Erfolg, dass seit 2010 jedes Jahr mindestens zwei weitere folgten (u. a. 2011 im Rahmen der Interkulturellen Wochen der Stadt Flensburg) und auch an auswärtigen Turnieren der anderen Standorte teilgenommen wurde. 2011 startete die erste Ausbildung der Mädchen zu Fußballassistentinnen unterstützt durch das Institut für „Integration durch Sport und Bildung" an der Carl von Ossietzky Universität Oldenburg, an der 13 Spielerinnen erfolgreich teilnahmen. Seit Mai 2012 betreuen zwei der Absolventinnen eine Nachwuchsmannschaft aus zwölf Schülerinnen der vierten bis sechsten Klasse der Comenius Schule und der benachbarten Grundschule sowie weitere Mädchen aus dem Stadtteil.

Um diese gute Projektgrundlage weiter zu etablieren, ist in einem nächsten Schritt auf Betreiben der Schule und des TSB Flensburg ein „Bündnis für Bewe-

---

[1] So hat zum Beispiel Malle Ben Djebbi, der selbst erfolgreicher Fußballer in der höchsten Amateurklasse Schleswig-Holsteins beim Verein ETSV Weiche Flensburg war, die regional viel beachtete Studie „Migrantinnen in kommerziellen Sportvereinen – Eine empirische Untersuchung aus der Region Flensburg. Master-Arbeit im Studiengang Master of Education. Fach: Pädagogische Studien. Flensburg 2010" vorgelegt.

gung, Ernährung und Bildung" gegründet worden, an dem neben dem Verein, dem SHFV und der Schule auch die Stadt Flensburg beteiligt ist. Geplant ist zusätzlich zum Training eine besondere Unterstützung der Mädchen durch die Schule in den Bereichen Lernförderung, Bewerbungstraining und Hausaufgabenbetreuung. Dazu kommt die Möglichkeit des kostenlosen Besuchs der Schulmensa. Der Verein TSB bringt seine Trainer in die Kooperation ein und unterstützt die Mädchen beim weiteren Erwerb von Trainerlizenzen. Ziel ist es, die Mädchen im Verein als Jugendtrainerinnen zu etablieren. Während der Verein durch dieses soziale Engagement auch den direkten Vorteil neuer Vereinsmitglieder ins Visier nehmen kann, hofft die Schule durch dieses Angebot ebenfalls auf neuen Nachwuchs. Der verantwortliche Lehrer Jens Koll sagte bei der Vorstellung der Kooperation dem Flensburger Tageblatt: „So entwickelt sich die Schule zu einem Lern- und Lebensort, der Freizeitgestaltung, soziales Engagement und Bildung vereint. […] Wir hoffen, dass Schülerinnen sich aufgrund des Bündnisses für unsere Schule entscheiden" (Herbst 2012) Hier zeigt sich also beispielhaft eine gewinnbringende Situation für alle handelnden Institutionen im Rahmen eines integrativen Projektes. Das gilt ganz wesentlich auch für den Fußballverband, der hier nicht nur seiner satzungsmäßig verankerten Aufgabe nachkommt, sondern auch von der öffentlichen Wahrnehmung profitiert, die sich nebenbei bemerkt auch vorteilhaft auf bestehende und potentielle Partnerschaften mit der Privatwirtschaft auswirken. Das zeigte sich in außerordentlicher Weise im Spätsommer 2012, als der Fernsehsender RTL Nord die Integrationsarbeit des SHFV im Rahmen seiner Aktion „Menschenskinder" auszeichnete und an exponierter Stelle in seinem Programm auch inhaltlich gelungen präsentierte. Mit dem dazugehörigen großzügigen Preisgeld kann der Verband seine integrative Arbeit in den nächsten Jahren weiter fortsetzen. Und bei der RTL-Sommergala, auf der der Preis unter den Augen der politischen Prominenz des Landes, wie dem Ministerpräsidenten Torsten Albig, übergeben wurde, bewiesen die Flensburger Mädchen durch ihr selbstbewusstes Auftreten eindrucksvoll auch als Interviewpartnerinnen welch coole Kickerinnen sie sind.

Dr. Tim Cassel (SHFV Projektleiter Schleswig-Holstein kickt fair)

4 Bremen-Gröpelingen – Die *Kicking Girls* vom Pastorenweg

Bremen-Gröpelingen ist ein Stadtteil mit 35.000 Einwohnern und einer bewegten Geschichte im Westen der Freien Hansestadt. Und zugleich Standort eines Best-Practice-Beispiels des *Laureus Kicking Girls* Projekts. Als das Projekt im August 2009 in Bremen startete, orientierten sich die Verantwortlichen bei der Standortauswahl an dem Bundesprojekt „Soziale Stadt", um marginalisierte Gebiete zu lokalisieren. Bremen-Gröpelingen ist ein solcher Stadtteil, der jahrelang vom Bund finanziell unterstützt wurde. Dabei war Gröpelingen ehemals ein pulsierendes Arbeiterviertel und stand ganz im Zeichen des Schiffsbaus mit der Schiffswerft AG Weser als Hauptarbeitgeber im Stadtteil. Im Jahr 1983 meldete die AG Weser Konkurs an und diejenigen, die es sich leisten konnten, verließen den Bremer Westen. Der einstmals geschäftige Stadtteil durchlief in der Folgezeit einen enormen Strukturwandel. Die Arbeitslosigkeit stieg rapide an, viele Geschäfte und Lokalitäten schlossen ihre Türen und etliche Wohnungen standen leer. Optimismus und Zuversicht in Gröpelingen lösten sich kontinuierlich auf. Da gleichzeitig die Mieten der Wohnungen im Durchschnitt günstiger wurden, änderte sich auch das Bild der Bevölkerung in diesem Stadtteil im Laufe der Jahre. Viele Menschen, die von Sozialleistungen lebten und nur knappe finanzielle Ressourcen besaßen, zogen in die nun billigeren Wohnungen ein. Vor allem viele türkische Migrantinnen und Migranten ließen sich in Gröpelingen nieder und prägten ein neues Bild des Stadtteils. Die Geschäfte in der Lindenhofstraße heißen heute zum Beispiel Karabacak Reisebüro, Selam Market oder Kismet Bäckerei. Gelesen wird die Hürriyet und Plakate an den Häuserwänden werben für türkische DJs und Boxer. Die Entwicklung lässt sich auch in der Schülerschaft der Grundschule „Am Pastorenweg" nachvollziehen: 80 % der Kinder dort haben einen Migrationshintergrund.

In Gröpelingen sind zwei Vereine besonders aktiv: der ethnische Fußballverein KSV Vatanspor, der in Vergangenheit bereits große sportliche Erfolge feierte, und der Turn- und Rasensportverein (TURA) Bremen. Beide Vereine konkurrieren stark miteinander und ihre Beziehung zueinander ist von regelmäßigen Spannungen geprägt. Wie in Bremen üblich, teilen sich mehrere Vereine eine große Bezirkssportanlage. Während ihrer Jugendphase wechseln viele Spieler oft mehrmals zwischen den Vereinen hin und her, sodass schnell Neid, Missgunst und Rivalitäten entstehen. Aufgrund dieser Tatsache entschlossen sich die Projektverantwortlichen, mit beiden Vereinen zusammenzuarbeiten und sie mit jeweils einer Grundschule im Quartier kooperieren zu lassen. Der KSV Vatanspor arbeitet mit der „Grundschule am Halmerweg", TURA Bremen mit der „Grundschule am Pastorenweg" zusammen.

Im Pastorenweg spielte bis zu diesem Zeitpunkt kaum ein Mädchen Fußball und es existierten keine Nachmittags-AGs. Auch die Rahmenbedingungen für einen vereinsgebundenen Mädchenfußball im Stadtteil waren kaum gegeben. Der Anteil an Mädchenteams im Jugendbereich Fußball der Kooperationsvereine liegt bei 2,4 % und damit deutlich hinter anderen Standorten.

Auch deshalb zeigte sich die Schulleitung der GS Pastorenweg von der Projektidee äußerst angetan. Bei der Suche nach einer geeigneten AG- Leitung innerhalb des Vereins war der Jugendobmann sehr hilfreich. Er erinnerte sich an eine gute, ehemalige Jugendspielerin namens Denise Depken, die mittlerweile beim SV Werder Bremen in der U16 kickte. Der Kontakt wurde reaktiviert und traf auf Seiten der Spielerin auf Interesse, sich ohne vorherige Trainererfahrung auf das Abenteuer Mädchenfußball-AG einzulassen. Sie selbst hatte die Grundschule in ihrer Kindheit besucht und dort auch mit dem Fußballspielen auf dem Pausenhof begonnen. Aufgrund ihres jungen Alters wurde sie in den ersten Wochen vom Jugendobmann des Vereins sowie dem Projektkoordinator der *Kicking Girls Bremen* unterstützt und angeleitet.

Denise, ein eher ruhiges, ja manchmal schüchtern wirkendes Mädchen mit einer leisen Art, mit den Mädchen zu kommunizieren, wirkte dabei anfangs aus der Sicht des Projektleiters etwas zu ruhig für das sicherlich nicht pädagogisch nicht einfach zu händelnde, heterogene Klientel an dieser Grundschule. Sie spielte in den Abschlussspielen jedoch oftmals mit und konnte die Mädchen aufgrund ihrer fußballerischen Fähigkeiten rasch für sich gewinnen. Durch die projektinterne Fußballassistentinnenausbildung konnte sie ihre Kompetenzen in der AG-Leitung erweitern und fand in der Schule in Person der Schulleiterin und des Sportlehrers Herrn Murken verlässliche Unterstützer und Ansprechpartner. Innerhalb eines Jahres war die AG von Denise fest im Schulleben integriert und akzeptiert. Auch auf dem Pausenhof setzte sich der Mädchenfußball langsam durch. Es sprach sich unter den Schülerinnen herum, dass es da eine junge, engagierte und verlässliche AG-Leiterin gibt, die nebenbei mit ihrer Fußball-AG auch noch Preise und Pokale gewinnt. Das Projekt bekam nun eine eigene Dynamik. Mittlerweile kicken die Girls in drei AGs am Pastorenweg und aus der ehemals eher fußballabstinenten Schule ist ein kleiner DFB-Stützpunkt geworden. Denn auch die Jungen profitierten von ihren fußballverrückten Mitschülerinnen. Ein in der „Welt" veröffentlicher und mittlerweile durch den deutschen Sportjournalistenpreis prämierter Beitrag (Waldherr 2011) spiegelt hervorragend die Lebenssituationen der Kinder und Jugendlichen in diesem Umfeld wieder und zeigt, dass der Fußball einen nicht zu leugnenden Stellenwert in dieser Gesellschaft genießt.

Doch was genau ist das Erfolgskonzept dieses Standorts, der 2012 sogar den Mercedes Benz Integrationspreis in der „Kategorie Schule" gewann? In erster Linie ist dabei die zuverlässige und gute Arbeit von Denise Depken zu würdigen. Seit dem Beginn ihrer Tätigkeit als AG-Leiterin hat sie sich auch persönlich enorm weiterentwickelt. Sie erfährt Beachtung und hohe Wertschätzung innerhalb der Lehrerbelegschaft und der Schulleitung und viel mehr noch von den Mädchen, die sie seit drei Jahren jede Woche trainiert. Sie ist als ein Paradebeispiel für den gelungenen Ansatz anzusehen, fußballaffine Mädchen in die AGs zu integrieren und ihnen schon in jungen Jahren Verantwortung zu übertragen.

Des Weiteren sind auch die schulinternen Rahmenbedingungen hervorzuheben. Wie in vielen anderen Projektschulen in Bremen auch, wird auch am Pastorenweg innerhalb der Lehrerbelegschaft sehr eng zusammengearbeitet. Allerdings bemerkt man an der Schule schnell die positive Grundstimmung, immer das Beste aus der vorhandenen Situation zu machen, die sicherlich nicht mit einer Durchschnittsgrundschule in Deutschland zu vergleichen ist. Dieses optimistische Denkmuster findet sich in allen Schulbereichen wieder. Eine hohe Verlässlichkeit und große Bereitschaft, Eigenengagement und Kreativität lassen die Schule die Umstände meistern, mit denen sie jeden Tag konfrontiert wird. Sprachprobleme, Gewaltkonflikte und mangelnde Lehrerstunden sind dabei nur die Spitze des Eisbergs. Dennoch fand man die Zeit, den Mädchenfußball an der Schule kontinuierlich anzubieten, eine Bewerbung für den Integrationspreis zu schreiben, für weitere Fördergelder Sponsoren aus dem Stadtteil einzuladen und eine Vielfalt an AGs im Nachmittagsbereich aufzubauen. Über die gelungene Projektarbeit in der Schule wirken die kickenden Mädchen nun als Agentinnen des Wandels in ihren Stadtteil Gröpelingen zurück.

Martin Goerlich (Projektleiter Laureus Kicking Girls Bremen)

5 „Wir bringen Dietzenbach in Bewegung!"

Dietzenbach gehört zu den Standorten mit der längsten Projektlaufzeit. So war Dietzenbach bereits von 2006 bis 2009 Projektstandort der DFB-Pilotstudie *Soziale Integration von Mädchen durch Fußball*. Währenddessen haben sich mit der Stadt Dietzenbach, dem Quartiersmanagement sowie den ansässigen Vereinen und Schulen die verschiedensten lokalen Förderer zu einem Netzwerk zusammengeschlossen, welches gemeinsam mit der universitären Begleitung aus Oldenburg eine langfristige und nachhaltige Durchführung garantiert. Hierbei ist deutlich hervorzuheben, mit welcher Vehemenz sich die einzelnen Institutionen dem Gelingen verschrieben haben.

So wurde das Projekt nach dem Ende der Förderung nicht eingestellt. Vielmehr haben es die lokalen Förderer geschafft, den Mädchenfußball sogar auszuweiten. Mit den Erkenntnissen der Pilotstudie wurde von der Kommune eine FSJ-Stelle („Freiwilliges Soziales Jahr") geschaffen, welche seitdem Koordination und Durchführung des Mädchenfußball-AG-Betriebs an mittlerweile fünf Projektschulen sichert. Auch die Turnier- und Camp- Organisation liegt, in enger Abstimmung und gegenseitiger Unterstützung mit Vereinen und Schulen, in den Händen der FSJler. So entstand eine Struktur, die sich für eine erneute Projektförderung durch die Laureus Stiftung Deutschland perfekt adaptieren ließ. Die Netzwerke in Dietzenbach können so beispielhaft für andere Standorte stehen, um aufzuzeigen, welche

Perspektiven für die Nachhaltigkeit des Projekts durch das hohe Engagement der Projektbeteiligten entstehen können.

Mittlerweile spielen in Dietzenbach wöchentlich mehr als 120 Mädchen in sechs Arbeitsgemeinschaften an fünf Grundschulen und einer weiterführenden Schule Fußball. Das Phänomen, dass eine Arbeitsgemeinschaft an der kooperativen Ernst-Reuter-Gesamtschule entstanden ist, kann als eine positive Projektperspektive gedeutet werden. Die Ernst-Reuter-Schule erweist sich als starker Partner bei der Akquise von potentiellen Fußballassistentinnen. Da diese Mädchen sich über das Engagement an Grundschulen hinaus auch an ihrer eigenen Schule einbringen wollten, wurde nun an der weiterführenden Schule eine Fußball-AG für die fünfte und sechste Klasse eingerichtet. Auch in diesem Fall ist der hohe Einsatz in Dietzenbach, in diesem Fall durch eine Lehrperson, die in Kooperation mit den ausgebildeten Jungtrainerinnen den Mädchenfußball fördert, entscheidend für das Gelingen. Gerade im Hinblick auf den Übergang von der Grundschule zur weiterführenden Schule ergeben sich so wünschenswerte Synergieeffekte.

Der Projektursprung in Dietzenbach liegt im Soziale-Stadt-Gebiet „Spessartviertel". Ein Sozialraum, der von fünf Häuserblocks mit 1000 Wohnungen dominiert wird, in denen nahezu 3300 Menschen zu Hause sind, viele von ihnen mit Migrationshintergrund. Etwa 30 % der Bewohner sind Jugendliche, wodurch sich dieser multikulturelle Stadtteil als überdurchschnittlich jung charakterisieren lässt. Im Zuge eines innovativen Quartiersmanagementkonzepts sollen gerade die Heranwachsenden besonders gefördert werden. Durch persönliche Gespräche konnte ein Netzwerk zwischen Schule, Kommune und Verein geknüpft werden. Die angebotenen AGs, Turniere, Camps und Assistentinnenausbildungen stießen bei den Teilnehmerinnen auf große Resonanz. Die Erfolgsgaranten hierfür waren gerade die Initiative und das Engagement der Behörden, also der Schulen und der Kommune. So konnte mit einem Diplom-Pädagogen des Quartiersmanagements eine zuverlässige Struktur zur Nachbetreuung der Fußballassistentinnen-Ausbildungen gefunden werden und nach kurzer Laufzeit installierte die Stadt Dietzenbach die FSJ-Stelle beim ansässigen Verein zur verlässlichen Durchführung der Mädchenfußball-AGs. Genau von diesem Gefüge profitierte der Standort Dietzenbach während der fast zweijährigen Förderungspause. Alle Projektbausteine konnten weiterhin durchgeführt und das Projekt sogar noch ausgeweitet werden. Mittlerweile konnten durch die Laureus Sport for Good Stiftung die Netzwerke ausgebaut werden. Der Diplom-Pädagoge aus dem Quartiersmanagement wechselte auf eine hauptamtliche Stelle beim hiesigen Sportverein und koordiniert unter anderem den Mädchenfußball für Dietzenbach. Auch für andere Sportarten kann er die Erkenntnisse aus dem Projektleben nutzen – eine perfekte Konstellation.

Der Standort Dietzenbach steht repräsentativ für den Erfolg des Projekts unter dem Aspekt, dass sich sowohl Hauptamt als auch Ehrenamt dem Gelingen der Idee verschreiben. Eine FSJ-lerin als fest installierte AG-Leitung schafft Vertrauen und Verlässlichkeit. Im Gegenzug honorieren die Grundschulen diesen Aspekt mit einem hohen Aufwand bei den organisierten Turnieren und Camps. Sowohl Lehrer als auch Eltern versuchen daran teilzunehmen und den Kindern diese Wettkämpfe zu ermöglichen. Die Kommune signalisiert, bei Engpässen auch finanziell tätig zu werden – ein Versprechen, welches selten genutzt wird, aber viel Vertrauen schafft. Die Rektorin einer Projektschule bringt die Wirkung des Projektes mit folgendem Ausspruch auf den Punkt: „Die Mädchenfußball-AG ist der absolute Renner, die Mädchen erobern den Schulhof!" Das Projektleben in Dietzenbach ist ein eindeutiger Beweis dafür, dass soziale Integration von Mädchen durch Fußball ein voller Erfolg sein kann, wenn mehrere Schlüsselpersonen zusammenwirken, wenn Arbeiten geteilt werden und gleichbleibendes Engagement zu erkennen ist!

Janina Langenbach und Bastian Kuhlmann (Projektleiter des Laureus Kicking Girls Bundesprojekts)

6 Gemeinsam Siegen

Siegen wurde im Jahr 2008 zu einem Standort des nordrhein-westfälischen Projekts *Mädchen mittendrin – mehr Chancen für Mädchen durch Fußball*, welches sich eng an der Projektidee *Fußball ohne Abseits* orientiert. Bei der Implementierung des Projekts und den Vorgesprächen mit potentiellen Vereinen und der Kommune, ergab sich ein Kontakt zur Siegener Projektinitiative *SchuSS – Schule und Sport in Siegen*. Der Schwerpunkt des *SchuSS*-Konzepts liegt in der Errichtung von differenzierten Sport-Arbeitsgemeinschaften an weiterführenden Schulen, um die Schüler/innen für den Vereinssport zu gewinnen. Motive also, die sich mit denen von *Fußball ohne Abseits* decken und eine Kooperation als sinnvoll erscheinen ließen. Durch das gemeinsame Engagement von *SchuSS* und *Fußball ohne Abseits* konnte das Projekt von ursprünglich drei Grundschul-AGs kurzfristig und eigenständig auf drei weitere Schulen ausgeweitet werden, sodass nun wöchentlich mehr als 100 Mädchen in Siegen am Ball sind.

Das Siegener Projekt konzentrierte sich zunächst auf das Umfeld des sozialräumlich isolierten Soziale-Stadt-Gebiets Fischbacherberg. Hier bot sich jedoch lediglich die Zusammenarbeit mit einer Grundschule an. Die weiteren Projektschulen fanden sich deshalb im Innenstadtgebiet Siegens und in dessen Außenbereichen, wodurch nicht nur eine positive Durchmischung der Teilnehmerstruktur entstand, sondern auch gerade dem Standort Fischbacherberg den Kontakt zu anderen Schulen ermöglichte und die Perspektive eröffnete, der standortspezifischen Isolation entgegenzuwirken.

Die Projektidee entfaltete in Siegen eine besondere Dynamik. Neue AGs starten zum Teil in Eigenregie, Turniere haben eine stetig wachsende Teilnehmerzahl und Trainerlehrgänge werden kontinuierlich durchgeführt. Als Schlüsselpersonen fungieren ausgebildete Fußballassistentinnen und der bemerkenswert engagierte Projektleiter von *SchuSS*. Er hilft bei Transportproblemen, unterstützt bei Terminschwierigkeiten und hat stets ein offenes Ohr für Probleme. Gerade die Schulleiter loben diese Verlässlichkeit und die Zusammenarbeit im Netzwerk Schule, *SchuSS* und *Fußball ohne Abseits*. Da *SchuSS* auch Arbeitsgemeinschaften im Handball, Basketball und der Leichtathletik anbietet, werden auch viele Jugendliche aus anderen Sportarten auf den Mädchenfußball aufmerksam. Nicht selten werden hier sportartübergreifende Übergänge geschaffen, so findet beispielsweise eine Sprinterin Interesse am runden Leder oder umgekehrt.

Eine starke Anziehungskraft besitzt das große Mädchenfußballturnier im Winter, der „Siegener Neujahrscup". Alle Projektschulen und weitere interessierte Grundschulen werden eingeladen und spielen um den begehrten Wanderpokal. Bei diesen Turnieren mit derzeit über 150 sportlich aktiven Schülerinnen besteht die Möglichkeit, neue Schulen von der Projektidee zu überzeugen und ausgebildete Fußballassistentinnen für die Organisation einzubeziehen. Das Projekt bietet Schülerinnen neue Perspektiven. Interessierte Mädchen haben die Chance, sich zu melden und Vereinsturniere zu spielen oder gegebenenfalls beim Tag des Mädchenfußballs mitzuwirken.

Sowohl bei den Grundschülerinnen als auch bei den jugendlichen Trainerinnen lässt sich eine deutliche Steigerung ihres Selbstkonzepts erkennen: Mit einem beeindruckenden Selbstverständnis schlüpfen gerade Mädchen mit Migrationshintergrund in die Fußballerinnenrolle und trainieren für die Turniere. Auch hinsichtlich ihrer fußballerischen Fähigkeiten können sich viele Mädchen mittlerweile mit ihren männlichen Mitschülern messen. Die Jungen sind aber auch große Fans ‚ihrer Mädchen', und unterstützen sie bei Wettkämpfen. Auch die Eltern befürworten nach anfänglicher Skepsis das Projekt und sind immer häufiger Zuschauer bei den Turnieren. Das Zusammenspiel dieser unterschiedlichen Wirkungsaspekte mündet also in einem hohen Maß an Anerkennung in ihrem Sozialraum.

Im Jahr 2010 zeichnete NRW-Schulministerin Sylvia Löhrmann den Verantwortlichen des Projekts *SchuSS* als verdiente Persönlichkeit des Schullebens aus. Das Projekt *Mädchen mittendrin – mehr Chancen für Mädchen durch Fußball* wurde im Jahr 2011 auf der Frauenfußballkonferenz in Düsseldorf als beispielhaftes Projekt besonders hervorgehoben. Seit 2011 fördert die Laureus Stiftung neben den bereits bestehenden Standorten weitere interessierte Mädchenfußballangebote von Schulen und Vereine in Siegen.

Bastian Kuhlmann (Projektleiter des Laureus Kicking Girls Bundesprojekts) *und Hannes Teetz*

7 Mittendrin in Duisburg – Marxloh

Mehr als 300 junge Fußballerinnen aus dem Niederrhein sind in den Duisburger Norden gekommen und spielen ihre Pokalsieger aus. Das Mädchenfußball- Event organisiert der Migrantenverein SV Rhenania Hamborn e. V. In einem Stadtteil, der von erheblicher Armut und sozialer Benachteiligung geprägt wird, in denen mehr als 90 % der Grundschüler/innen einen Migrationshintergrund haben, ist der Verein zu einem wichtigen Bezugspunkt für die Einwohner des Viertels geworden. Und immer mehr Mädchen spielen hier Fußball im Verein. Der Fußballverband Niederrhein nutzt diese eindrucksvolle lokale Entwicklung und richtet seinen „Festtag" des Mädchenfußballs in Marxloh aus. Den interessierten Besuchern, vielen zuschauenden Eltern und Familienangehörigen der Mädchen bietet sich eine Vielzahl an Mitmachangeboten und kulinarischen Ständen.

Ein selbstverständliches Bild, mag der Betrachter im ersten Moment denken. Das Gegenteil ist jedoch der Fall, denn dass Aktions- bzw. Mädchenfußballtage eines Verbandes durch einen von Migranten geführten Sportverein organisiert und umgesetzt werden, ist in der deutschen Vereinslandschaft noch eine Ausnahme. Zum einen engagieren sich bisher nur wenige ethnische Fußballvereine im Mädchenfußball. Zum anderen unterschätzt der organisierte Sport den möglichen Einfluss dieser Vereine auf die migrantischen Communities und Familien. Auch der bundes- und landesweit für seine Integrationsarbeit ausgezeichnete Verein Rhenania, der 1927 von Deutschen gegründet und in seinen nun 80 Jahren eine abwechslungsreiche Geschichte hinter sich hat, tut sich mit dieser Anerkennung schwer. Als reiner Fußballklub gegründet, wurde der Verein 1991 in einen türkischen Fußballverein umgewandelt und in „Rhenania/Asya" umbenannt. Zehn Jahre später öffnete sich der SV Rhenania unter neuer Führung bewusst allen Nationalitäten und versteht sich mit seinen 350 Mitgliedern als ein multikulturell ausgerichteter Mehrspartenverein, dessen Angebote von Fußball, Taekwondo, Aerobic, Badminton bis zu Street Dance reichen. Eine besondere Anziehungskraft besitzt dabei der Mädchenfußball.

Im Rahmen des im Jahr 2006 gestarteten Projekts *Soziale Integration von Mädchen durch Fußball* und seiner Fortsetzung im Rahmen von *Mädchen mittendrin – mehr Chancen durch Fußball* konnten Fußball- AGs in den Grundschulen Kunterbunt, Schule am Park sowie in der Gottfried-Wilhelm-Leibniz-Gesamtschule aufgebaut werden. Durch Schulfußballturniere, ein alljährliches interkulturelles Familiensommerfest, die Ausbildung von jugendlichen Fußballassistentinnen, den Aufbau von drei Mädchenmannschaften im Verein und eine unterstützende Hausaufgabenhilfe im Rahmen des Vereinslebens konnte diese Entwicklung verstetigt werden (vgl. Gebken 2009). Dem Verein ist es gelungen, junge Mädchen besonders aus dem alevitischen und sunnitischen Milieu, die noch selten den Weg in einen ‚deutschen' Sportverein finden, an den Fußball zu binden. Möglich wurde dies durch langfristig und kontinuierlich ausgerichtete Kinder- und Jugendarbeit. Hier wurde nicht nur in den Erfolg der ersten Männerfußballmannschaft investiert, sondern ebenso in das generationsübergreifende Zusammenleben, die Integration der Eltern, die Durchführung interkultureller Stadtteilfeste, die Kooperation mit den Kindertagesstätten und die Infrastruktur des Vereins. So verbesserte die Erweiterung des Vereinsheims die Rahmenbedingungen für die Hausaufgabenhilfe. Den Fußball spielenden Mädchen stehen nun ausreichend separate sanitäre Anlagen zur Verfügung.

In Duisburg-Marxloh hat sich der Mädchenfußball auf dem Sportplatz Warbruckstraße direkt neben der jüngst errichteten Merkez Moschee und der Bildungs- und Begegnungsstätte des DITIB etabliert. In einem Stadtteil mit einer der höchsten Armutsquoten und Ausländeranteile im Ruhrgebiet (vgl. Friedrichs und Thiemer 2009, S. 134; Bogumil et al. 2012, S. 27), ist der Transfer von der Mädchenfußball-AG in den Sportverein bzw. Fußballsport gelungen. Ausschlaggebende Faktoren waren und sind das langfristige Engagement des Vereins, die Prioritätensetzung des Vereins in einen familienorientierten Fußball und die Einbindung der Verantwortlichen im Stadtteil und seinem Milieu. Viele Marxloher Familien haben Vertrauen in das Angebot und die Betreuung durch Rhenania Hamborn. Sie schätzen es, dass die Übungsleiter/innen und Betreuer/innen des Vereins religiösen und kulturellen Regeln Beachtung schenken. Kopftücher, Bräuche und Rituale sind keine Tabuthemen und dürfen im Verein diskutiert und kritisiert werden. Auch spielen talentierte Mädchen in den unteren Jahrgängen wie selbstverständlich in den Jungenmannschaften mit. Das erste Marxloher Projektmädchen spielt inzwischen in der B-Juniorinnen-Auswahl des Niederrheins und ist in den Leistungsfußball zum etablierten FCR Duisburg gewechselt. Während die Herrenmannschaften längstens sieben Kilometer zu einem Spiel unterwegs sind, führen die Fahrten der E-, D-, C-Juniorinnen mit ihren Eltern und Betreuer/innen bis Düsseldorf, Wuppertal und zur niederländischen Grenze. Kürzlich stellte die Stadt Duisburg Rhenania und dem Nachbarverein einen sanierten Kunstrasenplatz zur Verfügung. Das hartnäckige Einfordern besserer Trainingsmöglichkeiten hatte Erfolg. Nun können die fast 20 Kinder- und Jugendmannschaften des Vereins bei jeder Witterung üben, trainieren und spielen. So war es nur noch eine Frage der Zeit, bis der Fußballverband Niederrhein den Marxloher Verein mit der Ausrichtung des regionalen Mädchenfußballtags würdigte.

Ulf Gebken

Literatur

Bogumil, J., Heinze, R. G., Lehner, F., & Strohmeier, K. P. (2012). *Viel erreicht- wenig gewonnen*. Essen: Klartext.
Friedrich, J., & Triemer, S. (2009). *Gespaltene Städte? Soziale und ethnische Segregation in deutschen Großstädten*. Wiesbaden: Verlag für Sozialwissenschaften.
Gebken, U. (2009). Migrantenvereine stigmatisieren oder wertschätzen. In R. Naul & U. Wick (Hrsg.), *20 Jahre dvs- Kommission Fußball. Herausforderung für den Fußballsport in Schule und Sportverein* (S. 149–158). Hamburg: Czwalina.
Herbst, B. (2012). *Mädchen kicken für die Integration*. Flensburger Tageblatt vom 27.11.2012.
Innenministerium des Landes Schleswig-Holstein. (2010). *Zahlen, Daten, Fakten*. http://www.schleswig-holstein.de/IM/DE/ZuwanderungIntegration/ZahlenDatenFakten/ZahlenDatenFakten_node.html. Zugegriffen: 27. April 2013.
Schleswig-Holsteinischer Fußballverband (SHFV). (Hrsg.) (2011). *Fußball in Schleswig-Holstein – Eine Leidenschaft verbindet!* Verbandstagsheft zum 44. Ordentlichen Verbandstag am 28. Mai 2011 in Neumünster. Kiel.
Waldherr, G. (2011). *Sport als Lebenschance*. Die Welt vom 30.12.2011 (S. 34).

„Wir müssen die Reibungsflächen zwischen Schulen und Vereinen minimieren!" – Ein Gespräch mit Grundschulrektor Hermann Städtler

Söhnke Vosgerau

1 Gespräch mit Schulleiter Hermann Städtler

Hannover-Vahrenheide liegt im Norden der Landeshauptstadt und fungierte als Modellgebiet im Strukturprogramm „Soziale Stadt" (vgl. AGIS 2002). Aufgrund seines hohen Anteils an Sozialhilfeempfängern und Migranten und durch überwiegend negative mediale Darstellung des Stadtteils als „seelenlose Großsiedlung" verfestigten sich in den neunziger Jahren Stigmatisierungen des Gebietes als „Ver- und Entsorgungsstadtteil" (vgl. AGIS 2002, S. 8). Die Altersstruktur ist gegenläufig zur demografischen Entwicklung in Deutschland, so dass Vahrenheide eine vergleichsweise junge Einwohnerschaft aufweisen kann. Die Internationalität des Stadtteils macht sich auch in der lokalen Fridtjof-Nansen-Grundschule bemerkbar, deren Schüler/innen zu 80 % aus Familien mit Zuwanderungsgeschichte stammen.

Der Sportunterricht an der Schule wird koedukativ gestaltet. Seit einigen Jahren verfolgt die Schule das Konzept der „Bewegten Schule", um die „Schule zu verändern durch eine kind-, lehrer- und lerngerechte Rhythmisierung des Unterrichts, durch bewegtes und selbsttätiges Lernen, durch bewegte Pausen, durch bewegte und beteiligende Organisationsstrukturen, durch Öffnung der Schule nach außen, durch vernetztes Denken" (Abeling und Städtler 2008, S. 42). Im Projekt *Soziale Integration von Mädchen durch Fußball* kooperiert die Schule mit dem SV Borussia von 1885 e. V., der zu den traditionsreichsten Vereinen Hannovers zählt. Im Rahmen des Projekts konnten sich bereits drei Mädchenmannschaften im Spielbetrieb etablieren. 2009 wurde die Schule mit dem Integrationspreis des Deutschen Fußball-Bundes ausgezeichnet. Im Interview spricht Schulleiter Hermann Städtler u. a.

S. Vosgerau (✉)
Marie-Curie-Straße 1, 26129 Oldenburg, Deutschland

über die Wirkungen des Projekts, die Kooperation mit dem Verein und den Ausbau des Ganztags.

> **Söhnke Vosgerau: Herr Städtler, Ihre Grundschule liegt in einem sogenannten „sozialen Brennpunkt". Was sind die größten Herausforderungen, die Ihnen in Ihrer alltäglichen Arbeit begegnen?**

Hermann Städtler: Vahrenheide ist ein Armutsgebiet, gut 60 % der Einwohnerinnen und Einwohner sind von staatlichen Unterstützungsleistungen abhängig und es gibt noch eine große Grauzone. Hier wohnen Menschen aus sehr vielen Ländern auf sehr engem Raum. Es gibt zu wenige Angebote in der Nachbarschaft und so gut wie keine Angebote für Mädchen oder Frauen, in denen sie beispielsweise Deutsch lernen könnten, um besser an der Gesellschaft teilhaben zu können. So werden Kommunikationsbarrieren oft zu unüberwindbaren sozialen Barrieren. Folgerichtig gibt es mehr Aggressionen und mehr Störungen als in anderen Stadtteilen, die sich aber in unserer Schule zum Glück nicht zeigen. Unsere Kinder sind ebenso wie alle anderen Kinder lernhungrig, freudig, sehr offen und zugewandt. Teilweise sogar zugewandter als viele deutsche Kinder – und sie lernen wahnsinnig schnell!

Unsere größte Herausforderung ist es, trotz dieser relativ schlechten Rahmenbedingungen auf die besonderen Bedarfe der Schülerinnen und Schüler einzugehen. Wir bekommen eine ähnliche Unterrichtsversorgung wie Schulen aus bevorzugten Wohngegenden, haben aber hier Kinder aus 31 verschiedenen Ländern, die zum Teil ohne Sprachkenntnisse und ohne Schulvorerfahrungen zu uns kommen und demnach besondere Förderbedarfe haben, die wir mit Bordmitteln oft nicht abdecken können. Wir bemühen uns dann, Ressourcen zu mobilisieren, um den Kindern dennoch gerecht zu werden.

> **Inwieweit hilft Ihnen der Sport dabei?**

„Bewegung und Gesundheit" gehören zu unserem Schulprofil und wir wissen, dass Bewegung viel mehr bedeutet, als nur motorischen Fortschritt. Deshalb setzen wir Bewegung ganz zielgerichtet zur Steigerung des Selbstwertgefühls oder zur Überwindung von Lernschwierigkeiten ein. Sport bzw. Bewegung ist ein grundlegendes Element, um sich die Welt anzueignen und sie zu begreifen. Bei der Sprachenvielfalt unserer Kinder kommt noch hinzu, dass wir mit Bewegung und Sport zunächst sprachfreie Instrumente haben. Die Kinder können sich also vom ersten Tag an in unserer Schule über Bewegung artikulieren, ohne ein deutsches Wort zu können. Bewegung als gemeinsamer Nenner erleichtert die soziale Integration, weil man den anderen in seinen Absichten aufnehmen kann, ohne es erklärt zu bekommen. Allgemein gesprochen bedeutet Integration doch, die Teilhabe von Menschen in unserer Gesellschaft zu ermöglichen. Dass Projekte, die mit Bewegung, mit Sport, Musik oder Kunst arbeiten, dafür besonders prädestiniert sind, liegt doch auf der Hand. Als „bewegte Schule" wollen wir einerseits die Schule als Bewegungs- und Lebensraum aktiv gestalten, andererseits durch den Sportunterricht und durch AGs die Schülerinnen und Schüler auf die Teilnahme am außerschulischen Sportgeschehen vorbereiten.

Partizipieren Ihre Schülerinnen und Schüler denn am außerschulischen Sport? Gibt es genügend Sportangebote in ihrem Stadtteil?

Es gibt zwar viele Angebote, die jedoch für Kinder mit Migrationshintergrund und ihre Familien relativ unpassend sind. Die Vereinsstrukturen sind so geblieben, wie sie immer waren. Es sind altdeutsche Strukturen, die wenig Elastizität zeigen und auf die Bedarfe der neuen Bürger kaum eingestellt sind. Statt ständig über die Symptome, wie die geringe Teilnahme von Mädchen am organisierten Sport zu reden, sollten wir uns daher erst einmal über die Ursachen verständigen. Wenn sich die Sportvereine nicht darauf einstellen können, die speziellen Bedarfe Hinzugezogener ernst zu nehmen, wenn die Verbandsstrukturen sich in ihrer Behäbigkeit nicht verändern wollen, werden sie diese Mädchen nie erreichen. Dann werden die Mädchen mit Migrationshintergrund immer die Verliererinnen bleiben.

Das DFB-Modellprojekt Soziale Integration von Mädchen durch Fußball startete an Ihrer Schule bereits im Jahr 2007. Was waren damals Ihre Motive und Erwartungen, sich an dem Projekt zu beteiligen?

Die Idee und die Struktur des Projektes haben mich neugierig gemacht, insbesondere die Chance, durch das Projekt die Kooperation von Schule und Verein zu intensivieren und den Mädchenfußball für Veränderungen zu nutzen. Ich fand es sehr reizvoll, neue Möglichkeiten zu schaffen, um Kinder wirklich nachhaltig für den Sport zu begeistern und von der Schule in den Sportverein zu locken. Bei uns gab es weniger das Motiv, mehr Mädchen für den Fußball in der Schule zu gewinnen, weil wir unseren Schülerinnen und Schülern auch schon vorher eine breite Bewegungspalette angeboten haben. Ich sehe keinen spezifischen Vorteil in der Sportart, da Fußball nicht geeigneter als andere Sportarten ist, die Bewegung und soziale Interaktion möglich zu machen. Die Kinder sind selbstverständlich genauso begeisterte Handballspieler wie Fußballspieler. Wenn wir Tennis anbieten würden, würden eben alle Kinder Tennis spielen. Genauso wie bei uns alle Kinder hangeln können, weil es hier überall Hangelstrecken gibt.

Am Beispiel des Mädchenfußballs ließ sich jedoch überlegen, wie mit einer Sportart, die sowohl in der Öffentlichkeitswahrnehmung als auch in der Wahrnehmung der Migranten geschlechtsspezifisch ist, bestimmte Einstellungen verändert werden können, so dass die Mädchen auch in den Vereinen ankommen und bleiben. Für mich war es reizvoll, ein solches Umdenken zu inspirieren und Mädchen, vor allem auch nicht-deutscher Herkunft, dazu zu motivieren, sich mit einer Sportart zu beschäftigen, die bislang von Jungen dominiert wird. Für unsere muslimischen Mädchen hängt sehr viel an dieser Rollenzuschreibung. Sie wachsen in einer klaren Hierarchie auf, ihnen wird die Frauenrolle sehr früh vermittelt und Sport gehört im eigentlichen Sinne nicht dazu – auch wenn das langsam aufzubrechen beginnt. Das Fußballprojekt hat den positiven Effekt, den Familien zu zeigen, dass in ihren Mädchen eine große Bewegungsfreude liegt. Wir können eine doppelte Veränderung wahrnehmen: dass wir einen Jungensport durch Mädchen besetzen lassen und dass Mädchen sehr wohl in der Lage sind, auch im Wettkampfgeschehen erfolgreich zu sein. Es zeigt, was unabhängig vom Geschlecht und von der Herkunft möglich ist, wenn man ernsthaft mit den Kindern Sport betreibt und versucht, sie in Vereinsstrukturen zu integrieren.

Haben sich denn Ihre Erwartungen in dieser Hinsicht erfüllt? Haben Sie Veränderungen in den Reaktionen der Eltern wahrgenommen?

Die Eltern stehen den Angeboten prinzipiell offener gegenüber. Ich denke, diese große Zustimmung der Eltern liegt daran, dass sie Vertrauen zur Schule haben. Wenn die Schule nicht als Mittler agierte, würden die Kinder nicht im Verein bleiben. Das können wir ganz sicher sagen. Ich kann mich an die erste Informationsveranstaltung zum Projekt erinnern, bei der einige Eltern noch skeptisch waren. Sie sind später zu mir gekommen und haben mich persönlich gefragt: „Ist das gut? Ist das so, wie Sie das wollen?" Ich habe ihnen geantwortet: „Ja, das ist alles in Ordnung und passt zu Ihrem Kind." Und das reichte. Wir nutzen den Vertrauensvorschuss der Eltern, der wahrscheinlich grundschulspezifisch ist, weil die Schülerinnen und Schüler in der Grundschule noch eine starke Bindung zur Schule haben. Ich kenne kein Kind, das nicht gern zur Schule kommt. In den weiterführenden Schulen stellt sich das bereits anders dar. Die Eltern haben längst nicht mehr so viel Vertrauen zu den Schulen, weil sie von den Schulen viel zu häufig zurückgemeldet bekommen, dass ihre Kinder nichts können. Dabei fühlen sich die Eltern oft in der gleichen Situation, denn sie sind ja ebenfalls oft bildungsfern und bekommen schon Herzklopfen, wenn sie selbst in Schulen müssen.

Das Projekt ist mittlerweile ein fester Bestandteil Ihres Schulprogramms. Was hat das Projekt bei den Schülerinnen bewirkt?

Ich denke, dass es den Mädchen enorme Erfahrungen in einem Lebensbereich gebracht hat, der ihnen bis dahin verwehrt gewesen ist: ein Eintreten in ein ganz neues Leben. Von ihnen war vorher nicht eine in einem Sportverein. Ihnen wurde eine Erfahrungswelt aufgetan, die sie sonst nicht erreicht hätten. Die Mädchen zeigen durchweg ein höheres Selbstwertgefühl. Über den Fußball haben sie mehr über ihre Selbstwirksamkeit erfahren und ihr Selbstbild hat sich positiv verändert. Sie sind mutiger geworden, auch im Verhältnis zu Jungen, sich in den Sport einzumischen, und sie haben gelernt, dass man durch diese Leistung auch soziale Anerkennung bekommen kann. Die Mädchen sind nun einfach mittendrin.

Mädchen, die sich vorher zurückgehalten haben, deren Rolle eingeschränkt war, fingen plötzlich an sich zu artikulieren und ihre Bedürfnisse nach außen zu bringen. Sie haben zum ersten Mal erlebt, was es heißt, sich selbstbestimmt zu organisieren. Sie achten aufeinander und sie treten gegenseitig für ihre Interessen ein, das ist schon beachtlich. Wir haben auch in den Klassen festgestellt, dass die Kinder konzentrierter sind, dass sie sich mehr zutrauen. In der Wahrnehmung unserer Lehrenden war und ist es noch immer ein gutes Projekt, selbst wenn sie natürlich nicht wissen können, wie es anschließend im Verein weitergeht.

Sie sprachen von der Chance, durch das Projekt die Kooperation zwischen Schule und Verein zu intensivieren und so mehr Schülerinnen für den Sport zu begeistern. Wie sind Ihre Erfahrungen der letzten Jahre?

Das Projekt hat dazu geführt, dass wir uns stärker mit Vereinsstrukturen und Implementationsmodellen beschäftigt haben. So waren wir in der Lage, mit mehr Ausdauer auf die Vereine zuzugehen, sonst hätten wir wohl aufgrund der Schwierigkeiten mit den Vereinen einen Rückzieher gemacht. Da sehe ich eine Hauptleistung des Projekts. Wir haben über die Projektphase einen ziemlich realistischen Blick dafür bekommen, wie implementiert werden muss, damit sich eine Chance eröffnet. Und wir sind in mancherlei Hinsicht gewissermaßen positiv enttäuscht worden. Wir wissen jetzt Bescheid und lassen uns nicht mehr von der Euphorie täuschen, wenn wieder ein Projekt gestartet werden soll, um die Kinder kurzfristig in den Sportverein zu bringen, und anschließend treten sie gleich wieder aus. Uns interessiert, wie die Kinder weiterlaufen.

> **Wie sind Ihre bisherigen Erfahrungen? Kommen die Kinder im Verein an und wie erleben Sie die Kooperation mit SV Borussia?**

Die Erfahrungen sind unterschiedlich. Die Kooperation ist gut, aber stark von einzelnen Personen abhängig. Gute Bindungsarbeit, in der Schule wie im Sportverein, funktioniert, wenn die Bindung an den Trainer klappt. Unsere Mädchen spielen zurzeit in der Schule wie auch bei SV Borussia auf einem hohen Level. Das macht deutlich, welches Anforderungsprofil eine Trainertätigkeit haben muss, wenn es um die Integration von Kindern mit Migrationshintergrund geht. Dieses Anforderungsprofil geht deutlich über das normale, rein sportlich-motorische Profil hinaus. Der Mensch muss fähig sein, Strukturen zu erkennen und Besonderheiten als Chance und nicht als Hindernis zu sehen.

Allerdings ist es noch immer aufwendig zusammenzuarbeiten. Beide Seiten müssen sich strecken und der Verein muss ganz neu lernen, wenn es zum Ganztagsbetrieb übergeht. Die Verantwortlichen müssen mit neuen Zeitrastern und Ansprüchen umgehen. Der Rahmen ist viel straffer, viel verbindlicher. SV Borussia stellt sich gut darauf ein. Das erlebe ich bei vielen Vereinen hier in Hannover, die versuchen, in die Schulen zu gehen, weil sie die berechtigte Sorge haben, nicht mehr existieren zu können, wenn wir ihnen die Kinder vorenthalten.

> **Sind die Vereine Ihrer Meinung nach gut auf die Herausforderungen durch die Einführung der Ganztagsschule vorbereitet?**

Die Vereine müssen vollkommen umdenken, was schwierig ist, wenn die Verbände sich zieren. Die Strukturen sind ja noch schwerer zu bewegen als die Schulstrukturen, natürlich auch, weil das Ehrenamt so ausgeprägt ist. Von Seiten der Schulen gibt es konkrete Überlegungen, andere Wege zu suchen. Wenn wir merken, dass der Aufwand der Zusammenarbeit mit den Vereinen zu hoch wird und Zugangsvoraussetzungen zu kompliziert werden, können wir uns auch ein Modell vorstellen, in dem Ganztagsschulen selbst Schulvereine stellen.

> **Gibt es dafür wirklich eine Offenheit in der Schullandschaft?**

Ja. Das wird zwar noch nicht ernst genommen, aber in Hannover und Niedersachsen gibt es sehr viel Zustimmung dafür. Die Schulleitungen wollen, dass die Kinder in den Verein finden, aber sie wollen nicht den Arbeitsaufwand damit haben. Wenn man interne Vereine hätte, würden Training und Spielbetrieb einfach in der Zeit am Nachmittag stattfinden. Wenn man bedenkt, dass es in fünf bis zehn Jahren nur noch Ganztagssysteme gibt, scheint dies überhaupt kein Problem zu sein. Man kann sogar überlegen, ob es nicht familienfreundlicher ist, wenn die Kinder den Wettkampfbetrieb in der Woche absolvieren und die Familie am Wochenende nicht dadurch gestört wird. Wobei außerdem die Vermutung nahe liegt, dass die Mädchen dabei sowieso zuerst hinten runterfallen.

Ihre Schule steht gerade vor dem Umbau. Ab dem Schuljahr 2012/2013 werden Sie zu einer offenen Ganztagsschule. Welche Erwartungen sind damit verbunden?

Wir haben schon vor zehn Jahren einen Antrag auf ein gebundenes Ganztagsprogramm an unserer Schule gestellt, weil wir der Meinung waren und noch immer sind, dass dies das geeignete Angebot für die Kinder dieses Stadtteils wäre. Durch eine Rhythmisierung könnte sich unser Schulprofil „Bewegung und Gesundheit" als Lebensart bei den Kindern etablieren. Über vier Jahre hinweg hätte man genügend Zeit, um für die Entwicklungsbiografie eines Kindes notwendige, kontinuierliche und qualitative Bildungsangebote zu schaffen.

Unserem Antrag ist nie entsprochen worden und das Land Niedersachen hat sich nun darauf beschränkt, ausschließlich offene Ganztagsschulsysteme anzubieten. Als Partner fungieren die Kommunen, die dafür sorgen, dass ein Betreuungsband bzw. AG-Band stattfinden kann. Dadurch wächst der Druck auf Schulen, die noch keine Ganztagsschulen sind und deren Eltern nun berechtigte Forderungen für ihre Kinder stellen. Das hat zur Folge, dass sich dieses unpassende System etabliert. Wir haben dieses Modell nur widerstrebend zur Kenntnis genommen, da wir der Meinung sind, dass Schule nicht nur zur Aufbewahrungsanstalt verkommen darf. Eine schlechte Ganztagsschule bleibt den ganzen Tag lang schlecht. Man sollte nicht denken, dass es in jedem Fall besser ist, die Kinder in der Schulumgebung aufzubewahren, als sie nach Hause zu schicken. Das wäre schlichtweg zu einfach.

Wo sehen Sie die Defizite des offenen Ganztagssystems?

Zunächst einmal sind der reguläre Schulunterricht und der Ganztag am Nachmittag unterschiedliche Bereiche mit unterschiedlichen Gruppen und Personal. Als verlässliche Grundschule garantieren wir Unterricht und Betreuung durch Lehrer/innen bis 13 Uhr, dann folgt der Ganztagsabschnitt, der mit dem Mittagessen beginnt und durch Honorarkräfte abgedeckt wird. Nach der Hausaufgabenbetreuung folgt ein AG-Band, in dessen Zuge sich ohne Frage Bildungschancen ergeben, das aber insgesamt schwer zu steuern ist.

Ein weiteres Problem ist, dass die Eltern Betreuungstage wählen können. Der offene Ganztag ist daher eine sehr unübersichtliche Angelegenheit mit einer Menge an zufällig zusammengekommenen Kindergruppen, die jeden Tag wechseln. So hat ein Kind theoretisch bis zu sechs verschiedene Betreuungs- bzw. Bezugspersonen am Tag, die alle ihren Einstieg in jeweils neu zusammengesetzte Gruppen beginnen, indem sie eine Liste vorlesen, um festzustellen, ob die Kinder dieses Tages auch alle da sind. Wenn man sich vorstellt, was das für die Bildungsbiografie von Kindern bedeutet, kommt man schon ins Zweifeln. Wir haben daher eine gebundene Ganztagsschule als Modellversuch beantragt und sind nur übergangsweise bereit, die offene Ganztagsschule zu akzeptieren, um sie zu einer gebundenen Ganztagsschule weiterzuentwickeln. Ansonsten nehmen wir unser Ganztagsangebot zurück und werden wieder verlässliche Grundschule.

Die Anmeldung läuft bereits. Wie hoch ist die Resonanz und welche Familien melden ihre Kinder an?

Die Resonanz ist erstaunlich hoch, ein Drittel der Schülerinnen und Schüler will gleich einsteigen. Dabei sind die Kinder, deren Eltern arbeiten und deshalb darauf angewiesen sind, in der Minderzahl. Viele Eltern glauben, die Ganztagsschule bringe automatisch etwas Gutes und sie müssten sich beteiligen, weil ihre Kinder sonst Bildungsnachteile hätten. Wir haben die Eltern des ersten Jahrgangs gebeten, sehr genau zu überlegen, wie lange ihr Kind bleiben muss. Insbesondere für ein kleines Kind ist eine theoretisch denkbare Zeit von 7 bis 17 Uhr eine herbe Belastung. Und dies unter schlechten Rahmenbedingungen, es gibt beispielsweise keinen Ruheraum.

Wie fügt sich das Mädchen-Fußballprojekt in das System des offenen Ganztags ein? Bietet der Ganztag hier neue Chancen?

Die Rahmenbedingungen werden durch die Einführung des Ganztags erst einmal nicht schlechter. Generell lässt sich das Projekt gut in das AG-Band integrieren. Bei unserer Hallenversorgung könnten wir sogar zwei solcher Angebote am Tag machen. Wir haben das Projekt durch eine freiwillige soziale Kraft abgesichert, die ihr Jahrespraktikum im Verein macht und die wir zum größten Teil durch die Gelder, die wir für die Durchführung des AG-Bandes bekommen, mitfinanzieren. Theoretisch besteht also die Chance, dass der Verein sich noch stärker in das gleichbleibende Angebot integrieren könnte. So gibt es eine größere Verlässlichkeit, beinahe eine Rhythmisierung, die vor allem den Kindern und Eltern zugutekommt, die Schwierigkeiten damit hatten, Trainings- und Spieltermine wahrzunehmen. Einige Kinder kamen einfach nicht, weil sie von ihren Eltern den Schubs nicht bekommen hatten oder sich nicht überwinden konnten. Damit werden wir nun weniger Schwierigkeiten haben, weil die Schülerinnen ja bereits in der Schule sind. Ein neues Problem ist jedoch, dass die Kinder, die nicht im Ganztag angemeldet sind, nun von den AGs ausgeschlossen bleiben. Um sie einzubeziehen, müssten wir Übungszeiten außerhalb des Ganztags anbieten.

Inwieweit ist die Schule bei der Gestaltung Ihres Ganztagsprogramms auf außerschulische Partner angewiesen?

Nicht zwingend auf Sportvereine. Wir bekommen viele Initiativbewerbungen von potentiellen Anbietern aus den Bereichen Kunst, Sport und Musik. Wir haben jemanden, der mit einem Metallbaukasten bauen möchte, einen Steinhauer und viele andere Anbieter. Der Sport steht plötzlich in neuer Konkurrenz zu Angeboten, die zuvor keine Konkurrenz darstellten, da sie immer zur Mangelware gehörten. Musik und die anderen künstlerischen Bereiche waren in der Grundschule immer schlechter aufgestellt als der Sport, das verschiebt sich jetzt etwas. Wir sind nicht zwingend auf Kooperationspartner angewiesen, es ist aber sehr klug, es zu versuchen. Um solche Angebote einzubinden, braucht man jedoch ein bisschen Fantasie und viel Vertrauen.

Sie meinen das Steuerungsproblem, das Sie bereits angesprochen haben? Inwieweit kann die Schule die Qualität der Angebote im Ganztag garantieren?

Die Schulleitung hat zwar formal die Verantwortung, aber in Wirklichkeit kann sie das nicht kontrollieren. Es gibt ein paar formale Voraussetzungen, wie das polizeiliche Führungszeugnis oder im Sport den Übungsleiterschein. Aber es kommen beispielsweise auch freie Künstler in Frage. Wir sichern uns ab, indem wir Menschen anstellen, die bereits in bekannten Institutionen arbeiten, wie z. B. in der Musikschule Hannover oder in größeren Vereinen. Wenn wir z. B. mit einer Person von SV Borussia zusammenarbeiten, haben wir bereits eine Vorstellung von der Qualität der Betreuung. Durch das Projekt haben wir im Laufe der Jahre eine Konfliktkultur erworben, so dass wir erkennen und artikulieren können, wenn mal etwas nicht so rund läuft und wir gegensteuern müssen.

> **Neben dem Ausbau der Ganztagsschule ist Inklusion das große schulpolitische Thema. Inwieweit sehen Sie programmatische Differenzen oder Überschneidungen zwischen Integration und Inklusion und finden diese im Ansatz des Projektes wieder?**

Im Sinne der Integration gliedert man Personen bzw. Personenkreise in ein existierendes System ein, z. B. in das bestehende System der Sportvereine oder der Schulen. Die Systeme als Ganzes bleiben hiervon aber unberührt. Bei der Inklusion hingegen geht man davon aus, dass sich ein System den Bedürfnissen aller beteiligten Menschen anpassen muss. Bisher wurden die Energien innerhalb des Projektes dafür aufgewendet, die Strukturen der Systeme – also Sportverein und Schule – aufeinander zu beziehen und so Möglichkeiten zu schaffen, Mädchen für den Sport zu begeistern. Im Sinne der Inklusion sollten wir uns aber viel eher darum kümmern, wie man über Sport und Bewegung soziales Lernen initiieren kann. So betrachtet müsste das Projekt eine andere Ausrichtung erhalten und sich noch stärker an den Bedürfnissen der Individuen ausrichten, ohne separierte Gruppen zu schaffen, wie es z. B. im Behindertensport der Fall ist. Auch Behindertensport hat also nicht viel mit Inklusion zu tun. Wenn wir aber in der Schule inklusiv unterrichten, hat das für den Sport deutliche Auswirkungen. Fußball und Inklusion ist eine ganz andere Nummer, weil wir überlegen müssten, wie sich der Fußball mit seinen Regeln und Ritualen sozial abbildet. Ich denke hierbei nicht nur an körperlich behinderte Kinder, sondern auch an solche, die im Wettkampfbetrieb aufgrund ihrer Wahrnehmungsfähigkeit nicht erfolgreich teilnehmen können. Welche Form der Partizipation würden wir für diese Kinder finden? Kann man Fußball anders spielen? Das Projekt hat da sicherlich schon Ansatzpunkte geboten, trotzdem bleibt es eine ganz neue Perspektive. Es ist auf jeden Fall wünschenswert, dass sich diese Situation intensiviert.

> **Bliebe auch die Frage, wie die Schülerinnen auf einen Sportunterricht reagieren, der nicht nach den im organisierten Sport vorgelebten, sondern nach auf individuelle Leistungen bezogenen Regeln funktioniert …**

Ich glaube, die Schülerinnen selbst haben damit kein Problem. Die Probleme entstehen durch die Wettkampf-Wirklichkeit, die dafür sorgt, dass bestimmte Personen ausgeschlossen werden. Wir hatten bereits die interne Diskussion, wie die Schülerinnen trainiert werden sollten und ob die AG ein Training oder ein mehr oder weniger freies Angebot mit Bällen sein sollte. Da gab es unterschiedliche Zugänge. Unser Sozialarbeiter wollte, dass jedes Mädchen spielen kann, egal wie gut oder schlecht. Er hat noch im Endspiel ganz bewusst gewechselt. Das Mädchen, das eingewechselt wurde, hatte anschließend große Schwierigkeiten mit den anderen, als das Spiel verloren ging. Unser Sportlehrer dagegen wollte diejenigen spielen lassen, die am wirkungsvollsten sind, damit sie auch im Verein Erfolg haben können. Die Praxis hat gezeigt, dass die Motivation der Gruppe, die erfolgreich gespielt hat, wesentlich höher lag, während bei der anderen Gruppe immer mehr Mädchen absprangen. Beide Modelle haben sich bei uns daher gut abgebildet und es hat deutlich gemacht, dass man Entscheidungen treffen muss. Wenn du im Verein spielen willst, musst du dich auch darauf einstellen.

Was wünschen Sie sich für die Zukunft Ihrer Schule und den Fortgang des Projektes? Den Integrationspreis des DFB haben sie ja bereits ...

Insgesamt kann man sich im Schulsystem nur mehr Eigenverantwortung und mehr Unterschiedlichkeit wünschen. Unabhängig von der Schulform und den damit verbundenen Ressourcen, sollte sich jede Schule unterscheiden und ihre Stärken ausspielen. Was das Projekt angeht, wünsche ich mir, dass die Einsichten in die Schwierigkeiten der Arbeit auch dazu führen, die Strukturen anzufassen. Es wäre schade, wenn das Projekt einfach nur „nett" war und man es daran misst, wie viele Mädchen erreicht wurden und welche Pokale sie gewonnen haben. Es sollte vielmehr darum gehen, langfristige Maßnahmen für die Integration von Mädchen und Frauen abzuleiten. Ich würde mir wünschen, einen besonderen Wert auf die Auswertung der Erfolgsvariablen zu legen. Man sollte keine Scheu davor haben, lieber gar nicht erst mit einem Projekt zu beginnen, wenn bestimmte Bedingungen nicht erfüllt sind. Denn es wäre eine Enttäuschung für die Kinder, die erkennen müssten, dass es die Erwachsenen nicht schaffen, etwas zu Ende zu führen. Eine weitere Hoffnung an die strukturelle Wirkung des Projektes ist, die teilweise immensen Reibungsverluste zwischen den Systemen Schule und organisierter Sport zu minimieren. Es wird immer Reibungsverluste geben, aber wenn es das Projekt schafft, sie soweit zu minimieren, dass man sagen kann, mehr geht nicht, dann ist alles geschafft!

Literatur

Abeling, I., & Städtler, H. (2008). Bewegte Schule – mehr Bewegung in die Köpfe. *Die Grundschulzeitschrift, 22*(212/213), 42–45.

Arbeitsgruppe Interdisziplinäre Sozialstrukturforschung Universität Hannover (AGIS). (2002). *Begleitende Dokumentation der PvO im Modellstadtteil Hannover Vahrenheide – Endbericht*. http://www.staedtebaufoerderung.info/nn_1147448/StBauF/DE/SozialeStadt/Programmgebiete/NI/Gebiete/0189__hannover__vahrenheide.html. Zugegriffen: 13. März 2013.

Ein Blick zurück, ein Blick nach vorn – eine vorläufige Bilanz von *Fußball ohne Abseits*

Ulf Gebken und Söhnke Vosgerau

1 Mädchenfußball im Aufwärtstrend

Das *Ohmsteder Modell* der Vorläufer des auf der Kooperation von Schulen und Vereinen fußenden Ansatzes von *Fußball ohne Abseits*, wurde vor über zehn Jahren in einem Oldenburger Stadtteil von Lehrkräften, Studierenden und Ehrenamtlichen erstmals erprobt. Ab 2006 wurden die entwickelten Bausteine im DFB-Modellprojekt *Soziale Integration von Mädchen durch Fußball* in zehn deutschen Städten auch bundesweit umgesetzt. Der vorliegende Band hat dies zum Anlass genommen, um ein Zwischenfazit zu ziehen und Ergebnisse, Erfahrungen, Perspektiven und Chancen des Projektes zusammenzutragen. Angesichts neu entstandener Projekte in Hamburg, Berlin, Bayern, Baden-Württemberg und dem Saarland, mit einer stetig wachsenden Anzahl an Standorten, haben sich Idee und Konzept des Modellprojekt als überaus nachhaltig erwiesen und unterschiedlichste regionale Ableger, Förderer und Unterstützer gefunden. Das Konzept von *Fußball ohne Abseits* behielt dabei seine Grundausrichtung, wurde aber in den verschiedenen Projekten stetig weiterentwickelt.

Im Rahmen des Nachhaltigkeitskonzeptes zur FIFA Frauen-Weltmeisterschaft 2011 in Deutschland, wurde das Projekt nach Abschluss der Pilotphase vom DFB weitere drei Jahre gefördert. Auch gingen vom Projekt wesentliche Impulse für die TEAM 2011-Kampagne des Deutschen Fußball-Bundes (DFB) aus. *Fußball ohne Abseits* gehört somit zu den Wegbereitern der Offensive im Mädchen- und Frauen-

---

U. Gebken (✉) · S. Vosgerau
Institut „Integration durch Sport und Bildung", Carl-von-Ossietzky Universität Oldenburg, Marie-Curie-Straße 1,
26129 Oldenburg, Deutschland
E-Mail: ulf.gebken@uni-oldenburg.de

S. Vosgerau
E-Mail: arndt.soehnke.vosgerau@uni-oldenburg.de

fußball der letzten Jahre. Sicherlich ist der Mädchen- und Frauenfußball in quantitativer, ökonomischer und gesellschaftlicher Hinsicht noch immer weit davon entfernt, zum Fußball der Männer aufzuschließen. Die Kräfteverhältnisse haben sich aber insoweit deutlich verschoben, als fußballspielende Mädchen und Frauen heute wesentlich akzeptierter sind als noch vor wenigen Jahren. Die symbolischen Kämpfe und Herabsetzungen sind einer zunehmenden Normalisierung und Professionalisierung gewichen. Aber auch in der Breite wächst der Sport. Gemessen an den Mitgliederinnenzahlen im DFB, die 2011 zum ersten Mal die die Millionenmarke erreicht haben, hat sich Fußball zum beliebtesten Breitensport für Mädchen und Frauen in Deutschland entwickelt. Gerade auf den unteren Ebenen und im Nachwuchsbereich (der mit Abstand größte Zuwachs an Spielerinnen in den letzten zwölf Jahren ist mit 64 % in der Gruppe der Mädchen bis 16 Jahren zu finden) steckt dabei noch immer ein großes Wachstumspotential, das bei den Jungen und Männern bereits ausgeschöpft scheint.

Trotz dieser aus Sicht der Vereine und Verbände positiven Entwicklung gibt es jedoch keinen Anlass für übertriebene Euphorie, so lange weiter bestehende Ungleichgewichte und überkommene Traditionen und Denkweisen in der Verbands- und Vereinslandschaft weitere positive Entwicklungen bremsen. Dies zeigt sich auch in der Projektarbeit, beispielsweise dort, wo engagierte Unterstützer für den Mädchenfußball gefunden werden sollen oder finanzielle Prioritäten zu Ungunsten der Mädchenteams gesetzt werden. Eine gleichberechtigte Teilhabe ist jedoch die Voraussetzung, um die emanzipatorischen oder sozial-integrativen Chancen des Sports ausschöpfen zu können. Wie Kleindienst-Cachay und Bahlke in ihrem Beitrag resümieren, stellt die geringe Beteiligungsrate von Mädchen und Frauen mit Migrationshintergrund am Sport bislang noch immer das größte Hindernis für die Realisierung von Integrationspotenzialen durch den Sport. Es bedarf daher weiterhin „erheblicher Anstrengungen auf verschiedenen Ebenen, zunächst der der Sportverbände durch spezifische Förderprogramme, dann aber auch auf Seiten der Schulen zur Unterstützung dieser Programme" (Kleindienst-Cachay und Bahlke, i. d. B.). Förderprogramme sollten dabei, auch das wird aus der Projektarbeit deutlich, zugleich auf mehreren Ebenen ansetzen.

2 Wie kann Integrationsarbeit im Sport funktionieren?

Das Thema Integration bleibt gesellschaftspolitisch kontrovers und auch in der sportwissenschaftlichen Diskussion ambivalent. Die Euphorie um den Sports als „Königsweg der Integration" oder „Integrationsmotor", die nicht zuletzt auch mit einer Instrumentalisierung des organisierten Sports durch die Politik (und andersherum) einherging, ist inzwischen einer größeren Bescheidenheit hinsichtlich der Beurteilung der Integrationspotentiale des Sports gewichen. Der Versuch, so Christa Kleindienst-Cachay und Steffen Bahlke (i. d. B.), „allein über den Sport Gesellschaftspolitik betreiben, d. h. die Integration vorantreiben zu wollen, bleibt zum Scheitern verurteilt, wenn die Integrationsbemühungen nicht zeitgleich an verschiedenen Punkten, v. a. an Verbesserungen der sozialen Lage und des Bildungsniveaus ansetzen und damit Synergieeffekte erzielen". Der Sport als informelle Freizeitbetätigung, als Vereinssport oder in der Schule, kann dabei nur ein Feld integrativer Interventionen neben anderen sein.

Hinzu kommen die ambivalenten Eigenschaften des Spiels, die für eine „bewusste Weiterentwicklung von Fußball als Feld sozialer Inklusion" bedacht werden müssen, wie Gerd Dembowski in seinem Beitrag verdeutlicht. Der Fußballsport war schon immer ein Kristallisationspunkt gegenläufiger Bewegungen, der sowohl ein Mit- wie ein Gegeneinander, Verständigung und Konflikt, Internationalisierung und ethnische Selbstvergewisserung, körperliche Auseinandersetzung und symbolische Überhöhung einschloss. Gerade der Fußball als „Brennglas gesellschaftlicher Konflikte" ist dabei auch ein Spielfeld von Statuskonflikten, die soziale und kulturelle Unterschiede und Hierarchien reproduzieren und/oder hervorbringen können und den Fußballplatz zu einem symbolisch überhöhten (und gelegentlich auch gewaltsam umkämpften) Terrain machen. Soziale Ungleichheit hört also nicht einfach auf, wenn der Ball ins Spiel kommt.

Der sportwissenschaftliche Diskurs um Integration ist noch immer einigermaßen eklektisch. Es fehlen ein einheitliches konzeptionelles Gerüst und Begriffe, um integrative Potentiale und Chancen des Sportes für soziale Integration in konkreten empirischen Feldern untersuchen und darstellen zu können. Bislang dominiert dagegen noch immer ein „alltagskulturell geprägtes Verständnis von Integration" (Kleindienst-Cachay & Bahlke, i. d. B.), das durch den exzessiven Gebrauch als politischer Kampfbegriff einigermaßen vorbelastet ist. Integration wird hier zumeist mit Assimilation gleichsetzt und verkürzt als ein individuelles oder kollektives Label, als Ausweis von Zugehörigkeit, und eben nicht als gesellschaftlicher Prozess verstanden. Insofern bleibt es fraglich, inwieweit sich ein „Integrationsverständnis auf der Basis kultureller Vielfalt" (DFB 2008) wirklich durchsetzen kann, das Integration als mehrdimensionalen, interaktiven und dynamischen Prozess versteht. Außerhalb dieser theoretischen Grabenkämpfe wurde in den Projekten ein Weg gewählt, der eher pragmatische Lösungen sucht, auf langfristige Veränderungen setzt und auf die Aktivierung und Einbeziehung des Sozialraumes abzielt, um die Teilhabe am Sport zu fördern und dadurch die Vorrausetzungen für eine Integration im und durch den Sport zu schaffen. Insofern berührt Integration nicht nur individuelle Motive und Fähigkeiten, sondern auch strukturelle, soziale und kulturelle Exklusionsmechanismen.

Hinsichtlich der Sportbeteiligung von Mädchen mit Migrationshintergrund, die in den letzten Jahren zunehmend problematisiert wurden, existiert, wie Kleindienst- Cachay und Bahlke klarstellen, „wie bei der Konstituierung anderer sozialer Ungleichheitsphänomene auch, eine hohe Interferenz zwischen verschiedenen Variablen". Ein monokausaler Ansatz, der lediglich auf den ‚Migrationshintergrund' als Differenzierungsmerkmal baut, greift eindeutig zu kurz. Angesichts von 16 Mio. Menschen mit Migrationshintergrund in Deutschland, erscheinen Mädchen mit Migrationshintergrund als Zielgruppe effektiver Projektarbeit zu unbestimmt. Eine Feinjustierung der Zielgruppe sozial-integrativer Programme erscheint deshalb ebenso notwendig wie ein intersektionaler Ansatz, der verschiedene Ungleichheitsdimensionen aufnimmt, um Bewegungs- und Bildungsbiografien, Sportbeteiligung und Integrationschancen auszuloten und zu verändern. Ein besonderes Augenmerk liegt dabei auf der Armutsproblematik und den sogenannten Risikogruppen (vgl. Schmidt 2008), insbesondere auf Mädchen mit türkischen oder arabischen Eltern, aus kinderreichen Familien und von Alleinerziehenden. Die Fußballbegeisterung kennt im Projekt allerdings weniger kulturelle Grenzen, die geringe Beteiligungsquote am organisierten Sport erscheint dagegen in vieler Hinsicht schichtspezifisch. Das geringe soziale, kulturelle und ökonomische Kapital der Familien an den Standorten, aber auch der Mangel an vorhandenen Strukturen und Angeboten im Stadtteil, geben hier den Ausschlag. Dies betrifft viele Kinder deutscher Eltern in diesen Stadtteilen ebenso wie Migrantinnen und Migranten. Mädchen aus sozial marginalisierten Stadtvierteln finden den Weg in den Sport nur selten allein. Ihre Familien haben oft weniger Berührungspunkte mit dem organisierten Sport oder soziale, kulturelle oder finanzielle Vorbehalte gegenüber der Sportbeteiligung ihrer Kinder. Andererseits sind konventionelle Vereinsangebote oft zu wenig auf die Zielgruppe zugeschnitten – dies gilt insbesondere für den Mädchenfußball. Sportbezogene Integrationsarbeit muss deshalb ermöglichend und aktivierend zugleich wirken. Mit der Zielsetzung einer um soziale Kriterien erweiterten Integrationsarbeit hebt sich das Projekt *Fußball ohne Abseits* deutlich von anderen Integrationsprogrammen im Sport ab. Alle Projekte realisieren ihre Aktivitäten ausschließlich in Stadtteilen mit erhöhtem Handlungsbedarf.

3 Geschlechtssensible Vermittlungskonzepte

Im Verlauf der Fußballprojekte bilden sich auch die gesellschafts- und sportpolitischen Entwicklungen und Diskussionen des letzten Jahrzehnts ab. In vielerlei Hinsicht ist die Fußballkultur zuletzt wesentlich bunter geworden und neue Räume für vielfältigere Rollenbilder, (Geschlechter-) Identitäten und persönliche Narrative sind entstanden (vgl. Blecking und Dembowski 2010). Wie im Männerfußball gehören nun auch Erzählungen des sozialen Aufstiegs von Migrantinnen durch den Sport dazu. Vor der Weltmeisterschaft 2011 stand beispielsweise die Lebensgeschichte von Nationalspielerin Lira Bajramaj, ursprünglich aus dem Kosovo, im Fokus der Medien. Dies ist ein Anzeichen dafür, dass fußballbegeisterte (insbesondere muslimische) Mädchen aus Zuwandererfamilien, denen lange Zeit kein Platz in der Welt des Fußballs zugedacht war, inzwischen stärker wahrgenommen werden. Ein ebenso prominentes wie erfreuliches Beispiel ist die 2012 von der FIFA beschlossene Regeländerung, muslimischen Spielerinnen das Tragen eines Sportkopftuchs zu erlauben. Obwohl die FIFA damit letztendlich bloß nachträglich den veränderten Realitäten auf den Fußballplätzen gerecht wurde, ist sie doch das Ergebnis beharrlicher Lobbyarbeit und gemeinsamer Anstrengungen gegen Widerstände aus der Fußballwelt. In den Projekten gehörten Mädchen mit Kopftuch schon von Beginn an zur Normalität, die nun offizielle Anerkennung ist daher auch ihr Verdienst.

Die vermeintliche Männerdomäne Fußball hat sich demnach wesentlich weniger hermetisch und veränderbarer erwiesen, als viele bislang angenommen haben. Wie im Beitrag von Katharina Althoff und Ellen Koettelwesch rekapituliert wird, bilden sich im Sport gesellschaftliche Geschlechterverhältnisse und kollektive Geschlechteridentitäten nicht nur ab, der Sport wirkt zugleich an ihrer sozialen Konstruktion beständig mit. Gerade der Fußball nimmt dabei in Deutschland eine Sonderrolle ein. Als symbolisch-verdichteter Raum gesellschaftlicher Interaktion trägt er einerseits dazu bei, „tradierte Stereotype des Weiblichen und Männlichen zu reproduzieren", bietet aber eben auch die Möglichkeit, „das soziale Geschlecht zu vernachlässigen, bzw. Geschlechterdifferenzen zu überwinden." Im Rahmen von *Fußball ohne Abseits* hat sich gezeigt, dass auch vermeintlich sportferne Mädchen mit Migrationshintergrund mit Spaß und Leidenschaft am Ball sind, wenn sie ihre eigenen (Sport-)Räume besetzen können. Wie Kleindienst-Cachay und Bahlke in ihren Interviews mit erfolgreichen Sportlerinnen mit Zuwanderungsgeschichte feststellen, bietet der Sport die Möglichkeit zur Konstruktion einer eigenen, genuinen Identität und eines weiblichen Rollenverständnisses, ohne dabei zwangsläufig westlichen Modernisierungspfaden folgen zu müssen.

Um Veränderungen durch den Sport zu ermöglichen und damit auch den Sport selbst zu verändern, sollte daher möglichst früh begonnen werden. Gerade im Grundschulsport fallen körperliche Unterschiede zwischen Mädchen und Jungen kaum ins Gewicht, unterschiedliche Sportbeteiligung und Präferenzen, die sich als körperlicher Habitus auch auf die motorischen Fähigkeiten auswirken, lassen sich demnach fast ausschließlich auf Sozialisationsunterschiede zurückzuführen und sind potentiell veränderbar. Vor- und Nachteile des Schulsportunterrichts in geschlechtshomogenen Gruppen werden in der pädagogischen Diskussion um

Gender-Mainstreaming und Mädchenarbeit (bislang jedoch weniger in der Integrationsdebatte) zu Recht kontrovers diskutiert. Althoff und Koettelwesch kritisieren jedoch, dass sich „im Zuge der Koedukationsdebatte im Schulsport" der Blick „wesentlich auf den Sekundarbereich und speziell auf den Sportunterricht richtet. Der Primarbereich wird dagegen vernachlässigt, ebenso die Diskussion um außerunterrichtliche Sportangebote. […] Es wird davon ausgegangen, dass im Klassenverband unterrichtet wird und das gemeinsame oder getrennte Unterrichten und deren Auswirkungen keine Rolle zu spielen scheinen." In den Projekten haben sich jedoch geschlechtshomogene, zumeist jahrgangsübergreifende Arbeitsgemeinschaften bewährt, um Mädchen und Mädchenbild gleichermaßen in Bewegung zu bringen, und erfahren große Zustimmung von Teilnehmerinnen und Eltern. Sie ermöglichen außerhalb des Erwartungs- und Leistungsdrucks von Schulsportunterricht und Sportverein individuelle Freiräume. Veränderte Anerkennungsverhältnisse und weibliche Übungsleiterinnen als Vertrauenspersonen und Vorbilder sind eine Voraussetzung für die Entwicklung einer geschlechtssensiblen Fußballdidaktik, die den spezifischen Voraussetzungen, Bedürfnissen und Interessen von Mädchen im Sport mehr Gewicht einräumt. Ein geschlechtssensibler Ansatz macht Platz für heterogene Geschlechterverständnisse und kann helfen, statische Geschlechterbilder aufzubrechen. Die Frage der Koedukation in unterschiedlichen Sporträumen und Settings kann nicht einseitig und abschließend beantwortet werden. Von einer geschlechtssensiblen Sportpädagogik können Schulen und Vereine, Schülerinnen und Schüler insgesamt jedoch nur profitieren.

4 Arbeitsgemeinschaften als Ermöglichungsräume

Innerhalb der sportpädagogischen Diskussion ist es sicherlich ein Verdienst von *Fußball ohne Abseits*, die Potentiale schulischer Arbeitsgemeinschaften als niederschwellige und außerunterrichtliche Sportangebote für eine bislang schwer zu erreichende Zielgruppe explizit herausgestellt und erneut in den sportpädagogischen Diskurs eingebracht zu haben. Hatte zuvor bereits Judith Frohn (2007) in ihrer Untersuchung zum Sportverhalten von Hauptschüler/innen den Wert von schulischen Arbeitsgemeinschaften für bildungsferne Zielgruppen belegt, hat sich im Rahmen von *Fußball ohne Abseits* die AG auch unter integrativen Vorzeichen in der Grundschule praktisch bewährt. Entgegen den Erwartungen vieler Schulleitungen, Lehrer/innen und Vereinsaktiver war die Resonanz auf die Mädchen-Fußball-AGs erstaunlich positiv und der hohe, oftmals überproportionale Zuspruch von Mädchen mit Migrationshintergrund machte deutlich, dass diese letztlich keine problematische Zielgruppe darstellen, sondern zunächst adäquate Formen der Ansprache gefunden werden müssen, um auch Mädchen aus migrantischen Familien zu begeistern. Die Projekterfahrung wird inzwischen auch durch andere empirische Befunde, wie die Sekundäranalyse der PISA-Studie von Mutz und Burrmann (2011) bestätigt, die ebenfalls auf die besseren Beteiligungsquoten an Schul-AGs gegenüber vereinsorganisierten Aktivitäten hinweisen.

Der verpflichtende Schulsport stellt für viele sozial- und bildungsbenachteiligte Kinder den ersten und oftmals einzigen Berührungspunkt mit dem Sport dar und sollte deshalb als potentieller Ausgangspunkt für eine gelungene Sportsozialisation auch über den Unterricht hinaus ernst genommen werden. Gerade im Rahmen schulischer AGs, so zeigt die Projekterfahrung, bieten sich für viele Kinder jedoch Anschlussmöglichkeiten, die einerseits das vertraute soziale und organisatorische Umfeld der Schule nutzen, andererseits freiwillige gewählte und dem Bewertungsdruck der Schule entzogene Bewegungsaktivitäten bieten und als Gestaltungs- und Entfaltungsfeld wahrgenommen werden können. Mit dem Konzept der Niederschwelligkeit als analytischem Gerüst und pragmatischer Leitidee, lässt sich zeigen, warum sozial benachteiligte Jugendliche stärker an AGs partizipieren. Die sozialen, kulturellen und ökonomischen Distanzen sind im Vergleich mit regulären Sportvereinsangeboten oder dem Schulsportunterricht wesentlich geringer. Niederschwelligkeit kann bei sportbezogenen Angeboten gleich auf mehreren Ebenen realisiert werden. Im Rahmen des Projektes haben sich dabei insbesondere das vertraute Schulumfeld, die Verlässlichkeit, Kostenfreiheit und Freiwilligkeit, der geschlechtshomogene Raum, eine weibliche AG-Leitung und die Einbettung in den Schulalltag als förderlich erwiesen.

„Arbeitsgemeinschaften sind anders", so auch der Titel des Beitrags von Martin Goerlich. Anders als das Fußballtraining im Verein setzen die AGs zumeist auf eine allgemeine Bewegungsentwicklung, Fußballerfahrung wird nicht vorausgesetzt. Stärker als die sportliche Entwicklung steht die soziale Förderung durch die gemeinsame Bewegung im Mittelpunkt. So eröffnen die AGs pädagogische Fenster für die Umsetzung unterschiedlicher Ziele. „Gesellschaftliche Ausgrenzungen überwinden, soziale Interaktion und Autonomie fördern sowie das Zutrauen in die eigenen Fähigkeiten steigern und das Selbstkonzept stärken […] sind nicht nur Ziele, die den Mädchen-Fußballprojekten unterstellt werden können", sondern auch Vorraussetzungen für eine „inklusive Kultur" im (Schul-)Sport, wie Stefan Schache in seinem Beitrag erkennt. Inwieweit Integration und Inklusion als theoretische Leitlinien in der Praxis in Konflikt geraten, konvergieren oder aufeinander aufbauen, kann dabei nicht abschließend bewertet werden. Schache schlägt die Selbstkompetenz als „Brückenkonzept" und gemeinsame Zielrichtung inklusiver und integrativer Projekte vor. Ein projektübergreifendes didaktisches Curriculum zur Durchführung der AGs fehlt jedoch bislang. Die Definition verbindlicher projektübergreifender Ziele und Methoden ebenso wie die Qualifikationsanforderungen an die Übungsleiter/innen und die äußeren Rahmenbedingungen zur Durchführung der AGs scheinen dabei einerseits sinnvoll im Sinne einer umfassenden Qualitätskontrolle. Andererseits ist gerade die Heterogenität der Implementierungsmodelle, didaktischen Ansätze und Hintergründe der leitenden Personen eine Stärke der Projekte und maßgeblich für ihren Erfolg verantwortlich. In den oftmals schwierigen Settings sind Patentlösungen selten, Kreativität und Eigeninitiative daher umso mehr gefragt.

5 Schnittstellen zwischen Schulen und Vereinen finden

Dies berührt nicht zuletzt auch die Frage nach dem Grad der Professionalisierung der Projektangebote, sie sich unter den Vorzeichen des Ausbaus der Ganztagsschulen, in denen Bewegung, Sport und Spiel einen hohen Stellenwert besitzen, neu stellt und auch unter den Praktikern kontrovers diskutiert wird, wie der Beitrag von Lea Segel zeigt. Sicherlich wäre die Durchführung der AGs durch eine qualifizierte Lehrkraft unter pädagogischen Gesichtspunkten sinnvoll. Gerade aus einer integrativen Perspektive spricht jedoch vieles dafür, die Nachmittagsbetreuung dafür zu nutzen, die Schule verstärkt sozialräumlich zu vernetzen und externe Übungsleiter/innen einzubinden. Dass die Kooperation von Sportvereinen mit Schulen für alle Seiten Vorteile bringen kann, wird allerdings, so zeigen u. a. die Sportentwicklungsberichte (Breuer und Feiler 2012), noch immer von einer Mehrheit der Vereine nicht erkannt. Auch klaffen, wie Lea Segel gezeigt hat, zwischen bildungs- bzw. schulpolitischen Konzepten und verwaltungstechnischen Vorgaben und Förderstrukturen einerseits und ihrer praktischen Umsetzung vor Ort andererseits noch immer große Lücken. Ihr Vergleich der Rahmenvereinbarungen von Ländern und Landessportbünden und Praxisberichten hat zwar ein ganzes Set an Gelingensbedingungen hervorgebracht, die konkrete Umsetzung ist jedoch oft weniger von formalen Vorgaben als von persönliche Beziehungen und Vertrauensverhältnissen und einer verlässlichen Kommunikation abhängig. Dabei scheint es zumeist nicht an Engagierten zu fehlen, fragil bleibt jedoch oftmals die kommunikative und strukturelle Einbindung und Ausgestaltung einer Zusammenarbeit „auf Augenhöhe". Auch bleibt die Steuerung der Kooperationen kompliziert. Den hohen Erwartungen der Schulen an Verbindlichkeit und Qualität der Angebote stehen oft die labileren und ehrenamtlichen Strukturen und begrenzten Möglichkeiten der Vereine gegenüber. Wie Schulleiter Hermann Städtler im Interview bestätigt, gehört es zu den Hauptleistungen von Fußball ohne Abseits, dass sich Schulen „stärker mit Vereinsstrukturen und Implementationsmodellen beschäftigt haben. So waren wir in der Lage, mit mehr Ausdauer auf die Vereine zuzugehen [...und] haben über die Projektphase einen ziemlich realistischen Blick dafür bekommen, wie implementiert werden muss, damit sich eine Chance eröffnet." So führte das Projekt vielerorts dazu, dass sich Schulen und Vereine aus sogenannten sozialen Brennpunkten erstmals miteinander beschäftigt haben. Wie die Projektevaluation zeigt, existierten vor dem Start der Projekte kaum Kooperationen. Die Projekte fungierten hier als Türöffner und Überzeugungshilfe für Schulleitungen und Vereine, sich auf eine möglicherweise nicht unproblematische Kooperation einzulassen. Das Projekt ermöglichte so vielerorts einen gemeinsamen Lernprozess, um die „teilweise immensen Reibungsverluste zwischen den Systemen Schule und organisierter Sport zu minimieren" (Städtler, i. d. B.).

Kooperationen kommen nur dann zustande, wenn für beide Seiten ein erkennbarer Nutzen vorhanden ist. Von Seiten der Vereine und Verbände bestanden besonders hohe Erwartungen hinsichtlich des Übergangs der Schülerinnen von der schulischen Arbeitsgemeinschaft in die Vereinsmannschaften. Aus Projektperspektive sind hier mehr Realitätssinn und langfristiges Engagement gefragt. Innerhalb des Projektes haben sich Transferquoten zwischen 7 und 10 % als realistisch erwiesen, darunter sind jedoch viele Mädchen, die ohne das Projekt wohl überhaupt nicht in die Vereine gefunden hätten. Darüber hinaus sind höhere Transferzahlen und kurzfristige Mitgliederzuwächse in den Vereinen kaum zu erwarten, solange die Zusammenarbeit zwischen Schulen und Vereinen nicht substanziell ausgebaut und verbessert wird und die Anschlussfähigkeit des Vereins- an das AG-Angebot nicht gesichert ist. So müssen entsprechende Vereinsstrukturen (Teams, Trainingszeiten, getrennte Umkleide- und Waschräume, Übungsleiter/innen, Zuständigkeiten etc.) für den Mädchenfußball überhaupt erst einmal vorhanden sein oder geschaffen werden. Insofern ist es nicht verwunderlich, dass in erster Linie diejenigen Vereine durch Mitgliederzuwächse aus dem Projekt profitieren konnten, die bereits zuvor engagiert im Bereich Mädchenfußball gearbeitet haben. Die beispielhafte Entwicklung des Mädchenfußballs im Kreis Oldenburg sollte aber auch solche Vereine ermutigen, die bislang noch nicht aktiv in Schul-Vereins-Kooperationen engagiert sind. Wie Söhnke Vosgerau und Katrin Pößiger in ihrem Beitrag zeigen, hat das *MICK*-Projekt dort eine regelrechte Mädchenfußball-Welle ausgelöst, sodass von 28 Oldenburger Grundschulen heute fast alle Fußball für Mädchen in ihrem AG- oder Ganztagsprogramm anbieten – mit nachhaltigen Auswirkungen auf die Vereinslandschaft. Zehn Jahre nach dem Start des *Ohmsteder Modells* hat sich der Fußball-Kreis Stadt Oldenburg mit fast 50 Mädchen-Mannschaften auf Platz eins des Rankings des Niedersächsischen Fußball-Verbandes geschoben. Durch die Projekte konnten Mädchenmannschaften in den beiden ethnischen Vereinen Türkischer Sportverein und FC Medya etabliert werden. Der Erfolg von *MICK* verdeutlicht, dass der sozialräumliche Ansatz, der unterschiedliche Multiplikatoren einbezieht, gerade in kleinräumlicheren Settings überaus vielversprechend ist. Allerdings stellen sich Erfolge nicht sofort ein, sondern erfordern vielmehr einen langen Atem. Nachhaltigkeit lässt sich nicht durch temporäre Aktionen und Impulse erreichen. Es sollte daher vermieden werden, bei der Beurteilung von Erfolg und Misserfolg der Projekte allein auf die Transferquote zu schauen. *Fußball ohne Abseits* ist insbesondere aufgrund seines integrierten Handlungskonzeptes erfolgreich. Durch erfolgreiche Verzahnung der Bausteine AGs, Turniere, die eine dynamisierende Wirkung entfalten, und der Fußball-Assistentinnen-Ausbildung, werden neue Akteure aktiviert und zugleich neue Strukturen etabliert, die nachhaltig in den Sozialräumen wirken können. Das Projekt trägt damit auf verschiedenen Ebenen zur Integrationsarbeit im Sport bei: durch die Entwicklung einer umfassenden Strategie, die die soziale Öffnung der Angebote in Schulen und Vereinen vorantreibt, um den Anteil von Mädchen mit Migrationshintergrund am Sport zu erhöhen, sowie durch Qualifizierungsmaßnahmen und Ausbildungen von jugendlichen Nachwuchstrainerinnen, die Brückenpositionen neu besetzen und damit die Rahmenbedingungen für den Mädchenfußball verändern können.

6 Vielversprechende Qualifizierungsmodelle

Wie Bastian Kuhlmann in seinem Beitrag zum Qualifizierungsansatz von *Fußball ohne Abseits* darstellt, ist eine neue Offensive im Bereich des freiwilligen Engagements nicht nur unter integrations- und bildungstheoretischen Aspekten sinnvoll, sondern kann auch als eine Teillösung für das wachsende Nachwuchsproblem im Bereich ehrenamtlichen Engagements im Sport angesehen werden. Die äußerst positiven Erfahrungen mit den Qualifizierungsworkshops haben gezeigt, dass dezentral in den beteiligten Grundschulen durchgeführte Kurzschulungen von fußballaffinen jugendlichen Schülerinnen zu Fußball-Assistentinnen dazu geeignet sind, neue Zielgruppen anzusprechen und insbesondere Mädchen mit Migrationshintergrund in sozialen Brennpunkten für ein ehrenamtliches Engagement in Schule und Verein zu gewinnen. Diese didaktisch-methodische Inszenierung mit ‚echten' Lehrdemonstrationen mit den bestehenden AG-Teams findet bei den Teilnehmerinnen und den pädagogischen Expert/innen in den Stadtteilen und in den Schulen sehr viel Zuspruch. ‚Lernen durch Handeln' fördert die Motivation und gibt unmittelbare Einblicke in die Praxisfelder. „Schüler/innen als Experten" (Gebken und Kuhlmann 2011) zur Anleitung und Betreuung Jüngerer einzusetzen, verlangt nicht nur einen nötigen Vertrauensvorschuss an die Kompetenz und Motivation der freiwillig engagierten Schüler/innen, sondern auch innovative

Implementierungsmodelle (z. B. das Tandemmodell) und Anerkennungswege an Schulen und Vereinen. In Nordrhein-Westfalen engagierten sich rund ein Drittel der ausgebildeten Assistentinnen nach der Ausbildung in AG oder Kooperationsverein. Durch ihre gewonnenen Kompetenzen, Sportangebote mitzugestalten und Verantwortung zu übernehmen, haben sich die Assistentinnen in der (Co-)Betreuung der AGs bewährt und sichern die Nachhaltigkeit des Projektes. Qualifizierte Mädchen und Frauen werden weiterhin händeringend gebraucht, um die Rahmenbedingung in Schulen und Vereinen für den Mädchenfußball zu verbessern. Qualifizierte weibliche Übungsleiterinnen mit Migrationshintergrund sind darüber hinaus oftmals eine Vorrausetzung für die interkulturelle Öffnung der Vereine.

Der Qualifizierungsansatz des Projektes verdeutlicht, dass es unterhalb der regulären, 120 Unterrichtsstunden umfassenden Ausbildung des Übungsleiters kürzere und niederschwelligere Modelle geben kann und sollte. Ist zur Leitung in der AG ein Übungsleiterschein Vorrausetzung, werden vor allem weibliche, pädagogisch interessierte und qualifizierte Menschen in den Sozialräumen ausgeschlossen. Erfreulich ist, dass sich, auch durch die Anstöße des Projektes, die Rahmenbedingungen und die Formen der Ausbildung der Verbände langsam verändern. Zu nennen ist hier die z. B. die „Junior-Coach-Ausbildung" des Niedersächsischen Fußball-Verbandes. Um die Leistungen der Teilnehmerinnen anzuerkennen und einen Einstieg in die bestehende Qualifizierungsstruktur zu ermöglichen, sollten einheitliche Qualitätsstandards (Inhalte, Methoden, formale Anforderungen der Referenten) festgelegt werden. Eine länderübergreifende Initiative scheint auch notwendig, weil in einigen Ländern jugendliche Helferinnen für den außerunterrichtlichen Schulsport bisher nicht vorgesehen sind. Allerdings muss auch hier vor Schnellschüssen gewarnt werden. Gerade für den Nachwuchs müssen schnell Einsatzformen gefunden werden, und die Nachwuchstrainer/innen müssen aktiv begleitet werden.

7 Neue Herausforderungen

Die verschiedenen unter dem Konzept von Fußball ohne Abseits versammelten Projekte haben sich inzwischen einen festen Platz innerhalb der Projektlandschaft im Bereich Integration und Sport erarbeitet. Soziale Projekte im Sport haben in den letzten Jahren insgesamt erheblich an Bedeutung und öffentlicher Aufmerksamkeit gewonnen. Schon vor zehn Jahren zählte Breuer (2002) 1500 unterschiedliche Projekte dieser „sozialen Offensive im Jugendsport", deren primäre Interventionsfelder die Integrationsarbeit und Gewaltprävention waren und deren wichtigste Zielgruppe folglich Kinder und Jugendliche mit Migrationshintergrund und sozial benachteiligte Jugendliche darstellen. Die Anzahl sozialer Initiativen im Sport dürfte in den letzten Jahren noch größer geworden sein, leider auch deshalb, weil die derzeitigen Förderstrukturen (insbesondere der öffentlichen Hand) vor allem temporäre Mittelvergaben vorsieht und sich Projektträger daher immer öfter genötigt sehen, ihre langfristig konzipierte Arbeit mit immer neuen „Pilotprojekten" zu finanzieren. Eine inhaltlich funktionierende, nachhaltige Arbeit wird dadurch oft unnötig erschwert.

Durch das Engagement unterschiedlichster Förderer, von Verbänden und staatlichen Stellen, privaten Sponsoren bis zu Stiftungen, konnte eine Großzahl der Projektstandorte auf Dauer gestellt werden. Insbesondere durch die *Laureus Sports for Good Stiftung* scheint die Zukunft von *Fußball ohne Abseits* langfristig gesichert. Allerdings bleibt abzuwarten, inwieweit Bund und Länder ihre Integrationsförderung ändern, um langfristig erfolgreiche Projekte möglich zu machen und die Sportverbände bereit sind, Konsequenzen aus den Erfahrungen der Projekte zu ziehen.

Darüber hinaus sind jedoch auch neue Ansätze notwendig, um auf sich verändernde gesellschaftliche Verhältnisse zu reagieren. Der demografische Wandel ist hier eine der auch für den Sport drängendsten Entwicklungen. Zu seinen Merkmalen gehört nicht nur eine wachsende Anzahl von Kindern mit Migrationshintergrund in den urbanen Ballungszentren, sondern auch die Landflucht und erodierende Zivilgesellschaft in vielen Strukturschwachen Regionen Deutschlands, die eine große Herausforderung für das Vereins- und Verbandswesen darstellt. Die zukünftigen, sozialen und integrativen Herausforderungen liegen demnach auch bei den zurückbleibenden Kindern und Jugendlichen ländlicher Regionen. Insofern könnte es nicht mehr nur heißen: „Neukölln ist überall" (Buschkowsky 2012) sondern auch „Wittenberge ist überall", wie es ein neuer Buchtitel ankündigt (Willisch 2012). Die Probleme stellen sich hier freilich anders dar: Viele Vereine müssen um ihre wirtschaftliche Existenz bangen, immer neue Kreis- und Verbandsreformen machen eine erhöhte Mobilität und weite Reisen zu Spielorten notwendig, viele Vereine und ihre Mitglieder müssen sich zunehmend rechtsextremistischer Aktivitäten und Unterwanderungsversuche erwehren. Mit neuen Standorten in Perleberg und Wittenberge versucht *Fußball ohne Abseits* sich erstmals auch dieser Herausforderung zu stellen. Auch wird in den niedersächsischen Landkreisen und Cloppenburg derzeit ein Modell erprobt, das durch die Kooperation von Schulen und Vereinen auch Kindern auf dem Land ein qualitativ hochwertiges, wohnortsnahes Bildungs- und Bewegungsangebot ermöglichen will.

Sport wird in jüngerer Zeit verstärkt als wichtiger Faktor nicht nur für die körperlich-leibliche Entwicklung, sondern als umfassender Bildungsträger wahrgenommen. Das „besondere Potential von Bewegungs- und Sportaktivitäten", dass nicht zuletzt „in der hohen Identifikation und Begeisterung" (Neuber und Krüger 2011, S. 11) von Kindern und Jugendlichen liegt, gilt es zu aktivieren und produktiv zu nutzen. Mit dem Pilotprojekt *Doppelpass*, das derzeit im Oldenburger Stadtteil Kreyenbrück durchgeführt wird, soll beispielsweise eine engere Verknüpfung von Bildung und Sport einerseits und Grundschule und der Sekundarstufe 1 erreicht werden. Sport wird hier mit individueller Lernförderung verknüpft. Bislang bedeutet das Ende der Primarstufe eine große Zäsur in der Sportbeteiligung von Schüler/innen und macht sich als „Dropout" in den Vereinen bemerkbar. Große Chancen müssen weiterhin auch bei der sozialräumlichen Ausgestaltung des Ganztagsausbaus gesehen werden, die trotz guter Ansätze bislang weiter ausbaufähig ist. Aktuell sind lediglich ein Drittel der AGs der Projekte in den Ganztagsbetrieb integriert, die Mehrheit der AGs sich im freien AG-Band oder der Nachmittagsbetreuung der Schulen implementiert.

Fußball ist sicherlich nicht die einzige Sportart, die sich für integrative Projekte eignet. Mit dem Projekt *BIG – Basketball integriert Oldenburg* wurde erstmals versucht, das Konzept auf eine andere populäre Sportart zu übertragen. Darüber hinaus gibt es eine Vielzahl weiterer vielversprechender Ansätze, um Kinder und Jugendliche für den Sport zu gewinnen und seine Potenziale für soziale, integrative und bildungsbezogene Zielsetzungen auszuschöpfen. Insbesondere niederschwellige Angebote und Orte sind dafür attraktiv. Gute Ansätze gibt es z. B. im Mitternachtssport oder Zirkus- und Bewegungskünsten.

Obwohl *Fußball ohne Abseits* in der Außenwahrnehmung oftmals auf das Thema Integration reduziert wurde und sich als Praxisprojekt bislang noch nicht umfassend im sportwissenschaftlichen Diskurs emanzipiert hat, liegt nach unserer Überzeugung eine besondere Stärke des Projektes darin, dass verschiedene gesellschaftliche, soziale und kulturelle Problem- und Entwicklungsfelder des Sportes angeschnitten und praktisch erprobt werden. Hierzu gehört eben nicht nur die Gewinnung von Mädchen mit Migrationshintergrund für den organisierten Sport, sondern auch die sozialräumliche soziale Integration der Mädchen durch die forcierte Kooperation von Grundschulen und Vereinen vor Ort, die Weiterentwicklung einer niederschwelligen und geschlechtssensiblen Sportpädagogik, der Entwicklung nachhaltiger Qualifizierungsmodelle zur Stärkung des freiwilligen Engagements und das Empowerment sozial abgehängter und problematisierter Stadträume. Wir hoffen, dass wir mit dem vorliegenden Band einen tieferen Einblick in diese Ziele, Ansätze und Perspektiven des Projektes und Anreize für die Weiterentwicklung sozialer Projekte im Sport geben und weitere Unterstützer dafür gewinnen konnten, einen Fußball ohne Abseits möglich zu machen.

Literatur

Blecking, D., & Dembowski, G. (2010). Einleitung. In D. Blecking & G. Dembowski (Hrsg.), *Der Ball ist bunt. Fußball, Migration und die Vielfalt der Identitäten in Deutschland* (S. 14–19). Frankfurt a. M.

Breuer, C. (2002). *Das System der sozialen Arbeit im organisierten Sport.* Köln: Sport & Buch Strauß.

Breuer, C., & Feiler, S. (2012). *Sportentwicklungsbericht 2011/12 – Analyse zur Situation der Sportvereine in Deutschland. Sportvereine in Deutschland.* http://www.dosb.de/fileadmin/fm-dosb/arbeitsfelder/wiss-ges/Dateien/2009/SIEGEL-Bundesbericht_SEB_Welle_4.pdf. Zugegriffen: 28. Okt. 2012.

Buschkowsky, H. (2012). *Neukölln ist überall.* Berlin: Ullstein.

Deutscher Fußball-Bund (DFB). (2008). *Integrationskonzept des Deutschen Fußball-Bundes.* http://www.dfb.de/uploads/media/Integrationskonzept04-07-08.pdf. Zugegriffen 22. Okt. 2012.

Frohn, J. (2007). *Mädchen und Sport an der Hauptschule. Sportsozialisation und Schulsport von Mädchen mit niedrigem Bildungsniveau.* Baltmannsweiler: Schneider.

Gebken, U., & Kuhlmann, B. (2011). Schüler als Experten. *Sportpädagogik, 35*(5), 2–7.

Mutz, M., & Burrmann, U. (2011). Sportliches Engagement jugendlicher Migranten in Schule und Verein. In S. Braun & T. Nobis (Hrsg.), *Migration, Integration und Sport. Zivilgesellschaft vor Ort* (S. 99–124). Wiesbaden: VS Verlag für Sozialwissenschaften.

Neuber, N., & Krüger, M. (2011). Einführung. In N. Neuber & M. Krüger (Hrsg.), *Bildung im Sport. Beiträge zu einer zeitgemäßen Bildungsdebatte* (S. 11–14). Wiesbaden: VS Verlag für Sozialwissenschaften.

Schmidt, W. (2008). Sozialstrukturelle Ungleichheit in Gesundheit und Bildung – Chancen des Sports. In W. Schmidt (Hrsg.), *Zweiter Deutscher Kinder- und Jugendsportbericht. Schwerpunkt Kindheit* (S. 43–61). Schorndorf: Hofmann.

Willisch, A. (Hrsg.). (2012). *Wittenberge ist überall. Überleben in schrumpfenden Regionen.* Berlin: Links.

Druck: KN Digital Printforce GmbH · Schockenriedstraße 37 · 70565 Stuttgart

Bildung und Sport

Schriftenreihe des Centrums für
Bildungsforschung im Sport (CeBiS)
Band 4

Hearusgegeben von
Nils Neuber, Westfälische Wilhelms-Universität, Münster
Michael Krüger, Westfälische Wilhelms-Universität, Münster

Das Bildungsthema gehört zu den zentralen Herausforderungen moderner Gesellschaften. Bildungsstandards, Bildungsnetzwerke, Bildungsmonitoring u.v.m. sollen nach den ernüchternden Ergebnissen der PISA-Studien zu Beginn des 21. Jahrhunderts zu einer Qualitätssteigerung des deutschen Bildungssystems beitragen. Dabei geht es um mehr als nur eine erneute Bildungsreform. Sichtbar werden vielmehr die Konturen eines umfassenden und grundlegenden Strukturwandels des Erziehungs- und Bildungssystems. Von Sport ist in diesem Zusammenhang allerdings selten die Rede. Dabei ist die pädagogische Bedeutung von Bewegungs-, Spiel- und Sportangeboten unstrittig. Bildungsprozesse blieben unvollständig, würden sie körperlich-leibliche Dimensionen des Lernens ausblenden. Mit der Reihe „Bildung und Sport" sollen die Bildungspotenziale des Sports vor dem Hintergrund aktueller Bildungsdebatten ausgelotet werden. Dabei wird eine sozialwissenschaftliche Perspektive eingenommen. Die Reihe eignet sich insbesondere für empirische Forschungsarbeiten mit pädagogischer, soziologischer und psychologischer Ausrichtung. Darüber hinaus werden theoretische Arbeiten zur Bildungsdiskussion im Sport berücksichtigt.

Das Centrum für Bildungsforschung im Sport (CeBiS) ist ein Forschungsverbund, der am Institut für Sportwissenschaft der Westfälischen Wilhelms-Universität Münster angesiedelt ist. Der Forschungsverbund zielt auf die Förderung schulischer und außerschulischer Bildungsforschung im Sport.

Herausgegeben von
Nils Neuber, Westfälische Wilhelms-Universität, Münster
Michael Krüger, Westfälische Wilhelms-Universität, Münster